EDUARDO MONDLANE

Um Homem a Abater

JOSÉ MANUEL DUARTE DE JESUS
Embaixador Jubilado

EDUARDO MONDLANE

Um Homem a Abater

Este livro é baseado numa longa investigação para uma Tese de Doutoramento apresentada na Universidade Nova em 2008 de que foram orientadores os Professores Doutores Adriano Moreira e José Esteves Pereira.

REIMPRESSÃO DA EDIÇÃO DE JANEIRO | 2010

EDUARDO MONDLANE – UM HOMEM A ABATER

AUTOR
JOSÉ MANUEL DUARTE DE JESUS

EDITOR
EDIÇÕES ALMEDINA. SA
Av. Fernão Magalhães, n.º 584, 5.º Andar
3000-174 Coimbra
Tel.: 239 851 904
Fax: 239 851 901
www.almedina.net
editora@almedina.net

PRÉ-IMPRESSÃO | IMPRESSÃO | ACABAMENTO
G.C. – GRÁFICA DE COIMBRA, LDA.
Palheira – Assafarge
3001-453 Coimbra
producao@graficadecoimbra.pt

Maio, 2010

DEPÓSITO LEGAL
302470/09

Os dados e as opiniões inseridos na presente publicação
são da exclusiva responsabilidade do(s) seu(s) autor(es).

Toda a reprodução desta obra, por fotocópia ou outro qualquer
processo, sem prévia autorização escrita do Editor, é ilícita
e passível de procedimento judicial contra o infractor.

Biblioteca Nacional de Portugal – Catalogação na Publicação

JESUS, Duarte de, 1935-

Eduardo Mondlane, um homem a abater
ISBN 978-972-40-4025-7

CDU 32
      929
      325
      327

"Instead of posing as prophets we must become the makers of our fate. We must learn to do things as well as we can, and to look out for our mistakes. And when we have dropped the idea that the history of power will be our judge, when we have given up worrying whether or not history will justify us, then one day perhaps we may succeed in getting power under control. In this way we may even justify history, in our turn. It badly needs a justification".

KARL POPPER, 1945

"As an author, I can speak about the difficulties and dangers of writing a book …….. To begin with it is a toy, an amusement; then it becomes a mistress, and than a master, and then a tyrant; and then the last phase is that, just as one is about to be reconciled to one's servitude, one kills the monster".

WINSTON CHURCHILL, 2 de Novembro de 1949.

À viúva e aos filhos de
Eduardo Mondlane

AGRADECIMENTOS

Em primeiro lugar, agradeço ao Prof. Doutor Adriano Moreira, e ao Professor Doutor Esteves Pereira que me encorajaram na elaboração deste trabalho e foram orientadores da tese que lhe deu origem e em segundo lugar ao Senhor Dr. Mário Soares, como Presidente da Fundação Portugal/África, a quem devo o subsídio para levar a cabo as investigações necessárias.

Queria também agradecer a disponibilidade permanente em me ajudar em matérias de facto e de forma, de Janet Mondlane e de toda a família Mondlane com particular destaque para Nyeleti e Eduardo Mondlane Jr. De igual modo ao Prof. Doutor Hélder Martins, que me deu um quadro de extrema utilidade quanto ao Instituto Moçambicano de Dar es Salam, onde foi membro activo, e me facultou preciosos elementos ligados à morte de Eduardo Mondlane; aos Prof. Doutor Moisés Fernandes, Prof. Doutor Heitor Romana, Prof. Doutor Victor Marques dos Santos, que também não foram poupados a fazer críticas oportunas e inteligentes.

Não posso deixar de mencionar o nosso Embaixador de Portugal em Pequim, Quartim Santos, pela sua intermediação junto dos arquivos do Ministério dos Negócios Estrangeiros chinês e a Senhora Dra. Maria de Lurdes Assunção, funcionária daquela Embaixada, pela tradução de muitos dos textos chineses, assim como ao meu genro, Andres Chong, pelas pesquisas que efectuou na Biblioteca Nacional daquela capital. Queria também agradecer à minha colega, Dra. Graça Mira Gomes, Conselheira na nossa Embaixada em Berlim, pela sua intervenção em proporcionar o envio tempestivo da documentação dos arquivos da República Federal Alemã e da ex-República Democrática Alemã.

Na Tunísia, sem a ajuda da minha colega, Rita Ferro, Embaixadora naquele país e da minha velha amiga Radhia Moussa, viúva de um amigo e colega tunisino, os contactos fundamentais que tive naquele país não teriam sido possíveis. S. Exa o Embaixador da Tunísia, em Lisboa, Ridha Farhat teve igualmente uma intervenção de extrema utilidade que queria aqui agradecer. Alguns destes contactos foram determinantes para o conhecimento de certas circunstâncias históricas. Recordo o Prof. Ridha Tlili, o ex-Ministro Ahmed Mestiri, os Embaixadores Rashid Driss, Najib Bouziri e Slaheddine Abdellah.

Agradeço ainda aos meus colegas e amigos, Embaixadores Leonardo Mathias e Luís Soares de Oliveira, que serviram em Nova Iorque e Washington e conheceram Mondlane, assim como ao meu ex-colega e amigo, Dr. Jacob Ryten, que fazia parte do Secretariado das Nações Unidas naquela mesma época, bem como ao Dr. Roberto Esteves Fernandes, filho do então nosso Embaixador em Washington, Luís Esteves Fernandes, que trabalhou no mesmo Secretariado e foi também amigo de Mondlane.

Uma palavra especial devo ao Prof. Doutor André Gonçalves Pereira, por me ter revelado elementos de grande importância para esta investigação e sobre a personalidade de Mondlane que também conheceu em Nova Iorque.

Entre outros entrevistados, queria agradecer ao Senhor General Lopes dos Santos que, como Governador de Nampula e depois de Macau, se disponibilizou a conceder-me muitas informações úteis.

Uma palavra de particular apreço e consideração para com a Senhora Embaixatriz Vera Franco Nogueira, que quis ter a amabilidade de me receber longamente e me esclarecer sobre tantos elementos fundamentais para compreender o desenrolar da história naquela época.

Mais recentes trocas de impressões com o Reverendo Robert Hawley e sua filha Rebecca em Maputo vieram consolidar opiniões que havia formado através de entrevistas anteriores.

Quanto às fontes arquivísticas nacionais, devo começar por agradecer à Senhora Dra. Isabel Fevereiro, directora do Arquivo Histórico-

-Diplomático do Ministério dos Negócios Estrangeiros assim como à Dra. Helena Neves Pinto, directora da Biblioteca do mesmo Ministério.

No Arquivo Nacional da Torre do Tombo encontrei nas Senhoras Dra. Lurdes Henriques e Célia Gomes uma excelente ajuda, assim como na Dra. Ana Canas, directora do Arquivo Histórico Ultramarino.

A Wittney Schneidman e ao Dr. Tiago Moreira de Sá da UNL devo a possibilidade de ter consultado o arquivo pessoal do primeiro, cuja cópia existe hoje no IPRI.

Dos Arquivos estrangeiros, gostaria de destacar a colaboração da Embaixadora Mireille Musso, directora do Arquivo Histórico do Ministério dos Negócios Estrangeiros francês e da sua adjunta, Senhora Agnes Moinet Lemen, assim como agradecer ao Senhor Dr. Ludwig Biener, director dos Arquivos do Ministério dos Negócios Estrangeiros em Berlim e à sua adjunta, Senhora Birgit Kmazik, que se encarregou das buscas nos arquivos dos ministérios da RFA e da RDA.

Graças à intermediação de James Griffin foi-me possível consultar documentação da Procuradoria Geral britânica (*Attorney General's Office*) relativa a Eduardo Mondlane que, por sua iniciativa, fez apelo ao *Freedom of Information (FOI – LO 2/469)*, e me abriu certa documentação para consulta dos *National Archives*.

Igualmente devo agradecer ao Embaixador Guo Chongli, Director-Geral dos arquivos do Ministério dos Negócios Estrangeiros da China.

Ainda queria referir a Senhora Mary Bone, arquivista-sénior da *Chatham House – Royal Institute of International Affairs*, que me proporcionou a autorização especial para referir um documento daqueles arquivos.

Nos Estados Unidos da América, agradeço ao *Oberlin College*, pelas consultas ao seu vastíssimo arquivo sobre Mondlane e, designadamente, ao Prof. Rolland Baumann e ao Senhor Ken Grossi, que autorizou a utilização de uma entrevista de Wayne Fredericks, em posse daquele arquivo, efectuada em 1999, e ainda à Senhora Jessica Sims, dos arquivos audiovisuais da *John Fitzgerald Kennedy Library*, pelo envio e autorização de utilizar conversas telefónicas gravadas do Presidente Kennedy, assim como à Senhora Shannon Jarret, arquivista da *Lyndon Johnson Library* (Austin).

À minha filha Christiane devo algumas sugestões quanto à forma que me foram muito úteis.

Não posso deixar de agradecer à minha mulher pela muita paciência, apoio e ajuda nesta longa e "quase-obsessiva" tarefa solitária.

Por fim uma palavra muito especial para o meu colega e amigo, Embaixador Filipe Guterres, que teve um trabalho metódico e inestimável que, colocando-se do ponto de vista do leitor, soube tornar a tese num livro legível e mais coerente.

PREFACE

José Manuel Duarte de Jesus strolled sideways into the Mondlane family's life, we here in Mozambique, he there in Portugal. During almost three years of exchanging emails we came to respect his studious investigations into the subjects in which he was interested, his diplomacy in handling difficult themes, and his astute intellect. We began to exchange family pictures, visited him in Lisbon and finally, in June 2009, he participated in different events in Mozambique which celebrated The Year of Eduardo Mondlane. Finally meeting him personally, the warmth and honesty which I had come to know electronically was justified and the friendship continues to flower.

After completing decades in the diplomatic field in the service of his country, he had the courage to launch the long academic walk to gain his PhD. He emailed me pictures of his oral exams, sitting in the examining chair usually reserved for the young, confronting the questions of the erudite examiners. I was proud of him. This book is the result of that work.

In his study, José Duarte's objective was to present aspects of Mondlane's personality which led him to play certain historical roles in the life of his country and on the world stage during the decade of the 60s. It is not a work that attempts to psychoanalyze Mondlane's personality to discover the inner workings of his mind, but rather to gather the visual strands of political thinking that resulted in the life decisions he made and his interpretations of the international scene. The author proposes that the texture of Mondlane's thought was more in line with Karl Popper's "peaceful social engineering". As his wife and companion,

I know that having to launch a war cost him the anguish of questioning his deepest moral ideals as set against the independence of his people. War was the pragmatic choice, not the ideological choice. It was a brave choice.

Finally Mondlane was assassinated for the option he chose. Whether he became an obstacle to Mozambicans who disagreed with him, or whether he was judged an uncomfortable player in the Cold War scenario, the fact is that Africa and the world lost an unusually perceptive politician, diplomat and academician who understood the forces pressuring and guiding the social movements of human kind.

JANET RAE MONDLANE
Maputo
22 August 2009

PRINCIPAIS ABREVIATURAS E SIGLAS UTILIZADAS

AAFTUF	All African Free-Trade Unions Association
ACC	Allied Coordination Committee (NATO)
AG	Assembleia Geral da ONU
AHD	Arquivo Histórico-Diplomático do Ministério dos Negócios Estrangeiros
AHU	Arquivo Histórico Ultramarino
ALIGATOR III	Manobras militares franco-marfinenses com unidades aero-transportadas, realizadas entre 1 de Setembro e 13 de Outubro de 1967
ANC	African National Congress
AND	Arquivo da Defesa Nacional (Arquivo Militar)
ANTT	Arquivo Nacional da Torre do Tombo
ATUC	African Trade Union Confederation
BOSS	Bureau of State Security (Serviços Secretos da RAS)
CCP	Comité Clandestino de Planificação (NATO)
CCTA	Comissão de Cooperação Técnica para África (ao sul do Saara)
CEI	Casa dos Estudantes do Império
CEM	Chefe do Estado-Maior
CIA	Central Intelligence Agency
CIMADE	Comité InterMouvements Auprès des Evacués
CISL	Confédération Internationale des Syndicats Libres
CLAC	Comité de Luta Anti-Colonial
COMITE/OUA	CCLA – Comité de Coordenação para a Libertação da África, da OUA
CONCP	Conferência das Organizações Nacionalistas das Colónias Portuguesas
COREMO	Comité Revolucionário de Moçambique
COTU	Central Organization of Trade Unions (Quénia)
CSA	Confédération Syndicale Africaine
DIA	Defense Intelligence Agency

EFTA	European Free Trade Association
ETH	Eidgenösische Technische Hochschule, de Zurique
EXNSC	Executive Council of the National Security Council (Crise dos mísseis)
FNLA	Frente Nacional de Libertação de Angola
FO	Foreign Office
FUNIPAMO	Frente Unida Anti-Imperialista Africana Popular de Moçambique
GNP	Gabinete dos Negócios Políticos do Ministério do Ultramar
GRU	O Directório da *Intelligence* da URSS, em conjunto com o KGB, existente desde 1918, e actuando sobretudo nos países satélites.
GUW	(Líbia)
JCS	Joint Chiefs of Staff (EUA)
KFL	Kenia Federation of Labour
LGTA	Liga Geral dos Trabalhadores de Angola
MAAG	Military Assistance Advisory Group
MANU	African National Union
MAP	Military Aid Program
MNE	Ministério dos Negócios Estrangeiros
MPLA	Movimento Popular de Libertação de Angola
MTUC	Mauritius Trade Union Congress
MUD	Movimento de Unidade Democrática
NC(B)W	National Congress of Workers (Togo)
NC(B)WD	National Congress of Workers of Dahome
NESAM	Núcleo dos Estudantes Secundários Africanos de Moçambique
NIE	National Intelligence Estimate
NRTUC	North Rodhesia Trade Union Confederation
NSA	National Security Act
NSAM	National Security Action Memorandum (a mais alta decisão política dos EUA)
NSC	National Security Council, dos Estados Unidos
NTUC	Nyssalandia Trade Union Congress
NUW	Niger Union of Workers
OIT	Organização Internacional do Trabalho
ONG	Organização Não-Governamental
OPC	Office of Political Coordination (junto à CIA)
ORAF	Organização Regional Africana da CISL
OSPAA	Organização de Solidariedade com os Países Africanos e Asiáticos

OUA	Organização da Unidade Africana (hoje UA)
PAFMESCA	Panafrican Freedom Movement for East Central and Southern Africa
PAIGC	Partido Africano para a Independência da Guiné e Cabo Verde
PCC	Partido Comunista Chinês
PVD	Países em via de Desenvolvimento
RAU	República Árabe Unida (hoje Egipto)
RCA	República Centro-Africna
RDA	República Democrática Alemã
REPER	Representação Permanente de Portugal junto da UE (ex-CEE)
SAM	Mísseis Solo Ar
SCCI	Serviços de Centralização e Coordenação de Informação[da PIDE]
SCCIM	Serviços de Centralização e Coordenação de Informação de Moçambique
SCL	Somalia Confederation of Labour
SED	Sozialistische Einheitspartei Deutschland
SIDA	Swedish International Development Agency
SIM	Serviço de Informações Militares
SLLC	Sierra Leone Labour Congress
SPD	Sozialdemokratische Partei Deutschland
SRTUC	South Rodhesia Trade Union Confederation
SWAPO	Southwest African Political Organization
TANU	Tanganika African National Union
TFL	Tanganika Federation of Labour
TUCN	Trade Union Confederation of Nigeria
UDENAMO	União Democrática Nacional de Moçambique
UGTAN	Union Générale des Travailleurs d'Afrique Noire
UGTS	Union Générale des Travailleurs du Sénégal
UGTT	Union Générale Tunisienne du Travail
UNAMI	União Nacional de Moçambique para a Independência
UNEMO	União Nacional dos Estudantes de Moçambique
UNITA	União Nacional para a Independência Total de Angola
UPA	União das Populações de Angola
USPA	Union Syndicale Panafricaine
UTUC	Uganda Trade Union Confederation
ZANU	Zimbabwe African National Union
ZAPU	Zimbabwe African Peoples Union

PREÂMBULO

O objectivo fundamental deste trabalho de investigação foi o de estudar a figura singular de Eduardo Mondlane, entre os líderes africanos nacionalistas, da década de 60, particularmente na sua dimensão de estratego e de diplomata, contextualizando este objectivo com as estratégias dos Estados Unidos, da URSS, da China – isto é da Guerra-Fria – e de Portugal.

Pensámos que, havendo algumas obras escritas sobre certos aspectos específicos da personalidade de Mondlane, faltava um estudo histórico sobre as facetas da sua personalidade, como alguém que procurou formular estratégias para um objectivo político, a independência de Moçambique, tanto a nível internacional como nacional e que, nesse quadro, desenvolveu uma actividade diplomática ímpar.

Neste contexto, tivemos como objectivo desfazer certos mitos que tornam as explicações históricas mais fáceis, porque simplificam, falseando as circunstâncias, numa rotina quase inconsciente.

No decurso do trabalho, procurámos colocar a figura de Mondlane no quadro de três "redes" ou "*power networks*": no âmbito global, o quadro mundial da Guerra-Fria, no mundo bipolar da altura; no âmbito regional africano, a rede de poderes e interesses que directa ou indirectamente projectavam em África aquele quadro global; e, finalmente, o quadro bilateral, Mondlane-Portugal, no que ambos representavam de proximidade e conflitualidade de interesses em jogo. É na complexidade desta teia que pensamos dever entender os sucessivos jogos estratégicos e projectos políticos de Mondlane.

Procurou-se, com mais pormenor, enquadrar Mondlane nas grandes linhas do contexto geopolítico da África dos anos 60.

Esquematicamente, delineou-se o quadro das potências que procuravam dominar política e economicamente o evoluir do Continente Africano: a Europa, incluindo os países que haviam sido e os que ainda eram potências coloniais; a URSS e a República Popular da China, estas em concorrência inamical entre si e os Estados Unidos, estes, particularmente, nos períodos das Administrações Kennedy e Johnson.

Abordámos a Rodésia e a África do Sul, que procuravam uma estabilidade, que só seria possível pela desestabilização dos novos Estados emergentes e dos movimentos nacionalistas; Portugal, que persistia em manter-se como potência colonial, sob uma imagem diferente, e única, quase vendável internacionalmente do ponto de vista jurídico, mas, no fundo, politicamente inaceitável pela restante comunidade internacional, com raras excepções, nas quais se incluíam aqueles dois países governados por minorias brancas.

Para além destes actores estatais tradicionais, isolados ou coligados, surgiam actores "para-estatais" – os movimentos independentistas – e os actores institucionais não-estatais, como Fundações (ex. *Ford Foundation*), Sindicatos e Federações sindicais, Igrejas, Institutos (ex. *American Committee for Africa*), etc.

Estes últimos, que vão ganhando voz na cena internacional, são por vezes porta-vozes de outros Estados ou de grupos da sociedade civil, nos países onde esta já ganhara perfil importante, como nos EUA.

Outros actores havia ainda, menos visíveis, e que, sob coberturas diversas, actuavam no campo, isolados ou coligados com congéneres de mais de um país, e refiro-me particularmente às agências de *intelligence*, dos EUA e da União Soviética.

Por outro lado, sendo Mondlane um moçambicano português, com fortíssimas raízes de formação intelectual e familiar nos Estados Unidos, não podemos avaliar a sua estratégia diplomática, para os seus objectivos sucessivos – autonomia negociada tendencialmente independentista, numa primeira fase, e independência pelas armas, numa segunda – sem o enquadrarmos na estratégia norte-americana para a África.

Deste quadro, e da sua experiência nas Nações Unidas, surge uma primeira face da estratégia de Mondlane para a África e para Moçambique.

Aludimos à evolução do contexto político e da estratégia africana dos Estados Unidos, com o desaparecimento inesperado de Kennedy e o advento de Johnson, que faz diminuir o peso dos chamados "africanos", ou mais ou menos radicais, da Administração Kennedy, como Adlai Stevenson, Dean Rusk, Mennen Williams, Averell Harriman, Robert Kennedy ou Wayne Fredericks. Esta mudança vem favorecer os chamados "europeus", como Dean Acheson, Gilpatrick, o marginal Príncipe Radziwill, George Ball etc., e proporciona uma quebra num dos pilares em que assentava a primeira estratégia de Mondlane.

A evolução, em Portugal, com o desaparecimento da cena política do Prof. Adriano Moreira, e o resultante triunfo de uma tendência dura e retrógrada, faz desaparecer o segundo pilar dessa estratégia.

Deve sublinhar-se neste ponto, que as estratégias alternativas das oposições tradicionais ao Estado Novo, nos vários manifestos eleitorais conhecidos, não contemplavam a autodeterminação ou um futuro separado das colónias portuguesas. Não era nas figuras tutelares dessa tendência, Norton de Matos, Quintão Meireles, Ramada Curto, Jaime Cortesão e tantos outros, que surgiam diferenças reais relativamente à política ultramarina do Estado Novo.

Só mais tarde, com o evoluir da posição do General Delgado, este repensa a política de África. Segundo Almeida Santos, Delgado teria mesmo pensado num golpe a partir de Moçambique, que, de resto, nunca passou *"dum sonho e dumas conversas"*[1].

Além do abortado golpe do Ministro da Defesa, General Botelho Moniz, em 1961, oriundo da classe militar, continuou sendo, numa primeira fase, das margens do aparelho do próprio Estado Novo, que surgem as estratégias alternativas, contando essas "margens" com alguns membros do Governo.

---

[1] Almeida Santos, Quase Memórias, vol. I, Círculo de Leitores, 2006.

Alguns esboços de nacionalismos brancos, em Angola e em Moçambique, "*viriam a morrer às mãos do nacionalismo negro*", parafraseando Almeida Santos.

As grandes e determinantes resoluções das Nações Unidas de 1955 passaram sobre Portugal como chuva sobre material impermeável[2].

A possibilidade de solução negociada desaparece, assim, do horizonte realista de Mondlane.

Mantendo as ligações essenciais com os seus parceiros africanos – com os úteis, embora nem sempre próximos e com os que lhe eram politicamente mais próximos – reforça, então, uma nova fase da sua estratégia, que passa pela abertura de hostilidades em Moçambique – realidade que face aos exemplos do Congo e de Angola – Mondlane quis evitar até onde pôde. Todo o seu percurso político passou por uma vasta ofensiva diplomática, que teve o seu ponto focal, nesta segunda fase, nos países escandinavos, embora mantendo fortes ligações a instituições não-governamentais americanas e alargando-as, cada vez mais, aos países de Leste, à URSS e à China. No tocante às questões de armamento, privilegiava, sempre os parceiros africanos, reais ou meros transitários.

A um dado momento, três estratégias, americana, de Mondlane e portuguesa entrecruzam-se, sem coincidirem, tendo, somente, formalmente, alguns pontos de contacto, as dos Estados Unidos e de Mondlane.

Neste novo quadro, procurou, como já desde início, por um lado evitar que a guerra e a acção da FRELIMO caísse na rede da Guerra-Fria, enquadrando-se numa tradição de Bandung, mas com fortes laços ao Ocidente. A estes aspectos, acrescia a gestão difícil, mas conseguida, durante anos, com muita perícia, de uma unidade interna na FRELIMO, com um equilíbrio extremamente delicado e frágil, pois também dentro do movimento viviam e se digladiavam tendências diversas. Estas eram, em parte de raiz endógena, tribal ou resultantes de níveis culturais muito diferentes, outras de raiz exógena.

---

[2] As resoluções 1514 e 1542 da XV AG.

Era a Guerra-Fria minando o próprio movimento de libertação.

Dentro deste quadro, o seu casamento com uma branca americana, de origem sueca, constituía um exemplo vivo da sua ideologia anti-racista. De resto, Janet Mondlane teve um papel preponderante na acção diplomática e na política educacional da FRELIMO.

Estas circunstâncias só poderiam, na época, criar vários focos de inimizade. Focos localizados a nível internacional e local e que, frequentemente, se interligavam em acções tácticas.

Neste contexto deve ser visto o seu assassinato. Mondlane aparece como um incómodo actor político para muitos – um homem a abater.

Com a sua morte, desapareceu, durante muitos anos, a estratégia que privilegiava o diálogo e a negociação despida de dogmatismos ideológicos, que tinha sido a sua, para a África Austral, ficando Moçambique e aquele continente politicamente mais pobres.

CRITÉRIOS E METODOLOGIA

> "*1.1 Die Welt is die Gesamtheit der Tatsachen nicht der Dinge.*
> *1.2 Die Welt zervällt in Tatsachen*"
> – "*(1.1 O Mundo é a totalidade dos Factos não das Coisas*
> *1.2 O Mundo decompõe-se em Factos)*".
>
> LUDWIG WITTGENSTEIN – "*Tractatus Logico-philosophicus*".

Este trabalho insere-se no âmbito da História das Relações Internacionais. Desde logo, permite, a nosso ver, abordar a noção de Sistema Internacional, como um quadro aparentemente estável. Tratando-se de uma disciplina que tem a ver com a sociedade humana, poder-se-ia ser tentado a fazer uma abordagem historicista.

Nada é mais instável do que a noção de "sistema" aplicado às relações internacionais, não obstante a sua importância, mais metodológica do que epistemológica, e é disso bem demonstrativo o curto período que analisamos.

1 – Quanto aos critérios conceptuais adoptados na interpretação do tecido em que se procurou inserir, no espaço e no tempo, os acontecimentos históricos que nos propusemos estudar, adoptámos a filosofia base da "*inaceitabilidade do princípio de qualquer necessidade histórica*", explicita ou implícita.

Estamos convictos de que a História, designadamente a história dos acontecimentos políticos e sociológicos, não constitui uma "*ciência*", no sentido epistemológico daquele conceito. Exige, sim, uma análise e um estudo, que utilize uma metodologia científica.

Neste contexto, será sempre um exercício com base num "*racionalismo crítico*", para usar uma expressão popperiana[3], para procurar explicar os acontecimentos.

Não consideramos, pois, nenhuma "*rede ôntica*" como suporte dos acontecimentos.

Os homens e os outros actores sofrem a influência do ambiente histórico que os rodeia e que eles próprios parcialmente criam, e, por sua vez, agem na construção ou modificação desse mesmo ambiente, que é objecto de conhecimento. Poder-lhe-íamos chamar a sua "circunstância", parafraseando um pensador espanhol.

O observador científico deve procurar racionalmente, com espírito crítico, científico e sem menosprezar a capacidade que a liberdade dá ao homem como agente histórico, desmontar e explicar essa rede ou teia em que tudo se insere.

Como os acontecimentos que nos propomos estudar são predominantemente da esfera política e diplomática, a rede geoestratégica é aquela onde mais claramente se integra o seu desenrolar.

O "*poder*" e a "*razão*" são para nós, não as únicas, (não podemos esquecer a cultura, as emoções ou outros factores irracionais), mas as mais fortes motivações da acção e reacção dos protagonistas. Este "*poder*" aparece, por vezes, de modo expresso, por vezes, encoberto.

Os chamados interesses nacionais (ou de grupos ou instituições) não se podem desarticular do conceito de "*poder*". O "*interesse*" nunca é auto destrutivo, pelo que se pode considerar que estão sempre na base da sustentabilidade do "*poder*" duas constantes: "*manter-se*" ou/e "*aumentar*".

O interesse pessoal quase nunca coincide com o interesse nacional, com excepção de curtos períodos, em que um homem se pode identificar pontualmente com um interesse nacional.

Também assumimos a racionalidade como pressuposto das decisões, particularmente das de Eduardo Mondlane – homem de formação

---

[3] Karl R. Popper, *Das Elend des Historizismus*, 5.ª edição corrigida, JCB Mohr, Tuebingen, 1979.

académica e de pensar estratégico. Procurámos contrapô-la a outros pressupostos, onde, por vezes, encontramos o interesse do *"poder"* ou do *"poder pessoal"*, ou um conjunto de elementos da esfera emocional – elementos também naturais no comportamento político.

2 – Quanto aos critérios e metodologia históricos na determinação da veracidade dos acontecimentos, privilegiámos, obviamente, as fontes primárias, procurando-se encontrar fontes escritas ou documentais (incluindo gravações de conversas telefónicas ou entrevistas), tendo sempre em mente a distância que os separa da realidade que referem e ainda a *"conveniência"* linguística de que grande parte dos documentos diplomáticos enferma.

– Por ordem de frequência e importância de utilização, recorremos, entre os **arquivos portugueses**, fundamentalmente, ao Arquivo Histórico-Diplomático do Ministério dos Negócios Estrangeiros, ao Arquivo Nacional da Torre do Tombo, particularmente o Arquivo PIDE/DGS, o Arquivo Salazar e à colecção do Prof. Marcello Caetano, ao Arquivo Histórico Ultramarino e ao Arquivo Militar (Arquivo da Defesa Nacional, Forte de S. Julião da Barra).

– Entre vários **arquivos estrangeiros**, referimos, em particular, **os americanos,** onde consultámos parte dos arquivos Mondlane, extensíssimos e bem organizados, do *Oberlin College*, de Ohio; da Casa Branca, que se encontram depositados em mais do que uma Universidade ou Fundação, designadamente o *John F. Kennedy Presidential Library and Museum – Presidential Papers and Office Files*, em Boston, assim como a *Lyndon Baines Johnson Library,* em Austin; os Arquivos de Departamento de Estado, que também contêm grande número de documentos da CIA, da DIA e do Pentágono.

Consultámos os arquivos do **Quai d'Orsay**, o arquivo político da ex-**República Democrática Alemã** e da **República Federal Alemã**, em Berlim; consultámos, igualmente, várias colecções privadas britânicas, que se encontram integradas nos **National Archives**. Referimos especialmente os arquivos da **Chatham House** (*Royal Institute of International Affairs*), os arquivos da **Universidade de York**, designadamente do *Borthwick Institute* e do "***Attorney General***", **(Procurador-Geral) do Reino Unido**.

Consultámos, em Pequim, a **Biblioteca Nacional da China**, designadamente as *depêches* da *Xinhua*, na íntegra, e os arquivos do jornal oficial **Renmin Ribao**.

Consultámos arquivos pessoais, memórias e apontamentos de personagens envolvidas directa ou indirectamente nos acontecimentos, assim como o **arquivo histórico da CNN**; entre outras, a **imprensa** portuguesa da metrópole e de Moçambique, assim como a imprensa americana, inglesa, francesa, alemã, holandesa, sueca, dinamarquesa, finlandesa, tunisina, argelina, e de vários países ou territórios da África meridional.

Recorreu-se igualmente, em muito menor grau, a **fontes orais**, designadamente onde os arquivos não estão disponíveis, como na Tunísia, através de algumas entrevistas que se nos afiguraram essenciais.

Procuraram-se pessoas, cujos depoimentos reputámos de isentos de ligações político-partidárias ou de inspirações historicistas ou ideológicas, e que ajudaram a determinar datas – eventos que não constam de arquivos por razões históricas e políticas – importantes para a sequência dos acontecimentos e que completaram a percepção das personalidades que estudámos, particularmente a de Mondlane.

As principais fontes orais, portuguesas e estrangeiras a que aludimos, constam de uma lista anexa ao texto e dos agradecimentos formulados.

3 – Muitas foram as dificuldades com que nos deparámos, especialmente decorrentes de dois factores:

- A existência de documentos ainda não "desclassificados", ou só parcialmente "desclassificados", outros consultáveis, mas com interdição expressa de serem reproduzidos, embora, nalguns casos, com certas passagens citáveis para efeitos académicos. Entre estes, encontra-se um documento importante na trajectória política de Mondlane: a sua intervenção, em 1968, na *Chatham House – Royal Institute of International Affairs* – e que ainda

hoje está sujeita à mais estrita e famosa regra de sigilo da Chatham House, pelo que, embora tenhamos o texto, só poderemos a ele fazer referência e às ideias nele expostas, sem citações textuais.
- O forte ambiente emocional que, ainda, em mais do que um país, envolve grande parte dos acontecimentos que procurámos estudar e interpretar e que nesse sentido limitou o acesso válido a certas fontes orais;

Procurámos fazer-lhes face, sendo mais exigentes, quando possível, no recorte da mesma informação, utilizando mais do que uma fonte histórica, designadamente das diferentes partes envolvidas no mesmo tema e procurando, igualmente, por um lado, descodificar a "linguagem diplomática" usada e, por outro, penetrar na chamada "diplomacia secreta", através do acesso a fontes que se têm mantido classificadas até há muito pouco tempo e que podem conter elementos fundamentais na compreensão e interpretação de certos aspectos.

Quanto às fontes de *intelligence*, nacionais ou estrangeiras, procurou-se sempre ter em linha de conta a classificação contida nos referidos documentos, quanto ao grau de fiabilidade das fontes aludidas nos documentos consultados.

4 – Finalmente, optámos por incluir, cópias de documentos inéditos consultados (ou cuja publicação prévia desconhecemos) e que reputámos de interesse para a economia da compreensão temática dos assuntos abordados. Não incluímos, assim, mesmo quando se considerou serem documentos essenciais, aqueles já tornados públicos, ou acessíveis na *net*. Fizemos excepção a dois artigos de jornal, porque são hoje dificilmente acessíveis, mas são fundamentais para compreender Mondlane.

CAPÍTULO I

O quadro geopolítico em África nos anos 60

"Vimos que o poder não é uma coisa, é uma relação entre vontades que utilizam recursos à sua disposição".

ADRIANO MOREIRA, *Teoria das Relações Internacionais*, Almedina, 2002.

1.1. Contornos geopolíticos no âmbito da Guerra-Fria

Antes de abordarmos a figura de Eduardo Mondlane, vejamos sinteticamente o quadro geopolítico africano em que ele se inseria – em suma, a sua "circunstância" histórica.

O Continente Africano foi um dos teatros do mundo, como a Ásia, onde se operou o que poderíamos hoje chamar a transformação do mundo moderno no pós-moderno em termos geopolíticos.

Esta transformação, cujas raízes assentam nas consequências do final da Segunda Guerra Mundial e encontra a sua primeira expressão ou o seu primeiro acto, na Conferência de Bandung[4], Conferência essa que mergulha as suas causas mais próximas num conjunto de factores que se desenrolou na Ásia e depois em África.

---

[4] Veja-se *"A Diplomacia Portuguesa face aos Acontecimentos: O que Resta de Bandung"*, do autor, em *Daxiyanguo*, Nr 8, 2005.

O esquema pós-Segunda Guerra Mundial do cenário mundial caracteriza-se pela Guerra-Fria.

A Guerra-Fria divide a Europa e empresta-lhe uma nova arquitectura, que gera uma conceptualização geoestratégica própria.

Para utilizar uma definição do diplomata e docente Universitário Paul Nitze[5], inserida num seu artigo, na *Foreign Affairs*, Outono de 1990, *"For over forty years the foreign and defense policies of the United States have been guided by a central theme, as well-defined basic policy objective. The goal, throughout the Cold War, was for the United States to take the lead in building an international world order based on liberal economic and political institutions and to defend that world against communist attack"*.

Com Bandung, surge na cena internacional um conjunto de novos actores, que se agrupa e ganha voz – *"a voz dos que não tinham voz"* – [6], nomeadamente num novo palco: a Organização das Nações Unidas.

Esta transformação anuncia três grandes novos factos políticos: o início do fim do euro-centrismo; a grande polarização das forças em confronto, a URSS e os EUA, particularmente depois da crise do Suez; e o aparecimento de uma nova China, que virá a constituir-se concorrente da URSS.

Os movimentos nacionalistas das colónias, que à altura ainda se não tinham tornado independentes a partir de uma evolução negociada e interna, surgem como novos actores não-estatais e que chamaríamos *para-estatais* pois assumem-se como representantes de futuros Estados independentes.

Fora alguns casos isolados na Ásia, na década de 60, a maioria destes movimentos concentrava-se na África ao sul do Saara.

Nesta conjuntura, existem dois países na África Subsaariana que são governados por minorias brancas – a África do Sul e a Rodésia. Por natureza, pertencem teoricamente ao mundo ocidental, pois assumem-se

---

[5] Paul H. Nitze, diplomata e docente na *Paul H. Nitzer School of Advanced International Studies*, da John Hopkins University, de Washington, DC.

[6] Para usar uma expressão preferida pelo Prof. Dr. Adriano Moreira.

como aliados na luta contra a URSS e a China, no esquema da Guerra--Fria.

Àqueles actores não-estatais vêm-se juntar outros que, de uma forma ou de outra, virão a desempenhar um papel de relevo no palco das Nações Unidas e na opinião pública mundial, cada vez mais rápida e mais influente na sua reacção.

Em suma, como iremos verificar, começa-se a assistir ao início do que alguns autores chamam hoje uma geoestratégia pós-moderna, onde o Estado-Nação começa a acusar forte desgaste, particularmente na Europa, onde novos actores na cena internacional concorrem com os actores tradicionais e onde a guerra clássica entre os actores estatais dá lugar à guerrilha, menos definida em termos de autor. O adversário é frequentemente, incaracterístico em termos clássicos, pois agrupa forças por vezes antagónicas entre si – caso típico de Angola.

Procurar teorizar um modelo para definir este quadro que referi corre o perigo de ignorar o famoso *gap* entre uma teoria e a realidade que ela procura racionalizar[7].

Baseados numa visão que adoptámos, por a considerar mais correcta em questões de "política internacional", sem cair em exageradas diferenças teóricas entre esta e a "política externa", à maneira de Kenneth Walz[8], utilizando elementos axiomáticos de certo liberalismo dos nossos dias, vamos procurar não deixar fugir a análise realista do contexto.

Afigura-se desde logo essencial ter consciência de que, no que toca os territórios portugueses de África, a partir de 61, Angola ocupa, tanto para os EUA como para a URSS, um plano muito mais importante, do que Moçambique.

Em primeiro lugar, porque Angola é economicamente muito mais relevante; em segundo, porque lá se iniciaram as hostilidades muito

---

[7] Ver a este propósito, George, Alexander, in "*Bridging the Gap: Theory and Practice in Foreign Policy*" Washington, Institute of Peace, 1993.
[8] Walz, Kenneth, "*International Politics is Not Foreign Policy*" in Security Studies, 6, Nr.1, 1996.

antes que em Moçambique e em terceiro, pela sua proximidade com o caótico Congo dos anos 60; e, por fim, porque no seio de Angola se confrontavam os actores principais da própria Guerra-Fria.

Nos documentos dos arquivos do Departamento de Estado ou de outras agências americanas daquela época, as palavras Angola e Holden Roberto aparecem com uma frequência relativamente às palavras Moçambique e Eduardo Mondlane na ordem de 10 para 1.

A geoeconomia já primava. A importância de Moçambique relevava bem mais de coordenadas políticas do que económicas. Era um tampão face à África Austral dominada por minorias brancas mas tida como barreira à infiltração comunista, ou seja, à penetração no Continente de um dos actores estatais da Guerra-Fria.

Neste quadro, assiste-se, por um lado, a uma tendência de diminuição de efectivos militares – de orçamentos de defesa – na Europa, enquanto que na África do pós-independências se assiste a uma corrida armamentista, em grande parte, consequência da Guerra-Fria. Basta lembrar que no Congo Belga se passou de um efectivo militar de uns 20 000 homens, antes da independência, para cerca de 45 000, depois, para não referir o caso extremo da Nigéria, onde se passou de 10 000 para 100 000[9].

O fenómeno encontra parte das suas causas no fluxo do armamento soviético e no correspondente provindo do Ocidente, acompanhados por um terceiro fluxo de origem chinesa.

Esta ajuda militar vem determinar novos neo-colonialismos e novas dependências, geradores de conflitos típicos da confrontação paradigmática da Guerra-Fria.

---

[9] AHD, MU/GM/GNP 190 "*O Auxilio Militar Estrangeiro ao Continente Africano*", Ministério do Exército, EM, 2.ª Repartição.

I.2. Os Actores Estatais Externos: Europa-EUA, URSS, RPC

São três os grandes actores estatais externos: Ocidente (Europa e EUA), União Soviética e China.

A Europa configura na mente dos africanos o valor mais pesado do chamado Ocidente. A Europa representa as antigas potências coloniais e com ela ficou associado o cristianismo, particularmente na sua morfologia de catolicismo. Foi ela quem ficou com o estigma do esclavagismo – embora ele existisse antes de os europeus chegarem a África. No entanto, a prática europeia passava a ser concebida como uma política de potência exógena e não como uma prática odiosa, mas de âmbito interno. Várias das formas do colonialismo revestiram aspectos de verdadeira ocupação, no sentido pior do termo, tanto a nível económico, como social, cultural ou linguístico.

Se, por um lado, muitos dos países europeus entenderam o que Harold Macmillan chamou de "*os ventos da mudança*" e concederam, com sucesso, de uma maneira geral, a independência às sua colónias africanas, Portugal, recorrendo a figuras retóricas de direito, chama província às colónias e procura, militarmente, fazer face aos *ventos da história*, que apontam para a aplicação sistemática do princípio da autodeterminação.

Enquanto a França e a Inglaterra são os principais actores dos processos de independência, que eles próprios controlam, Portugal é espectador que sofre o processo desencadeado pelos movimentos independentistas e reage pela guerra.

Portugal era, por natureza ideológica, avesso a consultas populares e por outro lado, via numa consulta a possibilidade de ser obrigado a conceder a independência a esses territórios, o que recusa. A sua recusa assenta numa dupla causalidade: uma conceptual, outra de interesse. A primeira decorre da concepção de um país plural mas **uno**, do Minho a Timor, concepção que não só decorre da ideologia do Estado Novo como tem a princípio uma forte implantação popular. A segunda, decorre do conceito de "África Útil", pois Salazar identifica a perda de África à perda da soberania nacional, em termos económicos e políticos.

Podemos agrupar os Estados europeus actores em África em duas categorias:

- os indesejáveis, como **Portugal**, que nega sistematicamente a autonomia conducente à independência;
- os aceitáveis, como a **França**, que graças à clarividência de De Gaulle, formou elites africanas e tomou a iniciativa das independências, não obstante persistir algum grau de desconfiança dos africanos – devido à prolongada guerra da França com a Argélia e às suas relações com a África do Sul.

Dentro deste grupo conta-se a **Inglaterra**, que ostentava a sua serôdia descolonização no Oriente e em África com grande paralelismo com a França, mas cujas ambíguas relações, designadamente com a África do Sul também criavam algum grau de desconfiança.

A **França**, através de uma activa política de alianças militares de diversos tipos, ora bilaterais ora regionais, firmou acordos de defesa com o Senegal, Mauritânia, Costa do Marfim, Togo, Dahomé, Niger, RCA, Gabão, Congo Brazzaville, Tchad, República Malgache e, nos casos dos Camarões e Alto Volta, meros acordos de assistência.

Refira-se neste âmbito entre algumas manobras militares de envergadura, o "Alligator III" na Costa do Marfim, com a participação de uma coligação regional – a *Entente* – que agrupava o Alto Volta, Dahomé e Niger. Estas manobras concentraram 2000 soldados franceses e 1500 marfinenses e foram comandadas pelo próprio CEM francês, General Ailleret[10].

Com o evoluir do quadro político internacional, a presença militar francesa em África – que, nos termos dos acordos que a definiam, previa a garantia da soberania dos novos Estados assim como a intervenção quando por eles solicitada – veio a diminuir consideravelmente. Assim, se em 1964 havia no continente africano efectivos militares franceses da ordem dos 35 000, em 1969 só restavam cerca de 3500.

---

[10] Relatório citado, do Ministério do Exército, EM, 2.ª Repartição.

Este facto não diminuiu porém a sua capacidade de intervenção, graças à 11.ª Divisão estacionada em França (Pau), com nova mobilidade aérea devido às novas tecnologias daquele ramo.

Assim, os países africanos que receberam ajuda militar francesa na década de 60 foram:

a Tunísia, a Argélia, Marrocos, a Mauritânia, o Senegal, o Niger, a Costa do Marfim, o Alto Volta, o Togo, o Dahomé, a RCA, o Congo-Brazzaville, os Camarões, o Gabão, a África do Sul e a República Malgache, tendo a França bases militares na Argélia, no Senegal, no Tchad e na República Malgache.

Foi, de resto, graças a esta rede geoestratégica africana que a França conseguiu que as suas antigas colónias, regra geral, tivessem mantido fortes elos de ligação com a França e com o Ocidente.

A **Inglaterra**, por seu lado, foi a potência ocidental, ex-metrópole colonial, que menos contribuiu para a corrida ao armamento em África.

Não obstante esse facto, interveio em três ex-colónias a pedido dos respectivos líderes para repor a ordem legítima, salvando, assim, em 1964, Nyerere, Obote e Kenyatta.

Recebiam, nos anos 60, ajuda militar britânica, embora em pouca dimensão:

Líbia, Marrocos, Gâmbia, Serra Leoa, Ghana, Congo Kinshasa, Zâmbia, Rodésia, África do Sul, Malawi, Tanzânia, Quénia e Sudão.

A Inglaterra dispunha de duas bases militares, uma na Líbia outra na Zâmbia[11].

Entre os países sem passado colonial ou com passado colonial "histórico" mas já não actual, poderíamos distinguir, em primeiro lugar, a **República Federal da Alemanha**, com uma imagem positiva, que se perfilava em África como quase concorrente da França, de cuja política africana desconfiava. Possuia uma forte componente política

---

[11] Obra citada, do Ministério do Exército, EM, 2.ª Repartição.

interna pró-independentista, no SPD e mesmo o seu partido conservador, o CDU/CSU, apostava em fortes investimentos em África.

A sua imagem era, no entanto, fragilizada pela sua ajuda militar a Portugal, que durou até relativamente tarde. A Alemanha forneceu ajuda militar a países como a Nigéria, a Tanzânia (até 1965, data em que esta reconheceu a RDA), a RAU e o Malawi.

Com uma forte carga positiva vinham **os países escandinavos**, que representavam valores da esquerda da época e apoiavam os movimentos independentistas por razões ideológicas e geopolíticas. As primeiras assentavam na sua forte convicção anti-colonialista, na sua aposta nas consultas populares. As razões geopolíticas baseavam-se no facto de verem nessa política um travão e uma ocupação de terreno que impediriam o avanço da URSS e da China.

Entre os países ocidentais, o Canadá, a Itália, Israel e a Bélgica contribuíram com ajuda económica e também militar, embora de menor monta.

A Europa era uma componente da imagem do Ocidente que, com excepções, não era isenta de mácula aos olhos dos africanos.

Os EUA, no quadro da Guerra-Fria, confrontam-se com a URSS, em primeiro lugar, com a China, em segundo, e têm com a Europa uma relação de aliados na NATO, mas com posições ambíguas relativamente a África e ao colonialismo em geral.

Não devemos esquecer que, num quadro macro, as relações dos Estados Unidos com a Europa sofreram dois importantes reveses, embora de dimensões diversas; o ataque franco-britânico-israelita ao Egipto no seguimento da nacionalização do canal de Suez, em 1956 e o ataque francês a Sakiet-Sidi-Youssef, em 1958.

Os Estados Unidos nunca foram por uma política armamentista em África. Mesmo a sua ajuda global era, nos anos 60, inferior à da URSS. Entre 1965 e 1966, conta-se que os EUA dessem uma ajuda global (económica e militar) a África da ordem de US$30 000 000, enquanto a da URSS seria de US$60 000 000, mormente ajuda militar[12].

---

[12] Relatório já citado, do Ministério do Exército, E.M. 2.ª Repartição.

Na época Kennedy, a política africana tem por objectivo mostrar aos jovens países africanos e aos que lutam pela sua independência – entre eles Angola e Moçambique – que os EUA foram uma colónia que se libertou do jugo europeu, que acredita nos valores da democracia e dos direitos humanos, valores que foram desprezados pelos colonialismos europeus, e que procuram estar à cabeça ou, pelo menos, tornar-se uns aliados incontornáveis da jovem África, saída das opressões coloniais, e dos movimentos que lutam pela independência através de ajudas pontuais.

Com estas armas, procuram travar o avanço mais ou menos *soft* da União Soviética no Continente Africano..

As suas relações, porém, com a África do Sul, o seu apoio a Israel e depois a guerra do Vietname constituem as faces negativas que se contrapõem às primeiras virtudes.

Estes três actores exógenos vão encontrar nos diversos líderes africanos certos apoios, que irão alimentar as clivagens internas do Continente. A África vai, assim, juntar ao precário estado de saúde, sequelas do colonialismo, as novas doenças da Guerra-Fria.

Os movimentos nacionalistas ou se dividem, como em Angola, consoante as obediências exógenas, ou sofrem internamente a luta das facções, como é o caso da FRELIMO que graças à acção de Mondlane se consegue, apesar disso, manter unida.

Esta primeira posição da política africana de Kennedy ir-se-á desvanecendo, deixando cair o seu pilar ideológico e privilegiando uma atitude mais realista, de aliança, embora crítica, com os seus velhos aliados europeus, como melhor forma de contrariar e conter a hegemonia da URSS. No fundo aproxima-se das teses de Dean Acheson.

No terreno, os Estados Unidos sabem fazer distinção entre os interesses comuns à Europa e as diferenças que os separam. Mennen Williams, na sua alocução no Williams College de Massachusetts, a 10.03.65, afirma inequivocamente, por um lado, haver uma feliz coincidência quando os Estados Unidos apoiam as independências africanas, pois esta política associa os *"traditional beliefs"* com os *"national self-interests"*. Por outro lado, é peremptório ao comentar que os interesses americanos são só parcialmente coincidentes com os da Europa em

África, pois "*os nossos interesses integram-se numa estratégia mundial da paz*", e acrescenta que "*a segurança em África é a segurança dos interesses americanos no mundo*".

Não obstante este facto, não devemos pensar que Kennedy pretendia levar a cabo uma política contra a URSS, em África, em desarmonia com os europeus. Houve mesmo, como procuraremos ver mais adiante, uma coincidência de pontos de vista entre Kennedy e De Gaulle sobre África e o problema colonial.

Os Estados Unidos sempre fizeram em África uma aposta selectiva. A Etiópia constituía o maior destino da ajuda militar que na década de 60 era superior ao auxílio militar total em África, e nela se situava a segunda maior base militar americana.

Em Marrocos até 1963, os Estados Unidos dispunham de 5 bases militares, tendo nelas estado cerca de 18 000 homens. Embora o número de bases tenha decrescido substancialmente, Hassan II pediu, na segunda metade dos anos 60, um reforço de ajuda militar americana face à ajuda militar soviética à Argélia. De resto, em determinada altura, a maior missão da MAAG em África chegou a ser a de Marrocos. Na Líbia, os americanos dispunham de uma das suas maiores bases militares – a base de Wheelus –, com um número considerável de aviões e helicópteros. O Congo-Kinshasa, no tempo de Mobutu, foi outros dos pontos importantes da ajuda militar norte-americana.

Relativamente ao Norte de África, que de resto vai desempenhar um papel importante relativamente à África subsaariana, designadamente na ajuda aos movimentos nacionalistas e a Eduardo Mondlane, afigura-se-nos importante constatar a importância desta parte mediterrânica e do Continente Africano para os Estados Unidos.

Neste contexto, um documento de Maio de 1964 sobre a importância estratégica do Norte de África para os Estados Unidos, reveste um significado particular[13]. Entre outros, nele se afirmam claramente os seguintes princípios:

---

[13] Arq. pessoal de Witney Schneidman, (IPRI), M 1964 May-Dec. LBJ Library, Secreto "*North Africa, The Strategic Importance of North Africa*", LBJ Library, Case #NLJ 82-215, Doc #1.

- *"As imensas reservas em óleo e gás natural .....constituem um activo económico e estratégico de importância considerável".*
- *"A França tem parecido indiferente às actividades soviéticas e a ajuda de outras nações do Atlântico Norte parece questionável".....* *"Recai largamente nos Estados Unidos examinar as implicações políticas e militares da presença cada vez maior da União Soviética".*
- *"Uma das nossas maiores preocupações envolve as reacções de Marrocos e Tunísia ao aumento da assistência militar soviética crescente à Argélia".....* *"Hassan e Burguiba esperam de nós uma acrescida assistência militar assim como uma garantia dos Estados Unidos à sua segurança nacional".*
- *"Queremos evitar ser implicados na corrida ao armamento do Norte de África".*
- *"O nosso primeiro interesse reside na estabilidade e progresso da área como um todo....Não precisamos de dominar nenhuma daquelas partes".*
- *"Estamos conscientes dos perigos de uma excessiva polarização e confrontação Este-Oeste e por isso temos procurado incluir a Argélia na nosso programa de ajuda e convencer os seus líderes da nossa boa vontade".*

Vejamos agora, esquematicamente, alguns dos principais protagonistas africanos – actores internos ao Continente e as suas clivagens, nem sempre claras e permanentes, tendo como *focal point* a figura de Mondlane, o palco em que se movia e as peças de xadrez que utilizava.

A URSS e obviamente os seus aliados no Pacto de Varsóvia formavam um bloco, no qual se destacavam mais a Checoslováquia – que sempre teve uma tradição de indústria bélica forte e que como tal era importante fonte de armamento – e a RDA que veio mais tarde procurar concorrer com Bona.

É curioso referir que numa primeira fase o Ocidente subestimou a ajuda militar soviética a África considerando-a tecnologicamente inferior, em grande parte, devido ao desastre da RAU na guerra com Israel, e em segundo lugar, por a considerar como uma mera medida de contenção relativamente à China.

Ambas estas considerações eram falsas.

A URSS e os seus aliados tinham ao seu alcance naquele Continente algumas vantagens fáceis, que eram importantes no cenário da Guerra--Fria. Ideologicamente, apesar de brancos e parcialmente europeus – não convém esquecer que não foram parte na Conferência de Bandung – proclamavam o marxismo que definia o colonialismo como um dos males do capitalismo, logo das sociedades ocidentais. A Europa e os EUA muito embora estes não pudessem ser claramente acusados de colonialistas, com poucas excepções, sem grande impacto geopolítico, eram alvos fáceis na luta independentista. Os países do bloco soviético perfilavam-se assim facilmente como aliados naturais dos movimentos de libertação, que tinham razões económicas evidentes para aceitar a sua ajuda.

Desde o célebre XX Congresso de Fevereiro de 1956, a URSS, na sua política externa, contou com a simpatia de muitos movimentos no Continente Africano.

É de resto com Nikita Kruchtchev, que a URSS assume a dimensão clara de uma das duas grandes potências mundiais do pós-guerra.

Parece claro que a ajuda soviética aos diversos países africanos era determinada pelos seus interesses estratégicos gerais, tanto económicos como político-ideológicos, numa perspectiva geoestratégica da Guerra--Fria e agora protagonizada por uma grande potência mundial. Nem sempre, mas nalguns casos a ajuda soviética consegue substituir a influência ocidental, nesses casos tratava-se de um ganho claro no xadrez da Guerra-Fria.

Como exemplos paradigmáticos, poderíamos citar o caso da Etiópia , país pró-ocidental e importante base militar americana até à queda do Imperador em 1974, que a partir daí cai completamente na esfera soviética, e o caso de Angola onde acontece o mesmo com o MPLA. Trata-se, neste último caso, do único exemplo africano em que a luta pela independência protagonizou a própria Guerra-Fria, com dois movimentos antagónicos: o MPLA por um lado e o FNLA e a UNITA pelo outro.

A FRELIMO, graças a Mondlane, conseguiu manter a unidade e uma certa neutralidade até à sua inesperada morte em 1969.

De resto, é a partir de 1970 que a ajuda militar soviética em África ultrapassa a ajuda económica. Com excepção do Egipto, entre 1972 e 1977 a ajuda soviética a África ultrapassou os 2 mil milhões de dólares americanos.

É interessante analisar estes números, referentes a alguns países:

Ajuda económica soviética entre 1954 e 1977, em milhões de dólares:
Total: 12.932,-
Angola: até 1969 = 0   1976 =10   1977 11,-
Moçambique: até 1969 = 0   1976 = 3   1977 3,-
Algéria (primeiro): até 68 = 227,-   1971 =189,-

(Fonte: CIA National Foreign Assessment Center, Communist Aid to the Less Developed Countries of the Free World, 1977, ER-78U Washington)[14].

Quadros militares africanos treinados na União Soviética, 1955-1976
Total   17.650,-
Angola   0
Moçambique   300,-
Egipto   5.670,-
Somália   2.400,-
Tanzânia   1.425,-
Líbia   1.250,-
Guiné-Bissau   1.100,-
Os restantes mostram números muito inferiores.

(Fonte: CIA, Communist Aid to the Less Developed Countries of the Free World, 1976, ER-77-10296, Washington)[15].

---

[14] in James Mulira, *The Soviet Union, Angola and the Horn of Africa: – Africa and Europe*, Croom Helm, 1986.

[15] Id.

– Embora estes números se refiram a um período quase posterior a Eduardo Mondlane, é interessante analisá-los:

Transferência de armamento soviético para África, 1967 -1976 (milhões de US$)
Total   4.424,-
Angola   **190,-**
Moçambique   15,-
Guiné Equatorial   2.365,-
Líbia   1.005,-
Somália   181,-
Os restantes mostram também números muito inferiores.

(Fonte: Agência Americana de Controlo de Armas e Desarmamento, Washington DC)[16].

Pensamos que estes quadros demonstram o esforço soviético no Continente Africano.

Resumidamente, poderemos dizer que, na década de 60, a URSS concentra o seu esforço de ajuda militar, no Egipto que, depois da derrota na guerra com Israel, recebeu 240 jactos e 200 tanques (menos, porém dos que perdeu na aludida guerra), na Argélia que recebe navios de guerra, lança-torpedos, foguetões SAM, dezenas de carros T-34 e T-54, cerca de 100 MIGs, no Sudão, na Somália, na Tanzânia, através de Zanzibar, no Mali e nos movimentos nacionalistas de Angola, Guiné e Moçambique.

Na década de 60, estima-se o envolvimento soviético em mais de mil milhões de US$ e cerca de 3500 técnicos militares permanentes.

Receberam ajuda militar soviética directa, os seguintes países:

RAU, Argélia, Marrocos, Mali, Guiné-Conakri, Nigéria, Ghana, Tanzânia, Somália e Sudão. Nunca houve bases militares soviéticas em África.

---

[16] Id.

Parafraseando Mennen Wiliams, vem a propósito citar a frase atribuída a Estaline, que clarifica os objectivos soviéticos em África: *"The back of the British will be broken not in the River Thames, but on the Yangze, the Ganges and the Nile"*.

Por outro lado, tinham naquele palco outro actor estatal concorrente – A China.

A República Popular da China, baseada numa ideologia anticapitalista, apresentava algumas vantagens sobre a URSS. Em primeiro lugar, não era uma potência branca nem europeia ou de origem europeia. Tinha sido humilhada, no século XIX e início do século XX, pelo Ocidente, fundamentalmente pelas potências europeias, num contexto facilmente equiparável ao colonialismo. Os Estados Unidos da América, desde o final do século XIX mantiveram, face à China, uma posição bem mais confortável do que as potências europeias, devido à guerra do ópio.

Mao Ze Dong, na década de 40, pensou mesmo numa aproximação com os Estados Unidos como forma de fomentar o desenvolvimento industrial e com ele assegurar a independência nacional.

Em 1944, revela esse pensamento ao americano John Service, a quem afirma ver uma aliança com os Estados Unidos como a forma de assegurar o futuro de uma China que se apoiará na empresa privada. Zhou en Lai, um ano mais tarde refere a Marshall que a China vê Washington com melhores olhos[17] do que vê Moscovo.

Face ao desenvolver dos acontecimentos e das posições americanas, Mao passa a anunciar a famosa *"inclinação para um lado"*, que inaugura o primeiro período de ligação à União Soviética da década de 50 e que vem a terminar nos finais daquela década, particularmente depois do famoso XX Congresso da URSS.

É na década de 60 que a nova fase da política externa chinesa a aproxima da África, no novo período que protagoniza o pós-Conferência de Bandung.

---

[17] Michael Yahuda, *"China's Foreign Policy After Mao"*, Macmillan International College Edition, 1983.

A Europa, já naquela altura, particularmente com De Gaulle, e com os países escandinavos que reconheceram a China de Mao muito cedo, olhava a China como uma potencial força de contenção da União Soviética, tendo em conta Bandung e o papel preponderante de Zhou En Lai, naquele fórum. De resto, pensamos que a grande vedeta do espírito de Bandung tenha sido muito mais Zhou En Lai do que Nehru e que o movimento dos "não-alinhados" terá sido o fruto geoestratégico mais importante de Bandung.

A China fornece armas, treino e formação, tal como a URSS e os restantes países de Leste, aos jovens países africanos e, por estes, aos movimentos nacionalistas.

Face à URSS, o número de Embaixadas chinesas em África era muito menor, e o próprio modo de actuar politicamente bem mais contido, até porque Pequim se apresentava como não-alinhado.

Convém sublinhar, neste contexto, que a partir da cisão entre a República Popular da China e a União Soviética, esta passa a ser apelidada por aquela como potência imperialista e revisionista.

É nesta perspectiva que devemos encarar a política externa chinesa nas décadas de 60 e 70. Findo o período pró-soviético, a China vê que a defesa dos seus interesses fundamentais, que Tianbiao Zhu[18] define como a "independência", está em apresentar-se em África como anti-soviética e anti imperialista. Dado não ter conseguido um possível entendimento com os Estados Unidos da América, que Mao haveria encarado, numa fase inicial, a China goza da vantagem de se apresentar isolada das outras duas grandes potências.

Esta linguagem é muito mais consentânea com a luta anticolonialista dos movimentos africanos, que também se apresenta como anti-imperialista.

A grande ofensiva diplomática chinesa em África, como veremos oportunamente, concretiza-se, a seguir à visita de Eduardo Mondlane a Pequim, em Novembro e Dezembro de 1963, com a primeira grande visita do Zhou En Lai a vários países africanos, no final de 1963.

---

[18] In *"Nationalism and Chinese Foreign Policy"* – China Review, Hong Kong, 2001.

Zhou En Lai inaugura a grande relação diplomática com a África, que irá passar por diversas fases, até vir a assumir as características geoestratégicas de hoje, finda a União Soviética e face à política energética chinesa, resultante do seu extraordinário desenvolvimento económico.

Zhou En Lai inicia o seu grande périplo pelo Continente Africano a 13 de Dezembro de 1963. Percorre dez países até 4 de Fevereiro de 1964[19].

Como veremos mais adiante, durante a época de revolução cultural a política chinesa em África sofreu grandemente. A forma nacional e institucional foi substituída pela agressividade individual dos "guardas vermelhos" que passaram a gerir as Embaixadas, pois os Embaixadores, à excepção do Embaixador no Cairo, foram retirados e convocados a Pequim (como aconteceu em Dar es Salam, facto que veremos adiante) e o apoio aos movimentos como a FRELIMO foi abalado pelo apoio a pequenos grupos extremistas e dissidentes como a COREMO, que aparecia na imprensa chinesa com o mesmo relevo que a FRELIMO[20].

Convém neste contexto reter a crítica clara e aberta pronunciada pelo Comité Central do PCC, em Julho de 1981, contra o próprio Mao Ze Dong, por ter iniciado a Revolução Cultural, considerada *"uma calamidade"*[21].

A China traz consigo para África a argumentação diplomática dos cinco princípios saídos de Bandung e dos oito pontos que devem reger as relações entre a China e os países em via de desenvolvimento, referências que Hu Jin Tao invocou na sua última viagem pela África.

A partir de Bandung, a estratégia da política externa chinesa em África consubstancia um objectivo: obter a aliança dos novos Estados

---

[19] Moisés Fernandes *"Sinopse de Macau nas Relações Luso-Chinesas 1945-1995"*, F.O. 2000 e Xin Hua, 122025, Biblioteca Nacional da China, Pequim.

[20] *Ren Min Ribao*, 8 de Maio de 1966 – Biblioteca Nacional de Pequim.

[21] *"Resolução sobre certas questões da História do nosso Partido desde a Fundação da República Popular da China"*, in *Beijing Review*, n.27, 6 de Julho, 1981 in Michael Yahuda, *"China's Foreign Policy After Mao"* MacMillan College edition, 1983.

independentes contra a hegemonia dos dois "imperialismos", fazendo caminho para uma constante da sua geopolítica – a criação de um mundo multipolar.

Em 1972, a China havia ultrapassado a União Soviética como país dador de ajuda económica e o seu PNB representava cerca de 28% do da União Soviética, na mesma altura[22]. Naquele ano, a República Popular da China, enviou cerca de 22.000 técnicos para a ajuda ao desenvolvimento e à luta pela independência, o que representa um número superior ao da URSS e países satélites, em conjunto.

Num documento de 11 de Outubro de 1976, um NIE americano[23] em que se analisam as ajudas e infiltrações soviéticas e chinesas nos vários países africanos, designadamente, Angola, Moçambique, Guiné-Bissau, Tanzânia, Somália, Guiné Conakri, Mali, Gâmbia, Senegal, Guiné Equatorial, Congo, Sudão, Uganda, Quénia e Nigéria, refere-se que a ajuda soviética a África, embora bem menor do que a que forneceu à Indonésia de Sukarno, teve particular relevância em Angola, com o MPLA e FNLA, e acrescenta-se no que toca a Moçambique, que desde 1960, a principal ajuda foi chinesa, tendo a União Soviética dado a maior ajuda quando a FRELIMO acedeu ao poder. Estamos, pois, longe da época de Eduardo Mondlane.

Os países que receberam ajuda militar chinesa na década de 60 foram:

Congo Brazzaville, Uganda, Argélia, Ghana, Guiné-Conakri e Tanzânia.

A China nunca teve bases militares em África.

---

[22] Tian Biao Zhu, obra citada.
[23] Departamento de Estado, *Foreign Relations*, vol E-6, *Documents on Africa, 1973-76*.

I.3. Os actores estatais africanos. As clivagens

Na África ao norte do Saara, no Magrebe, encontra-se, por um lado, **Marrocos**, com o seu então novo monarca, Hassan II, aliado do Ocidente, procurando também cativar os movimentos africanos e os novos Estados para fora da esfera soviética. Trata-se duma política delicada e com alguma aparente ambiguidade. Salvaguardando as boas relações com Portugal, Espanha e França[24], era simultaneamente anfitrião de Conferências Internacionais em prol dos não-alinhados e dos movimentos nacionalistas e, simultaneamente, jogava no xadrez militar com ajudas americanas e russas, sempre tendo como objectivo final salvaguardar a aliança privilegiada com os EUA, um dos principais garantes da continuidade monárquica. Marrocos e a Tunísia com a Líbia eram os principais aliados, no Norte de África, dos Estados Unidos, que, de resto, neles possuíam bases militares. Dadas as descobertas dos hidrocarborantes e gás natural particularmente na Argélia altamente equipada, do ponto de vista militar, pela URSS, a região ganhou uma importância geoestratégica enorme no quadro da Guerra-Fria.

A **Argélia** decide-se por Ben Bella, que de certo modo quereria ser o Fidel Castro do Norte de África e contra Ferhat Abbas, o moderado pró-ocidental que acreditava no diálogo com a França, como forma de alcançar a independência. Com Ben Bella há um alinhamento terceiro-mundista radical, com simpatias pró-soviéticas, embora mantendo uma posição que poderíamos chamar de militantemente neutral, mas anti-ocidental. Ben Bella acredita na solução militar com o rompimento com a França para alcançar a independência.

A **RAU,** no machereque, tem como líder Gamal Abdel Nasser. Este, face ao movimento saído de Bandung, é muito permeável ao Leste, primeiro através da figura do Marechal Tito e depois directamente face à URSS, procurando também liderar aquele movimento em África, com um sucesso muito relativo.

---

[24] José Duarte de Jesus,*"Casablanca – o Início do Isolamento Português",* Gradiva, 2006.

Ao sul do Saara há meia dúzia de figuras que perduraram longos anos, outros com passagens efémeras no palco internacional, como líderes africanos que se identificaram mais ou menos com alguns dos actores estatais exógenos. Estas clivagens eram particularmente visíveis na OUA. Na sua formação vão encontrar-se presentes o Grupo de Casablanca, liderado por Nkrumah, que integrava entre outros, a Argélia, a Guiné-Conakri e o Egipto, nitidamente de tendência marxizante e o Grupo de Monróvia, liderado por Senghor, pró-ocidental e onde se integrava grande parte das ex-colónias francesas, como a Tunísia ou a Costa do Marfim.

Para melhor entender as motivações e movimentos de Eduardo Mondlane, comecemos por procurar caracterizar sumariamente aqueles que foram os seus principais parceiros ou interlocutores em África e os que foram seus distantes elementos de referência ou adversários e as posições respectivas no xadrez geopolítico do continente africano.

Burguiba-Tunísia

Comecemos pela **Tunísia**, mais importante ponto estratégico para Mondlane do que Marrocos. Burguiba, brilhante aluno na Universidade de Paris, foi o 17.º entre 100 em Finanças Públicas, em 1925[25]. Iniciou a sua atribulada carreira política como jornalista, nos anos 30. Lutador pela sua Pátria, a Tunísia, passou 11 anos preso e chegou a ter relações não-colaboracionistas com as potências do eixo, por influência do Grande Mufti de Jerusalém, tendo-lhe sido proposto pela Itália a formação de um Governo tunisino no exílio, que ele recusou. Burguiba estava consciente das ambições de Mussolini sobre o seu país[26]. Nem todos os membros do movimento Desturiano, partido independentista fundado em 1920, optaram pela mesma atitude, relativamente ao ocupante, durante a II Guerra.

---

[25] *Cinq Hommes et la France*, Jean Lacouture, Ed. du Seuil, 1961, pag. 116.
[26] Entrevista com Nejib Bouziri, primeiro Chefe de Gabinete de Burguiba, 18.11.2007.

Quando os tanques alemães entram em solo Tunisino, dá-se a sua grande e definitiva opção, que se tornou clara no seu Manifesto *"Pour un bloc franco-tunisien"*.

As relações com a França, sua segunda Pátria cultural, são condimentadas por querelas de tipo familiar, muito frequentes.

Depois de 8 meses de autonomia interna, a Tunísia torna-se um Estado soberano em 1956, tendo Roger Seydoux desempenhado, como representante da França nesse período, um importantíssimo papel.

Segundo uma personalidade daquele tempo[27], Ahmed Mestiri, a posição de Burguiba, desde o início, baseava-se na seguinte estratégia:

- *Com Ahmed Tlili, na frente sindical e na frente das relações e auxílio aos movimentos nacionalistas africanos, procurava a aproximação e ajuda americana, da administração Kennedy e depois em organizações não-governamentais, para evitar que uns e outros caíssem na esfera comunista – onde ele na Europa de leste reconhecia novas formas de colonialismo –; neste quadro tanto Ahmed Tlili como o famoso Irwing Brown[28], representante da União dos Sindicatos Livres americanos na Europa, tiveram um papel determinante para manter a corrente sindical na esfera do ocidente;*
- *Simultaneamente a ideia de Burguiba e da sua equipa, em que o meu interlocutor se integrava, era dar particular ajuda aos líderes africanos intelectuais e de origem não marxista, como Mondlane e Holden Roberto, que seriam dos primeiros beneficiados, mantendo--os, assim, não obstante a ajuda militar argelina, ideologicamente afastados da Argélia de Ben Bella e da sua relação privilegiada com os soviéticos via Nasser.*

---

[27] Ahmed Mestiri, membro do grupo negociador da autonomia interna com a França e mais tarde Embaixador e Ministro da Defesa de Burguiba. Entrevista de 16.11.2007.

[28] Irwing Brown foi uma figura lendária no pós-Guerra, na Europa. Ex-comunista, sindicalista e naturalmente agente da CIA para financiar movimentos anti-soviéticos na Europa e no Norte de África. É personagem, que dada a sua vida, será objecto de vários estudos romanceados.

Ainda segundo Ahmed Mestiri em versão que nos foi confirmada por outros líderes tunisinos da época como Nejib Bouziri e Slaheddine Abdellah, Embaixador longos anos nas Nações Unidas, a opção de Burguiba pelos Estados Unidos data da posição assumida por Eisenhower e Foster Dulls em defesa da Tunísia, aquando do famoso *"raid"* aéreo sobre Sakiet-Sidi-Youssef, em 8 de Fevereiro de 1958 que a França, provocando muitas mortes civis, lançou sobre a base tunisina onde estava instalada uma defesa antiaérea argelina. A Argélia tinha iniciado a guerra contra a França, em Novembro de 1954[29].

Recorde-se a carta que o Presidente Eisenhower escreveu ao Presidente René Coty e a queda do Governo de Felix Gaillard. Todo este episódio deu origem à famosa Missão Murphy-Beeley.

Estas tomadas de posição americanas incomodaram os europeus.

Os Estados Unidos não eram potência colonial e estavam apostados em conter o bloco soviético e, nesse enquadramento, a dar ajuda financeira, facto que permitia certo espaço estratégico face à França.

Mesmo internamente, conhecemos a oposição a esta atitude conciliadora de Burguiba, no grupo de Salah Ben Youssef, mais próximo de Ben Bella e auxiliado pela RAU.

São vários os paralelismos estratégicos entre Burguiba e Eduardo Mondlane, nesta época.

O rapto de Ben Bella na Argélia, na véspera de uma reunião com Mohamed V, que Burguiba se propos apadrinhar, e os frequentes incidentes da fronteira, que vitimaram vários franceses devido a ataques argelinos a partir de território tunisino, constituíram, por um lado, repetidas semi-rupturas com a França e, por outro, uma política de permanente ambiguidade com a Argélia de Ben Bella.

A sua passagem pelo Médio Oriente, tornou Burguiba consciente das suas poucas afinidades com o radicalismo de Nasser, consagrando mais nele a posição de admirador de De Gaulle e o alinhamento pró-

---

[29] Negib Bouziri, numa longa entrevista ao *"Réalités"*, de 11.04.2001, refere que Burguiba teve algum ciúme de Mongi Slim, pela forma brilhante como este apresentou a queixa no CS das NU e obteve a designação de dois mediadores americanos.

-ocidental. *"C'est décidément un gaulliste de gauche"*, no dizer de Mendès France[30].

Pensamos que a sua posição se define, claramente, numa resposta que ele dá, em 30 de Janeiro de 1961 «*Les Français qui ont compté dans ma vie, qui ont eu une influence sur moi?......Avant tout autre, M. Collières. Qui était-il ? Mon professeur de français au collège Sadiki. C'était un vieillard barbu, qui a serré la main de Victor Hugo !* »…….. «*Ce bon M. Collières, il ne se doutait pas qu'il avait, dans sa classe, la chance de la France en Afrique, et que c'est peut-être lui, avec sa bonté et sa finesse, qui l'a sauvée…*».

Burguiba representava a orientação pró-ocidental e pró-europeia no Norte de África. O seu receio era a influência radical dos elementos pró-soviéticos. Ele via o futuro da soberania e identidade islâmica da Tunísia, que significava a modernização do país, numa forte ligação com a França.

Para Mondlane, tratava-se obviamente de um aliado estratégico importante, pois essa ligação constituía uma forte legitimação política junto de Washington.

A Argélia, porém, na sua militância revolucionária, era-lhe indispensável para treino de guerrilheiros e eventual fornecedor de material bélico, numa primeira fase.

Leopold Senghor, Houphouet Boigny, Modibo Keita, Kenyatta, Kenneth Kaunda, Banda, e outros

No âmbito da África francófona houve figuras que marcaram e tiveram um papel importante na geopolítica daquele continente. Situavam-se, porém, geográfica e politicamente longe de Moçambique e de Mondlane que estava muito mais integrado na África anglófona, pelo que não foram parceiros directos importantes na estratégia deste, senão como figuras de fundo e referência na geopolítica global africana.

---

[30] *"Cinq Hommes et la France"*, Obra citada.

Referimo-nos a homens como o *abée* **Youlou, Leopold Senghor**, este último, académico, homem com longa experiência política em França, moderado e político incontornável na história da África moderna que constituía um actor pró-ocidental e pró francês no palco africano; **Houphouet** era outra figura carismática e incontornável do eixo pró--ocidental e pró-francês da arquitectura geopolítica africana. Houphouet transmitiu, via Paris ou Nações Unidas e mesmo pelos americanos, várias mensagens a Portugal. O objectivo era sempre o mesmo: evitar novas Argélias e novos Congos no Continente Africano.

Já em 1963, Houphouet procurara sondar Portugal através de terceiros países africanos sobre um possível encontro na Costa do Marfim. Em Janeiro de 64[31], pede ajuda americana para sondar Portugal sobre uma possível missão portuguesa ao seu país, para a qual ele procuraria convidar outros líderes africanos – a figura em que pensava era Holden Roberto e não Eduardo Mondlane, dada a inserção geopolítica da Costa do Marfim. Os seus argumentos eram, mais uma vez, tentar mostrar como a guerra da Argélia atirou aquele país para o campo socialista, enquanto a via pacífica da Costa do Marfim manteve o país na esfera ocidental e com excelentes relações com a ex-metrópole. Os americanos acharam que, apesar dos riscos para o próprio Houphouet Boigny, a proposta merecia ser estudada com prudência.

Depois de instruções americanas para a sua Embaixada, em Lisboa, em 31 de Janeiro de 64[32], o Embaixador americano Anderson conversa com Salazar sobre esta questão. Embora lhe diga que considerava muito Houphouet... *"He spoke highly of Houphouet-Boigny"*...considerou pouco útil expor as suas ideias a outros mais radicais e aconselhou a falar com Franco Nogueira[33].

---

[31] Arq. Pessoal Witman Schneidman (IPRI), M. JFA, Tel. 374, Secreto, da Embaixada americana, de 22.01.64, para o Dep. Estado, à at. Harriman.
[32] Id. M. JFA.
[33] Id. M. JFA, Tel. 603, Secreto, da Embaixada americana, em Lisboa, para o Dep. de Estado, de 31.01.64.

No seguimento desta conversa, Anderson, a 14 de Fevereiro de 1964, referiu a Franco Nogueira o envio, em total confidencialidade, de uma missão portuguesa a Abidjan para discutir sem agenda fixa, possíveis soluções pacíficas para Angola e Moçambique. Franco Nogueira rejeitou, *ab limine*, por considerar inútil tal passo, conhecendo as opiniões de Houphouet[34].

Dentro desta linha política, pode considerar-se **Modibo Keita**, primeiro Vice-Presidente africano da Assembleia Nacional francesa, primeiro Presidente do Mali, Prémio Internacional Lenine, afastado e preso por um golpe de Estado em 1968. Será um radical pan-africanista, mas é considerado um humanista por Senghor.

Na área anglófona, surge-nos **Jomo Kenyatta**, outro académico com uma pós-graduação em antropologia na London School of Economics e que passou por um chefe guerrilheiro, quando liderou o movimento dos Mau Mau. Com a sua saudação-*slogan* "*harambee*", que significa "trabalhemos juntos", acabou por representar uma força moderadora importante na África das pós-independências. Independente, liderou a sua luta sem auxílio de nenhuma grande potência. Na década de 70 dizia a Kissinger: "*I hated to be a slave. I wanted to be free – we did'nt hate Britain*"[35]. Via a União Soviética implantada na Somália como uma ameaça e considerava que os Estados Unidos, particularmente através das bolsas concedidas a estudantes quenianos, constituiam um activo importante no desenvolvimento do seu país. Há vários traços de semelhança com Mondlane.

Dentro desta família de moderados, da área geográfica e anglófona em que mais se inseria Mondlane, não podemos deixar de referir **Kenneth Kaunda**, da Zâmbia. Trata-se dum outro moderado, este sem passado académico, homem profundamente pragmático que se opunha à intromissão de grupos radicais e extremistas no seu país, e homem de diálogo. Não devemos esquecer que foi dos únicos líderes da zona a negociar com Ian Smith e Vorster.

---

[34] Franco Nogueira, "*Diálogos Interditos*", II vol. Intervenção, 1979.
[35] Henry Kissinger, "*Years of Renewal*", Simon & Schuster, NY, 1999.

A avaliar por declarações de Jorge Jardim, nunca teria encontrado Mondlane, embora estivesse previsto um encontro antes da morte deste.

Tivemos ocasião de ter uma longa conversa com Kaunda, em 1987 ou 88, aquando de uma sua visita a Bruxelas[36]. Um velho amigo nosso,[37] que dirigia um importante grupo açucareiro português, pediu-nos que o acompanhasse junto de Kaunda. O objectivo era averiguar da sua reacção a um possível grande investimento português na Zâmbia, numa grande plantação de açúcar e numa açucareira. O Presidente Kaunda historiou as suas boas relações com os portugueses, não obstante a sua posição anticolonialista no tempo do antigo regime, para se mostrar entusiasmado com a presença de Portugal, como investidor, no seu país.

Julius Nyerere – Tanzânia

Nyerere, outro académico, é uma figura notável da África pós--colonial. Universitário, formou-se em Edimburgo, fez um mestrado, era um "sábio" no sentido ancestral da sociedade africana, e foi interlocutor importante de Eduardo Mondlane.

Desde 1954 que conseguiu reunificar na TANU as várias tendências e grupos, foi Primeiro-Ministro em 1960, ainda antes da independência e foi eleito Presidente em Dezembro de 61, logo a seguir à independência do que se veio a chamar Tanzânia.

Graças à sua "sabedoria" evitou sangue e confrontos nessa época. Homem com grande sentido de humor, referiria a sua luta pela independência, sem guerrilha, a Kissinger, nestes termos: "*We didn't fight a guerrilla war...we agitated a little – very British*".

Dois factores, em Nyerere, se nos afiguram fundamentais e singularíssimos na panorâmica e no perfil genérico de outros líderes africanos: nunca constituiu fortuna pessoal e em 1985, retirou-se de Presidente – embora continuando ainda à frente do partido por pouco tempo – indo instalar-se na sua aldeia natal.

---

[36] Estava o autor colocado, como Ministro, na Representação Portuguesa (REPER) junto das Comunidades Europeias.

Com a famosa "*Declaração de Arucha*", de 1967, procurou definir e instalar um "*socialismo africano*" baseado nas estruturas agrárias tradicionais.

Enquanto pan-africanista convicto, como Sekou Touré, deu guarida no seu país a movimentos de libertação como o ANC e a FRELIMO[38].

No quadro da sua política externa, sendo embora um africano que procurou sempre privilegiar os valores que considerava africanos, foi um parceiro da China. Muitas das ajudas da Pequim aos movimentos dos territórios portugueses passavam pela Tanzânia. Foi talvez o único Chefe de Estado a visitar Pequim durante a Revolução Cultural.

Quando visitou Pequim, em Fevereiro de 1965, assinou com Liu Shao Shi um Tratado de Amizade Sino-tanzaniano e no final da sua visita foi emitido um Comunicado Comum em que ao referir a luta pela libertação dos territórios africanos, a ordem pela qual estes foram enumerados foi a seguinte: Moçambique, Angola, Guiné-Bissau, Sudoeste--africano etc.[39].

Nyerere foi o parceiro privilegiado de Mondlane, que instalou na Tanzânia o quartel-general da FRELIMO e o famoso Instituto Moçambicano dirigido pela sua mulher, Janet Mondlane. Mondlane residia, em Dar es Salam, nos intervalos das suas permanentes deslocações ao estrangeiro e foi, de resto, aí assassinado.

Nyerere, no quadro geopolítico do continente africano, representava valores de humanismo, de africanismo, de pouco alinhamento. Alinhamento, quando o houve, foi em prol da China, que afrontava a URSS no mesmo espaço geográfico.

O relacionamento privilegiado de Nyerere com Pequim tem muito a ver com as relações de FRELIMO com a China. Era na Tanzânia que

---

[37] João Macedo Silva, Presidente da RAR (Refinarias de Açúcar Reunidas).
[38] "*Nyerere and Africa: End of an Era*", Godfrey Mwakikaqile, Nov. 2002.
[39] AHU, SR/022/China, H.5.17, MU/GM/GNP/022. Em Novembro, do mesmo ano de 1965, o segundo Vice-Presidente Rashidi Kawawa também visitou Pequim, tendo a conversa com Zhou En Lai demorado 5 horas (mesma fonte).

grande parte de jovens da FRELIMO recebiam instrução militar dos chineses, através de Manuais escritos em português, em Macau[40].

Esse não-alinhamento é muito claramente expresso no seu bem elaborado discurso de Outubro de 1967 na Conferência bienal da TANU, em Mwanza[41], no qual afirma que exceptuando a África do Sul e a política colonial portuguesa, onde as diferenças são de tal monta que não permitem uma base de negociação, nunca será antiocidental nem anti leste. Sempre negociará individualmente com cada país, não deixando que os interesses deles se implantem na Tanzânia, pois sempre manterá o objectivo de preservar a soberania interna e a paz mundial.

Ainda em 1996 foi mediador nas conversações de paz do Burundi.

Em 1998, antes de falecer em Inglaterra em 1999, escreve um livro intitulado "*Good Governance for Africa*".

Três personalidades procuraram com o próprio fazer a sua biografia, que nunca chegou a vir à estampa[42].

N'Krumah e o Ghana

Ghana, a ex-Costa de Ouro, teve, como a maior parte das colónias francesas e britânicas, uma via interna, sem guerra, para a independência. N'Krumah, que estudou nos EUA em 1935 e depois na Grã-Bretanha, foi um dos organizadores do Congresso Pan-africano de 1945. Eleito em 1951, conduziu o país à independência, de que se tornou Presidente, defendendo uma política a que chamou de neutralidade-positiva com o objectivo de um pan-africanismo radical.

Assumiu internamente o poder como um dos ditadores da nova classe política africana. Criou a estrutura de um partido único e autonomeou-se Presidente vitalício. Foi alvo de várias tentativas de assassinato.

---

[40] Ver Moisés Fernandes, in "*Interesses da China e Macau no Dissídio Sino-soviético 1960-1974*", 2007.

[41] "*Freedom and Socialism*", J.K.Nyerere, Oxford University Press, 1969, pags. 367-384.

[42] "*The East Africa*", 20-26 Out. 1999.

Opunha-se ao que chamava uma neutralidade negativa, criando um espaço político para a sua neutralidade positiva, na esfera do bloco de leste.

Num texto seu, de 1963[43], ao defender a neutralidade positiva, refere a URSS nestes termos *"The Soviet Union, by the very nature of its state and constitution is a supporter of independence"*.

O Ocidente era a pátria do imperialismo.

Em 1965 era evidente para o Ocidente que N'Krumah, com a sua preocupação da unidade africana, era o principal líder pró-soviético de toda a África.

Quando se encontrava na China, em 1966, dá-se um golpe militar que derruba a sua ditadura, golpe a que não estiveram certamente alheios alguns serviços ocidentais. As suspeitas recaíram sobretudo nos EUA, na RFA e na Grã-Bretanha.

Refugiou-se em Conakri, de onde utilizou o então famoso Rádio-Conakri para continuar o seu discurso político. Terminou os seus dias em 1972, exilado na Roménia.

Como veremos adiante, N'Krumah representa talvez o principal adversário da estratégia de Mondlane e o Ghana deu, de resto, acolhimento a vários dos seus inimigos moçambicanos.

Sekou Touré – Guiné-Conakri

Sekou Touré foi um dos pilares da África pós-colonial. Homem de uma geração muito mais nova do que os outros "fancófilos" como Felix Hophouet Boigny, Mamadou Dia ou Diouri, foi Presidente desde a independência em 1958 até à sua morte no decurso de uma operação nos Estados Unidos em 1984.

De formação sindicalista, admirador do modelo de N'Krumah, com uma mera formação técnico-profissional, não era um intelectual.

---

[43] *"Africa must Unite"* Londres, 1963 in *Readings in African Political Thought*, Londres, Heinemann,1975.

Para utilizar uma expressão feliz de Lacouture, era um homem "*de linguagem marxista, temperamento africano e referências francesas*".

O seu modelo mais revolucionário, conducente à democracia popular, era mais africano do que leninista. Convém não esquecer que Sekou Touré em 1947, num Congresso de Cotunu, afirmou que a luta de classes era contrária aos interesses da evolução africana.

A Unidade Africana, ou o que se chamou o Pan-africanismo, constitui o modelo em que ele vê o desenvolvimento e a libertação pós colonial[44].

Embora tido por muitos como marxista ou comunista, tanto ele como o seu famoso Ministro Fodeba Keita nunca se poderiam considerar incondicionais aliados de Leste, apesar de ter dado guarida a N'Krumah depois do golpe de Estado no Ghana.

Sekou Touré vai considerar Kennedy como um amigo e aliado. Confia na nova política "generosa" da Administração americana. Esta ligação com os Estados Unidos ir-se-á degradar muito depois da morte de Kennedy.

Sekou Touré pode considerar-se um revolucionário de raízes europeias – referências francesas – e não um elemento claro de uma das potências exógenas em África, a URSS. Pode considerar-se fundamentalmente um africano facilmente captável por um ou outro bloco consoante a habilidade diplomática e a estratégia do operador.

Lumumba – Mobutu e outros

O Congo de Lumumba era dado como o exemplo que Mondlane queria, a todo o custo, evitar. Ele previa que a guerra em Angola pudesse vir a tornar-se num caos mais profundo e longo do que a do Congo. Di-lo, de resto, aos americanos, como se refere mais adiante.

---

[44] *The Doctrine and Methods of the Democratic Party of Guinea* (New edition, vol X, pag 137-138, in *Readings in African Political Thought*. London, Heinemann 1975.

Lumumba na trágica carta que escreveu a sua mulher, da prisão, pouco antes de morrer, em Novembro de 60[45], é claro na sua visão dos acontecimentos: os males do Congo estão no colonialismo belga, nos seus cúmplices ocidentais, em altos funcionários das Nações Unidas e finalmente no capitalismo.

Mas Lumumba foi um mero cometa da história africana. A figura do que se tornará o ditador cleptómano – como alguns historiadores lhe chamaram – Joseph Desiré ou Mobutu Sesse Seko representava internamente o poder americano na Guerra-Fria que se desenrolava em África.

Viria a tornar-se um Nkrumah do bloco oposto.

Embora Holden Roberto tivesse Mobuto como uma referência estratégica, Mobuto nunca esteve na agenda política de Mondlane.

A nível dos principais actores estatais, julgamos que poderíamos, com prudência e alguma flexibilidade agrupá-los em dois grandes grupos, a saber **A** – os nacionalistas radicais que acreditavam no panafricanismo e que encontravam no bloco de Leste os seus mais naturais aliados; **B** – o grupo dos conservadores pró ocidentais. Cada um destes grupos teve gradações evidentes e sucessivas. Um NIE, de Agosto de 1961[46], define muito claramente a paisagem política de aquele ano e estas clivagens: *"Pan-africanismo, desacordos entre radicais e conservadores, influências externas do bloco comunista, das ex-metrópoles e dos EUA aumentam e complicam os factores da situação existente"..."O panafricanismo é um conceito místico que glorifica princípios étnicos e a personalidade e cultura africanas. O seu alvo a destruir é o neocolonialismo e o objectivo último a unidade africana"*. Segundo a mesma análise, os panafricanistas aproveitaram-se destes conceitos para desenvolver políticas de hegemonia de influências noutros países africanos.

O grupo conservador[47] optava por adiar, nas suas agendas políticas, a questão da unidade africana para manter os seus laços com as ex-metrópoles, onde via residir o seu desenvolvimento.

---

[45] Columbia University Libraries, *African Biography on the internet.*
[46] CIA, DCI Files, Job 79R 1012, Caixa 189 Secreto, NIE 60/70.
[47] Id.

Como actores estatais mais actuantes do grupo **A**, poder-se-iam citar, entre outros, Ghana, Guiné Conakri, Mali, RAU. Do grupo **B**, refiram-se Marrocos, Tunísia, Etiópia, Senegal, Costa do Marfim, Tanzânia, Zâmbia, etc.

O Dr. Banda e o Malawi

Pensamos que não deveríamos omitir a figura curiosa na panorâmica africana da década de 60 – o **Dr. Hastings Banda**, então Primeiro-Ministro da Niassalândia, que depois se chamou Malawi. A dimensão reduzida do seu país e a situação de encravamento geográfico que o tornavam extremamente dependente, designadamente de Moçambique, obrigavam-no a tomar posições políticas únicas com Portugal. Banda, embora mantivesse uma representação da FRELIMO no seu território, mantinha relações excelentes com Portugal, tanto a nível diplomático, como a um nível paralelo e obscuro através da figura de Jorge Jardim, homem da confiança total de Salazar e de Marcello Caetano, semi-agente secreto e diplomata. Jorge Jardim não só era íntimo de Banda como exercia uma diplomacia paralela, para irritação permanente da nossa Embaixada em Blantyre, na qualidade de Cônsul do Malawi na Beira, em Moçambique.

Essa diplomacia tanto era a nosso favor como, por vezes, em defesa dos interesses do Dr. Banda. Quando, em 31 de Julho de 1967, recebe Franco Nogueira no Malawi e lhe pede auxílio militar naval português contra uma possível ameaça vinda da Tanzânia, no quadro de uma questão da linha fronteiriça a meio do lago Tanganika (lago Malawi), pois, embora já tivesse pedido aos britânicos e americanos, estes não acederam, o Dr. Banda diz a Franco Nogueira que *"para tratar connosco de todo este problema nomeava seu representante o Eng. Jardim"*[48].

Conhecemo-lo, pessoalmente, antes desta aludida conversa com Franco Nogueira, numa pequena cidade renana, perto de Bona, onde o

---

[48] Franco Nogueira, *"Diálogos Interditos"*, vol. II.

ele permaneceu algum tempo em tratamento, e onde acompanhámos o nosso Embaixador, para conversações, em Setembro de 1963[49].

Havíamos recebido instruções para transmitir um convite oficial ao Dr. Banda para visitar Portugal e com ele termos uma conversa sobre o futuro das nossas relações. Embora não pudesse aceitar o convite para a data proposta pois tinha compromissos nos Estados Unidos, não só aludiu ao facto de ter gostado de estar em Portugal previamente como se referiu com a maior simpatia tanto a Franco Nogueira como especialmente ao ex-ministro do Ultramar, Professor Adriano Moreira. Sublinhou *"como estimava os contactos permanentes que mantinha com Moçambique e com as suas autoridades, especialmente o Governador Geral...Referiu-se à nomeação de um representante de Portugal na Niassalândia, mostrando-se satisfeito em poder-se assim assegurar as relações oficiais normais entre o nosso e o seu país"*[50-51].

Uns dias depois, procurou ver-nos mais uma vez na Alemanha e nessa ocasião referiu concretamente, a necessidade de refazermos novos acordos, pois os assinados no tempo da Administração inglesa estavam caducos. Propunha assim que se encetassem negociações de forma a que estas estivessem em vigor, logo cessassem todos os laços com as Rodésias. Sugeria *"a) um acordo para trânsito das mercadorias da Niassalândia pelo porto de Nacala, mais conveniente do que o da Beira.......b) um Tratado do Comercio c) num modus vivendi para o pequeno comércio fronteiriço entre os negociantes das fronteiras da Niassalândia e Moçambique........Estas podiam ser efectuadas por intermédio do Governador Geral de Moçambique, a quem o Dr. Banda se dirigiria. O Primeiro-Ministro mostrou-se muito desejosos de continuar, assim, as boas*

---

[49] Estava o autor colocado na nossa Embaixada em Bona.

[50] AHD, colecção de telegramas de Bona, 1963, Tel. 105, Confidencial, de 11.09.63.

[51] Só no decurso da conversa com Franco Nogueira, em Julho de 1967, quando anuncia que vai abrir uma representação diplomática na África do Sul, com um Embaixador branco e um número dois negro, é que, ao pedido de Franco Nogueira para acreditar um Embaixador em Lisboa, diz que irá acreditar o seu Alto Comissário, em Londres.

relações com Portugal que aprecia e considerava úteis para a Niassa-lândia..."[52].

Durante a aludida visita de Franco Nogueira a Blantyre, em Julho de 1967, Banda pede uma ajuda financeira de 20.000 Libras a Portugal, para fazer face às despesas que tem com os 6.000 refugiados de Moçambique. Face a uma reacção assaz positiva de Franco Nogueira embora acompanhada do clássico argumento da inexistência de uma razão para que houvesse refugiados moçambicanos no Malawi, pois seriam bem recebidos de volta àquela província, Banda prontificou-se *"que tomava sobre si convencer os refugiados a regressar".*

Era, pois óbvio, que Banda não constituía um parceiro de confiança para Eduardo Mondlane.

Tratava-se realmente de um caso de tal modo singular naquela conjuntura, que pensámos não dever deixar de o mencionar, não obstante a sua pouca influência no quadro geopolítico africano que orientava Mondlane.

A **"*Conferência das Organizações Nacionalistas dos Estados Africanos Dependentes*"**, mais um actor não-estatal, teve lugar em Accra, a 28 de Junho de 1961 e contou com a presença de 11 países e territórios – Uganda, Rodésia do Norte, Tanganika, Rodésia do Sul, África do Sul, Bechuanalândia, Gâmbia, Suazilândia, Sudoeste Africano, Angola, Moçambique e São Tomé e Príncipe (com Miguel Trovoada) – entre os quais Moçambique, que se fez representar por Marcelino dos Santos e Fanuel Mahlusa[53].

A estratégia de N'krumah ao organizar esta Conferência era protagonizar a unidade dos dois grupos, o de Casablanca e o de Monróvia, sob a sua liderança, e criar um Fundo Único para ajuda destes movimentos.

Numa reunião havida no Pentágono a 5 de Janeiro de 1962[54] dos Chefes de Estado Maior, o General Lemnitzer mostrou a sua preocupação pela infiltração comunista nos três protagonistas da linha radi-

---
[52] AHD, Pasta dos Telegramas de Bona, 1963, Tel. 105, Confidencial, de 11.09.63.
[53] AHD, M 254, Embaixada em Washington.

cal – Guiné, Mali, Ghana. Sublinhou, porém, estar convencido que nenhum deles se dispunha a ser "vassalo" da União Soviética e que os extremistas continuavam a não constituir maioria no continente. Lemnitzer, mesmo no caso N'krumah, onde Mondlane via o maior perigo soviético de África, era de opinião que *"as suas ambições pan-africanas o impediriam de se submeter totalmente ao Leste ou ao Ocidente. O programa do Peace Corps tem tido muito sucesso".*

Mennen Williams, que participou na reunião, afirmou, segundo o aludido *Memorandum*, *"que Touré fora avisado que nos desse a conhecer logo que pudéssemos ser-lhe úteis e ele respondera que trataria deste assunto connosco num futuro próximo. O Governador Williams* (como era frequentemente tratado Mennen Wiliams) *sublinhou que a oferta de aviões que o Presidente tinha feito a vários Chefes de Estado africanos tinha sido muito bem recebida".*

Neste movimento pendular, como lhe chamavam no Departamento de Estado, se definia a linha mais radical e aparentemente pró-comunista dos actores estatais africanos.

Alguns meses mais tarde, um novo NIE, Secreto, de 11 de Julho de 62[55], preparado pela CIA e Serviços de Informação do Departamento de Estado, da Defesa, do Exército, da Marinha e da Força Aérea, sobre uma avaliação a prazo dos chamados extremistas, particularmente Ghana e Mali – Toure na altura, considerava já JF Kennedy um aliado – continuavam a fazer uma análise *nuancée*. Nas conclusões podia ler-se:

– *Guiné, Mali e Ghana continuam a ser os centros do radicalismo africano, com uma componente fortemente anti-colonialista que os faz suspeitar do Ocidente e simpatizantes com as fórmulas comunistas. Internamente optam por fórmulas revolucionárias, nacionalistas e em política externa são adeptos do não-alinhamento.*

– *Os governos radicais continuam a ser minoritários em África.*

---

[54] *Memorandum* do Departamento de Estado – JSC, Lot. 70D328, Top Secret (doc. 204).

[55] NIE 60-62, Dep. de Estado. INR-NIE Secret (Doc.210).

– *Guiné e Mali tem sofrido forte influência comunista que se repercute nas suas organizações internas e partidos. O bloco de Leste é um forte parceiro comercial, embora nalguns a França continue a constituir um parceiro importante. A Guiné e o Mali tem mais cooperantes de Leste que todos os países subsaarianos juntos.*
– *A mais importante conclusão deverá ser que, apesar de o Mali e da Guiné terem oferecido as maiores vantagens aos países do Bloco de Leste e este gozar das maiores vantagens, nenhum destes países pode considerar-se comunista.*

Dentro destas clivagens, podemos agrupar "**coligações de actores**" ou grupos de actores estatais, como seriam respectivamente o Grupo de Casablanca, mais radical, e o Grupo de Monróvia, mais conservador.

Como previa o documento anteriormente referido, a situação permaneceria fluida durante os próximos anos da década de 60, como aconteceu. E adiante faz a seguinte previsão "*Nós antecipamos que o pan-aficanismo vá ganhando apoios, pelo menos como uma proposta visionária, e que o anti-colonialismo militante do pan-africanismo vá induzindo mais líderes moderados a adoptarem uma política externa neutral*"[56].

O documento conclui, com uma grande clarividência, que os EUA continuarão a constituir uma alternativa mas que não entendem completamente a problemática africana e os líderes africanos continuarão a usar o Ocidente contra o Leste e a utilizar esse espaço para criar novos regimes radicais.

Dever-se-á não esquecer que o Bloco soviético tinha naquela altura um "excedente" de armamento, que lhe convinha fornecer a vários líderes africanos e que, consequentemente, agudizava muito as clivagens e é de notar que esse facto não escapou à análise de Mondlane[57].

---

[56] CIA, DCI Files, Job 79R 1012, Caixa 189 Secreto, NIE 60/70.
[57] Carta do Grupo Consultivo sobre Limitação de Armamento em África a Menen Williams, Departamento de Estado, Central Files, 770.5\10-2361. Confidencial.

I.4. Os actores para-estatais e não-estatais

Poderemos considerar **actores para-estatais**, aqueles movimentos políticos e/ou militares que desempenharam um papel importante na geopolítica africana daquela época. Definem-se como "movimentos", prefiguram futuros Estados independentes e procuram, em concorrência com as potências coloniais, representar os seus territórios, tanto a nível bilateral como multilateral, designadamente nas Nações Unidas.

São vários esses movimentos, por vezes mesmo múltiplos no mesmo território sob administração colonial, como é o caso de Angola.

Relativamente à figura de Mondlane, interessa-nos citar fundamentalmente aqueles que desempenharam um papel importante na área em que se insere Moçambique e foram actores mais destacados na estratégia de Mondlane, como a própria FRELIMO, a TANU, o ANC e aqueles que se inseriam na área lusófona, como a UPA, o MPLA, o PAIGC, etc.

As ligações permanentes da FRELIMO, nos anos iniciais da sua actividade, com o Governo da Tanzânia, país-guarida dos principais movimentos da África Austral, contribuíam grandemente para este relacionamento de origem com alguns destes actores.

Basta considerarmos, como veremos mais à frente, a forma como Mondlane, primeiro como pessoa e depois como Presidente da FRELIMO, tratava com as autoridades dos Estados Unidos ou se apresentava coligado com outros **actores não-estatais**, como movimentos religiosos, particularmente metodistas, ou instituições como a *Ford Foundation* – braço da sociedade civil, mas arma política fundamental da Administração Kennedy – ou o *American Committee on Africa*, para não referir organismos como as Nações Unidas, cujo papel foi decisivo.

A mesma actuação de Mondlane, reconhecida como figura "quase--estatal", se verificou, por exemplo, nos países escandinavos ou em Londres.

Consagramos um capítulo à *Ford Foundation* para melhor entendermos o âmbito do seu papel como actor não-estatal neste contexto.

O *American Committee on Africa* constituía importante apoio não--institucional da política africana de Kennedy. Em 1961 o Senhor

Norton Deitsch, daquela organização, visita Angola e Moçambique e tem longas conversas com os Cônsules dos Estados Unidos, em Luanda e Lourenço Marques, que lhe transmitiram opiniões muito desfavoráveis sobre a Administração portuguesa[58]. Refira-se que integravam o *American Committee on Africa* figuras como John Marcum, Frank Montero (membro da delegação americana às NU), Hanser (membro de Departamento de Estado), etc.

Neste contexto, entre os actores-não estatais africanos, não podemos esquecer o movimento sindical daquele continente. Deve reconhecer-se e procuraremos analisar o facto, que a figura de Mondlane não surge na cena política de então como oriunda de uma origem ideológica e militante sindical, nem a FRELIMO tem um papel importante na rede deste poder não estatal. Não obstante, aquele movimento teve um papel importante, através de ligações aos sindicatos americanos, no financiamento, particularmente via Tunísia, da actuação de Mondlane e consequentemente da FRELIMO.

Na década de 60, período em que Mondlane se afirma na cena política africana e mundial com grande protagonismo, o movimento sindical africano organiza-se e afirma-se como um actor não-estatal importante no contexto da Guerra-Fria e dos movimentos nacionalistas africanos. Este arranque pode-se calendarizar com a *"Conferência Sindical Pan-africana"*, que teve lugar de 25 a 31 de Maio de 1961, em Casablanca.

Será nesta Conferência que irão aparecer claramente as duas tendências – a que se liga a CISL, dando origem à CSA e a que opta por uma ideologia marxizante, que estará na origem da USPA. A primeira terá relações privilegiadas com os sindicatos americanos e a segunda com o bloco de Leste, pois nos seus estatutos proíbe a filiação na CISL.

Os objectivos e ideologia da CSA coincidem com os objectivos estratégicos de Mondlane, enquanto os objectivos da USPA estariam mais próximos dos de outros membros da FRELIMO.

---

[58] AHD, PAA291, Inf. PIDE 416/61-GU de 31.03.61, referida no of. Secreto, do Gab. Neg. Pol. do Min. Ultramar, Nr.1932, de 08.04.61.

Segundo Ridha Tlili[59], a CSA, cuja sede era em Dakar e cujo Presidente era Ahmed Tlili (seu pai) integrava quase 30 países, entre os quais, destacamos: Angola, Congo (Brazzaville), Costa do Marfim, Gabão, Quénia, Nigéria, Rodésia do Norte, Nyassalândia, Senegal, Tanganika etc. e teria 2.250.000 trabalhadores inscritos. A USPA, cuja sede era em Acra, contava com 6 países efectivos e outros simpatizantes, entre os quais: Argélia, Ghana, Mali, RAU, Guiné-Conakri e Marrocos e teria 610.000 trabalhadores inscritos. Em nenhuma das duas encontramos Moçambique representado por qualquer movimento[60]. Os países ou organizações afiliadas demonstram claramente os respectivos alinhamentos.

I.5. Os territórios ou Estados africanos governados por minorias brancas

De uma maneira esquemática, podemos agrupar este conjunto em duas famílias que embora juridicamente diversas e protagonizando ideologias e estruturas políticas internas teoricamente opostas, representavam os mesmos papéis e tinham os mesmos objectivos e interesses no continente, enquanto actores de uma rede de poderes e contrapoderes.

a) Por um lado, destacaria a **República da África do Sul e a Rodésia** de Jan Smith, países independentes, governados por minorias

---

[59] Ridha Tlili, "*Pour une alliance syndicale mondiale*", Tunis, 2005, documento interno da UGTT, gentilmente cedido pelo autor.

[60] Membros da CSA: Angola (LGTA); Camarões (4 centrais); RCA (ATUC); Congo Brz. (2 centrais); Dahomé (NCBWD); Gabão (2 centrais nacionais); Gâmbia (2 centrais nacionais); Costa do Marfim (3 centrais nacionais); Quénia (KFL); Libéria (CIO); Líbia (GUW); Madagáscar (2 centrais nacionais); Mauritânia (2 centrais nacionais); Maurícias (MTUC); Niger (NUW); Nigéria (TUCN); Rodésia do Norte (NRTUC); Nyassalândia (NTUC); Senegal (UGTS); Serra Leoa (SLCL); Somália (SCL); Rodésia do Sul (SRTUC); Tanganika (TFL); Togo (NCBW); Tunísia (UGTT); Uganda (UTUC) Alto Volta (UNTC). Mesma fonte.

brancas, anticomunistas, praticando o primeiro o appartheid como doutrina oficial.

b) **Os territórios sob Administração portuguesa** – colónias ou províncias ultramarinas, consoante o ponto de vista do observador da época. Dois destes territórios sobrelevam em importância geopolítica relativa no início da década de 60 – Angola e Moçambique; os restantes tornando-se actores de relevância, um pouco mais tarde.

Estes dois grupos tinham em comum as seguintes características:
- Eram militantemente anticomunistas, tomando a maioria dos novos países africanos e os movimentos de libertação como "procuradores" do bloco comunista com a missão de destruir os valores do Ocidente.
- As suas ideologias, apesar de certas formas democráticas de governo, eram claramente de extrema-direita, perfilhando grande parte de ideias desta área política.
- Procuravam no Ocidente aliados no quadro da Guerra-Fria, embora vissem com olhos muito críticos a política americana, particularmente a política africana da Administração democrata de Kennedy.

Os interesses económicos que muitos países europeus tinham na RAS constituíam para eles um embaraço político e frequentemente uma duplicidade de política externa, na frente multilateral – ONU – e mesmo no âmbito bilateral.

Julgamos dever-se distinguir o caso português por uma razão que adiante estudaremos mais em pormenor e que o diferencia da África do Sul ou da Rodésia. Se estes últimos têm uma importância económica com a qual apostam forte nas relações com o Ocidente, Portugal possui uma arma geoestratégica que irá jogar habilmente nas suas relações com o Ocidente, mas particularmente com os Estados Unidos da América. Esta arma chama-se Açores.

CAPÍTULO II

A Figura de Mondlane
– A sua primeira arquitectura estratégica

"Quando houver uma Universidade portuguesa em Moçambique, gostaria de vir para cá como professor" *Eduardo Mondlane, ao Diário da Manhã (Notícias) de Lourenço Marques, a 23.02.1961*

"....e na outra costa apresenta-se como chefe de libertação de Moçambique um professor de uma universidade americana" .... *A.O. Salazar, in* Salazar, vol. V, pag. 507, de Franco Nogueira . Ed. Civilização, 2000

"Few men in this world continue to live beyond the grave. Eduardo Mondlane was one of them"
Prof. Herbert Shore, in The Legacy of Eduardo Mondlane *(n.p)*

II.1. a) Quadro comparativo de alguns dos principais líderes nacionalistas da África de língua portuguesa

Não querendo entrar aqui nalguns elementos mais *biográficos* por não caberem na natureza deste estudo vamos aludir sucintamente a figuras que protagonizaram, num ou noutro momento, papéis de liderança nos movimentos nacionalistas dos territórios africanos de língua portuguesa, ficando omissas muitas outras, que também desempenharam papéis importantes nos aludidos movimentos assim como na rede relacional com Portugal.

Trata-se de um mero exercício comparativo para nos ajudar a colocar a figura de Mondlane neste contexto.

Esta escolha é necessariamente arbitrária do ponto de vista lógico e obviamente discutível.

Pareceu-nos interessante invocar as seguintes personagens:

Holden Roberto, líder da UPA, mais tarde FNLA, figura controversa e próxima dos americanos;

Amílcar Cabral, que protagonizou a liderança do PAIGC e que em relação ao qual, em certos aspectos, é possível estabelecer alguns pontos comuns com Eduardo Mondlane, embora se trate de uma personalidade com formação mais próxima do marxismo;

Mário de Andrade, primeiro Presidente do MPLA;

Joaquim Pinto de Andrade, irmão do anterior mas com percurso diverso daquele;

Agostinho Neto, que assume desde o início e reassume, depois de uma interrupção, a presidência do MPLA;

Jonas Savimbi, que merece aqui apenas uma breve referência pois a sua acção de líder da UNITA só surge nos últimos anos da vida de Mondlane;

Marcelino dos Santos, figura importante da FRELIMO, embora nunca tenha desempenhado funções de Presidente.

Deixaremos de parte o sucessor de Mondlane, Uria Simango, que é objecto de um capítulo próprio, assim como outras figuras que lideraram o movimento em épocas posteriores.

Holden Roberto. Como outros líderes africanos referidos no capítulo anterior, trata-se de um homem da mesma geração de Mondlane, nascido em 1923. O seu *background* académico e político só terá dois pontos aparentemente comum – uma ligação, embora mais ténue e de outra natureza, com os EUA e uma ligação forte com a Tunísia de Burguiba.

Academicamente, tem, no dizer do próprio, *"vários cursos de ciência política"* no Congo e no Ghana. Fez o liceu em Leopoldville. A sua ligação a Portugal prende-se com uma possível filiação que o faz neto de Miguel Nekaka, homem ligado ao antigo Rei do Congo. Era protestante.

Teve alguma experiência das Nações Unidas e foi peticionário da 4.ª Comissão, como Mondlane, mas incorporado na delegação da Guiné--Conakri. Cria em 1958 a UPA – ex-UPNA – de que foi Presidente. Participou nessa qualidade na primeira Conferência dos Povos Africanos, em Acra, em 1957, e na segunda Conferência realizada em Tunis, em 1959.

Ambas lhe deram oportunidade de conhecer vários dos líderes africanos da época.

Inicia as hostilidades em Angola em 1961 e funda o GRAE, Governo Revolucionário de Angola no exílio, em 1962.

Por razões familiares, geopolíticas e estratégicas, constitui o Zaire de Mobutu como sua retaguarda político-militar.

Teria conhecido John Kennedy, ainda senador, em 1959, através de um Bispo da Igreja Unida da América e Canadá, Homer Jack.

Como referimos noutro local deste trabalho, no início da década de 60 Angola constitui, dada a guerra e as poucas simpatias de Holden Roberto com o bloco de Leste, um *"focal point"* mais importante, na política externa americana, do que Moçambique.

As suas ligações com organizações americanas como a CIA são conhecidas e sabemos que foi Dean Rusk quem mandou suspender um subsídio regular de 6.000 US$ por ano que recebia desde 1961, com aumentos anuais e pago pelo agente da CIA em Kinshasa[61].

---

[61] Witney Schneidman, *"Confronto em África, Washington e a Queda do Império Colonial Português"* Tribuna, 2005.

Vem a falecer no decurso da elaboração deste trabalho[62], em 2007 mas os caminhos da história em Angola não lhe foram particularmente favoráveis.

Amílcar Cabral. Nasceu igualmente na década de 20, em Bafatá. Apesar de a sua formação académica ser totalmente portuguesa, vem a ter alguns pontos comuns com Mondlane. Forma-se em agronomia com elevada classificação, milita em Lisboa na CEI e no MUD juvenil e em acções sociais, como na alfabetização de operários. Vem a exercer cargos administrativos na década de 50. Enquanto português aspira a uma liberalização política de esquerda, tanto na metrópole como no ultramar.

O massacre de Pidjiguiti, em 59, fá-lo mudar de estratégia e abandona a batalha política por uma liberalização pela luta de "libertação".

Tenta um diálogo com Portugal, em vão, e decide-se pela luta armada em 1963, embora mantendo-se um defensor da língua portuguesa.

Enviou um telegrama ao Presidente Kennedy em 1962 tendo-se nessa altura, a partir da Embaixada americana em Conakri, procurado promover um encontro entre Amilcar Cabral e um "*official*" do Governo americano, "*without political implications*". O Embaixador americano em Lisboa, Elbrick, mostrou-se algo céptico pois não via como tal poderia acontecer "*sem implicações políticas*"[63].

Uma desilusão e uma afirmação de "portugalidade" marcam pontos de vista comuns com Mondlane até no seu fim trágico, quando é assassinado quatro anos mais tarde, em Conakri.

Mário de Andrade. Nove anos mais novo que Mondlane, nasceu ainda no final da década de 20. É outra figura com um percurso universitário português, que começou no seminário de Luanda e terminou na Faculdade de Letras de Lisboa. Membro do CEI e do MUD juvenil,

---

[62] Vide "*Centro de Investigação Histórica*" da FNLA, Luanda e "*US Department of State*", Doc. 347-373, Caixa "Portuguese Africa".

[63] Departamento de Estado, Tel. Nr. 1049, da Embaixada americana em Lisboa, de 2 de Maio de 1962. Arquivo pessoal de Wittney Schneidman (IPRI), M. DDRS 1963.

torna-se um marxista culto e também um expoente da literatura negra de expressão portuguesa, com o lançamento, em 1953, do famoso caderno de "*Poesia Negra de Expressão Portuguesa*".

Exilado em França, é outro intelectual marxista de formação luso--francófona, pois forma-se em Sociologia na "*École Pratique des Hautes Études*" de Paris.

Torna-se num activo membro da CONCP, tendo representado Angola na Conferência de Casablanca de 1961.

Tem uma intensa actividade académico-intelectual, como conferencista em diversas partes do mundo, e abandona em 1963 a liderança do grupo que se veio a tornar no MPLA.

Esta discordância com o MPLA vem a consubstanciar-se mais tarde, em 1974, na chamada "Revolta Activa" em que participa contra a liderança do MPLA.

Acaba por se exilar na Guiné-Bissau, onde chegará a ser membro do Governo.

Joaquim Pinto de Andrade. Irmão de Mário de Andrade, também estudou num seminário, mas optou pela formação religiosa que o levou à Universidade Gregoriana de Roma. Neste contexto chega a chanceler da arquidiocese de Luanda, ensinando num seminário.

Devido às suas relações com o *American Committee of Africa* e a umas informações que lhe teria dado, vem a ficar 14 anos preso ou com residência fixa, em Lisboa.

Será eleito Presidente honorário do MPLA em 1962 e mais tarde virá a participar na "*Revolta Activa*" com seu irmão.

Agostinho Neto. Trata-se também de uma figura da mesma geração, isto é, nascido na década de 20. Formou-se em Medicina em Portugal, foi igualmente membro da CEI e do MUD juvenil. Enquanto preso em Portugal, vê nomes de intelectuais de esquerda franceses, como Sartre e Simone de Beauvoir, levantarem as suas vozes em sua defesa. Em 1959 assume a presidência do MPLA. É novamente preso, enquanto médico em Cabo Verde e foi considerado "Prisioneiro do ano" pela *Amnesty International*. Em resultado de fortes pressões desta, acaba por ficar em Lisboa com residência fixa até que, com a ajuda do PCP, consegue fugir e reassumir, em África, a presidência do MPLA.

Termina Presidente da República de Angola depois da independência, vindo a morrer em Moscovo[64].

Jonas Savimbi. Trata-se de uma figura nascida já na década de 30, em 1934. Também é educado em missões protestantes, como Mondlane. A sua carreira académica é relativamente paralela à sua carreira política. Tem dificuldades sérias no curso liceal em Lisboa, depois estuda medicina na Suíça, acabando por formar-se em Ciência Política em 1965.

Politicamente, inicia-se no MPLA, passa depois para a UPA de Holden Roberto, estuda na China e acaba por fundar o seu movimento, a UNITA, em 1966. Segundo documentação hoje conhecida, foi interlocutor do regime português e teria encarado a possível reinserção em Portugal[65].

Marcelino dos Santos. É uma figura incontornável da FRELIMO, particularmente na década de 60. Nasceu em 1929. Nove anos mais novo que Eduardo Mondlane – tem uma formação académica diversa e origens de formação política com contornos igualmente diferentes. Frequenta o Instituto Superior Técnico e vem a terminar a sua formação universitária na Sorbonne. Em Portugal foi um dos membros da CEI (Casa dos Estudantes do Império) e, como muitos outros, foi também poeta africano de língua portuguesa. Conhece bem em Lisboa Amílcar Cabral e pertenceu ao MUD juvenil.

A França desempenha um papel formador importante, do ponto de vista político. Tem fortes ligações a áreas próximas do Partido Comunista francês, chega a ter problemas com as autoridades francesas na obtenção de visto de residência e participa em várias reuniões e eventos na União Soviética e noutros países do Pacto de Varsóvia.

Vem a aderir à UDENAMO e a desempenhar um papel importante na reunião da CONCP em Casablanca, em 1961, onde representará

---

[64] Id.
[65] US Department of State, Caixa *"Portuguese Africa"*, Doc. 347-373.

Moçambique. Virá, de resto, a assumir o cargo de Secretário-Geral daquela organização.

Em Portugal é tido por comunista. Na realidade a sua formação é marxista e embora viaje por muitos países europeus, vemo-lo com muita frequência visitar países do bloco de Leste e Pequim, onde, como membro da FRELIMO e Secretário-Geral da CONCP, será recebido por Mao Ze Dong em 1963, como referiremos mais adiante.

No seio da FRELIMO – embora não nos queiramos demorar na análise de algumas da suas principais figuras, pois o nosso trabalho não é sobre a FRELIMO, mas sobre Mondlane, numa perspectiva histórica de Relações Internacionais – poderíamos, no contexto que acabámos de abordar, aludir aos seguintes factos:

A maior parte dos primeiros elementos que integraram a FRELIMO, designadamente os dos outros movimentos que nela se aglutinaram no primeiro Congresso, não tinham, à excepção de Marcelino dos Santos, formação académica ou ideológica de relevo. Os elementos negros, brancos ou mestiços que vieram a integrar e formar, com posições mais ou menos elevadas, a hierarquia política e militar do movimento, tinham uma formação bem diversa da de Mondlane. Marcelino dos Santos, Jacinto Veloso, Chissano, Sérgio Vieira, Hélder Martins, Fernando Ganhão, Samora Machel, para só citar alguns, mergulhavam as suas raízes intelectuais na esquerda portuguesa ou francesa e ainda, designadamente em formação militar, nos países de Leste, como foram os casos de Chissano (na URSS) ou Machel (na China).

Com excepção de um caso um pouco meteórico de passagem pela FRELIMO e, ao que parece, de má memória, só Leo Milas teria uma formação de origem americana.

Leo Milas, na realidade Leo Clinton Aldridge, era um cidadão americano, formado na Universidade da Carolina do Sul e alegadamente agente estrangeiro infiltrado na FRELIMO[66].

---

[66] Vide: Major William Westafall, *Mozambique – Insurgency against Portugal, 1963--1975*, Marine Corps Command and Staff College, 1984 – The University of Liverpool (Global Security.org).

Mondlane procurou de início protegê-lo, pois temia que as acusações radicassem na mera diferença de opiniões, mas acabou por expulsá-lo da FRELIMO. Foi um dos primeiros sobressaltos internos do movimento, que assume caracter gravíssimo nas vésperas e depois do desaparecimento de Mondlane.

Mondlane era o único, nos primeiros anos da FRELIMO, sem raízes da esquerda europeia marxizante, com formação académica superior anglo-saxónica e admirador de uma América da liberdade e do anticolonialismo. Poucos eram os membros da FRELIMO nessa altura que compartilhavam as suas ideias[67], particularmente, de não confundir colonialismo português com o povo português, não obstante a maioria o admirasse pelas suas qualidades humanas e lhe reconhecesse as qualidades de liderança para conduzir as políticas interna e externa que o movimento necessitava.

b) Eduardo Mondlane: do académico ao funcionário da ONU

Antes de referirmos directamente a figura de Eduardo Mondlane, pensamos que desde já poderemos tirar as seguintes conclusões do que se referiu anteriormente:

De entre os nacionalistas lusófanos, Mondlane foi o único com uma formação académica inicial sul-africana e depois americana; que obteve os mais altos graus académicos nos Estados Unidos; que embora tenha frequentado o CEI, não foi adepto activo do mesmo nem do MUD; que foi membro activo do Secretariado das Nações Unidas; que teve um percurso político de um liberal de esquerda até a um socialismo não pró-soviético e que, apesar de ser um amigo dos Estados Unidos, teve suficiente experiência internacional para lhe manter a independência política necessária.

Comecemos por procurar identificar e conhecer alguns dados essenciais da vida de Mondlane, particularmente aqueles que lhe mar-

---

[67] Hélder Martins, *Porquê Sakrani?* Editorial milénio, Maputo, 2001, pag 178.

caram a sua juventude, a sua formação e vida académica, o seu casamento, em suma, aquilo que formou a sua personalidade e precedeu a sua opção definitiva pela luta política, e depois armada, a favor da independência de Moçambique e que formatou o seu pensamento estratégico.

Nasceu em 20 de Junho de 1920 e era filho de um Chefe da Tribo Tsonga de língua e cultura banto. Era o quarto de 16 filhos de Nwadjahana Mussengane Mondlane e de Makungu Muzamusse Bembele do sul de Moçambique, ambos iletrados e sem qualquer contacto com a cultura ocidental ou com o cristianismo[68]. Segundo ele próprio, a sua mãe insistiu para que ele estudasse *"para melhor conhecer o feitiço dos homens brancos e lutar contra ele"*[69].

Iniciou os seus estudos primários numa escola calvinista suíça perto de onde nascera e depois em Lourenço Marques, onde fundou em 1949 a NESAM (Núcleo dos Estudantes Secundários de Moçambique), de que foi aliás presidente[70]. Dadas as dificuldades em conseguir entrar no liceu de Lourenço Marques, continuou a estudar algum tempo numa escola de uma missão suíça, antes de ir para a África do Sul, tendo mesmo frequentado um ano a Universidade de Witwatersrand em Sociologia como um dos poucos negros que ali estudavam.

Depois da implantação radical do *apartheid*, com o Partido Nacionalista, regressou a Moçambique, onde participou de novo e organizou o associativismo estudantil, a NESAM, onde teve uma importante actividade no meio cristão protestante designadamente como catequista[71], e conseguiu vir a estudar para a Universidade de Lisboa, entre 1950 e 51 e aqui frequentou o curso de Ciências Históricas e Filosóficas, ainda no velho edifício da Rua da Academia das Ciências.

---

[68] Arquivos do Oberlin College, RG30/307.
[69] Arquivos do Oberlin College, RG 30/307.
[70] Prof. Renato Matusse *"Guebuza, a Paixão pela Terra"*, MacMillan, Maputo, 2004.
[71] Pedro Borges Graça, *"O Projecto de Eduardo Mondlane"*, *Estratégia*, vol. XII, Lisboa, 2000.

O Prof. Pedro Borges Graça, que estudou com profundidade a formação escolar e académica de Eduardo Mondlane desde a mais tenra idade até à Universidade, mostra claramente dois elementos essenciais dessa formação: o cristianismo, por um lado, onde pensava reconhecer a modernidade e o Ocidente, e as raízes africanas profundas, por outro, estas associadas à sua família. Estes elementos teriam sido "a sua circunstância" sociológica e antropológica de origem.

Estas características individualizavam-no relativamente a outros líderes lusófonos, que seriam porventura menos africanos, no sentido de lhes faltarem as raízes familiares de uma África profunda que lhe vinham da mãe – o que faz o Prof. Pedro Borges Graça afirmar que alguns dos futuros líderes da CEI procuravam a sua africanização em Lisboa. Por outro lado, a componente cristã, depois desenvolvida nos Estados Unidos, dá-lhe um paradigma mental diferente.

Dadas as circunstâncias difíceis que encontrou em Portugal, conseguiu uma bolsa americana da Phelps-Stokes Fund of New York e ingressou em 1951 no Oberlin College, onde se licenciou em 1953. Foi como assistente para a Universidade Roosevelt em Chicago em 1954, antes de ingressar na Northwestern University onde virá a obter os graus de Mestre[72] e Doutor, em Sociologia e Antropologia, em 1960 quando já trabalhava como funcionário das Nações Unidas, com uma tese de Doutoramento intitulada *"Role Conflict, Reference Group and Race"*.

A escola de Sociologia de Chicago irá ter forte influência na sua formação[73]. Uma figura tutelar na elaboração do seu pensamento político e académico foi certamente Melville Herskovits, a quem deveu, de resto, o patrocínio no seu currículo académico.

---

[72] Com uma tese intitulada *"Ethnocentrism and the Social Definition of Race as In-group Determinants"*.

[73] Silvério Pedro Eugénio Samuel, *"Pensamento Político Liberal de Eduardo Mondlane"* (tese de doutoramento na Faculdade de Filosofia, Braga, Univ. Católica, 2003 n.p. (BN) SC 102461V).

Na década de 50, colaborou em várias circunstâncias e eventos com personalidades como o aludido Herskovits, Hans Morgenthau, Lord Hailey, etc.[74].

Herskovits, o impulsionador da teoria do relativismo cultural e introdutor nos Estados Unidos dos estudos africanos, é discípulo de Franz Boas, homem de formação kanteana. Refira-se que existe uma enorme biblioteca na Northwestern University, com o nome de Herskovits, só sobre estudos africanos.

Esta década não só é determinante na formação intelectual de Mondlane, como é nestes anos que conhece aquele que irá ser um dos seus melhores amigos nos Estados Unidos e futuro parceiro na esfera político-diplomática – Wayne Fredericks.

Segundo Fredericks, esta amizade deve ter-se iniciado no âmbito dos programas "*Southern African Program*", na Syracuse e na Northwestern Univerities, programas através dos quais os Estados Unidos decidiram fazer uma aposta na elevação do nível cultural dos negro-americanos e dos jovens africanos, ciosos de ultrapassar a barreira da cultura que durante séculos constituiu uma fronteira étnica.

Mondlane foi um brilhante professor universitário de Antropologia na Universidade de Siracusa. Na época em que a política externa americana tinha a África como um dos seus pilares na luta contra o comunismo de Leste, as Embaixadas americanas em África distribuíam, o jornal "*Outlook on America – Students Outlook*", de Junho de 1962, em que metade da primeira página é preenchida com uma fotografia de Mondlane, numa aula em que se vislumbra uma maioria de estudantes brancos, sob o título "*African Educators Lecture in America*" e a legenda diz "*Mozambique-born Dr. E. Mondlane, in top photo, conducts a class in anthropology at Syracuse University*". Numa das páginas interiores vem nova fotografia, com a seguinte legenda "*Dr. Eduardo Mondlane of Mozambique counsels a graduate student in his office at Syracuse University where he teaches graduate and undergraduate courses. The chairman of his department described Dr. Mondlane as a "superb teacher who

---

[74] *Vide* obra de Pedro Borges Graça.

arouses strong student interest", an "excellent colleague" and an "outstanding" representative of the university"[75] (anexo 1).

Parece evidente que, para além da indiscutível qualidade académica de Eduardo Mondlane, os Estados Unidos tomavam-no em 1962, como uma figura de referência da sua nova política externa africana.

A figura de Eduardo Mondlane goza, ainda nos nossos dias, de um particular relevo no meio académico do Oberlin College. Esta instituição mantém uma *"Eduardo C. Mondlane Scholarship"*, para continuar a tradição de auxiliar um estudante oriundo de um país subsaariano, durante um período de quatro anos, em memória de Mondlane. Em Setembro de 1998, o Oberlin College realizou uma *"Mondlane Conference"*, onde participaram o então Ministro moçambicano Leonardo Simão, um conjunto de académicos americanos, assim como a viúva, Janet Mondlane.

Em 1999, o Professor jubilado Albert J. McQueen organizou um fim de semana intitulado *"The Independence Struggle and Rebuilding Mozambique"*, a que assistiram além de Janet Mondlane, a sua filha Chude Mondlane, que vive nos Estados Unidos e o filho Eduardo Mondlane Jr.. O Ministro moçambicano Leonardo Santos Simão não só esteve presente como interveio e Janet Mondlane teria proferido uma alocução muito empolgante sobre a pobreza da população moçambicana e a necessidade de reforçar programas com o objectivo de fortalecer os valores morais e cívicos das comunidades moçambicanas no país.

No decurso deste seminário, o Prof. MacQueen enfatizou a importância da Fundação Mondlane, criada em Maputo pela sua viúva, e cujos objectivos são fomentar o diálogo nacional sobre temática contemporânea, tanto política como económica e social, através de publicações, conferências e outros eventos culturais.

Mondlane casara em Outubro de 1956 com uma senhora branca, americana de origem sueca, Janet Rae Johnson, uma colega de Oberlin, que encontrara num grupo de actividades religiosas e que irá ser uma companheira muito activa na sua vida futura e personalidade a que a

---

[75] AHD, MU/GM/GNP 190, Cx 01.

história de Moçambique ficou ligada até hoje. Um velho amigo nosso e que a conheceu na década de 50 descreveu-a, na altura, como uma mulher americana *"who wants to make a point"*.

Mondlane ingressou em 1957 no Secretariado das Nações Unidas, então verdadeiro pólo das questões internacionais, como P2 (*Associate Social Scientist*), investigador no Conselho de Tutela. Na qualidade de P2[76], preparava documentos e estudos nas áreas económicas, políticas e sociais, relativos aos territórios sob tutela, do Sudoeste africano, Camarões britânicos e Tanganica. Mondlane não foi *"uma individualidade de relevo dos quadros políticos das Nações Unidas"*, como por vezes se tem afirmado[77], mas sim um quadro técnico, que se veio a tornar numa individualidade de relevo político.

O ano de 1957 foi decisivo na sua vida, pelas experiências que teve e pelas personalidades que conheceu em Nova York – entre eles, Nyerere e o Prof. Adriano Moreira. É o primeiro ano de Portugal na Assembleia Geral das Nações Unidas e foi então, que Adriano Moreira o convidou a escrever um artigo sobre o anticolonialismo americano no Boletim do Centro de Estudos Políticos e Sociais do Ministério do Ultramar, artigo que fora também publicado no mesmo ano em Boston, intitulado *"Anticolonialism in the United States"*.

Inicia-se aqui, como veremos, a fase da sua vida em que virá a optar por trocar a carreira académica pela carreira política como chefe do movimento independentista de Moçambique, embora ainda durante algum tempo acumulasse estas novas actividades com o ensino na Universidade de Siracusa e em Nova Iorque e com a preparação da sua tese de doutoramento.

Quando foi assassinado em Fevereiro de 1969, o Jornal do Secretariado das Nações Unidas publicou, de resto, um pequeno e elogioso *"In memoriam"* sobre a figura e as actividades de Mondlane nas Nações Unidas[78].

---

[76] A designação P, nas Nações Unidas, designava os quadros profissionais.
[77] Manuel Amaro Bernardo, in *"Combater em Moçambique"*, Prefácio 2000.
[78] Secretariat News, vol. XXIV, N.4, United Nations Headquarters, NY, 28.02.1969.

Vários acontecimentos determinantes naquela sua opção tiveram lugar em Lisboa e em Moçambique entre 1960 e 1961 e que são da maior importância histórica. Neste período inicia-se o processo de desilusão de Mondlane em relação a Portugal. Tanto as suas experiências, como outras de Janet Mondlane que as precederam, foram decisivas.

O nosso velho amigo e contemporâneo do Liceu, Jacob Ryten[79], conheceu-o em 1959, quando então também ingressou nas Nações Unidas, como P1 na área de contabilidade nacional. Como Portugal tinha uma quota de 4 lugares, Jacob Ryten dirigiu-se à Divisão do Pessoal para saber se havia mais algum português. Mondlane fez o mesmo e acabaram por se encontrar.

Passaram a ver-se com frequência, durante cerca de um ano ou mais, na cantina do 4.º andar do edifício do Secretariado. Jacob Ryten recorda-se de o ter convidado a ir a sua casa, que ficava a 15 minutos das Nações Unidas e de Mondlane lhe ter perguntado se a casa tinha porteiro. Disse-lhe que sim e ficou com a impressão de que ele arranjara uma desculpa para não ir. Só depois veio a perceber a razão – muitos porteiros em zonas "brancas" da cidade pediam ainda a negros que entrassem pela porta traseira ou de serviço, facto que, segundo o Dr. Jacob Ryten, ocasionava frequentes incidentes diplomáticos, sobretudo em Manhattan.

Jacob ainda hoje possui um exemplar do que ficou conhecido como o "Relatório Mondlane", apresentado nas Nações Unidas, já depois deste ter deixado o Secretariado daquela organização. Em seu entender, achou que o relatório incidia muito sobre questões esperadas – saúde, educação, infra-estruturas – mas pouco sobre as estruturas institucionais do país.

Mondlane foi várias vezes ouvido na Quarta Comissão das Nações Unidas, como peticionário. Em Portugal, tanto em 1962 como em 1963, alguma imprensa referia o facto. O *"Comercio do Porto"* de 09.04.1962 noticia que Mondlane fora ouvido na qualidade de peticionário nas

---

[79] Entrevista com Jacob Ryten, 10.07.2006.

Nações Unidas, sendo então ainda Professor na Universidade de Siracusa.

Um ano mais tarde, o *Jornal de Notícias* de 23.11.1963 sublinha que Mondlane haveria referido, diante da Comissão de Curadorias, que lhe chegavam informações da existência de um grupo que julgaria possível alcançar uma independência branca em Moçambique e que reputava tal iniciativa como *"condenada ao malogro".*

Lê-se numa nota de 11.09.1962, da PIDE, a seguinte informação: *"Consta que em Moçambique, Eduardo Mondlane mantém contactos estreitos com elementos importantes da população branca.*

Por outro lado, diz-se que Mondlane se encontra apreensivo com as ligações que outras agremiações de brancos na Província – partidários de uma aproximação com a RAS mas favorecendo uma autonomia local – mantêm com Pretória opondo-se terminantemente a um Moçambique de futuro controlado fundamentalmente pela maioria africana"[80]. (sic)

Embora se lembre menos da mulher, com quem pensa que só almoçou uma vez, Jacob Ryten acrescenta *"Eduardo Mondlane fez-me boa impressão, sobretudo porque me parecia uma pessoa muito decente e gostava de me encontrar com ele, não há dúvida. Parecia-me aberto, inteligente e dedicado à sua causa"*. Acrescentou *"era óbvio que a mulher tinha uma afeição enorme pelo seu Eduardo a quem admirava e protegia simultaneamente"*. Na mente do casal pairava então a possibilidade de um acordo com Lisboa mas, por outro lado, pareceu-lhe não haver ainda nessa altura uma ideia muito clara sobre o que se faria em Moçambique depois desse acordo, embora nunca tenham referido "expulsão" de portugueses ou mesmo "confrontação" com as autoridades portuguesas.

Abordaram também o caso de Goa, e ambos concordaram então que Goa iria ser ocupada, *"mas que isso não representava um precedente ou uma lição para a África portuguesa. Achava que a ocupação de Goa iria endurecer o Governo português, já que era óbvio que se sentiria*

---

[80] AHU, MU/GM Proc. 15.009.00, Inf. 40/SC, de 1/9/62 da PIDE.

humilhado e abandonado pelos seus aliados. Ambos tínhamos a certeza de que os Ingleses não iriam ajudar Portugal e que Goa não teria falta de ajuda política ou económica, uma vez ocupada"[81].

Quanto à sua posição face à União Soviética e a ideais políticos, Jacob Ryten acrescentou que pelos comentários de Eduardo Mondlane, este não tinha ilusões sobre a URSS ou sobre o sistema soviético, mas que tanto ele como Janet nutriam ideias sobre um possível socialismo com raízes africanas, modelado por experiências e tradições ocidentais.

As vidas dos dois interlocutores vieram a separá-los, e assim acabaram os encontros e um diálogo, sem dúvida interessante, e que claramente se desenrolava num local propício à reflexão menos quente, que a proximidade geográfica dos locais dos acontecimentos talvez não tivesse proporcionado.

O Professor Adriano Moreira[82] conheceu bem o casal Mondlane desde a segunda reunião da Assembleia Geral da ONU em que Portugal participou, em 1957, pois integrava a delegação portuguesa. A delegação era então chefiada pelo Ministro dos Negócios Estrangeiros, Paulo Cunha e integrava também o futuro Ministro, Franco Nogueira, então ainda em Londres à espera de ser colocado como Chefe do Departamento Político no Ministério dos Negócios Estrangeiros.

Jantou em casa do jovem casal Mondlane, em Nova Iorque, onde conheceu o filho ainda criança e a amizade veio a perdurar, particularmente com a viúva Janet, que há poucos anos recebeu em sua casa numa visita dela a Portugal.

A impressão que Mondlane lhe fez foi a tal ponto positiva que pensou em convidá-lo para Professor de Antropologia em Lisboa. Chegou a criar uma cadeira de Antropologia no então Instituto de Medicina Tropical e convidou-o a concorrer, dado que já se previa que o concorrente pudesse ter um grau de Doutor numa Universidade portuguesa ou estrangeira.

---

[81] Entrevista com Jacob Ryten, de 10.07.2006.
[82] Entrevista com Prof. Doutor Adriano Moreira, a 6 de Julho de 2006.

Antes do início da guerra de África, por volta de 1960, segundo o Prof. Adriano Moreira, o casal Mondlane esteve em Lisboa onde o assunto foi discutido.

Para se entender melhor esta relação e, em particular, o posicionamento político de Mondlane em relação a Portugal e mormente à evolução de Moçambique, afigura-se-nos fundamental referir que o Prof. Adriano Moreira e Eduardo Mondlane tiveram importantes conversas sobre alguns dos temas que constituíram a nova política adrianista para o Ultramar, designadamente quanto toca às questões do indigenato, do trabalho forçado e da introdução de Estudos Superiores em África[83].

Eduardo Mondlane quis ir a Genebra ao Instituto de Altos Estudos Internacionais, de cujo o Director, Prof. Freymond, ambos eram amigos, e a sua mulher Janet quis aproveitar a ocasião para ir a Moçambique conhecer o território e a família do marido. Esta viagem, que foi, de resto, organizada pelo próprio Prof. Adriano Moreira, teria sido determinante para que o marido viesse a recusar o aludido convite.

Uma carta para o Prof. Adriano Moreira, de 7 de Setembro de 1960[84], em que Eduardo Mondlane se lhe dirige como *"Prezado amigo e Sr. Dr. Moreira"*, demonstra claramente a relação existente entre ambos. A carta refere especialmente o problema de visto para a sua mulher Janet, algo que ele pensava não ser necessário, dado que ela, embora americana, era portuguesa por casamento, e termina com a seguinte frase *"É pena que não seja possível que eu passe por Lisboa de caminho para os Camarões, mas como disse, de regresso de Moçambique espero passar alguns dias em Lisboa, e então poderemos conversar sobre alguns dos problemas que nos interessam a ambos"* (anexo 2).

O choque que Janet Mondlane teria tido com a realidade que observou em Moçambique e a discrepância com o discurso político de Lisboa levaram-na, segundo o meu interlocutor, a desaconselhar o

---

[83] Entrevistas com Prof. Adriano Moreira, em Julho de 2006 e Novembro de 2007.
[84] AHD, MU/GM/GNP, 190, Cx 01.

marido a estabelecer uma ligação institucional com Portugal, não obstante o entusiasmo com que a mesma via o programa de modernização e transformação legislativa de que era autor o Professor Adriano Moreira[85].

Durante a sua estadia em Lisboa, na York House, teve longas conversas com o meu interlocutor sobre estas questões.

Pouco mais tarde, no início de 1961, o próprio Eduardo Mondlane visita Moçambique onde já se encontrava sua mulher. Esta visita realizou-se sob a identidade e protecção de um passaporte das Nações Unidas.

II.2. Eduardo Mondlane no momento em que Portugal dá os primeiros passos como Membro da ONU. Impacto de Mondlane nas delegações portuguesas às AG da ONU. As conversações quadripartidas europeias

Quando Mondlane entrou para a ONU, Portugal tinha sido aceite como membro havia pouco tempo.

Tanto para os membros das primeiras delegações portuguesas às Assembleias Gerais designadamente a de 1957, ano em que Mondlane entrara para o Secretariado daquela Organização, e a seguinte, aquela em que a nossa participação foi mais actuante, como para o restante pessoal da ONU, Mondlane era um português de Moçambique que se considerava como tal e cujo objectivo, em que na altura acreditava, era o de valorizar e autonomizar a sua terra natal Moçambique com vista a uma independência a partir de um quadro institucional português.

Já antes dos primeiros contactos com as delegações portuguesas às Assembleias Gerais, ou em simultâneo com eles, como adiante referi-

---

[85] Segundo o Prof. Adriano Moreira, esta cadeira de Antropologia viria depois a ser ocupada pelo Prof. Almerindo Leça.

remos, Mondlane cultivava o convívio com portugueses que na altura trabalhavam no Secretariado das Nações Unidas ou faziam estágios naquela Organização.

Casos exemplares desta atitude eram as relações amigáveis que mantinha com dois portugueses nessas circunstâncias: "Roberto Fernandes", como Mondlane o tratava e que era filho do nosso Embaixador em Washington, Luís Esteves Fernandes, e Manuel Sá Machado, então estagiário nas Nações Unidas e que veio a ser um brilhante diplomata do nosso tempo. Trabalhou no gabinete do Ministro dos Negócios Estrangeiros, Mário Soares, a seguir à Revolução de Abril de 74, e Subsecretário de Estado Adjunto do Primeiro Ministro, Pinheiro de Azevedo. Veio a falecer inesperadamente a 25 de Janeiro de 1976.

Ainda em Nova Iorque, durante o estágio, preparou um trabalho sobre a Independência dos Países Africanos. Este facto ajudou a aproximar os dois, tendo-se estabelecido uma sólida amizade com o casal Mondlane[86]. Manuel Sá Machado sempre considerou Mondlane como um moderado.

Numa carta a sua mulher, datada de 15 de Maio de 1957[87], Mondlane refere-se a Roberto Fernandes, com quem ia almoçar, em termos muito amigáveis *"...the other Portuguese fellow who is working here.........his father is the present Portuguese Ambassador to the United States, and well, he hopes that when I next visit Washington I'll be able to meet his father. I've just called him and we've agreed to have lunch together at 12,30...........He's a friendly sort of a guy. I want to make friends with him for diplomatic purposes. I hope I'll succeed"*.

Roberto Esteves Fernandes disse-nos, de resto[88], *que tinha excelente impressão de Mondlane, homem inteligente, honesto, amigo de Portugal e que era nesta perspectiva que ele encarava uma autonomia e independência de Moçambique.*

---

[86] Entrevista com Regina Sá Machado, viúva de Manuel Sá Machado. 30.11.2007.
[87] Cópia que me foi facultada por Janet Mondlane, do seu arquivo particular.
[88] Entrevista com Roberto Esteves Fernandes a 02.11.2007.

Certamente, neste quadro, Mondlane, através da aludida carta, mostrava a Janet o seu interesse em estabelecer contactos a nível diplomático com Portugal.

Juntamente com Sá Machado, almoçavam frequentemente e tinham conversas políticas de grande abertura e franqueza. Embora tivesse ofertas para vir para Portugal, que nunca especificou, parecia evidente ao meu interlocutor, Roberto Esteves Fernandes, que Mondlane tinha como objectivo principal desempenhar um papel político preponderante em Moçambique.

Com Sá Machado as relações eram de grande amizade e abertura[89] e como me afirmou a sua viúva, ele e Eduardo Mondlane mostravam entre si os seus papéis e relatórios com total abertura de espírito e confiança.

Os membros das nossas primeiras delegações às Assembleias Gerais procuravam Mondlane e ele prestava uma colaboração importante. Franco Nogueira falava com ele e ouvia-o na preparação de algumas das suas intervenções na 4.ª Comissão, segundo alguns dos delegados ou diplomatas presentes[90]. As disposições conceptuais de alguns dos nossos políticos e diplomatas e a de Mondlane vieram por vezes a tornar-se bem diferentes com a evolução das estratégias portuguesas.

O impacto que Mondlane fez numa equipa relativamente jovem, e que representava uma tendência inovadora e modernizante das posições portuguesas, foi-nos descritas por um dos presentes, o Embaixador Leonardo Mathias,[91] do seguinte modo:

"A geração de homens como Adriano Moreira, Franco Nogueira, José Manuel Fragoso, Teixeira Pinto que integravam a delegação de Portu-

---

[89] Como me revelou a sua viúva, Regina Sá Machado. Entrevista de 05.11.07.

[90] Prof. Adriano Moreira e os Embaixadores Leonardo Mathias e Soares de Oliveira.

[91] O Embaixador Leonardo Mathias começou por integrar as delegações portuguesas ainda antes de entrar para a carreira diplomática em 1960, como secretário do então Ministro dos Negócios Estrangeiros, Marcelo Mathias, seu pai. (ver notas biográficas sobre os entrevistados).

gal nessas primeiras Assembleias Gerais em que participávamos, chegava a responsabilidades públicas, em termos de política externa, com uma vasta cultura histórica do nosso país. Uma cultura em que predominavam realidades da sua grandeza passada, designadamente da expansão ultramarina, da projecção da língua e da consolidação de um mundo marcado pela civilização portuguesa. Era, a meu ver, uma geração que se identificava com valores nacionais que tinham estado presentes, por exemplo, na ida da Corte para o Brasil, na defesa do Mapa Cor-de-Rosa, na Conferência de Berlim e em larga medida na origem da participação de Portugal na Guerra de 14, na Flandres e em África, já em plena Primeira República. Confrontada com as teses de descolonização que então procuravam começar a atingir Portugal, essa geração procurou fazer-lhes frente com convicções, inteligência e imaginação política. E cumpre destacar Adriano Moreira, com as primeiras reformas que, com excepcional lucidez, foi introduzindo na administração das colónias e Franco Nogueira desmultiplicando-se na actividade diplomática com enorme talento, espírito de iniciativa e coragem. Sublinhando as diferenças com as demais situações coloniais, tentaram contribuir para criar uma nova imagem de Portugal, mais moderna na forma e no fundo, que permitisse outro tipo de avaliação da sua política externa relativamente a África. Foi nesse contexto que surgiram contactos em Nova Iorque com Mondlane. Um africano da mesma geração, igualmente culto e inteligente, Professor universitário que no entanto defendia a tese do erro que seria julgar possível conservar as colónias manu militari já que, em seu entender, a independência era inevitável a prazo. Os encontros havidos com Mondlane provocaram, entre os portugueses presentes, vários comentários baseados no respeito que a sua personalidade suscitava. Lembro-me sobretudo de o ter ouvido numa conferência no American Committee on Africa em que Mondlane se exprimiu de forma convincente e desapaixonada. Sem deixar de saber aludir a aspectos positivos da História de Portugal".

Este contacto com Mondlane, a avaliar pelas palavras de Leonardo Mathias, teria causado a alguns a percepção de que se deveria repensar a política africana.

Esta equipa jovem que aparecia em Nova Iorque era heterogénea, no sentido em que não tinham todos um *"background"* comum. Segundo o Prof. Adriano Moreira, quem melhor conhecia África era o diplomata José Manuel Fragoso, com quem tinha estado junto na mesma delegação, em Bukavu, numa reunião da CCTA onde, de resto, se podia avaliar o nosso atraso, no contexto europeu, relativamente a África. Conhecera Franco Nogueira numa reunião em Genebra sobre o anti-esclavagismo. Considerava, porém, que o primeiro tinha maior sensibilidade para os problemas africanos.

Embora o ímpeto de modernizar a política externa portuguesa e a sua vertente africana constituisse um elemento comum, havia orientações diferenciadas. Adriano Moreira defendia o que ele próprio chamava *"uma autonomia progressiva e irreversível"*, ideia partilhada pelo seu Subsecretário, João Costa Freire, e por Ribeiro da Cunha, então Director do GNP do Ministério do Ultramar. Tratava-se de uma política de fundo, mais constitucional e a prazo.

Segundo esta mesma fonte, Franco Nogueira, como diplomata, pretendia deixar mais frentes abertas, fazer mais concessões no sentido de evitar mais condenações contra Portugal nas Nações Unidas.

Teixeira Pinto, deste mesmo grupo, e que veio a ser Ministro da Economia, era um reformador.[92]

O então jovem Dr. André Gonçalves Pereira, que já em 1960 integrava igualmente as delegações à Assembleia Geral das Nações Unidas, recorda-se de que Eduardo Mondlane almoçava por vezes com Franco Nogueira, José Manuel Fragoso, Adriano Moreira, e ele próprio foi uma ou duas vezes a esses almoços[93]. Segundo Gonçalves Pereira, havia um ambiente franco e amigável durante aquelas reuniões. Considerava Eduardo Mondlane um homem com muito "charme" e inteligência.

---

[92] Entrevistas com Prof. Adriano Moreira a 6 de Junho e a 4 de Outubro de 2007.
[93] Entrevista com Prof. Doutor André Gonçalves Pereira, 27.11.2007.

Parecia assim claro que Mondlane via nestas figuras portuguesas, oficiais ou não, representantes de parceiros eventuais dum diálogo possível.

Afigura-se-nos interessante referir que a primeira actuação do neófito, que era Portugal, na primeira Assembleia Geral, em 1956, foi prudente – as instruções foram no sentido de nos abstermos na maioria das votações – mas teve repercussões positivas em parte dos nossos parceiros europeus que mantinham colónias ou territórios fora da Europa, bem como nos Estados Unidos e em vários países da América Latina.

Estes factos foram, de resto, sublinhados no decurso da primeira reunião de concertação – como hoje se chamaria – dos países europeus que ainda eram potências coloniais, preparatória para a Assembleia Geral de 1957. Chamavam-se essas reuniões "**Conversas quadripartidas sobre problemas africanos**".

Esta reunião – a primeira em que participámos – teve lugar em Paris, no Quai d'Orsay, de 1 a 3 de Julho de 1957. Era chefiada pelo Prof. Adriano Moreira e integrava Henrique Martins de Carvalho, diplomata na disponibilidade, que na altura se encontrava, como consultor no Ministério do Ultramar e José Manuel Fragoso, igualmente diplomata, primeiro secretário de Embaixada, em serviço na Secretaria de Estado.

Afigura-se-nos interessante para a economia dos temas que desenvolvemos salientar algumas circunstâncias das conversações havidas e muito particularmente as conclusões do "*Apontamento*" assinado pelos três membros da nossa delegação.

a) Na abordagem dos vários temas da agenda, as posições defendidas não eram em muitos pontos coincidentes, embora o objectivo fosse fundamentalmente o mesmo: contrabalançar o início da onda anticolonialista que se ia formando nas Nações Unidas;

b) Defendeu-se a vantagem táctica de diversificar as posições de cada um dos quatro Reino Unido, França, Bélgica e Portugal que "*obrigasse os adversários a combater em várias frentes*".

c) Houve acordos pontuais, como quanto às tutelas, no sentido de haver a necessidade de excluir os soviéticos de integrarem as missões de visita, posição partilhada pelos Estados Unidos ou quanto à defesa do carácter técnico que deveríamos defender no que respeitava o Capítulo XI.

d) Mas as clivagens de fundo surgiam quando se falava na penetração comunista em África, em que os ingleses reagiram fortemente quanto a uma proposta portuguesa de criar um sistema de troca de informações "*que nos desse a todos elementos para actuar*".

A delegação inglesa referiu repetidas vezes "*que a melhor forma de combater o comunismo era a política de emancipação dos povos*".

Por outro lado, tanto a França como a Inglaterra anunciavam desde já as datas das diversas eleições gerais, com sufrágio universal, a ter lugar nos diversos territórios africanos, conducentes a autonomias e independências a curto prazo.

Quanto às conclusões do documento, afigura-se-nos interessante citar o último parágrafo: "*É evidente do relato que precede que a troca de impressões no que respeita à ONU teve interesse limitado e, em qualquer caso, muito menor do que as conversas bilaterais de 1956, realizadas em Londres, com os ingleses e em Lisboa com os belgas e franceses. Mas as conversas foram úteis, sobretudo na medida em que nos ponham de sobreaviso sobre as linhas que estão a desenhar-se na evolução africana. A delegação portuguesa considera seu dever acentuar, e encarecer a gravidade de dois pontos de política geral que claramente sobressaíram das conversas, e aos quais apenas pôde contrapor nas suas declarações alguns cuidadosos reparos: a importância que está a assumir o movimento sindicalista africano e a transigência oficial perante ele; e a tendência para a autonomia territorial, e futura independência política, de todo ou, pelo menos da grande maioria da África britânica e francesa*"[94].

O mundo vivia um momento de grande expectativa e transformação no final da década de 50 e início de 60. Aparecem movimentos curiosos, que virão a desaparecer, mas que são epifenómenos dessa circunstância.

---

[94] AHD, POI 177. Apontamento assinado por Adriano Moreira, Adriano de Carvalho e José Manuel Fragoso, Julho de 1957.

Um movimento chamado "*World Association of World Federalists*" – "*Mouvement Universel pour une Fédération Mondiale*" escreve uma missiva a Salazar, datada de 22 de Março de 1957, em que pede o apoio de Portugal, país recém-entrado nas Nações Unidas, para a criação de uma Força Permanente da ONU, que garanta a paz mundial. Apesar de certa ingenuidade kantiana nos tempos do século XX, a carta era assinada por eminentes personalidades da altura, dos mais variados sectores, como Peter Ustinov, Daniel Rops e vários Prémios Nobel. Só se encontram, porém, personalidades do mundo ocidental[95].

Na XII Assembleia Geral, de 1957, será já incluído na agenda (Doc.A/3587) a recomendação de que no plano internacional seja adoptado o princípio do direito "dos povos e nações" a disporem politicamente eles próprios, e em 1961 a URSS pede a inscrição da questão do colonialismo na agenda.

Juridicamente com razão mas politicamente ao lado da questão de fundo, o então Ministro dos Negócios Estrangeiros, Prof. Paulo Cunha, numa reunião da NATO em Paris, sublinha que este elemento pode dar aí "*uma oportunidade magnífica de denunciar o colonialismo soviético*"[96].

II.3. A longa visita de Mondlane a Moçambique em 1961. A desilusão na origem do progressivo afastamento da solução negociada

Portugal tenta aproveitar politicamente a visita de Mondlane, que chegou a Lourenço Marques a 21 de Janeiro de 1961 e ficou até Maio em território moçambicano. O "*Notícias de Lourenço Marques*", na primeira página da sua publicação do dia 23, traz uma fotografia de Mondlane e faz uma chamada para a página 15, onde publica a entrevista, com o título sugestivo:

"**O Doutor Mondlane Sente-se Feliz ao Voltar à sua Terra,** *O Ilustre funcionário da ONU fez Interessantes Declarações ao Notícias*".

---

[95] AHD, POI 177 (AG-ONU).
[96] AHD, POI 177.

As posições, embora moderadas e de quem é um reformista no interior do espaço português, mas crítico, deveriam ser já bem conhecidas em Portugal. Por outro lado, o epíteto de *"ilustre funcionário da ONU"* é obviamente exagerado e fora de contexto, mas politicamente "útil"[97].

Na entrevista, Mondlane responde a várias perguntas sobre a sua vida, em que descreve as suas passagens pela África do Sul, a necessidade de abandonar aquele país devido à política ali seguida e como desembarca nos Estados Unidos, a sua pátria académica e relata as suas funções nas Nações Unidas com toda a objectividade e serenidade. Descreve o *referendum* que acabava de ter lugar nos Camarões onde como único português integrara a missão da ONU de observadores daquele acto, antes de chegar a Moçambique.

O entrevistador, não identificado no jornal, pergunta-lhe, ao procurar melhor definir as funções de Mondlane na ONU, se *"prepara informações sobre o desenvolvimento económico, educacional e social dos povos sob tutela....que eram em número de 10"* em 1945. Mondlane adiantaria, em seguida *"É tempo de se desfazer a confusão estabelecida entre países sob tutela da ONU e territórios não-autónomos. Há uma grande diferença – afirmou – pelo menos no conceito da ONU"*... *"Estão sob tutela e a fiscalização das Nações Unidas, até se tornarem independentes, os territórios que em geral foram colónias da Alemanha, da Itália, do Japão e de outros países, como por exemplo os Camarões, a Somália, o Togo, Tanganica, algumas ilhas do Pacífico, parte da Nova Guiné, a Samoa Ocidental, etc.* E dos territórios não-autónomos, nós perguntamos? – *A ONU não interfere nesses, embora deles receba normalmente relatórios e informações, como no caso de algumas colónias francesas e o antigo Congo.* E a terminar o assunto... *Claro que as províncias ultramarinas portuguesas não estão neste caso, nem incluídas na designação de territórios não autónomos, uma vez que são consideradas partes integrantes da nação portuguesa"*. Mondlane não deixou de utilizar o verbo "são

---

[97] Hemeroteca Municipal de Lisboa, Notícias – *Diário da Manhã*, Lourenço Marques 23.02.61

consideradas", com alguma prudência, apesar do optimismo que julgo transparecer nesta primeira entrevista, feita nos primeiros dias da sua chegada. Em suma, antes da desilusão dos próximos tempos. Conclui a entrevista com a tónica que há de ser sempre o seu *leitmotif* nos próximos anos – a educação *"Quando houver uma Universidade Portuguesa em Moçambique, gostaria de vir para cá como Professor..."* Diz o entrevistador a finalizar o artigo, *"Do seu portuguesismo, pois, Portugal é e será sempre a sua única Pátria".*

Permaneceu até Maio de 61 em Moçambique, que percorreu e onde foi recebido pelo Governador-Geral e pelos Governadores regionais. No seu Relatório faz pormenorizada descrição dessas conversas, dos contactos com a população de diversas regiões e das impressões que colheu da vigilância, por vezes menos discreta, dos agentes da PIDE.

Em Vila João Belo, a 21 de Março(?), Eduardo Mondlane faz uma interessante, diplomática mas simultaneamente sincera, alocução improvisada, gravada pelos serviços da PIDE, onde afirma que o facto de ele ter chegado onde chegou só mostra que *"qualquer preto o pode fazer embora muitos julguem que não"* . Depois de referir as conversas que teve com o Governador do distrito de Gaza, acrescenta *"infelizmente, eu não posso fazer referências directas a estes problemas, mesmo que tenha opiniões pessoais, em especial porque sou funcionário das Nações Unidas e não tenho o direito de fazer comentários políticos em público"*[98].

Por um lado, mostra claramente a sua preocupação em se assumir como moçambicano e, por outro, a sua ligação profunda a Portugal pela língua e pela cultura. Faz também uma interessante distinção entre as autoridades e os compatriotas brancos que conheceu em Lisboa, os vizinhos, os colegas...*"a gente com quem convivia no comboio".* Era evidente na sua improvisação que Mondlane, naquela altura, tinha mais hábito de improvisar em língua inglesa – hábito adquirido como professor universitário nos Estados Unidos – do que em português.

---

[98] Id. e AHD, MU/GM/GNP, 190, CX 01 (gravação do texto completo da improvisação).

Pensamos ser interessante reproduzir algumas passagens da aludida gravação, demonstrativas do que acabamos de referir:

"Está dentro do meu tempo, a proporção entre o português branco e o preto. No meu tempo era muito maior. No meu tempo havia tão poucos portugueses brancos que era muito difícil para um indivíduo como eu, realmente chegar a conhecer o português branco aqui. Como sabem, a nossa cultura aqui está-se dando mais e mais com a cultura portuguesa. O português que falamos, a maneira de viver...".

..."Isso foi uma coisa muito produtiva na minha vida, conhecer os portugueses, não só os senhores administradores, senhores secretários, senhores doutores, ou senhores tais e tais ....mas conhecer os portugueses como meus amigos, meus colegas de classe, meus vizinhos e gente com quem convivia no comboio, pessoas como outras pessoas no mundo".

Parece-nos pois evidente, que o pensamento de Mondlane, naquela altura, era o de um moçambicano profundamente ligado ao Portugal da cultura e da população e era nesse contexto que concebia a autonomia e ou independência da sua terra.

De resto, já na carta dirigida ao Prof. Adriano Moreira, em Setembro de 60 referida anteriormente, sobre a ida de sua mulher e filhos a Moçambique, Mondlane escrevia: *"Como disse na última carta, Janet nunca visitou Moçambique ou qualquer outro território português. Ela e as crianças necessitam de se familiarizar com a língua e vida portuguesas".*

Nesta ocasião, um dos seus antipatizantes, Manuel Mahluza, escreve numa carta de Conakri, datada de 19 de Julho de 1961, sobre a visita de Mondlane a Moçambique *"Quando o povo oprimido estava à espera do seu apoio que não foi pronunciado......Por minha parte não posso censurá-lo por isso; nasci em Moçambique onde o governo fascista tem fixado todos os seus maus colonos e adeptos"* e convida-o para se juntar à UDENAMO.[99]

---

[99] Id.

A avaliar pelos relatórios da PIDE, é evidente que durante toda a viagem a Moçambique Mondlane foi sempre vigiado e considerado como um inimigo[100].

A PIDE não só pede registo criminal de sua mulher Janet, de que desconfia imenso, como numa Informação 218/61 de 30 de Maio daquele ano assinada por Dias de Mello, sublinha *"avolumarem-se as suspeitas contra Eduardo Mondlane"*; noutra elaborada uns meses mais tarde, em Julho, com a referência 1205/61 – GU, enviada a Salazar e aos Ministérios do Ultramar e Defesa, traça a biografia *"do conhecido activista do chamado nacionalismo africano"*, para concluir *"que os indígenas saídos das missões metodistas em nada contribuem para o bom nome de Portugal"*. Esta atitude é por vezes mesmo mais violenta, como na Informação 1544/61, da PIDE de Lourenço Marques, em que se afirma que apesar das suas atitudes Eduardo Mondlane é um *"inimigo de Portugal"*.

Antes de regressar aos Estados Unidos depois da traumática estadia de 4 meses em Moçambique, visitou a sua terra natal, onde recebeu uma homenagem dos Muchopes, em Manjacaze. A imprensa de 5 de Abril, num Noticiário da Província, relata essa "trágica" homenagem. A homenagem contou com *"um brilhante improviso"*, segundo a imprensa, do Administrador António Júlio de Campos, seguido de um patético discurso do Régulo de Coolela, João Mapanguelane, que inseria frases como estas *"Senhor Dr. Eduardo Mondlane: a respeito de intelectualidade estamos certos de que temos capacidade de desafiar o homem de qualquer raça.......Sr. Dr. Mondlane, Portugal é a Mãe Pátria e a nossa Nação, ele tem todas as obrigações do nosso bem-estar; se nos sentimos alegres e gordos, louvamos Portugal. Se nos encontramos magros aceitamos a bom grado na casa do pai.*

Viva a Nação Portuguesa!

Viva Portugal!

Viva a Província de Moçambique!

Viva o Sr. Administrador!

Viva o Sr. Dr. Eduardo Mondlane!".

---

[100] ANTT, PIDE/DGS, P 337/61 NT 3052, vol . II.

Mondlane proferiu o discurso de encerramento, depois de o Administrador do Concelho dos Muchopes e Presidente da Comissão Municipal ter mais uma vez batido na tecla da portugalidade, do patriotismo e de o apelidar de *"português verdadeiro e leal"*.

Mondlane, segundo a imprensa, num discurso curto e equilibrado, agradeceu as homenagens, aludiu a esclarecida política lusíada, referiu algumas passagens da sua vida e retribuiu os votos que lhe foram dirigidos[101].

A tentativa de recuperação bastante forçada e exagerada parece ter tido efeitos contraproducentes.

A desilusão agora partilhada com Janet aprofundou-se e dela resultou um dos famosos *"Mondlane's Report on Mozambique"*[102], documento apresentado a Chester Bowles, do Departamento de Estado dos Estados Unidos da América, a que nos referiremos mais tarde e que, a nosso ver, é uma peça fundamental na arquitectura estratégica de Mondlane para África (anexo 3).

Teve, durante esta visita, um contacto determinante com a população que enchia a Igreja do Chamunculo, onde mostrou também os seus dotes de orador político sob a roupagem de um sermão. O Prof. Matusse, no seu livro sobre Guebuza, já citado, tem uma pitoresca descrição da chamada parábola do galináceo que se transformou em águia e deixou a capoeira voando sozinho, e que constituiu o teor do sermão – linguagem cripto a que a PIDE então obrigava.

Com esta visita, Mondlane decide deixar as Nações Unidas e com o auxílio do Dr. Julius Nyerere, da Tanzânia, fixar-se em Dar es Salam e, de ali, organizar a luta pela independência de Moçambique.

A desilusão de Mondlane foi partilhada por outros, aquando da substituição de Adriano Moreira pelo Comandante Peixoto Correia. Esta desilusão manifesta-se no próprio Ministério do Ultra-

---

[101] Id. Edição de 05.04.1961.
[102] Anexo 3.

mar e em largas faixas da população ultramarina, no caso vertente, em Moçambique.

O fim da política de Adriano Moreira ficou, de resto, celebrizado pelo conhecido diálogo com Salazar: este dizendo que *"será necessário mudar de política"* e Adriano Moreira respondendo que então *"acaba de mudar de ministro"*[103].

Silva Cunha expressa claramente este sentimento: *"A nova equipa governativa que em Dezembro de 1962 assumiu a gestão do Ministério do Ultramar não foi de princípio bem acolhida, nem no Ultramar, nem no Ministério"*[104].

Eduardo Mondlane acreditou até tarde que uma solução negociada com Portugal poderia garantir três condições fundamentais para o futuro de um Moçambique independente: **primeiro**, evitar uma guerra que sacrificaria vidas e traria miséria e desgraças para os seus conterrâneos moçambicanos e para o povo português, que ele estimava e de quem era amigo; **em segundo lugar** e, como consequência da primeira, evitar que a questão da independência de Moçambique fosse integrada no quadro da Guerra-Fria, arrastando desse modo a intromissão das grandes potências, contra quem Moçambique e Portugal não tinham alavancagem para resistir; **em terceiro** lugar, proporcionar tempo e paz para a tarefa que considerava prioritária, a criação de vastas elites intelectuais moçambicanas com formações diversas, capazes – não só de fazer a guerra, se necessário, de gerir um país em tolerância e para o progresso, como desenvolveremos mais adiante.

Este raciocínio e esta estratégia política são patentes na análise dos seus escritos, tanto nos mais antigos como nas entrevistas e declarações proferidas mesmo já durante a guerra.

---

[103] É interessante referir o episódio a que José Filipe Pinto alude no seu citado livro sobre Adriano Moreira, que este nunca usou a Grã-Cruz de Cristo com que foi agraciado quando findou as suas funções, por considerar que certamente lhe havia sido concedida "por engano".

[104] *"O Ultramar, a Nação e o "25 de Abril""* Prof. Silva Cunha, pag. 99 – Atlântica Ed. Coimbra 1977.

Supomos que o texto mais elaborado de Mondlane sobre esta matéria data já do início de 1955, muito anterior ao seu ingresso nas Nações Unidas, intitulado "*Mozambique*" e editado na Universidade de Chicago[105]. Mondlane passa em revista não só os diferentes aspectos constitucionais portugueses relativamente a Moçambique, mormente os decorrentes da modificação constitucional de 1951 que determina a transformação do "Império Colonial Português" em "Províncias Ultramarinas", analisa e compara as atitudes de Portugal com as das restantes potências coloniais, revê as questões levantadas com a noção de assimilados e disseca da contradição entre o objectivo teórico-político de consolidar um Portugal unitário e indivisível, composto por uma sociedade que em si não era unitária, pois a maioria da população não tinha atingido os critérios que a permitiriam passar a "civilizada", isto é, educada, civil e religiosamente. Refere as questões laborais e as disposições constitucionais que prevêem que a contratação de indígenas seja baseada na liberdade individual e no direito a um justo salário e assistência art. XXI do Acto Colonial, substituído pelo art. 147 da Constituição em vigor desde 1950. Refere, porém que a pouca clareza da formulação jurídica tem dado lugar a muitos abusos na sua aplicação. Reconhece o esforço legislativo do governo em encorajar os africanos a dedicarem-se à agricultura – passa revista às culturas do arroz, do algodão, do amendoim e de outros vegetais e produz uma pormenorizada crítica à sua aplicação prática. Critica a colonização branca que então estava a ser encorajada, particularmente pela falta de cultura e educação dos colonos, o que não lhe permite o sucesso desejado. Antes de terminar o ensaio, com algumas perguntas de fundo e de enorme alcance político, refere as três grandes questões que Moçambique enfrenta: a da educação que caracteriza como lamentável depois de uma análise sociológica da situação; a da saúde e sublinha que "*O Governo português tem feito tudo o que está ao seu alcance para eliminar a*

---

[105] "*Africa in the Modern World*," uma colecção de estudos editados por Calvin W. Stillman, em *The University of Chicago Press* , 1955.

doença em Moçambique" acrescentando que "*O Departamento da saúde do nosso Governo de Moçambique é um dos mais avançados e bem sucedidos em África*"; e a da emigração por fim. Ao referir esta terceira questão perde o entusiasmo com que louvou a questão da política de saúde. Começa por afirmar que a juventude moçambicana fornece à África do Sul o trabalho mais barato de toda a região. Depois de aludir à problemática sociologicamente trágica da emigração, termina com uma nota dramática quanto ao problema da velhice: enquanto os sul-africanos negros com mais de 60 anos de idade tinham direito a uma pensão de velhice – muito inferiorembora à dos brancos – em Moçambique ficam sem qualquer esquema de segurança social quando atingirem os 60 anos.

Antes de concluir, não deixa de sublinhar que se os problemas de Moçambique são específicos, são contudo muito semelhantes aos de toda a região da África meridional e acrescenta que enquanto esteve na Europa durante mais de um ano, nunca sentiu uma linha de demarcação "*pela cor*",[106] mas conclui que os europeus ao se instalarem em África, adquirem uma "*mentalidade colonial*" e, curiosamente, perdem o sentido do respeito pelas pessoas, independentemente da sua cor ou religião.

Ainda acrescenta que, muito embora "*o Governo português seja contra a discriminação com base nas raça ou na religião, encontramos outra prática nos hotéis, nos restaurantes, nos teatros etc*".

Termina o seu ensaio com algumas perguntas fundamentais e que assim se revelaram ser no futuro: "*Will the Portuguese be able to resist the influences of the Rhodesias and the Union of South Africa in forming their attitude towards Africans.....?*

Will Portuguese Africans who work in Union of South Africa – in a segregated society which tends to breed hatred against white people – be able to identify themselves with the Portuguese as co-citizens of the same country?

---

[106] "In Europe I found no color line".

Will the Africans throughout the continent tomorrow have an attitude of appreciation for what Portugal is doing, and may do in the future, for development of opportunities for Africans? Will these Africans feel resentful towards Portugal?"

Em suma, a política portuguesa de então conseguiu afastar e desiludir um luso-tropical, próximo de Portugal pelo coração e pela cultura, formado intelectualmente pelo Ocidente e afinal também um "patriota" moçambicano.

Basta ver a segunda fase da sua vida como líder da FRELIMO, lutador pela independência de Moçambique e a importância que desempenhou a diplomacia – ou seja a arte de resolver os diferendos e os conflitos pela via negocial.

Atrasou assim em vão, o início da luta armada até 1964, e ainda em 1963, fomos pessoalmente seus interlocutores, como adiante referiremos, numa última tentativa de salvar o povo moçambicano e o português, dos horrores de uma guerra e – de uma guerra inútil.

Portugal, mesmo reconhecendo que grupos ou personalidades havia que não tinham formação comunista, encontrava nelas a "potencialidade" de se tornarem comunistas e, como tal, deixavam de ser interlocutores válidos.

Esta passagem de um despacho da Direcção-Geral Política, do Ministério dos Negócios Estrangeiros, para Washington, de 1963 é paradigmática da atitude que acabámos de referir[107]: *"Embora se tente minimizar a existência de uma acção chinesa em África, o que não corresponde à realidade dos factos, salienta-se todavia, com muita oportunidade que qualquer que seja o partido revolucionário africano, considerando mesmo os que não receberam a sua inspiração dos comunistas, existe dentro dele a ameaça latente de vir a adoptar as técnicas terroristas dos comunistas chineses, e bem assim de vir a ser influenciado pela respectiva doutrina".*

Uma linhagem claramente radical e com uma visão abertamente obtusa do condicionalismo político era clara, desde 1961 em certos

---

[107] AHD PAA 527, desp.UL63, de 19.04.63, Arq. Emb.Washington, M.254n.

"analistas" dos serviços portugueses de *intelligence*. Referimos, como exemplo paradigmático, uma informação prospectiva, dos serviços da PIDE de Cabo Verde, não assinada, em que se afirma, a propósito de um seminário que deveria ter lugar em Bombaim sobre as colónias portuguesas em Outubro de 1961, que há uma conspiração comum, nacional e estrangeira, dos *"inimigos de Portugal"* e que é constituída pela União Soviética, pela *"Igreja Católica Progressista (comunista)"* (sic), pela Igreja Metodista, pelo *American Committee for Africa*, por Henrique Galvão e Humberto Delgado[108]. O analista prevê mesmo uma convulsão interna e quanto a Moçambique e com a ajuda do Dr. Banda, uma invasão daquele território *"apoiada pelas populações aparentemente calmas".*

Trata-se de puro irrealismo e de péssima informação sobre o Dr. Banda, mas revela uma linha de pensamento que se manifesta claramente em certos sectores importantes no processo de *decision-making* política, em 1961.

Neste contexto, Mondlane modificou, ou melhor, redefiniu o seu pensamento geoestratégico sobre a África e Portugal e, também, sobre a geoestratégia das grandes potências no teatro de operações que era o Continente Africano na década de 60.

II.4. O *"non paper"* apresentado por Franco Nogueira a Salazar em Janeiro de 1962, como prova da existência de uma interface com que Mondlane pensou poder negociar (anexo 4)

Embora fosse um documento não classificado, só há 2 ou 3 anos um investigador, Prof. Doutor Moisés Fernandes, o encontrou no Arquivo Salazar, do ANTT. Resolvemos chamar o *"non paper* de 1962"[109].

---

[108] ANTT, NT5264, Proc.1396 PIDE DGS Cabo Verde Praia – Informação 1692/61 GU.

[109] Cópia deste documento foi-me gentilmente cedido pelo Prof. Doutor Moisés Fernandes.

Trata-se de um documento cuja origem e autoria nos foram reveladas pelo Prof. Doutor André Gonçalves Pereira[110] e cuja importância histórica *per se,* como *strategy paper* elaborado em Dezembro de 1961, se nos afigura notável.

No contexto deste trabalho, o documento que era totalmente desconhecido de Mondlane como o foi de quase todos os portugueses – para além dos seus autores, de Franco Nogueira e de Salazar –, assume uma particular relevância. Mostra como não era irrealista para Eduardo Mondlane pensar que o diálogo com Portugal não era teoricamente impossível. Esta sua atitude não prova nenhum irrealismo ingénuo da sua parte, pois ele conhecera em Nova Iorque um grupo de pessoas com responsabilidades diversas mesmo a nível governamental, que demonstrava haver em Portugal quem pensasse o problema do Ultramar de forma diversa da do Presidente do Conselho e de um núcleo duro à sua volta. Entre estas pessoas, estavam os autores do documento e outros que no fundo se identificavam com importantes partes das sugestões nele contidas.

O documento, que incluímos neste trabalho, como anexo, na sua versão integral[111], intitulava-se *"Notas sobre a Política Externa Portuguesa"* e foi redigido em papel branco, sem data nem assinatura – donde aqui lhe chamarmos, utilizando uma expressão própria da linguagem diplomática, *"non paper"*.

Este "non paper" que constitui uma proposta estratégica radicalmente alternativa à política externa portuguesa que se consolidava desde os meados dos anos 50, designadamente no que respeitava aos

---

[110] Entrevista de 27.11.2007. Como já referimos, André Gonçalves Pereira fazia parte do grupo de portugueses que Mondlane conheceu, em Nova Iorque, durante as AG da ONU, no fim da década de 50 e início da de 60.

[111] O Prof. Doutor Moisés Fernandes, referiu-o particularmente a propósito de um artigo polémico publicado no Expresso de 31 de Agosto de 2002, intitulado *"A Descolonização que Salazar Recusou"* e que deu origem a vários comentários polémicos e a uma declaração verbal do Prof. André Gonçalves Pereira, ao *Expresso* publicada no seu nr. 1558, de 7 de Setembro de 2002.

territórios ultramarinos, teve autores. Segundo nos foi dito pelo Prof. Doutor André Gonçalves Pereira, ele próprio redigiu o primeiro *draft*, no qual foram introduzidos elementos novos e diferentes redacções por um diplomata de alta qualidade profissional e vastos conhecimentos africanos, o Dr. José Manuel Fragoso, e pelo Dr. Teixeira Pinto, que viria, a curto prazo, a ser Ministro da Economia, e estaria próximo das teses de Adriano Moreira.

O documento merece certamente o adjectivo de "radicalmente alternativo", se o compararmos com outro que revestia a forma de um parecer, que Almeida Santos descreve nestes termos *"Com surpresa de muita gente, e seguramente do presidente do Conselho, Marcelo Caetano, em apontamento a que intencionalmente emprestou a leveza de uma reflexão por impulso, defendeu uma solução federalista"*[112].

Segundo André Gonçalves Pereira, na origem, a necessidade intelectual e política por ele sentida para redigir o primeiro esboço do documento foi desencadeada pela invasão de Goa, em Dezembro de 61.

Segundo ele, Franco Nogueira, depois de ler o documento, perguntou aos seus autores se o poderia levar ao então Primeiro-Ministro, embora não manifestando qualquer adesão às ideias nele propostas, achava-o "interessante".

O "non paper" foi levado por Franco Nogueira – que parece ter sempre querido deixar portas abertas em termos de política externa – a Salazar, em Janeiro de 1962 e dada a discordância deste foi votado ao total silêncio, atitude particularmente compreensível por parte do Ministro Franco Nogueira face à evolução dos acontecimentos e às posições que veio a assumir publicamente.

É, de resto, importante notar o despacho escrito pelo punho de Salazar sobre a primeira página deste *"non paper"*: *"Começado a tratar com o Ministro dos Estrangeiros numa das nossas conferências"*, o que mostra que não foi rejeitado *ab limine* e teria merecido pelo menos duas "conferências" entre Franco Nogueira e Salazar.

---

[112] Almeida Santos, *Quase Memórias*, vol. I, Círculo Leitores, 2006.

Não cabe no âmbito deste trabalho fazer a análise das diversas facetas deste longo documento de 18 páginas, com dois capítulos, sobre os diferentes vectores da política externa portuguesa, de que ele faz uma reavaliação e em que sugere estratégias claras e opostas às que então eram seguidas.

Vejamos quanto diz respeito à política ultramarina, no cap.I: o nr. 2) afirma *"Não se afigura portanto eficaz uma revisão da política externa que não seja acompanhada por uma readaptação da política ultramarina"*.... o nr. 9) acrescenta, habilmente...*"Em duas palavras: o objectivo imediato da pressão anticolonialista não é uma vitória militar, ao menos em Angola e Moçambique, mas a queda do regime"* e o nr. 13, aponta a teoria base defendida no documento: *"Na reorientação preconizada um ponto se afigura essencial: é o de abandonar uma óptica unificadora e procurar soluções individuais para cada território, dada a sua profunda diversidade de localização geográfica e de características étnicas, culturais, sociais e económicas...."*.

Quanto a Angola e Moçambique, o nr. 14) é muito claro *"Angola e Moçambique caminham irreversivelmente para formas de autonomia – que podem levar à independência – que convém desde já prever de forma a evitar uma ruptura que leve à perda definitiva e total destes territórios...."*.

O seu capítulo II, *"Ensaio de Aplicação dos Pontos Anteriores"* – que alude a problemas concretos que se põem à nossa política externa como: o Brasil, a Espanha, o Mercado Comum, a NATO e os Açores, Países Socialistas, Grupo afro-siático (Ásia) e Grupo afro-asiático (África), Rodésia e África do Sul, Israel e Estados Árabes.

Começa por adiantar que, no que toca a política ultramarina, se deverá fazer a distinção entre posições essenciais e posições não-essenciais, cabendo na primeira categoria Angola, Moçambique e Cabo Verde.

Como já referimos, embora o *"non paper"* mereça um estudo bem mais profundo e completo, no contexto deste nosso trabalho pensámos dever somente enfatizar quanto interessava para mostrar orientações que naquela altura ganhavam forma e se conceptualizavam relativamente ao Ultramar, no espírito de vários e que, a nosso ver, Mondlane pressentia nos seus interlocutores, embora não tivesse conhecimento do documento. Este facto foi certamente determinante para uma primeira fase do seu pensamento estratégico.

II.5. A nova análise da situação conjuntural política de Mondlane para Moçambique

Antes de verificarmos como na prática política Eduardo Mondlane fez novas opções estratégicas, claras na sua incansável acção diplomática pelos vários continentes e procurou dirigir a FRELIMO neste quadro de referências, vejamos como essas novas opções foram por si teorizadas.

Mondlane revê o enquadramento político agora numa dimensão mais micro, em que procura definir o quadro externo em que Portugal passa a apostar na subconjuntura africana em que Moçambique se insere.

Começa por verificar o endurecimento do *apartheid* na África do Sul e a consolidação do poder na Rodésia. Verifica assim que o Portugal isolado e "retrógrado"[113] vai encontrar novo fôlego e aliança nestes dois parceiros da África setentrional.

Mondlane desenvolve este pensamento no seu texto *Struggle for Mozambique*, que foi publicado na Penguin, em inglês, e traduzido para várias línguas, designadamente russo, dinamarquês e norueguês em 1971 e recentemente publicado em Moçambique por ocasião do Simpósio dos 40 anos do seu assassinato realizado na Universidade Eduardo Mondlane em Junho de 2009.

A BBC, em Maio de 1969, ano da sua morte, consagrou importante emissão elogiosa a esta publicação, como mais tarde, de resto, a Rádio Paz e Progresso, em 1973, sobre a edição em língua russa na União Soviética.

---

[113] *"The Struggle for Mozambique"*, Penguin Africa Library, Londres, 1969.

Por outro lado, esta triangulação – África do Sul, Rodésia e Portugal – referida por Mondlane, que irá revestir aspectos institucionais através de Acordos firmados, ajuda a internacionalização da política ultramarina portuguesa, integrando-a num circuito que lhe será muito prejudicial aos olhos do mundo ocidental e do bloco de Leste. A problemática vai-se desviando de um problema interno para um problema regional e finalmente transforma-se num *"global issue"*.

Como Mondlane refere na obra citada, Franco Nogueira expõe claramente esta teoria – da integração do problema colonial português no quadro da Guerra-Fria – no seu livro O *Terceiro Mundo*, em que afirma que a URSS irá ocupar os postos deixados pelo Reino Unido no Oceano Índico e que as províncias ultramarinas portuguesas serão o último bastião da Civilização Ocidental.

Mondlane reconhece que estes argumentos têm algum eco junto de vários aliados da EFTA e da NATO.

Não obstante o discurso político português, com a teoria da assimilação, ser diferente do do *apartheid*, como Mondlane reconhece, a prática no terreno não reverte na melhoria do nível de vida e de educação dos africanos e, consequentemente, não difere substancialmente da da África do Sul.

Mondlane define claramente a importância geoestratégica deste novo triângulo, em que no seu dizer, a Rodésia e Portugal são *"takers"*, mas sem eles, o enfraquecimento interno e internacional do regime da África do Sul seria exposto a perigos imprevisíveis. Estes dois bastiões mais pobres garantem uma estabilidade aparente à rica África do Sul.

Verifica que a Rodésia e a África do Sul têm economias complementares e que Moçambique desempenha um papel importante em dois vectores: nos serviços, pois constitui a via natural de escoamento dos produtos da Rodésia, sendo o porto da Beira o mais próximo de Salisbury e de Bullawayo e no fornecimento de mão-de-obra barata para as minas de ouro da África do Sul.[114]

---

[114] Id.

A estabilidade e riqueza da África do Sul – não esqueçamos a importância do ouro – atraem capitais estrangeiros tanto dos Estados Unidos como da França e do Japão, entre outros. Segundo Mondlane, os investimentos externos totais na África do Sul em 1965 eram de 4.802 milhões de US$, sendo 61% do Reino Unido e 11% dos Estados Unidos.

Mondlane tem uma visão trágica para a África, pois considera que esta acrescenta agora aos seus problemas endógenos os decorrentes das grandes potências e que tudo, naquele continente, passa a ser interpretado como "comunização" ou opção capitalista.

Mondlane conhece a cláusula especial a que estão submetidos os fornecimentos de material de guerra a Portugal pelos países da NATO – a proibição do seu uso na guerra de África –, mas sabe também da falta de fiscalização vigente e do facto de ser o exército português treinado no quadro da NATO.

No seu livro, refere como De Gaulle, "campeão" do terceiro mundo, virá a substituir a Inglaterra na venda de armas à África do Sul. O ético discurso político e o negócio de armas raramente faziam e fazem caminho juntos.

Conclui que só poderá contar com a CONCP, o PAIGC, a OUA, a ZAPU, o ANC, a Tanzânia, do seu amigo Nyerere, e ainda com uma pequena ajuda de Cuba – que vem mais tarde a insultá-lo e chamá-lo agente do imperialismo – e da Coreia do Norte, com os Estados Unidos da América, particularmente com as organizações das Igrejas e ONGs americanas (depois de a Administração Kennedy ter deixado a Casa Branca) e especialmente com a ONU, onde concentra a sua maior aposta: conseguir pressão internacional sobre Portugal.

A opção pela luta armada é pois retardada ao máximo, na esperança de a poder evitar e substituir por uma forma negociada de resolver o problema colonial.

Uma informação confidencial, de Março de 1964 assinada pelo Chefe de Gabinete do Ministro do Exército[115], refere um relatório de uma

---

[115] AHD, PAA 527, Inf. Confidencial 415/sc, de 23.03.64, assinada pelo Ten. Cor. Luiz Soares de Oliveira.

"*alta entidade estrangeira*" em que se afirma que Eduardo Mondlane considerava já inúteis as tentativas de libertar Moçambique por negociações pacíficas e decidira recorrer à força, no decurso daquele ano, e acrescenta que na sua viagem aos Estados Unidos encontrou apoio, particularmente nos meios religiosos – metodistas – para aquela opção.

De resto, esta mesma ideia é confirmada pela nossa Embaixada em Bruxelas[116] em Novembro de 1964, ao transmitir declarações de Mondlane em como tenciona constituir um governo mas em território moçambicano e afirma que aqueles que o têm acusado de tibieza terão agora a resposta. Começa a guerra quando verifica estarem esgotadas todas as possibilidades de solução pacífica.

Vê a oposição que, como afirma, começa a transformar-se em organização de "*underground*" e que passa a olhar para os movimentos independentistas de África como possíveis aliados. Visão profética a de Mondlane, naqueles anos!

II.6. A nossa conversa telefónica com Mondlane e Holden Roberto, a partir de Bona, em 1963 e o papel de Ahmed Tlili

O nosso segundo posto foi Bona, para onde fomos transferidos de Rabat em 1963.

Reencontramos Ahmed Tlili no Hotel onde vivíamos, em Bad Godesberg[117]. Tínhamo-lo conhecido por ocasião da Conferência Sindical Pan-Africana de Casablanca, em 1961, na Embaixada da Tunísia, onde estavam colocados como Encarregados de Negócios os nossos amigos Abdelkrim e Radhia Moussa[118]. Era um homem fascinante e que teve um papel de enorme importância política na Tunísia e em África. Durante a sua estadia na capital alemã, viemos a criar uma amizade e

---

[116] AHD Tel. 183, de Bruxelas, de 06.11.1964 (Pasta Tel. Bruxelas 1964).
[117] Hotel "*Schaumburgerhof*".
[118] Vide nosso livro "*Casablanca – o Início do Isolamento Português*", Gradiva, 2006.

discutimos longamente a política ultramarina portuguesa e, particularmente, a guerra do ultramar português.

Ahmed Tlili era um sindicalista tunisino, colaborador de Burguiba desde a primeira hora, com muita influência no Continente Africano. Já nos anos 40 fora várias vezes preso, tinha estado ligado às lutas pela independência desde o início. Depois da independência veio a ser vice-presidente da Assembleia Nacional e a ter um papel determinante na criação da ORAF, organização africana da CISL, também conhecida pelas siglas inglesas de ICFTU. Encabeçava a CSA, desde a famosa divisão de águas entre o grupo radical e pró- soviético, AATUF (USPA), inspirado por Nkrumah, e a ala não-comunista do movimento sindical dos novos países independentes.

Foi na reunião da AATUF (*All African Free Trade Unions Federation*) de Casablanca, em Maio de 1961, que o grupo liderado por Tlili, que agrupava 12 países, entendeu que a Carta da AATUF encerrava um pensamento sectário e abandonou a reunião[119] seguindo o caminho do reformismo sindicalista e formando em 1962, uma Federação Pan-Africana de Sindicatos não comunistas, a CSA, de que ele foi Presidente, como referimos no capítulo I.

Encontrou, como veremos adiante, o seu grande apoio, designadamente financeiro, na rede europeia dos Sindicatos Livres americanos, encabeçada pela figura, hoje envolta nalguns contornos menos claros e aventureiros dada as suas ligações à CIA, de Irwin Brown.

Desde 1947, com a Conferência de Informação Sindical Pan-Africana realizada em Abril, em Dakar, que o germe de um movimento sindical africano fora lançado.

---

[119] Estiveram presente, na primeira reunião no Quénia, entre outros, o Congo Brazzaville, o Senegal, a Gâmbia, uma representação da Nigéria, Tunísia e representantes do RU e EUA. Quando em Junho de 2004 a UGTT celebrou o 37º. aniversário da morte de Ahmed Tlili, em Gafsa, lia-se no documento oficial das comemorações: «*Ahmed Tlili avait été l'un des premiers responsables tunisiens à exiger du gouvernement, après quelques années seulement d'indépandance du pays, d'opter pour un régime démocratique basé sur le respect des libertés publiques et le pluralisme*».

É interessante notar que, antes do aparecimento de uma tendência pró-ocidental ligada à CISL e de uma tendência pró-soviética, em Julho de 1956, foi criado o primeiro Congresso Sindical dos Trabalhadores Crentes da África Ocidental, em Dakar, que em 1960 teve a sua evolução com a criação em Cotunu do Congresso constitutivo da União Pan-africana dos Trabalhadores Crentes.

Foi desde a Conferência dos Povos Africanos de Acra, de 1957[120], em que Burguiba participou, que ambos tiveram consciência do perigo de uma aproximação do movimento sindical africano com a URSS.

A partir de 1959, Ahmed Tlili e Burguiba entenderam que os aliados nesta nova aventura sindical africana, com enormes implicações políticas, não deveriam ser nem as potências colonialistas europeias nem a União Soviética, mas os Estados Unidos.

Daqui que entre os seus interlocutores privilegiados se contavam, no caso da África portuguesa, Holden Roberto e Eduardo Mondlane.

Em 1963, no fim da grande época de Adenauer, o SPD, em grande parte graças ao papel e estratégia política de Willy Brand, então Burgomestre de Berlim, ia afirmando a sua preponderância.

Ahmed Tlili encontrava-se a convite do SPD em Bona, onde vinha com frequência para a organização de programas de formação de sindicalistas tunisinos. Os seus contactos na Alemanha eram, particularmente, Wischnewsky e Ollenhauer.

Hans Juergen Wischnewsky era o responsável no SPD pelos contactos com África e com os movimentos nacionalistas africanos e uma das figuras mais activas da ala esquerda do partido. Veio a ser Ministro para a Cooperação Económica de 1966 a 1968. Faleceu em 2005.

Erich Ollenhauer foi um histórico do SPD, a que aderiu em 1920. Já durante a segunda guerra mundial, perseguido pelos Nazis, viajou um pouco por toda a Europa, passado largo tempo em Inglaterra, muito próximo do Labour Party, que, de resto, financiava os emigrantes políticos do Terceiro Reich. Sucedeu a Schumacher, depois da morte

---

[120] Entrevista com seu filho, o historiador Ridha Tlili, a 17.11.2007.

deste em 1952, na liderança do partido, até falecer em Dezembro daquele ano de 1963, ano em que assumira a presidência da Internacional Socialista. Willy Brand foi o seu sucessor.

No decurso das nossas conversas com Ahmed Tlili, especulávamos sempre sobre a possibilidade de uma solução política e pacífica para a guerra que ia já alastrando em Angola e em breve se iniciaria na frente leste – Moçambique. Tlili sublinhava o perigo da URSS vir a dominar em África se nada se fizesse e afirmava que a guerra colonial só viria dar força aos movimentos mais extremistas. Referimos-lhe, várias vezes, a conversa que tivéramos em Rabat com Ferhat Abbas sobre o mesmo problema, logo após a Conferência, em Casablanca, das Organizações Nacionalistas das Colónias Portuguesas, CONCP. Aquele dizia-nos, aludindo a Salazar, *"ce vieux sage ne doit pas permettre que le problème s'internationalise, il faut le régler bilatéralement"*[121].

Na opinião de Ahmed Tlili, as duas figuras com que Portugal deveria contar para encontrar uma possível solução política, e evitar a continuação ou o início da guerra, eram os seus amigos Holden Roberto e Eduardo Mondlane. Na sua ideia, Mário de Andrade tinha muitas afinidades a Leste e, segundo ele, era esta também a opinião que prevalecia no SPD. Mas tanto a FLNA como o MPLA tinham grupos organizados na RFA, especialmente ao nível de estudantes, embora o MPLA tivesse um grupo maior na RDA.

Durante uma destas conversas, Ahmed Tlili teve a ideia de nos propor que falássemos telefonicamente – nada perderíamos com isso – com os dois referidos líderes africanos das colónias portuguesas. Mondlane era, como se sabe, muito considerado na Tunísia, onde era frequentemente recebido ao mais alto nível político e partidário. Que tenhamos conhecimento, foi duas vezes recebido por Burguiba, que via nele um dos pilares que poderia contrabalançar a influência soviética em África, que tanto temia[122].

---

[121] *"Casablanca, o Início do Isolamento Português"*, já citado.

[122] Segundo Ahmed Mestiri e Ridha Tlili se recordam, Holden Roberto nunca teria sido recebido por Burguiba. Entrevista de 16 e 17.11.2007.

Ahmed Tlili era, de certo modo, um interlocutor importante para alguns dos líderes africanos dos movimentos nacionalistas das nossas colónias, que prefeririam um relacionamento com a RFA mais que com a RDA, como era o caso dos dois nomes que ele sempre citava.

Pensamos que Ahmed Tlili teria previamente preparado os nossos interlocutores sobre a nossa pessoa, pois durante as duas conversas telefonicas que com eles mantivemos – se na mesma noite ou em dias seguidos, já hoje não recordamos –, ambos pareciam ter uma mensagem já pensada e semelhante para nos transmitir.

A mensagem de Holden Roberto consistia na proposta de iniciar conversações, sem agenda nem condições prévias, em território neutro e a um nível baixo, podendo a sua organização suspender, durante um período a combinar, todas as hostilidades. Mondlane, dentro do mesmo registo, propunha um início de conversações em local que escolhêssemos, em iguais circunstâncias, podendo ser a Tunísia, facto que poderia evitar o início, de outro modo iminente, das hostilidades em Moçambique e sugeria que as mesmas começassem com figuras de segundo ou terceiro plano, para evitar eventuais perdas de face.

Ahmed Tlili enfatizava que o local fosse a Tunísia e que nós, diplomata de baixo grau – éramos então ainda terceiro ou recém-segundo secretário de Embaixada – poderíamos iniciar o diálogo.

Era evidente que Tlili pensava assumir um papel importante com Burguiba, como mediador de uma eventual saída negociada para Angola e Moçambique.

Passámos essa noite até tarde a conjecturar como deveria este assunto ser apresentado ao Governo português para ter eventual audição.

Já sós, resolvemos fazer um Apontamento de Conversa, secreto, redigido com a devida prudência e entregá-lo ao Embaixador depois de o termos "brifado" sobre como se havia chegado àquele ponto, omitindo o papel que Tlili nos atribuía, pois teria um ligeiro perfume a autopromoção.

A reacção do Embaixador foi extremamente negativa e quase desagradável. Pouco sabia quem era Mondlane, Holden Roberto era *"outro terrorista"*, aparentemente menos comunista do que os outros....e como podíamos nós ter "*ido na conversa desse tal Tlili*" e "*chegado a falar com esses terroristas!*"[123-124].

Solicitou que modificássemos aquele primeiro "Apontamento de Conversa", retirando certos pormenores. Fizemos uma segunda versão. Mesmo essa acabou por ser transformada num telegrama enviado para Lisboa, que atribuía as nossas informações a "*uma pessoa que conheço*" e desvalorizando completamente as mensagens. O telegrama, que nunca refere Mondlane, termina com as seguintes palavras: "*A conversa de Tlili com o meu informador apresenta as características do clássico aproveitamento de uma oportunidade da parte de quem se quer dar ares de ter grandes possibilidades. Mas nem por isso julgo dever deixar de a transmitir embora com as reservas facilmente compreensíveis e correspondentes ao limitado mérito que lhe pode ser atribuído*" (sic). Ao nos deixar ler o telegrama fez a seguinte observação "*Você nem sabe em que se metia se eu mandasse para Lisboa o seu papel*"[125].

Era evidente que Bívar Brandeiro não tinha a menor ideia de quem era Ahmed Tlili nem estava disposto a perder tempo em se informar sobre sindicalistas, homens ligados a terroristas, e mostrava no telegrama desconhecer a importância política de Wischnewsky e especialmente de Ollenhauer, a quem atribui "*a chefia do partido socialista em Colónia*".

Face a esta atitude e convencido da importância das mensagens, resolvemos enviar directamente para o Gabinete do Ministro Franco Nogueira o nosso papel. Nunca sobre ele recebemos qualquer reacção oficial.

---

[123] O Embaixador Bívar Brandeiro foi muito contrariado para Bona, onde só lhe restava um ano antes da aposentação.

[124] Afigura-se-nos interessante sublinhar que Ahmed Tlili, que veio a falecer cedo, em 1967, escreveu a famosa *Lettre à Bourguiba*, publicada em 25.01.66, mostrando o seu desgosto pelo caminho cada vez menos democrático que o seu regime ia trilhando e que lhe valeu o seu afastamento posterior.

[125] AHD, Aerograma, não classificado, Nr. AC-7, de 29 de Abril de 1963. Pasta Aerogramas Bona, 1963.

Quando, porém, regressámos a Lisboa, em conversa com o Ministro Franco Nogueira, este, curiosamente, referiu-nos o aludido Apontamento e limitou-se a dizer: *"Olhe, li o seu papel com interesse".*

Suponho que tenha sido, talvez, a última tentativa de Mondlane de evitar a guerra tentando o estabelecimento de uma ponte política.

O velho do Restêlo continuaria só e inalcançável.

Gostaríamos de terminar este enquadramento prévio com a seguinte avaliação de um membro da FRELIMO que conheceu e privou com Mondlane durante muitos anos, o médico, Prof. Doutor Hélder Martins, que foi o primeiro Ministro da Saúde de Moçambique, depois da Independência: *"No meio de todo esse ambiente, a figura de Mondlane era polémica. Para alguns, era o intelectual que largou o conforto da sua posição de professor universitário, para vir entregar-se totalmente à direcção da luta de libertação total – política, económica e social. Para outros, no outro extremo da gama de opiniões, Mondlane era um* **'agente do imperialismo americano'** *e a FRELIMO era uma* **'coligação entre o imperialismo americano e o revisionismo soviético'"**[126].

---

[126] Hélder Martins, *"Porquê Sakrani?"*, Editorial Terceiro Milénio, Maputo, 2001 pag. 184.

CAPÍTULO III

Vicissitudes e flexão do primeiro plano estratégico de Mondlane

"Não há dúvida de que estamos perante uma viragem, e eu estou preso às ideias do passado",
António de Oliveira Salazar, in "Um Político Confessa-se", 20.02.62, *Franco Nogueira.*

"Salazar doesn't dare risk the loss of the Azores", *G. Ball, em conversa telefónica com Harriman, 31 de Julho de 1963* [127]

"3 – The Portuguese cannot hang on forever to their African colonies" *For the President Only, Secret/Sensitive, Summary Notes of 572nd NSC Meeting, July 13, 1967; 12:10 PM".*

III.1. A estratégia inicial: O "Relatório de Mondlane" apresentado ao Departamento de Estado, em Maio de 1961, como uma proposta de estratégia conjunta englobando os EUA e Portugal

Hoje, com a distância que nos permite avaliar com maior serenidade e interpretar os passos da sua vida entre o fim da década de 50

---

[127] Arq. Pessoal Witney Schneidemam, (IPRI) M. Telcons.

e início da de 60, parece-nos claro que Mondlane, um académico habituado a equacionar conceptualmente a problemática internacional, nomeadamente aquela que mais o preocupava, a questão africana, o colonialismo e o futuro de Moçambique, delineou durante a sua actividade académica e no decurso da sua experiência nas Nações Unidas, uma estratégia para a sua acção futura.

Esta estratégia veio a passar fundamentalmente por três fases relativamente distintas, com transições graduadas, às quais estão associados vários elementos com que foi confrontado.

Sugerimos caracterizá-las do seguinte modo:

A primeira – Enquanto português de Moçambique, pensa, com dúvidas, na possibilidade de alcançar uma autonomia a caminho da independência num quadro institucional português, através da negociação;

A segunda – Quando quase convencido da impossibilidade da negociação, enfatiza a necessidade urgente de formar quadros ideologicamente independentes para dirigirem o futuro Moçambique, tendo esta missão prioridade sobre iniciar a guerra. Mas, simultaneamente, enceta a preparação e treino de guerrilheiros, primeiro essencialmente na Argélia, na Tanzânia e depois nos campos da própria FRELIMO;

A terceira – Iniciar a guerra, conseguindo auxílio militar de qualquer origem, mas evitando sempre a luta de se inserir num dos blocos da Guerra-Fria.

Nas três fases manteve uma actividade diplomática global para angariar a simpatia externa e assegurar a independência ideológica da luta.

Pensamos ser evidente, como já referimos, que Mondlane começou por assumir-se como português-moçambicano e de acordo com sua formação intelectual e académica, procurou no interior deste enquadramento uma solução para um Moçambique autónomo, livre do colonialismo e independente, mas no âmbito de um espaço de língua e herança cultural luso-africana.

Este objectivo pretendia realiza-lo fora e à margem da Guerra-Fria. Mondlane não ambicionava, nos anos 50 e início dos 60, uma revolução com fundamentos marxistas-leninistas, e pensamos que nunca foi esse o seu objectivo até ser morto em 1969.

Para negociar, necessitava de, por um lado, garantir aliados (os americanos) que dessem peso político e credibilidade internacional aos seus objectivos e, por outro, encontrar em Portugal quem acreditasse numa ideia paralela à sua quanto à evolução do ultramar e lhe merecesse confiança como ponte para o diálogo.

Simultaneamente com o cenário de fundo que se desenrolava na Administração Kennedy e em várias esferas americanas do poder, tanto Mondlane como a sua mulher Janet encontraram em Portugal no efémero mas inovador Ministro do Ultramar, Prof. Doutor Adriano Moreira, o interlocutor que consideraram amigo e em quem viram uma possibilidade de estabelecimento da tal desejada ponte. Esta ideia foi certamente corroborada pelos portugueses que encontrou nas Nações Unidas e que partilhavam pensamentos semelhantes, como aludimos anteriormente.

É interessante referir o visível impacto positivo da nova legislação portuguesa da autoria de Adriano Moreira sobre a chamada equipa "africana" da Administração Kennedy e particularmente em Mennen Williams, patente através de um episódio significativo.

A seguir ao discurso de Mennen Williams em 1961 no *Negro Trade Union Leadership Council* em Filadélfia, o nosso Embaixador em Washington, Theotónio Pereira, é incumbido de se dirigir ao Departamento de Estado para apresentar os seus protestos.

Foi recebido por Mennen Williams "*rodeado de um imponente estado-maior*"[128], constituído por Olcott Deming, Director do Departamento de África Oriental, William Wight, Subdirector do mesmo Departamento, Vaughan Ferguson, Subsecretário de Estado interino e Wayne Fredericks, *Deputy Assistant Secretary*, velho amigo e interlocutor de Mondlane.

---

[128] AHD, PAA 922 Apontamento de conversa de 28 de Setembro de 1961.

Segundo o nosso Embaixador, Mennen Williams empunhava um exemplar das *"reformas anunciadas pelo nosso Ministro do Ultramar"*. Depois de alguns momentos de discussão acesa, *"Williams tomou na sua mão o comunicado da Embaixada sobre as reformas e em tom mais calmo e cortez (sic) disse que as reformas lhe mereciam o maior interesse e que queria conhecer mais alguns pormenores"*..E o Embaixador conclui: *"A conversa durou hora e meia e terminou num ambiente de paz depois de ter sido por vezes tempestuosa"*.

Como referimos anteriormente, as relações pessoais entre Adriano Moreira e Mondlane eram de tal confiança que se chegou a colocar a hipótese de este vir a ser Professor de Antropologia, no Instituto de Medicina Tropical[129], a convite do primeiro.

Quando se encontrava nos Camarões numa missão das Nações Unidas, Mondlane, em carta de 22.01.61 para sua mulher escreve, que se encontrava já em Moçambique à sua espera, referindo ter recebido um ofício, de 18.10.1960, do seu amigo e chefe de Gabinete de Adriano Moreira, convidando-o para ocupar a cadeira de Antropologia Tropical no Instituto de Medicina Tropical de Lisboa. Diz o ofício: *"Recordando-me de algumas conversas que tive com o nosso comum amigo Prof. Adriano Moreira e do desejo por ele tantas vezes manifestado.......pois vejo mais uma óptima oportunidade de o vermos entre nós......gostaria de saber se o meu caro amigo está interessado no assunto...."*. Termina com *"amigo grato e obrigado"* e é assinado por Costa Ferraz[130].

Mondlane manda a Janet para Lourenço Marques a carta-ofício que recebeu, comentando *"a carta deles é simplesmente para chamar a minha atenção para esta oportunidade e pedindo que me mostrasse interessado de maneira a enviarem-me o resto da informação.....e foi exactamente o que fiz. Dei-lhes o meu endereço e assim estudaremos o assunto juntos"*. Inclui tembém, pedindo a sua mulher que o reveja, o rascunho de uma carta a Adriano Moreira, a quem resolve responder ao convite.

---

[129] *Vide* Cap. I.
[130] ANTT, PIDE/DGS, P.337/61 NT3052, vol. II.

Na carta ao Ministro, que trata por *"Meu caro amigo"*...., alude a que tendo a carta- convite demorado tanto tempo a chegar, desconhece *"se o assunto ainda é actual"* e sublinha que o caso foi particularmente discutido entre o Ministro e a sua mulher em Lisboa e adianta que em Abril, quando passar por Lisboa, poderá ele próprio falar mais em pormenor sobre o assunto. Termina a carta com a expressão *"seu amigo grato e obrigado, Eduardo Mondlane"*[131].

Mondlane já não passará por Lisboa em Abril[132].

Quando olhamos para os grandes vectores e objectivos das reformas do Ministro Adriano Moreira verificamos que na realidade elas coincidem, no seu aspecto global, com as prioridades e objectivos de Mondlane. Pensamos que a melhor fonte a consultar para nos apercebermos hoje do alcance da política ultramarina lançada naquela época são, para além de quaisquer comentários ou estudos certamente pertinentes e interessantes sobre ela elaborados, os próprios textos legislativos publicados em tão curto período, que convém reler e que assinalamos em Bibliografia e Fontes.

Em suma, estávamos perante duas estratégias entre as quais era possível estabelecer um diálogo.

As grandes reformas, que podemos apelidar de históricas, a que alguns críticos chamaram *"adrianadas"*, visavam entre outras coisas as questões do trabalho designadamente com o Código do Trabalho Rural, a abolição do trabalho "compelido", a aprovação para ratificação da Convenção 81 da OIT, a revogação do Estatuto do Indígena, as medidas de descentralização e participação, a criação dos chamados Estudos Gerais Universitários em Angola e Moçambique etc, etc.[133].

O objectivo último que empresta toda a consistência lógica e estratégica a este "pacote-Adriano" fora formulado pelo seu autor na expressão *"autonomia progressiva e irreversível"*.

---

[131] Id.
[132] Entrevista com Prof. Adriano Moreira, Março de 2007.
[133] José Filipe Pinto, *Adriano Moreira, uma intervenção humanista*, Almedina, 2007.

Não admira pois que o Prof. Adriano Moreira e o Dr. Eduardo Mondlane tenham frequentemente falado sobre estes assuntos, como nos referiu o primeiro.

Pensamos não poder deixar de salientar a actualidade e modernidade de muitos dos conceitos consagrados no pacote legislativo de Adriano Moreira e, consequentemente, o contraste com o pensamento ao tempo preponderante em Portugal e não só. Permita-se-nos referir algumas ideias formuladas num documento legislativo do âmbito do trabalho, de sua autoria[134] – *afastar qualquer distinção entre raças, cultura, assegurar a liberdade contratual, a igualdade da mulher....etc.*

Depois da sua viagem a Moçambique em Fevereiro/Março de 1961, que anteriormente referimos e muito antes de assumir a presidência da FRELIMO, Eduardo Mondlane tem em Maio vários contactos no Departamento de Estado.[135] Aí entrega a Wayne Fredericks e ao Subsecretário Chester Bowles o já referido Relatório da viagem intitulado "*Present Conditions in Mozambique*"(anexo 3).

No Relatório, Mondlane, depois de fazer uma análise pormenorizada da situação política, económica e social de Moçambique, finaliza com a sua visão estratégica para uma solução pacífica do problema:

"*Since Portugal is determined to solve the question with military strength, it behooves the two major powers to "encourage" her to change her policy. The USA could play a decisive part in persuading Portugal to solve the question through peaceful means, since she has many ties of friendship with that country.....Otherwise, the world will witness a repetition of the problems that arose in the Congo as a consequence of the lack of foresight on the part of those who had the means to avert chaos...*".

E esquematiza a sua proposta aos Estados Unidos :"*The United States of America has several advantageous points from which she could*

---

[134] Portaria 17782, de 28.06.60.

[135] De que existe um "*Memorandum of Conversation*" datado de 16 de Maio, citado no livro de João M. Cabrita.

act as mediator between the Portuguese Government and the African peoples:

- *She has a long standing friendship with Portugal, exemplified by the many treaties of friendship and mutual aid that exist between the two countries.*
- *It seems as though the United States does not have as many economic interests in Portuguese Africa as some of the Western European powers, so that who stands much less chance to suffer from economic sanctions by Portugal.*
- *Both the United States and Portugal are allies in the North Atlantic Treaty Organization, which is committed to fight for free governments everywhere in the world.*
- *Portugal depends almost totally upon the United States for her military strength (in 1960 Portugal received nearly $17 million in military aid).*
- *Portugal relies upon the United States for economic development, (in 1960 economic aid from the U.S.A. to Portugal amounted to more than $25 million).*

These, plus many other relationships of which I may not be aware, represent ties between the two countries which should facilitate their communication. It would appear, therefore, that the United States would be in a position to:

a) *Encourage Portugal to accept the principle of self-determination for the African peoples under her control;*
b) *Set targets dates and take steps towards self-government and independence by 1965;*
c) *Help formulate and finance policies of economic, educational and political development for the people of Portuguese Africa to prepare them for independence with responsibility.*
   ….."[136].

---

[136] AHD, "*Mondlane's Report*", PAA 527 Proc. 940, 1(8)D, ano 61/2/3, vol. 1 (anexo 3).

Mondlane nestas recomendações aos Estados Unidos que correspondem à sua visão para o futuro da África portuguesa, não fala só em Moçambique mas também em Angola.

A 23 de Maio, Chester Bowles envia o Relatório a McGeorge Bundy, da Casa Branca, afirmando que *"is worth reading"*, como comentando a figura de Mondlane desta forma *"He is a moderate person with the potential for top leadership in Mozambique. He emphasized his willingness to work with the Portuguese in order to keep the explosive forces under control 'once they have agreed to a step-by-step withdrawal'"……..".*

Estes comentários são da maior importância enquanto reveladores do que os americanos pensavam de Mondlane, assim como do que foi a primeira fase estratégica deste para obter uma independência negociada, gradual e sem radicalismos[137] (anexo 6).

Estamos a uns dias de ter tido lugar em Casablanca a primeira reunião da CONCP, onde as tendências dalguns dos principais protagonistas, como Marcelino dos Santos, eram bem mais inspiradas nos países de Leste.

É de sublinhar uma das últimas recomendações de Mondlane, no aludido Relatório, onde não se esqueceu de dois pontos: a necessidade da formação académica e a de preservar a língua portuguesa *"…While the number of high school graduates is still very small, those who are ready to enter university should be given schollarships to go overseas to study. Meanwhile arrangements should be made to establish a university college attached to either a Portuguese or Brazilian university".*

Não é possível deixar de pensar no paralelismo com as medidas do então Ministro Adriano Moreira, a criação dos Estudos Gerais Universitários em Angola e em Moçambique[138].

O impacto na Administração Kennedy do Relatório de Mondlane, de Maio de 1961, está bastante claramente expresso no teor do docu-

---

[137] Arq. Pessoal de Witney Schneidman (IPRI) – Nationalist Aid Lincoln – Carta do Subsecretário de Estado, Chester Bowles a McGeorge Bundy, não-classificada, datada de 23 de Maio de 1961 (anexo 6).

[138] Decreto-Lei n.º 44530 de Abril de 1962.

mento apresentado a Kennedy a 4 de Julho, pelo Presidente da *"Task force sobre os territórios portugueses em África"*. Trata-se de um documento secreto, em 18 páginas, com *"Recomendações de acção diplomática"*, dividido em dois grandes capítulos, com várias alíneas.

Entre as principais recomendações – muitas das quais irão ser seguidas – estão a ida de um enviado de alto nível a Lisboa para "convencer" Portugal a aceitar o princípio da autodeterminação, a acção no subcomité para África e a pressão junto do Conselho da NATO.

Como medidas subsequentes, sugerem-se: utilizar o Conselho de Segurança *"to induce"* Portugal a mudar de atitude; estar preparado para um eventual reconhecimento de um Governo provisório de Angola, caso haja uma mudança de governo em Lisboa – é interessante referir que estamos no ano do falhado golpe de Botelho Moniz –; manter com um novo possível governo a mesma linha de acção; e solicitar a ajuda do Reino Unido e da França e finalmente a do Vaticano, do Brasil e da Espanha[139].

No ano de 1962 é posta em prática com o Brasil parte da estratégia estabelecida no documento. Num encontro em Washington entre Dean Rusk e o Ministro brasileiro Santiago Dantas, chega-se a alvitrar a criação de uma *"Lusitanian Commonwealth"*, incluindo Portugal, Brasil e os territórios africanos portugueses[140].

Segundo um documento de Abril de 1962, o mesmo Ministro brasileiro afirmou que Franco Nogueira, com quem na volta de uma Conferência em Genebra sobre desarmamento se avistara em Lisboa, reconheceu que a situação em Angola e Moçambique *"was untainable in the long run"*, mas que uma autonomia imediata provocaria a guerra civil em Angola entre a facção pró-comunista e a facção *"racista"* (Hol-

---

[139] Arquivo Pessoal de Wittney Schneidman (IPRI), *"Report of the Chairman of the Task Force on the Portuguese Territories in AFRICA"*, de 4 de Julho de 1961, DDRS (79) 281C, Kennedy Library, [original em muito mau estado].

[140] *"Memorandum of Conversation"* (eyes only), de 4 de Abril de 1962. Documento só parcialmente desclassificado, Departamento de Estado, Nr. 5992. Arq. pessoal de Wittney Schneidman, M.DDRS 1963 (IPRI).

den Roberto), e teria sugerido que o Brasil se associasse a Portugal para *"working out future policy for Angola"*.

Santiago Dantas teria afirmado que o seu país não poderia participar nas responsabilidades portuguesas em África, acrescentando que tal hipótese só seria possível se Portugal desse algum "grau de autonomia" a Angola, ao que Franco Nogueira haveria respondido que tal não era naquele momento possível, pela ausência de um grupo representativo[141].

Este mostra, por um lado, como a diplomacia americana procurou o Brasil neste contexto e, por outro, como curiosamente Franco Nogueira não refere Moçambique onde não havia dois movimentos rivais, dos quais um pró-comunista, mas só um e apenas e chefiado por um líder que se podia considerar moderado e com simpatias pelo Ocidente.

As declarações por vezes equívocas de Franco Nogueira assim como certas atitudes referidas ao longo deste trabalho, designadamente o facto de ter sido portador do *"non paper"* de Dezembro de 1961 ao Presidente do Conselho, não prefiguram que a estratégia que ele protagonizava e o seu objectivo na política africana se afastassem dos de Salazar.

É-nos difícil avaliar o que Franco Nogueira intimamente poderia por ventura pôr em questão, mas a política avalia-se pelo que objectivamente se pode observar na conduta e na acção.

---

[141] *"Memorandum for the Assistant Secretary of State for African Affairs and Deputy Assistant Secretary of State for European Affairs"*, de 5 de Abril de 1962, assinado por Arthur Schlessinger Jr., assistente especial do Presidente, Arq. Pessoal de Wittney Schneidman, (IPRI) M.DDRS 1963.

III.2. Mondlane, um interlocutor privilegiado da Administração Kennedy

A Administração Kennedy oferecia a Mondlane a alavanca internacional indispensável à sua estratégia.

Durante os primeiros anos da década de sessenta, ele foi recebido por Adlai Stevenson e, no Departamento de Estado, pelo Subsecretário de Estado, Chester Bowles, pelo Subsecretário de Estado adjunto para a África, Wayne Fredericks, e pelo Conselheiro Nacional para a Segurança, na Casa Branca, McGeorge Bundy – mais tarde Presidente da Fundação Ford, que foi sua aliada e financiadora.

Mesmo em Dar es Salam, Mondlane recorria – a propósito do perigo que via em Gwambe, homem que considerava afecto a N'krumah – ao Encarregado de Negócios dos Estados Unidos, solicitando apoio estratégico. Visitou aquela Embaixada, a 18 de Junho de 1962 e, a avaliar pelo telegrama Confidencial desta para Washington, de de 29 do mesmo mês, enviou uma mensagem telegráfica a Thomas Byrne, pedindo urgentemente fundos para consolidar a posição financeira na FRELIMO[142].

Mas, no dizer de Wayne Fredericks[143], Robert Kennedy, então Ministro da Justiça (*Attorney General*) e Averell Harriman, Subsecretário de Estado para os Assuntos Políticos[144], eram talvez, com o próprio Wayne Fredericks como motor, os seus incondicionais pilares de apoio na Administração americana.

Mesmo quando começam a levantar vozes menos entusiásticas –, particularmente do "European Office", de Georges Ball, do próprio Dean Rusk, invocando dever-se observar alguma prudência, defendendo moderação no apoio que o grupo "africanista" queria dar aos movimentos nacionalistas africanos, optando por manter um diálogo mais

---

[142] João M. Cabrita, "*Mozambique – The Torduous Road to Democracy*", Palgrave Macmillan, NY, 2000.

[143] Entrevista de 1999, de Wayne Fredericks.

[144] Nomeado em Abril de 1963.

pacífico com Portugal –, Robert Kennedy recebe no seu Ministério da Justiça Eduardo Mondlane seguindo sugestão que viera de um dos chefes-de-fila da tendência africanista no Departamento de Estado, o próprio Wayne Fredericks.

Como as instruções oficiais eram entretanto já no sentido de que se deveria evitar receber Mondlane oficialmente no Departamento de Estado, Fredericks julgou que havia chegado a altura em que Mondlane necessitava de que os seus contactos fossem a um nível mais elevado e pensou primeiro em Ball e Rusk, depois em Averell Harriman, então *"Ambassador at Large"*, no 7.º Piso do Departamento de Estado, e por fim em Robert Kennedy.

Wayne Fredericks, que era amigo de Robert Kennedy já há alguns anos, haver-lhe-ia dito, segundo as suas palavras *"There is a man in town you would like to see"*, e fez-lhe um relato do perfil pessoal e político de Mondlane. Referiu-lhe as reservas de Rusk quanto ao local do encontro, ao que Robert Kennedy haveria respondido que o queria receber oficialmente no seu gabinete de Ministro de Justiça[145].

Acompanhado do empresário Fritz Rarig, outro amigo e importante apoiante de Mondlane no fututo, e de Wayne Fredericks, Robert Kennedy tem uma longa conversa de uma hora com Mondlane[146].

A conversa decorreu num ambiente de forte empatia e ambos acordaram em que os Estados Unidos não deveriam passar a defender uma posição contrária à que correspondia ao futuro – *"a queda inevitável do domínio português em África"*. O programa educativo do Instituto dirigido por Janet Mondlane foi dos elementos que mais o impressionou.

Nas palavras de Fredericks, *"houve uma identificação total"* de pontos de vista e Robert Kennedy passou a sentir-se *"pessoalmente envolvido"*.

Pouco depois deste encontro, através do mesmo Fredericks, Harriman recebe na sua residência Eduardo Mondlane. Era o reflexo da

---

[145] Entrevista de 1999.
[146] Ver: Witney W. Schneidman, *"Confronto em África – Washington e a Queda do Império Colonial Português"* Tribuna, 2005.

visão que este grupo defendia de que os Estados Unidos deveriam assumir uma posição de vanguarda em África e que esta deveria passar por Eduardo Mondlane[147].

Wayne Fredericks considera que estes dois encontros constituíram os melhores contactos de Mondlane para *"make up the case of Mondlane"* nos Estados Unidos[148].

Não obstante estes e segundo entrevistas pessoais havidas com Witney W. Schneidman, tanto Dean Rusk como George Ball se recusaram a ter encontros com Eduardo Mondlane por os considerarem prematuros e inúteis.

Estes elementos fazem antever a tal ponte em que Mondlane acreditou e que tinha na margem europeia do Atlântico a figura de Adriano Moreira.

Mais tarde, Mondlane, convicto de que tinha esgotado todas as possibilidades do diálogo, (e talvez a nossa conversa através de Ahmed Tlili tenha constituído uma das últimas hipóteses de diálogo), optará em 1964 pela luta armada, mentendo-se sempre fiel ao objectivo fundamental de não deixar que a luta por um Moçambique independente ficasse no âmbito da Guerra-Fria e fosse herdeira das suas sequelas.

Alguns dos factores fundamentais nesta trajectória que fizeram Mondlane reequacionar a primeira fase da sua estratégia foram: a desilusão com o que viu em Moçambique em 1961, a subsequente recusa de diálogo por parte de Lisboa, o assassinato de J. F. Kennedy e a flexão da política africana de Washington face às contingências da Guerra--Fria.

---

[147] Id.
[148] Entrevista de 1999.

III.3. *a*) A passagem de Dean Rusk em Lisboa e as suas entrevistas com Franco Nogueira e Salazar, em Junho de 1962. A sombra do "Relatório Mondlane" nalgumas propostas de Dean Rusk. Encontro de Franco Nogueira com o Presidente Kennedy, em Outubro de 62. A versão portuguesa e a versão americana

Os Estados Unidos, parte especialmente interessada em termos geoestratégicos no quadro da Guerra-Fria, irão tomar várias iniciativas junto de Portugal, em Lisboa e em Washington, no sentido de normalizar as relações bilaterais. Significava isso, em primeiro lugar, assegurar a utilização da base das Lajes no âmbito da conjuntura Leste-Oeste e, em segundo lugar, procurar inflectir a política portuguesa em África, o que os tiraria de uma posição incómoda nas Nações Unidas e simultaneamente, na linha das recomendações de Mondlane, poderia evitar um maior caos em África e uma consequente perda de influência do Ocidente em proveito da URSS naquele Continente.

É interessante verificar como no âmbito das Nações Unidas Portugal desempenhava mais o papel da formiga na orelha do elefante, mas no quadro da estratégia da Guerra-Fria tinha um grande peso específico no seio da NATO, chamado Açores.

No que constituiu a primeira das tentativas a mais alto nível de aproximação a Portugal – que seria seguida pelas de George Ball e do Príncipe Radziwill – o Secretário de Estado Dean Rusk, depois de uma digressão por diversas capitais da Europa e antes de regressar a Washington, vem a Lisboa nos dias 27 e 28 de Junho de 1962 tem duas longas conversas com Franco Nogueira, uma nas Necessidades e outra na Embaixada americana, e um encontro final em S. Bento com Salazar[149].

---

[149] AHD, PAA 290, Apontamento de conversas entre Dean Rusk e Franco Nogueira, nas Necessidades e na Embaixada americana, dia 27.06.62, na presença do Embaixador Elbrick e do famoso conselheiro Xanthaki, e de José Luís Archer, José Manuel Fragoso e Madeira Rodrigues. Secreto, de 28 de Junho. Apontamento de conversa de Dean Rusk com o Presidente do Conselho, por este redigido no dia 29, não-classificado.

Os temas das conversas com Franco Nogueira concentraram-se nos problemas da Europa, na nostalgia de De Gaulle pela sua pequena Europa inicial embora defendesse já a entrada do Reino Unido, na nova configuração europeia e nas suas implicações no âmbito da NATO, no problema de Berlim e nas relações com Krushtchev.

Como noutras ocasiões, ao abordar a política ultramarina portuguesa, Dean Rusk **pergunta qual a nossa estratégia a um horizonte de 10 anos.**

Dada a nossa reacção negativa, que será constante, em aceitarmos prazos e dado o facto de nos refugiarmos no argumento sociológico ignorando a questão política que era o tema de Rusk, este alude à questão da educação para assegurar que os Estados Unidos nunca se quereriam substituir a Portugal, e propõe uma ajuda brasileira possível que garanta a perenidade da lusofonia e com ela a ligação a Portugal. A proposta será também rejeitada tanto por Franco Nogueira como depois por Salazar. Este último adiantará mesmo que não nos faltam professores e que o Brasil precisará dos seus "valores" para si próprio durante os próximos 200 ou 300 anos.

Se estão tão certos da vossa posição, questiona Rusk: *"porque não perguntam aos angolanos o que pensam da situação?"*. Franco Nogueira não só responde com o argumento clássico de que ninguém acreditaria nos resultados, se a resposta nos fosse favorável, como ataca de modo muito brutal com a questão de Goa, sublinhando que os goeses não se consideram libertados. Rusk retorquiu que *"era difícil conhecer a verdadeira situação, mas que, em qualquer caso, a causa de Portugal teria sido muito reforçada se nós tivéssemos podido dizer que os goeses é que deveriam ter sido consultados"*.

É interessante rever nestas conversas e nas propostas americanas várias das ideias do documento Mondlane, designadamente a ideia de "prazos" e do recurso ao Brasil para salvar a língua e a cultura portuguesas.

Como Angola é o principal tema invocado por Dean Rusk, Franco Nogueira pergunta-lhe porque não refere Moçambique? A resposta é imediata: Angola é que está em guerra e parece o problema mais premente.

Julgamos que se poderia acrescentar que Dean Rusk e o Departamento de Estado quiseram poupar a figura de Mondlane evitando referir os seus argumentos, embora os utilizassem e, assim, poder evitar que a guerra se viesse a espalhar também a Moçambique.

Pode dizer-se que de todas as diligências americanas, esta talvez tenha sido aquela em que o enviado americano mais imaginação mostrou, tendo tocado os mais diversos registos, desde o de *"business like"* ao do aliado e amigo de alguém que quer convencer, até ao de quem ousa um certo sentimentalismo.

Dean Rusk sugere, entre vários argumentos que utilizou, que poderíamos talvez ir buscar uma figura que foi querida à Sociedade das Nações – a de um Relator independente e internacionalmente conceituado, que pudesse visitar e produzir um documento às Nações Unidas sobre Angola e Moçambique.

Franco Nogueira adiantou que lhe parecia uma ideia interessante, depois de devidamente estudada e aludiu ao Príncipe Wan da Tailândia como um Relator possível.

Rusk atalhou logo que pensava antes em figuras como Eugène Black ou Trigve Lei, tendo a conversa *"sido suspensa neste ponto"*[150].

À boa maneira chinesa e quiçá portuguesa, só no final do almoço na Embaixada dos Estados Unidos a que assistiu Kohler[151], é que Dean

---

[150] **Eugène Black**, banqueiro de origem, foi Presidnte da Reserva Federal na década de 30 e Presidente do Banco Mundial de 1949 a 1963, tendo mais tarde vindo a ser *"Special Adviser"* do Presidente Johnson. Como Presidente do Banco Mundial, ficou ligado a algumas das grandes transformações estruturais daquela instituição. Era uma figura de grande prestígio internacional.

Trygve Lie, um político trabalhista norueguês, foi o primeiro Secretário-Geral das Nações Unidas até Hammarskjold. Foi uma personagem que ficou ligado a vários episódios históricos importantes, como o de ter dado asilo a Trotsky na Noruega, ter sido um apoiante nas ONU da criação do Estado de Israel e da Indonésia e ter entrado em conflito com a URSS, no quadro da guerra da Coreia. Era uma grande figura, embora mais polémica do que a primeira.

[151] Foy Kohler virá a ser em 1966 e 1967 *"Deputy Under Secretary of State for Political Affairs"*.

Rusk, segundo o método que propusera (o de sistematizar em 3 categorias as dificuldades a nível bilateral e depois encontrar metodologia própria para cada categoria) introduziu o tema fundamental, os Açores. Não mostrando Franco Nogueira qualquer reacção, "*limitei-me a exprimir concordância genérica*", Dean Rusk perguntou "*Mas vocês estão interessados nas boas relações luso-americanas, não estão?*" Franco Nogueira respondeu: "*Decerto. Temos o maior interesse. Com uma condição apenas: que a excelência dessas relações não se produza à custa da nossa destruição*". O dramatismo desta resposta, no final das longas e infrutíferas conversações, deve ter provocado fortíssimo desânimo na Casa Branca.

À saída, Franco Nogueira pergunta-lhe se ia directamente para Washington, ao que Rusk respondera: *que ia antes visitar as Lages* "*E vou visitar a base com redobrado interesse*; *se por acaso você não tem qualquer objecção,*" repliquei a sorrir "*Até ao dia 31 de Dezembro de 1962 não há objecção!*".

Se as conversas com Franco Nogueira foram diálogos animados, embora inúteis, com Salazar foi mais um monólogo do que outra coisa.

Metade da conversa incidiu sobre a União Soviética e o Laos. Quanto a África, Dean Rusk, que havia preparado minuciosamente a visita, começou por referir os elogios que Dean Acheson lhe tecera sobre a figura de Salazar e transmitir-lhe os "amistosos cumprimentos" do Presidente Kennedy, que Salazar agradeceu sem retribuir, e passou depois a abordar os temas das relações bilaterais e das discordâncias que procurou minimizar.

Insistiu nas mesmas teclas, mas mais genericamente do que com Franco Nogueira. No seu optimismo, que quis apresentar, referiu as recentes afirmações do Embaixador Theotonio Pereira, em Washington quanto às profundas reformas e mesmo "*que pareciam não objectar ao princípio da autodeterminação*". Rusk insistiu muito em como Washington via com agrado as mudanças operadas nos últimos 18 meses na política ultramarina.

Fora das questões do Laos onde Salazar teve uma maior intervenção, quanto às relações bilaterais e a África as intervenções do Presidente do Conselho foram parcas, curtas e negativas. Quase no final, Salazar questionou se os Estados Unidos teriam bem entendido as afirmações do nosso Embaixador de que se tratava de *"autodeterminação interna"* e perguntou se ele *"não estaria demasiado optimista"*? Tendo Rusk ripostado ser sua obrigação, como representante de um Governo aliado, proceder com optimismo, Salazar atalhou: *"Mesmo quando os resultados não são animadores?".*

Numa nota no final do Apontamento, Salazar escreve: *"não se quis tomar a iniciativa de conduzir a conversa. Essa iniciativa teve-a o Secretário de Estado para tratar das questões que lhe interessavam, com pequenas interrupções e esclarecimentos da nossa parte".*

Em Outubro de 1962 Franco Nogueira visita os Estados Unidos e no dia 24, antes de ser recebido pelo Presidente Kennedy, encontra-se e almoça com Dean Rusk. Estava-se em plena crise dos mísseis soviéticos em Cuba. O nosso Embaixador, Theotónio Pereira, assiste à reunião e ao almoço[152].

Durante a reunião, o tema é a questão da crise de Cuba. Dean Rusk, segundo o relato de Franco Nogueira, está profundamente preocupado e declara mesmo que *"dentro de 24 horas poderemos estar em guerra com a União Soviética"*. Acrescenta que, dada a actual emergência e face ao avanço dos navios russos no Atlântico, a situação era ideal para os Estados Unidos poderem usar, sem restrições a base dos Açores ao que Franco Nogueira haverá contestado sugerindo que fosse Dean Rusk a fazer esse alvitre, a título espontâneo, a Kennedy, pois ele não estava em condições de, sozinho, tomar tal decisão e o Governo não o faria sem acautelar condições.

Segundo o seu relato, Franco Nogueira terá alvitrado, não ingenuamente, que seria talvez o momento para os Estados Unidos levarem o assunto ao Conselho de Segurança, sugestão logo repudiada por Dean Rusk, que acrescentou: *"Quem me diria que eu havia de ter de dizer isto*

---

[152] Franco Nogueirira, *Diálogos Interditos*, I volume, Intervenção, 1979.

a si, que há anos repete a mesma teoria?"(da inutilidade daquele Conselho).

No mesmo dia 24 de Outubro de 1962 tem depois lugar a conversa entre Franco Nogueira e o Presidente Kennedy, no decurso da audiência que este lhe concede e a que assistiram o Embaixador Theotónio Pereira, o Embaixador em Lisboa, Burk Elbrick e William Tyler, Assistant Secretary. De acordo com o relato feito pelo lado americano[153], Franco Nogueira explanou toda a argumentação conhecida da parte portuguesa, mas sublinhou que estava na disposição *"to do all that he could to improve relations".* Na parte final da audiência, Kennedy perguntou se Portugal não encarava a possibilidade de proclamar publicamente a sua aceitação do princípio da autodeterminação, o que constituiria um importante passo em frente no sentido de proteger e preservar a sua posição e influência em África. O documento continua *"The Foreign Minister said that Portugal was not opposed to the principle of self--determination, but that it was not possible for her to take a public position on this. Were she to do so, the Afro-Asian members of the United Nations would then call on her to carry out immediately the provisions of the resolutions that had already been voted, calling for prompt granting of independence to Angola and Mozambique 'by the end of this year'".*

Esta frase de Franco Nogueira desencadeou no espírito de Kennedy a possibilidade de aplicar as receitas de Eduardo Mondlane, designadamente de enviar um plenipotenciário especial para influenciar Portugal e pressioná-lo, uma vez que Portugal parecia, *"não estava contra a autodeterminação".*

É interessante comparar o relato feito por Franco Nogueira desta mesma conversa[154]. Alguns pontos são coincidentes, mas Franco Nogueira acrescenta que, face à argumentação de Kennedy no sentido de que havia que preservar como aliados os líderes moderados de

---

[153] Departamento de Estado, President's Memoranda of Conversation, Lot. 66 D 149 drafted by Tyler and approved in the White House on October 29.

[154] Franco Nogueira, *Diálogos Interditos*, vol. I, Intervenção1997.

África, argumentou que Kennedy preferia guardar ou ganhar esses aliados, mas que então seria duvidoso que continuassem ao lado dos Estados Unidos os aliados actuais. Segundo a versão de Franco Nogueira, Kennedy que, de resto, se revelava muito preocupado com a crise de Cuba e mostrava o peso que lhe caía sobre os ombros relativo a uma tomada de decisão de implicações globais, pouco comentava e repetia várias vezes *"Sim, talvez possamos estar errados"*.

De salientar é o facto de Franco Nogueira não referir a frase importante, que aparece no relato americano, de Portugal não ser contra a autodeterminação.

Duas razões possíveis são de considerar: ou Franco Nogueira, quando descreveu o relato, não quis admitir à opinião pública portuguesa que tivesse conhecimento dessa sua opinião, ou tratou-se de um mero expediente diplomático ocasional, de uma frase proferida com as devidas cautelas de nunca vir a ser tornada pública, isto para manter uma porta aberta essencial na continuidade do diálogo luso-americano.

A 15 de Dezembro do mesmo ano, Franco Nogueira tem mais uma longa conversa com Dean Rusk, na Embaixada dos Estados Unidos em Paris. Os temas fundamentais das conversas incidiram sobre a questão dos dois relatores que iriam a Angola e a Moçambique, as condições impostas por Portugal, e o caso do chamado Comando Pan-Africano e da sua possível acção em Angola. Mas quanto à questão da autodeterminação, Dean Rusk alude a discursos do Embaixador Theotónio Pereira, em Washington, designadamente no Clube de Imprensa, afirmando que a autodeterminação *"deveria sempre resultar de uma evolução interna e não de interferências ou pressões externas"*. Sobre este ponto, Franco Nogueira atalha de imediato dizendo que *"tinha a impressão de que o primeiro-ministro Salazar não aprovara inteiramente o discurso no Clube de Imprensa"*[155].

---

[155] Franco Nogueira, *Diálogos Interditos*, I Volume, Intervenção, 1997.

b) **Sugestões de Mondlane à Administração americana retomadas na Missão falhada de George Ball a Portugal, em 1963. Encontro de Franco Nogueira com Kennedy em Novembro de 1963 na sequência da Missão Ball**

Convém sublinhar que, em simultâneo com os enviados a Lisboa, a diplomacia americana prossegue um diálogo permanente, junto da nossa Embaixada em Washington, no sentido de melhorar as relações e influenciar Portugal.

Refira-se, como exemplo, o facto de o nosso Ministro Conselheiro em Washington, Menezes Rosa, ser chamado ao Departamento de Estado a 10 de Maio de 1963 a fim de William Tyler, então *"Assistant Secretary of State for European Affairs"*, lhe referir os tempos difíceis que se adivinhavam quando o Ghana assumisse a Presidência do Conselho de Segurança e mais uma vez insistir, em clima de amizade, sobre a vantagem que Portugal poderia tirar se se dispusesse a afirmar uma Declaração Pública, que as beneficiações que estava a levar a cabo em África teriam como *"ultimate goal"* que as populações atingissem o estádio de poderem vir a fazer uma livre escolha sobre o seu futuro[156].

Aos contactos que Franco Nogueira teve com líderes africanos refere-se, de resto, mais tarde, em 18 de Abril de 1964, Mennen Williams num *"meeting"* havido no *"Collegiate Council for the United Nations, Fourth Annual Leadership Institute"* em Chicago, nos seguintes termos: *No ano passado o Ministro Franco Nogueira manteve conversações com líderes africanos, sob os auspícios do Secretário-Geral das Nações Unidas, sobre o conceito de autodeterminação, mas foram em vão.*

A 22 de Agosto de 1963 o Embaixador Elbrick pediu para ser recebido por Franco Nogueira, nas Necessidades, acompanhado pelo incontornável Xantaki. Nessa conversa falou-se, de resto, em vários temas, desde a forma como Salazar se dispunha a receber Elbrick antes da sua partida definitiva de Lisboa à disposição de Portugal em assinar

---

[156] AHD, Washington 258.

o Tratado de Moscovo, relativo à proibição das experiências nucleares – assuntos agradáveis e fáceis que preparavam diplomaticamente assuntos mais difíceis.

Elbrick recebera instruções de Washington para proceder a duas diligências:

> a primeira consistia em formular três perguntas ao Governo português relativas a interpretações das declarações algo herméticas de Salazar:
> - a unidade política da nação seria compatível com uma "*completa autonomia*" dos seus territórios de África?
> - Dadas as referências do Presidente do Conselho à sua noção de autodeterminação e dentro das suas reservas e limitações, poderiam os Estados Unidos fazer uma declaração nesse sentido?
> - Poderiam outros, um pouco em nome de Portugal, convidar os quatros Ministros que representavam no Conselho de Segurança os 32 Estados da OUA a visitar Portugal?
>
> As respostas de Franco Nogueira foram claras: Quanto à primeira questão, a resposta era afirmativa; quanto à segunda, Franco Nogueira não se sentia habilitado a responder em nome do Governo e quanto à terceira, a reacção foi negativa, dada a "sobranceria" evidenciada anteriormente.

A segunda diligência de que fora incumbido Elbrick recaia sobre as propostas do nome de George Ball como enviado especial americano para vir a Lisboa e a proposta da data de 29 de Agosto. As duas propostas foram aceites sem reservas e mesmo com manifestação de regozijo por parte de Franco Nogueira[157].

A missão a Portugal do emissário especial do Presidente Kennedy, que ficou aqui conhecida como a Missão George Ball, teve efectivamente

---

[157] Franco Nogueira, "*Diálogos Interditos*", Intervenção, 1997.

lugar em Agosto e Setembro de 1963 e foi a segunda iniciativa americana de maior vulto, tendo sido a já referida passagem por Lisboa do Secretário de Estado, Dean Rusk, no final de um périplo europeu. Esta missão de Ball é objecto de pormenorizada análise pelo Prof. Luís Nuno Rodrigues na sua obra *"Kennedy-Salazar: a Crise de uma Aliança. As Relações Luso-americanas entre 1961 e 1963"*.

Tratava-se de uma missão integrada na tentativa de obter um acordo global com Portugal, que, por um lado, salvaguardasse os interesses geoestratégicos americanos permanentes, designadamente a base dos Açores, e por outro, convencesse Portugal a modificar a sua política africana de modo a limpar a sua imagem política nos Estados Unidos e ser coerente com a sua nova política africana. Como Ball refere nas suas memórias, *"Kennedy asked me to hold in-depth conversation with the Prime Minister of Portugal...."*[158].

Esta missão está amplamente estudada num excelente trabalho do Prof. Doutor Diogo Freitas do Amaral, baseado em documentação existente no Arquivo Histórico-Diplomático do Ministério dos Negócios Estrangeiros e nos livros de Franco Nogueira e que foi também publicado no suplemento *"Vida"*, do jornal *O Independente*, de 15 de Abril de 1994[159].

O Professor Freitas do Amaral faz, de resto, uma cronologia exacta dos acontecimentos directamente ligados à missão, constituída por duas visitas do Subsecretário de Estado norte-americano a Lisboa, das conversas com Franco Nogueira e Salazar.

Se procurarmos perspectivar os factos cronologicamente seriados pelo Prof. Freitas do Amaral com outros anteriores e se compararmos o Relatório Mondlane por este entregue em 1961 no Departamento de Estado, mormente algumas das suas passagens, com o Memorando americano que responde ao Memorando português, trocados no

---

[158] *"The Past has Another Pattern – Memoirs"*, George W. Ball, Norton & Company, NY, London, 1982.

[159] Diogo Freitas do Amaral, *A Tentativa Falhada de um Acordo Portugal-EUA sobre o Futuro do Ultramar – 1963*, Coimbra Editora, 1994.

âmbito da Missão Ball, encontraremos mais uma vez algumas indicações interessantes que procuraremos explorar.

Comecemos recapitulando algumas cronologias:

- Em Fevereiro e Março de 1961, Eduardo Mondlane, como funcionário das Nações Unidas, visita com sua mulher Moçambique. Aí, é recebido ao mais alto nível e percorre várias áreas do território;
- Em Maio de 1961, Eduardo Mondlane tem várias reuniões no Departamento de Estado e entrega um Relatório extenso de 11 páginas, onde faz um balanço da situação de Moçambique e da sua viagem, que abarca aspectos: de política, de educação e de economia. Tece por fim conclusões, as quais encerram uma proposta de programa de intervenção diplomática americana em Portugal. O relatório intitula-se, como já se disse, *"Present Conditions in Mozambique"*. Como também já aludimos, Bowls, do Departamento de Estado, descreve Mondlane a McGeorge Bundy, Conselheiro para a Segurança, como um moderado com perfil para futuro líder de Moçambique[160].
- Em Fevereiro de 1962, antes de seguir para a Tanzânia, onde assumirá a presidência da FRELIMO, Mondlane é recebido de novo no Departamento de Estado, onde declara que teria já contactado Bourguiba e Holden Roberto[161], dois líderes considerados moderados, anti-soviéticos e pró-ocidentais.
- Em Junho de 1962, Mondlane contacta a Embaixada americana em Dar es Salam, a quem repete o seu pedido de auxílio para assegurar a independência financeira relativa ao bloco de países ligados a N'krumah[162].
- Em meados de Abril de 1963 Mondlane encontra-se nos Estados Unidos, onde tem contactos com Wayne Fredercks e com Robert Kennedy[163].

---

[160] *Mozambique, The Tortuous Road to Democracy*, de João M. Cabrita, já citado.
[161] Id.
[162] Id.
[163] Id.

– Em Maio, conhecemos a conversa telefónica entre o Presidente Kennedy e o seu irmão Robert Kennedy, amigo de Mondlane, sobre a decisão presidencial de ajudar Mondlane e a FRELIMO, pois seria necessário que ele soubesse que tinha amigos no Ocidente[164].
– Em Julho de 1963, pela primeira vez, a Resolução S/5380 do Conselho de Segurança da ONU, contra a política colonial portuguesa não conta com o veto de nenhum país amigo e aliado da NATO[165].
– Franco Nogueira é recebido pelo Presidente Kennedy onde perante a insistência deste, faz transparecer a possibilidade de Portugal aceitar o princípio da autodeterminação, como referimos antes, pelo que Kennedy propõe o envio de um *"representante pessoal de alto nível"*[166]. Esta proposta foi contemplada no Relatório entregue por Mondlane no Departamento de Estado em Maio de 1961.
– Em discurso à Nação, a 12 de Agosto de 1963, Salazar admite que Portugal *"se pronuncie em acto solene e público sobre o que pensa da política ultramarina"*. Será plebiscito? Outro tipo de consulta? Na metrópole? Ou também nas "províncias ultramarinas"? Este é outro aspecto claramente desenvolvido na citada obra do Prof. Freitas do Amaral. A oposição democrática apoia o plebiscito, a *"entourage"* de Salazar é de opinião contrária.

Na realidade, não seria talvez difícil a Salazar aceitar formalmente um plebiscito ou consulta no ultramar. Sabendo quanto as eleições eram habilmente manipuladas na metrópole, com muito mais facilidade o seriam em África. Aí tudo dependia da forma como se definia quem tinha direito a voto. Em telegramas do Ministro do Ultramar para Moçambique, nas vésperas de um acto eleitoral, em Dezembro de

---

[164] *Vide* capítulo sobre a Fundação Ford.
[165] *Vide* obra citada de Prof. Freitas do Amaral.
[166] Vide obra citada de Prof. Freitas do Amaral.

1963 e Janeiro de 1964, estava claramente expressa a metodologia da fraude: *"apenas alargar colégio eleitoral forma a poderem tirar-se daí efeitos externos mas sem esquecer regras prudência"*[167]... isto para articular com declarações feitas pelo Ministro Franco Nogueira na ONU *"portanto alargar a nativos colégio eleitoral sem que isso implique perigo soberania portuguesa"*. No início de 1964, esclarece-se melhor *"convém que número eleitores não aumente de súbito para um milhão Vexa indica"*[168].

– De 29 a 31 de Agosto, George Ball vem a Portugal e conversa, durante um almoço no Ritz, com Franco Nogueira, que lhe adiantou *"com a devida ênfase, a importância de um referendum ou plebiscito em que participassem todas as populações e eleições para todos os escalões político-administrativos.....Não seriam esses actos uma forma válida de autodeterminação?"* Estes propósitos causaram obviamente impacto em George Ball[169].

No encontro com o Dr. Salazar a avaliar pela documentação consultada pelo Prof. Freitas do Amaral e por nós próprios, a abertura aparente de Franco Nogueira contrasta com a dureza do primeiro.

Para ultrapassar a argumentação clássica portuguesa, Ball traz a proposta de que Portugal deveria aceitar a introdução da noção de "fases" na declaração oficial que fizesse e que permitisse um acordo com os Estados Unidos, começando por alvitrar um prazo não superior a 10 anos. Dada a inaceitabilidade desta fórmula por Franco Nogueira, Ball ainda adiantou as noções de "estádios" ou "sequências", insistindo que era necessário Portugal aceitar balizas no tempo para a sua política ultramarina, de modo a evitar o avanço soviético em África, e basear a evolução ultramarina contando com os "líderes moderados" africanos.

A abertura para a continuação do diálogo permanece.

– A 6 e 7 de Setembro, Ball está novamente em Portugal e Franco Nogueira entrega-lhe o Memorando Português. Este não aceita fases,

---

[167] AHU, Tel. 258 SEC, do Min. Ultramar para Governador de Moçambique, de 26.12.63, Documentação não seriada (A2).
[168] Tel. 262 SEC, da mesma fonte.

estádios ou sequências, pois não considera a questão como um problema político mas sim sociológico. A autodeterminação só a entende com base *"nos actos políticos praticados ou a praticar pela população de um território"* – em suma, do país como um todo, segundo as normas constitucionais[170].

– O Memorando americano, datado de 21 de Outubro de 1963, é remetido a Salazar por carta de 29 de Outubro assinada por Adlai Stevenson, via Franco Nogueira que se encontrava na AG da ONU em Nova Iorque.

Posta esta seriação de acontecimentos, que têm início na viagem de Mondlane a Moçambique e que têm o seu ponto alto na entrega do Relatório no Departamento de Estado, enquadrado depois no novo panorama internacional gerado pela Resolução S/6280 do Conselho de Segurança, pela guerra em Angola e pela crise no Congo, poder-se-á supor uma evolução consistente e estratégica; resta comparar o memorando americano com as propostas de Mondlane ao Departamento de Estado, constantes do referido Relatório.

Vejamos algumas passagens do Memorando americano[171]:

Começa com uma admirável exposição histórica relativa ao fim do império eurocêntrico, apontando para o facto de que o seu desmembramento é uma consequência directa da aplicação, por parte dos territórios que o integravam, dos valores humanistas e iluministas da civilização europeia. Cita o discurso de De Gaulle em Dezembro de 1960, sobre a Argélia, que reconhece que os tempos mudaram e seria falso persistir pensando que a Argélia continuava a ser uma província da França como a Lorena ou a Provença. *"Isto não é a admissão da impotência do homem. Pelo contrário, pressão pela autodeterminação é um exemplo dramático do poder das ideias – o poder do pensamento humano"*.

---

[169] Franco Nogueira, *Diálogos Interditos*, Intervenção, 1997.
[170] Vide obra citada do Prof. Freitas do Amaral.
[171] Id.

Trata-se de uma introdução pedagógica claramente dirigida ao Presidente do Conselho. Não se lhe pede abdicação, mas que assuma a grandeza das ideias do Ocidente.

Faz o balanço do resultado da aplicação desta evolução, que considera globalmente positiva, pois afirma que à excepção de alguns casos a transição de uma a outra época fez-se com relativa suavidade. Isso deveu-se à política seguida por muitos Estados europeus e à existência das Nações Unidas, que souberam, embora com imperfeições, minimizar as agressões externas e o confronto das grandes potências.

Acrescenta que muitas das novas Nações enfrentam graves problemas e diminuição dos níveis de vida, mas trata-se do preço que têm de pagar pela passagem à nova ordem mundial, uma ordem *"que afinal é um legado do Mundo Ocidental"*.

Quando os países ocidentais souberam preparar os jovens países e assisti-los nas independências, salvaram-se, regra geral, as relações privilegiadas com as ex-metrópoles. Quando isso não aconteceu, o resultado foi o oposto, e cita a Argélia, o Congo e a Indonésia como exemplos. Sublinha, de resto, que a França não perdeu a guerra com a Argélia, pois na ocasião dos Acordos de Evian a França estava militarmente mais forte. A França simplesmente decidiu que o seu *"investimento cumulativo em vidas e finanças tinha atingido níveis inaceitáveis. O meu Governo receia que o mesmo se repita com a África portuguesa. Duvidamos que o vosso povo seja conduzido pelo poder das armas"*.
E continua:

A – Os líderes das colónias ou ex-colónias formaram-se na sua maioria no Ocidente: Nehru em Cambridge, Burguiba na Sorbonne, Augub Khan em Sandhurst, etc. As ideias que defendem – de liberdade, de dignidade dos indivíduos, a noção de Estado-Nação, etc. – são valores ocidentais que aprenderam connosco.

B – A orientação mais vantajosa para o Ocidente não será erguer barreiras a estas pretensões. O Ocidente não pode tolerar uma nova Argélia ou um novo Congo.

C – Os EUA consideram irreversíveis os nacionalismos africanos, pelo que há que trabalhar *"com as forças da história a fim de assegurar o seu aproveitamento"*.

D – Os EUA têm interesse em que Portugal continue a *"exercer uma acção continuada"* em Angola e Moçambique, mas receia que a destruição varra destes dois territórios a influência pretendida.

E – Os EUA pensam que o Ocidente tem sustido com sucesso o avanço do comunismo em África e estam atentos aos países da América. O avanço do comunismo em África vai depender da resposta do Ocidente em desenvolver as populações negras. *"Se essa resposta ignorar as reivindicações dos negros do aumento dos seus direitos em sociedades onde eles são a esmagadora maioria, então a penetração comunista multiplicar-se-á prodigiosamente. Nestas circunstâncias nada poderá suster o avanço comunista, nem mais tropas nem mais redes anti-subersivas......pois a ajuda comunista para a chamada "luta de libertação"constitui uma opção que nenhum líder africano poderia recusar se finalmente se convencesse que não havia outra alternativa".*

F – Muitos líderes africanos, apesar das influências comunistas, estão empenhados em trabalhar com o Ocidente para uma solução com ordem e paz para os problemas da África Austral. Ball sublinha que Portugal não pensa assim, mas afirma que *"os nossos peritos têm informação que muitos líderes africanos sustentam opiniões moderadas acerca dos territórios africanos portugueses. Reconhecem e têm-no-lo dito de forma categórica – que "a independência imediata" para aqueles territórios seria um desastre".*

H – *"Estas intenções moderadas devem ser aproveitadas rapidamente.........De contrário, essas disposições não se manterão".*

I – Sublinha Ball usar de grande franqueza nas suas afirmações dado o interesse comum e a amizade entre ambos os países. Portugal acha que estabelecer prazos ou anunciar a autodeterminação seria contraproducente, pois poria os territórios sujeitos a tremendas pressões políticas que criariam rupturas no processo social e cultural e prejudicariam o objectivo desejado – a continuação da influência portuguesa. A isto, Ball responde:

J – *"Vossa Excelência acredita que o tempo trabalha a seu favor; nós, não".*

K – *"A nossa estimativa indica que, nas melhores circunstâncias, não será possível dispor de mais de 10 anos para preparar os territórios portu-*

gueses de África para o acto político da autodeterminação..." Como muito bem comenta o Prof. Freitas do Amaral no seu trabalho, "*Se há com certeza muitos documentos notáveis na história da diplomacia americana, este memorando de George Ball é, certamente, sem dúvida, um dos mais notáveis*".

L – Ball conclui, sem entrar em pormenores, que a curto prazo haverá que tomar várias medidas "*on a urgent basis*", indicativas de constituírem a preparação das populações para a autodeterminação, mesmo sem explicitar o período de tempo.

– Um programa educativo de grande amplitude;

– "*seria prudente, se o tempo permitir, preparar dezenas de milhares de administradores e técnicos antes de considerar uma transição política. Seria admirável conseguir um total desenvolvimento.....mas as pressões sobre si já se fazem sentir e não pararão por muito.......E menos de uma década poderia estabelecer um vigoroso programa educativo*". Mais uma vez, vemos nestas palavras as sugestões de Mondlane aos americanos.

– Desenvolver um núcleo de indígenas juristas, médicos, professores, engenheiros e operários especializados e semi-especializados (trata-se do programa do Instituto de Moçambique, dirigido por Janet Mondlane, em Dar es Salam);

– Mas tudo deveria ser anunciado em "*etapas predeterminadas para abranger uma enorme população no período razoável de tempo. Ao mesmo tempo, na arena política dever-se-ia progressivamente fazer aberturas para a actuação de forças políticas nos conselhos legislativos a quem se concederia cada vez mais autoridade*";

– "*Não pretendo propor medidas concretas de acção para o seu Governo, mas meramente indicar directivas gerais nas quais pensamos que deverão constituir a política a seguir se se pretender evitar a catástrofe*".

– etc.

Comparemos agora com a figura de Mondlane e com algumas passagens do seu Relatório:

A – Um dos líderes nacionalistas – o único com aquele currículo académico – era Eduardo Mondlane, nunca citado no Memorando americano; Graduado, Mestre e Doutor em Universidades americanas, onde era professor de antropologia.

B e C – Eduardo Mondlane, em 1963, ainda não tinha iniciado a guerrilha na esperança de um possível diálogo enquanto Angola já a tinha, diz no seu Relatório: *"A guerra em Angola só tornou as coisas piores"..."Porém, Portugal em vez de canalizar esta força indestrutível de constituir Estados independentes que poderiam ser amigáveis para com Portugal, está a fazer tudo para a combater".*

D e E – Mondlane refere no Relatório que passou por Luanda e faz a seguinte reflexão: *"Anteriormente à eclosão dos motins, a oposição ao governo era formada por gente de ambas as raças. Mas, quando lá estive, era evidente que a evolução dos acontecimentos transformava-se num conflito de pretos contra brancos".*

F e G – Quanto a ter Mondlane como um moderado, isso é evidente nos comentários do Departamento de Estado sobre o seu Relatório de 61 e na conversa de Robert Kennedy com o seu irmão, Presidente. No mesmo Relatório, Mondlane sugere a ideia de preparar a independência para cerca de 1965.

H – Vejam-se os comentários de Mondlane referidos em E, assim como as propostas de criação imediata de uma Universidade em Lourenço Marques institucionalmente ligada a uma congénere de Portugal ou, na impossibilidade, a uma do Brasil. É clara a intenção de salvar os laços com a lusofonia.

I – *"A menos que estas manifestações de simpatia sejam seguidas de uma acção imediata, os povos africanos começarão a duvidar da firmeza das intenções".*

J – É uma opinião americana.

K – As propostas globais de Ball quase coincidem com as três fundamentais de Mondlane, a saber:

– *"Aceitação do princípio da autodeterminação para os povos africanos sob controlo português";*

– *"Estipular prazos ou fases para a auto-governação e independência"*

– *"Que os EUA ajudem Portugal a financiar políticas económicas, educacionais e de desenvolvimento político para os povos da África portuguesa, a fim de os preparar para uma independência com responsabilidade".*

Afigura-se-nos que a análise da sucessão dos acontecimentos políticos internos dos EUA, a amizade de Mondlane com Robert Kennedy e a influência deste junto do irmão – patente na conversa telefónica citada neste trabalho – e a resolução do Conselho de Segurança criaram as condições necessárias para que os EUA iniciassem uma diplomacia activa junto de Portugal, como preconizada por Mondlane. As suas recomendações aos EUA de acabarem com uma *"quiet diplomacy"* e fazerem *"de tempos a tempos, sugestões concretas sobre o modo que entendem como certo da acção a seguir por Portugal"*, vieram, afinal, a concretizar-se na Missão Ball.

De resto, Robert Kennedy continuará, mesmo mais tarde, a patentear a sua amizade por Mondlane.

Segundo o nosso Cônsul-Geral em Salisbúria, tê-lo-á visitado Mondlane ao passar por Dar es Salam em Junho de 1966.

Em entrevista de 9 de Julho do mesmo ano, a *"Jeune Afrique"* interroga-o sobre os possíveis novos Vietnames que podem surgir em África, ao que Robert Kennedy responde que *"o total do auxílio económico anual a África, por parte dos Estados Unidos, é igual a 4 dias de guerra no Viet Nam"* e sobre Moçambique, acrescenta que não haverá outra saída que não seja a independência.

O discurso de Ball não só retoma, com habilidade diplomática, a argumentação de Mondlane, mormente na estipulação de prazos, fases ou estádios, como o toma como referência permanente ao aludir aos líderes moderados, termo usado pelo Departamento de Estado para caracterizar Mondlane.

O retrato dos líderes formados no Ocidente só não refere, por demasiado óbvio, um académico formado na América.

A missão, como outras do mesmo género, falhou. Portugal, como escreve Ball nas suas memórias, já citadas, era *"ruled by a triunvirate consisting of Vasco da Gama, Prince Henry the Navigator and Salazar".*

Julgamos, pois, poder afirmar que Eduardo Mondlane conseguiu convencer a Administração e o próprio Presidente dos Estados Unidos, a seguirem uma estratégia que era a sua e que coincidia com as linhas de força da nova política africana de Kennedy, mas que, como conclui o Professor Freitas do Amaral, não teve seguimento, tanto pela atitude do Dr. Salazar, como pela morte de Kennedy.

É de sublinhar que o encontro de Ball com o Presidente Kennedy, em 9 de Setembro, para o "debriefing" da sua missão a Lisboa revestiu uma dimensão assinalável. A ele assistiram, por parte do Departamento de Estado, além do Secretário de Estado, Dean Rusk, o Subsecretário de Estado, Harriman, o Subsecretário-adjunto, Johnson, o *"Assistant Secretary of State"*, Mennen Williams; pela Defesa, o próprio Secretário da Defesa, McNamara, acompanhado de Paul Nitze, e do Almirante George Anderson, e por parte da Casa Branca, McGeorge Bundy e William Brubeck. E foi este último quem redigiu o apontamento do encontro[172].

Ball procedeu à exposição sobre a sua missão em Lisboa e concluiu afirmando que *"he saw little hope for a satisfactory negotiation with the Africans based on the position Salazar had stated in Lisbon"*. Tendo-lhe o Presidente perguntado se vislumbrava algum tipo de iniciativa por parte de Portugal num futuro próximo sobre a questão africana, Ball respondeu *"there was nothing significantly new apparent in his Lisbon talks but something might come from further discussions scheduled with Nogueira here and between U Thant's representative and the Portuguese in Lisbon"*.

Levantando o Presidente a questão dos Açores, é Dean Rusk que intervém, em termos claros: *"Secretary Rusk suggested the Portuguese want the continuation of the base as leverage on us on African problems. The President agreed but observed that the problem was how far we can go at the UN and still hold the Azores"*.

---

[172] Kennedy Library, National Security Files, Countries Series, General, Secret, 09.09.63, 11,30h (371).

Dois meses mais tarde, em Novembro de 1963, Franco Nogueira, tem reuniões em Nova Iorque com o grupo africano nas Nações Unidas, cujo resultado foi mau, pois o aludido grupo emitiu um comunicado que ele qualificou de *"desapointing"*, na sua longa conversa com Kennedy a 7 do mesmo mês.

Franco Nogueira informa que se avistou, a pedido deste, com Mongi Slim, Ministro dos Estrangeiros da Tunísia. Mongi Slim, usando da sua linguagem moderada e simpática, haver-lhe-ia dito que a nossa política era aceitável, tínhamos muitas realizações positivas....mas que *"não acredita na possibilidade de sucesso da política portuguesa"*. Segundo Franco Nogueira, Slim não escondeu o seu receio de algum racismo negro que se tornava agressivo e não ocultara *"o seu desapontamento com Ben Bella"*.

Também teria conversado com Balafrej, Ministro dos Estrangeiros de Marrocos e Representante Especial de S. Majestade Hassan II. A mensagem foi semelhante: desejava-nos sucesso na nossa política, mas não pensava *"que as correntes mundiais de opinião nos dessem tempo para isso"*. Também como o seu homólogo tunisino mostrou a sua profunda tristeza com as posições de Ben Bella, como era de esperar.

Avistou-se ainda com o Embaixador do Ghana, Alex Quason-Sackey, que de uma maneira mais frontal lhe disse que compreendia a nossa política, mas que a África não estava disposta a esperar muito tempo.

Franco Nogueira, no mesmo livro, refere a entrevista com o então Secretário-Geral da OUA, Diallo Telli, que lhe terá dito: *"Se Portugal realizasse um plebiscito em Angola e Moçambique, os seus resultados apenas seriam aceites se fossem favoráveis à África, e isso porque os africanos não aceitam que haja um milímetro quadrado de território africano que tenha ligações políticas com um país não-africano"*.

Estas palavras, se textualmente reproduzidas, fizeram certamente as delícias do auditor, que assim via confirmada a sua tese[173].

---

[173] Franco Nogueira, *Diálogos Interditos*, I Volume, Intervenção 1997.

Assistiram depois ao encontro, dia 7 de Novembro, de Franco Nogueira com Kennedy, na Casa Branca, George Ball, o responsável pela Europa, William C. Burdett e Francis E. Meloy[174]. A longa conversa, que teve basicamente, segundo as fontes americanas, a estrutura de perguntas do Presidente Kennedy e respostas de Franco Nogueira, abordou sucessivamente as conversações que este tinha tido com o grupo africano, o conceito de autodeterminação, exemplos de comportamentos individuais e colectivos no grupo africano, a capacidade da guerrilha e a situação militar em Angola, a questão fundamental de *"um homem, um voto"* e, finalmente, a visão prospectiva do que iria acontecer nas Nações Unidas e particularmente no Conselho de Segurança.

O documento americano que relata esta conversa em pormenor é longo. As posições de ambas as partes são fundamentalmente as que já se conhecem. Moçambique ainda não constitui problema permanente, pois a guerra só incendiava Angola naquela altura.

Os conceitos de autodeterminação não são coincidentes, embora ambas as partes pretendam que sim e que a única diferença está no facto de Portugal dizer que o aceita, incluindo a opção da independência. *"The President said he had seen a definition of self-determination ascribed to Dr. Salazar as meaning participation of the people in the administration and political life of the community. Did this exclude opting for independence? The Foreign Minister said it excludes nothing. An examination of Dr. Salazar's statements will reveal this"*, mas recusar-se-á a afirmá-lo publicamente e aceitar um sistema de faseamento.

Franco Nogueira cita sem o nomear um líder africano que lhe referiu ser contra Ben Bella, mas recusa-se a afirmá-lo publicamente no grupo. Cita mesmo Houphouet Boigny sobre o perigo comunista em África e a ameaça de jovens turcos dispostos a encabeçar golpes de Estado no continente para se acapararem do poder. Todos se mostram de acordo em que o comportamento individual dos líderes africanos é

---

[174] Departamento de Estado, Central Files, POL AFR-PORT. Confidential. Apontamento escrito por Meloy.(373).

diferente daquele, muito mais radical, que é determinado pela dinâmica do grupo.

A situação militar descreve-a Franco Nogueira como muito melhor para Portugal, e repete o seu argumento de que os líderes nacionalistas e a guerrilha não encontram apoio junto das populações.

Quanto ao problema do voto, recusa-se a aceitar para o futuro mais próximo a ideia de "um homem um voto", pelo perigo que isso traria à estabilidade em África.

Embora reconheça que os Estados Unidos não são os responsáveis pelo caos que vai reinando em África, adianta que não deixam de ter uma parte de responsabilidade, cada vez que acenam com *slogans* demagógicos.

Por iniciativa americana, refere-se que se avizinha uma época difícil, mesmo no Conselho de Segurança, dadas as divergências existentes e as exigências do grupo africano. Tudo o que os Estados Unidos podem fazer é procurar minimizar as exigências, mas dão a entender que não votarão contra elas.

É interessante confrontar este relato americano, que traduz a forma como Franco Nogueira foi ouvido, e o relato do próprio Franco Nogueira nos seus *Diálogos Interditos*.

Franco Nogueira, no seu relato, enfatiza o desaire das suas conversas com os africanos, frisando que os mesmos entravam em zanga uns com os outros, a ponto de ser ele quem tinha de os acalmar. Afirma ter, durante a conversa, sublinhado a Kennedy, face ao silêncio e não-reacção deste, "*que mantemos a nossa política actual por ela corresponder aos nossos interesses vitais*". Saliente, mais uma vez, "*que o simples anúncio de uma política a longo prazo cria velocidade de uma política a curto prazo*". E refere que Kennedy "*assiste sem comentários*". Diz ainda que Ball não estará presente até ao fim do encontro, pois se retira alegando afazeres no Departamento de Estado.

Uma vez mais nos podemos perguntar sobre as razões das discrepâncias e particularmente de certas omissões importantes no relato de Franco Nogueira em matéria que poderá interessar, hoje, mais para explicar Franco Nogueira do que para explicar a problemática histórica.

Com efeito, a 11 de Dezembro, o Conselho de Segurança, com uma só abstenção, a da França, vota a resolução S/5481, que consagra o princípio da autodeterminação e reafirma a necessidade de proibir a venda de armas a Portugal.

Entretanto é interessante notar que, por iniciativa de Franco Nogueira, nestes anos de intenso e continuado diálogo com os Estados Unidos, se fazem convites a vários Embaixadores europeus[175] acreditados em Lisboa para visitarem Angola e Moçambique, designadamente aos do Canadá, da Bélgica, da Áustria e dos Países Baixos. As visitas deveriam ser de cerca de 10 dias em cada um dos territórios.

III.3 c) A nova tentativa falhada de aproximação entre Portugal e os EUA, missão Gilpatrick, já na Administração Johnson, num novo quadro estratégico americano, em 1964

Nas vésperas da Administração Johnson, **Roswell Leavitt Gilpatrick**, que foi "*Deputy Secretary of Defence*", era homem que gozava de muita influência na Administração americana. As suas ligações à família Rockefeller garantiam-lhe um estatuto de "negociador paralelo", figura que sempre existiu na diplomacia americana e particularmente na época Kennedy. Era, de resto, associado, como curador, do *Rockefellers Brothers Fund*.

Era considerado como um dos "moderados" ou "europeus" da Administração Kennedy relativamente à sua política africana e ambicionava manter-se na Administração Johnson.

Faz em 1964 um périplo por Angola e Moçambique, em mais uma "*fact finding mission*" para uma reavaliação da estratégia americana relativamente à África portuguesa.

---

[175] AHU, Tel. 126,SEC, de 1 de Maio de 64, do Min. Ultramar para o Governador--Geral de Moçambique, Documentação não seriada (A2).

Em 31 de Agosto, tem uma longa reunião com os comandos militares em Angola[176], em que estiveram presentes, entre outros, o General Comandante-Chefe, o General-Comandante da 2.ª Região Aérea, o General Comandante da Região Militar de Angola e o Segundo Comandante Naval. Da parte americana, Gilpatrick fazia-se acompanhar por Roland Lewis Enos que se apresentava como intérprete.

Parece-nos importante salientar (e eventualmente comentar) algumas das observações feitas por Gilpatrick que mais marcaram a parte portuguesa:

- Fez a conhecida distinção entre os "africanos" da Administração Kennedy, mais irredutíveis para com a política portuguesa, dos quais nomeou Mennen Williams e Adlai Stevenson, e, por outro lado, os moderados ou "europeus", entre os quais ele se contava assim como, avançou, Harriman e Dean Rusk. (Parece-nos estranha a qualificação atribuída a Averell Harriman, que foi um dos principais porta-vozes internacionais da política do Presidente Kennedy, o qual, aliás, a ele se refere nesse sentido em conversa telefónica com o seu irmão Robert Kennedy. *Vide* passagem correspondente).
- Declara, de resto, que pensa integrar a próxima Administração Johnson se este vencer as eleições, o que ele considera como uma certeza; e acrescenta que a nova Administração afastará os elementos mais radicais. (Trata-se de referência importante para ganhar a confiança dos seus interlocutores. Só que o afastamento que anuncia não se verificará tão depressa).
- Manifesta como uma das suas principais preocupações a possível mudança de governo em Portugal, dada a avançada idade de Salazar, e pergunta se muitos dos militares dos quadros intermé-

---

[176] AHD, PAA 291, Documento "Muito Secreto", da Defesa Nacional *"Conferência com o Senhor Gilpatrick, no Comando-Chefe das Forças Armadas em Angola"*, 31 de Agosto, 1964 (P.141 D, N 1371).

dios continuarão a aderir à política ultramarina salazarista e, mesmo, se os quadros locais intermédios são ouvidos e influenciam as decisões superiores.
- Inquiriu sobre quais as razões profundas que justificavam a nossa política em África. O mero amor a uma pátria longínqua parecia de difícil aceitação; haveria então razões técnicas ou tácticas?
- Disse que era importante saber se dispúnhamos realmente de um bom serviço de informações capaz de reconhecer os movimentos de filiação comunista em Angola?

O lado português foi conquistado. A visita de Gilpatrick foi um sucesso diplomático para a nova estratégia *"nuancée"* da Administração Johnson, interessada noutras contrapartidas militares que considerava mais importantes do que os objectivos idealistas dos democratas de Kennedy – mormente a base dos Açores e a instalação do equipamento militar "Loran C".

Devemos referir que os americanos seguiam de perto a situação interna portuguesa e reflectiam sobre vários cenários possíveis, sem Salazar. Em Maio de 1964, a CIA produziu um *Special Report*, intitulado *Portuguese Economic Outlook and its Political Implications*[177].

Os sucessivos pedidos dos americanos relativos à instalação do equipamento Loran C, não só nos Açores como eventualmente em Cabo Verde, serão levantados ao mais alto nível, designadamente durante um almoço que Dean Rusk ofereceu a Franco Nogueira em Washington, a 18 de Julho de 1965, e que teve momentos de grande crispação. Perante o pedido de instalação do equipamento Loran C, em que Dean Rusk procurava basear a sua argumentação na necessidade de Portugal saber distinguir entre as questões da sua política africana e o problema do Ocidente face à Guerra-Fria, Franco Nogueira é peremptório em afirmar que para Portugal não existe essa distinção,

---

[177] Arq. Pessoal, Witney Schneidman, M 1964 May-Dec, L. J. Johnson Library, DDRS-(75) 34G.

tudo faz parte de um conjunto – o que leva Dean Rusk a perguntar porque é que, então, Portugal não abandona a NATO?[178].

Durante o mesmo almoço é aflorada a questão das dificuldades postas pelos Estados Unidos ao fornecimento de armas, designadamente as fornecidas por terceiros países mas financiadas pelos Estados Unidos. Franco Nogueira resolve revelar uma confidência de Lester Pearson, Primeiro-Ministro do Canadá, a Roy Wallensky, Primeiro-Ministro da Rodésia do Sul, referente às pressões dos EUA sobre o Canadá relativamente a aviões por este vendidos à Alemanha Federal e que deveriam ser adquiridos a esta por Portugal, facto que teria levado o Canadá a deduzir oposição a essa atitude americana.[179]

É também neste contexto de crispação que surge o problema levantado pelos Estados Unidos sobre as negociações secretas entre Portugal e a China, a que aludiremos noutra passagem.

Eis aqui – na questão do fornecimento de armas e de facilidades militares – as queixas de que Mondlane repetidamente se faz eco e que o obrigam a redirigir a sua própria estratégia.

Sobre Gilpatrick em Angola, os militares portugueses consideram que:

– *Vinha com um espírito positivo e revelou atitudes de apoio;*
– *Mostrou naturais preocupações com uma possível mudança de governo em Lisboa;*
– *Ficou a conhecer as razões do "sucesso militar português";*
– *Passou a conhecer a nossa capacidade de fazer face à infiltração comunista em África*[180].

---

[178] Arq. Pessoal Witney Schneidman, L. J. Library, Background Information, NSF, International Information and Travel File, Confidencial – *Topics that Secretary should raise* (Loran-C). Versa as posições portuguesas e a argumentação americana sobre Loran-C, que deveriam estar operacionais em 1965.

[179] Franco Nogueira, *Diálogos Interditos*, Intervenção, 1997.

[180] AHD, PAA 291.

De Angola Gilpatrick parte para Moçambique, que visita em Setembro do mesmo ano e onde teve longos contactos com os mais variados sectores, além do militar: economia, comércio, indústria, siderurgia, portos, educação. Os relatórios feitos na ocasião mostram tratar-se quase de um inquérito estatístico levado ao pormenor[181].

No caso de Moçambique usou de uma técnica mais pessoal. Faz várias perguntas, em que sublinha querer saber opiniões pessoais, tais como:

– Como via Moçambique o que se estava a passar em Angola?

Como a resposta é a clássica da doutrina do Estado – os acontecimentos de Angola têm a sua origem no exterior – questiona:

– *"Pensa que seja possível um levantamento interno dos nativos com apoio de um chefe como por exemplo Eduardo Mondlane, presentemente no Tanganica?".*

Estamos a escassos meses do início da guerra em Moçambiue, mas as respostas são todas de carácter não-político e consistem em meras referências a experiências pessoais conducentes a fazer crer que *"os nativos precisam de nós"*, pelo que não vêem essa possibilidade de levantamento como iminente.

Outra pergunta incómoda:

– Quais as razões por que tão pouca gente de cor tem cursos superiores, por exemplo de médico e engenheiro?

Gilpatrick elogia os serviços da PIDE, como uma boa rede de informação, não comenta a educação e, antes de partir, afirma: *"as entidades militares com que contactei eram de menor nível".*

Parece-nos transparecerem, nas preocupações mostradas, a acção desenvolvida e as informações dadas por Mondlane em Washington.

De regresso a Washington, Gilpatrick será recebido pelo Subsecretário de Estado, George Ball, com quem almoça a 9 de Janeiro de 1965 e com quem falará sobre a sua viagem à África portuguesa. William

---

[181] AHD, PAA 291, Conjunto dos Relatórios da visita a Moçambique.

Tyler, Adjunto do Secretário de Estado para Assuntos Europeus, redige um Memorando para Ball ter presente no almoço[182].

Na generalidade, Gilpatrick reconhece *a existência de algum progresso económico, com desequilíbrios especialmente em Moçambique e necessidade de investimento e de fomentar o emprego; também reconhece melhorias no "estatuto dos nativos" embora sempre sob um sistema paternalístico; militarmente, considera que poderão manter a presença portuguesa durante tempo previsível; não se lhe afigura provável que Portugal se desvie dos presentes objectivos, devido ao apoio generalizado da sociedade portuguesa e ao investimento em capital por parte da África do Sul, da Alemanha e da Bélgica. Os acontecimentos do Congo, Malawi e Rodésia ajudam esta convicção.*

Recomenda, assim, ao Governo americano:

1 – **A manutenção da Administração portuguesa é preferível a qualquer outra alternativa no imediato**; *o desenvolvimento económico e social é consistente com a preparação futura de autogovernação, havendo formas institucionais já em formação; sem a presença de Portugal haveria um vazio perigoso, convidativo de graves conflitos entre Estados vizinhos, particularmente em Moçambique.* (Trata-se de óbvia referência à África do Sul e à Rodésia).

2 – *A aceitação do status quo ao sul do Congo – Rodésia do Norte, Malawi e Tanzânia – não seria inconsistente com a ajuda ao nacionalismo na África Central.*

3 – *Os EUA não deveriam subestimar a capacidade dos comunistas – soviéticos e chineses – de criar problemas na África Central, através da penetração e infiltração a partir de ambas as costas.*

4 – *Dado que os EUA não podem mudar a actual política portuguesa, deveriam evitar, tanto no plano bilateral como multilateral, exacerbar as diferenças. Portugal não reconhecerá publicamente a autonomia, nem indicará datas ou períodos para a autodeterminação e os EUA e o RU não poderão deixar de apoiar o princípio da autodeterminação, pelo que, na*

---

[182] Departamento de Estado, S/S-NSC File: Lot. 72 D 316, NSAM 60, NSAM File Secret. Foreign Relations of the United States, 1964-68, Africa, vol. XXIV, Doc. 430.

impossibilidade de um acordo geral, só resta fazer acordos pontuais em regime de reciprocidade, tais como:

  a. *Portugal autorizar a instalação de Loran-C e autorizar a continuação da base americana dos Açores;*
  b. *Os EUA removerem as restrições na aquisição por Portugal de peças sobresselentes nos EUA e eventualmente de mais material militar.*

Estamos numa nova estratégia de realismo, em que os interesses geoestratégicos americanos se tentam acomodar a posições políticas incómodas. São as posições de Acheson, é a nova Administração Johnson, é uma nova batalha aparentemente ganha por Salazar, numa guerra perdida.

Afinal, vai-se seguir um segundo acto da Missão Ball com um outro cenário de fundo, ou um segundo quadro de um terceiro acto de uma peça inconclusiva.

Estes factos são determinantes e explicam a nova linguagem e actividade diplomática de Mondlane.

Pensamos relevante aludir à viagem que no início do mesmo ano, 1964, o Embaixador em Lisboa, Anderson, fez a Angola e Moçambique. O relato da viagem, que fez a Franco Nogueira em 31 de Março, foi bastante positivo. Haveria mesmo afirmado que, como militar, aconselhava os militares portugueses a não deixarem África naquela altura[183]. A sua visão e modo de se exprimir eram certamente mais consentâneos com a sua condição de almirante que de diplomata. É, no entanto, de referir uma sua afirmação naquela entrevista, reveladora da sua visão da África em geral e da política portuguesa – *que a África não está unida senão contra Portugal e a África do Sul*[184].

É interessante verificar como nestes anos houve diálogo seguido com os Estados Unidos.

---

[183] Anderson é alvo de grandes críticas por parte do grupo dos chamados "*africanos*" no Departamento de Estado, como "*conquistado*" pelo Salazarismo.

[184] Franco Nogueira, *Diálogos Interditos*, Intervenção 1997.

III.3 *d*) Missão do Príncipe Radzwill a Lisboa

A 2 de Março de 1965, o Príncipe Radzwill, parente da família Kennedy pela mulher do ex-Presidente J. F. Kennedy, e que era encarregue de certas missões diplomáticas embora não tivesse a confiança total de Gilpatrick, é recebido por Salazar, a seu pedido.

A missão subiu de grau em termos nobiliárquicos, mas desceu em termos políticos. Curiosamente, Oliveira Salazar recebe-o e, pelo seu punho, faz um apontamento da conversa havida[185].

Radziwill começa por anunciar que:

- *a Ford Foundation* (cujos antecedentes da época Kennedy se tratam num subcapítulo próprio) *está pronta a entregar para os fins que Salazar entendesse, dentro dos objectivos da Fundação, as contribuições anuais que têm sido entregues ao movimento com sede em Tanganica;*
- *os EUA cessam o apoio a Holden Roberto.* Salazar retorquiu, de resto, que o Arquiduque Otto von Habsburgo lhe dissera que o Embaixador americano em Leopoldville recomendara o contrário a Washington;
- *os EUA autorizaram a cedência de peças sobresselentes para fornecimentos militares a Portugal, fora do âmbito das Nações Unidas;*
- *o Presidente Johnson ou Dean Rusk incluirão num dos seus próximos discursos um parágrafo "que possa ser transcrito com grande vantagem na nossa imprensa";*
- *se Portugal autorizar a instalação no seu solo do equipamento Loran-C, os americanos passarão a "apoiar sem reservas as posições portuguesas na ONU".*

No decurso da conversa, para além de repetir o que Gilpatrick havia referido – que Mennen Williams e Stevenson abandonarão os seus

---

[185] AHD, PAA 291.

respectivos cargos –, aconselhou vivamente Salazar a escrever a Gilpatrick sobre este ou outros assuntos, com toda a franqueza.

Depois desta insólita diligência de Radzivill, que veio de resto a ser corrigida junto do nosso Embaixador em Whashington por Gilpatrick, Salazar escreve a este, ainda em Março de 1965, uma longuíssima carta de 17 páginas (anexo 18)[186] em que resfria os entusiasmos algo infantis do Príncipe:

Começa por aceitar a proposta da Fundação Ford, pedindo alguns esclarecimentos; toma nota com satisfação de que os EUA suspendem o auxílio a Holden Roberto, acrescentando supor que também o suspendem a outros movimentos terroristas, mas esclarece "*que [tal] não vai além de corrigir um estado de coisas que nunca deveria ter-se produzido, nem dentro da razão nem dentro da legalidade internacional*"; depois de referir que o Embaixador em Lisboa, George Anderson, comunicara que o Embaixador em Leopoldville desmentia categoricamente a conversa com Otto von Habsburg, comenta: "*tenho que concluir que o Arquiduque Otão terá sido pouco feliz no seu relato e que não entendeu bem o que ouviu em matéria de tanto melindre*". Continua com certa violência verbal, insurgindo-se contra aqueles que aconselham o Governo americano e acusa-o de ter concedido um visto por 4 anos a Holden Roberto, num passaporte falso de que era portador; desvaloriza a oferta do material de guerra, pois afirma tratar-se de peças sobresselentes há muito encomendadas e o resto serem elementos não utilizáveis fora da área NATO; sobre o parágrafo favorável a Portugal a introduzir num discurso, considera que o mesmo deverá ser rico de significado ou então melhor será nada fazer; reforça a sua doutrina contrária a conceitos democráticos e, no fim, racista, ao escrever: "*O princípio de reconhecer incondicionalmente a cada cabeça um voto, reclamado pelos povos africanos, não é aceite em nenhum país civilizado*". Quanto a um dos maiores interesses americanos, a instalação do Loran-C, Salazar responde que acha a contrapartida fraca – o apoio a Portugal numa organização, que segundo ele, estava tão desprestigiada

---

[186] AHD, PAA 291.

como a ONU – pelo que remete para que se estudem outras contrapartidas.

Era evidente que Salazar sabia os interesses em jogo da parte dos americanos e resolveu jogar forte.

Gilpatrick, em conversa com o nosso Embaixador em Washington, desvaloriza muitas das afirmações de Radzwill, dizendo mesmo que ele em Lisboa poderia ter feito *"a worst job"*[187]. Afirma que ele tomou por decisões americanas o que eram meras conjecturas e assuntos que se discutiam. Esclarece que nunca Johnson ou Dean Rusk fariam quaisquer afirmações positivas sobre Portugal – discutia-se a possibilidade de que isso pudesse acontecer a um nível mais baixo.

A carta de Salazar não caiu bem. O balão parece ter-se esvaziado mais uma vez.

Gilpatrick responde a Salazar a 21 de Abril com uma carta de uma só página.

A Fundação Ford nega ajuda a Holden Roberto, mas limita-se a dizer que, como já ajudou Universidades portuguesas, está na disposição de prosseguir nesse caminho. Acrescenta porém que não concederá subsídios para serem utilizados por Portugal *"como bem entenderem"*[188].

Por outro lado, Mennen Williams continuará no seu posto.

Johnson parece mais preocupado com as questões de República Dominicana, India-Paquistão e Rodésia, do que com a África portuguesa. De interesse para os EUA são os Açores e a instalação de Loran-C. Angola ainda constitui alguma preocupação.

A Mondlane falta-lhe alavancagem perante esta nova face dos EUA. Tem percepção do facto e tempestivamente toma novas decisões estratégicas.

---

[187] AHD, PAA 291, Aerograma Secreto de Washington, Nr. A-22, de 02.04.65.
[188] AHD, PAA 291, Aerograma Confidencial de Washington de 10.04.65.

III.3. e) Ainda uma tentativa falhada dos americanos no âmbito de um Conselho da NATO, em 1967

Em Fevereiro de 1967, o Embaixador americano na NATO, em Paris, Cleveland, diligencia aí junto do nosso Embaixador para que sugira a Lisboa que, se o nosso Ministro fizer, no próximo Conselho Ministerial da organização no Luxemburgo, uma exposição clara sobre *"as nossas razões e a situação actual em África"*, se conseguirá aligeirar a posição dos Estados Unidos e, com esta, a de outros estados-membros em relação a Portugal

Informado por telegrama[189], Franco Nogueira admite fazê-lo, para o que exige um mínimo de garantias de que a reacção americana *"não fosse pelo menos desfavorável"*[190] e solicita ao nosso Embaixador em Washington que procure junto do Departamento de Estado obter essas garantias.

Não podemos excluir que tudo tenha partido de uma iniciativa de Cleveland, muito embora possa ter constituído um *"forcing"* suplementar do próprio Dean Rusk.

A verdade é que Dean Rusk disse claramente ao nosso Embaixador em Washington que deveriam ser abordados estes três pontos na exposição:

- que o Governo português deveria pôr ênfase numa solução política e não militar para o problema africano;
- que se iria proceder a reformas económicas, sociais e políticas profundas;
- que se deveria aplicar o princípio da autodeterminação, cujos resultados poderiam contemplar três possibilidades: a independência, a manutenção da integração ou outra forma de associação[191].

---

[189] AHD. PAA 291, Tel. 33 da DELNATO, Confidencial, de 16.02.67.
[190] AHD, PAA 291, Tel. 76 de 6 de Maio de 1967 para a DELNATO.
[191] AHD, PAA 291, Tel. 109, Confidencial, de Washington, de 5 de Junho, de 1967.

Face a estas exigências, como seria de esperar, Franco Nogueira desiste.

III.4. Mondlane: o unificador da FRELIMO, o incansável diplomata, o interlocutor do Ocidente que conseguia ajuda da URSS e da China. A curiosa via Macau

Eduardo Mondlane assume a chefia da FRELIMO, em Junho de 1962, numa reunião que prepara o Congresso que terá lugar em Setembro seguinte.

Trata-se obviamente de um Congresso histórico. Consegue, por um lado, agrupar os diversos pequenos movimentos existentes e, por outro, assumir uma dimensão internacional importante, pois para a cerimónia de abertura foi convidado o Corpo Diplomático acreditado em Dar es Salam, assim como o Primeiro-Ministro, Kawawa, e o Ministro dos Estrangeiros, Oscar Kambona, do ainda Tanganica – futura Tanzânia[192].

Como se verifica pelo que ficou referido anteriormente, os seus contactos nos Estados Unidos e nalguns países da Europa mostram como Mondlane procurou alicerçar internacionalmente a tarefa que se propunha levar a cabo depois de ganhar a presidência da FRELIMO.

A estratégia definida no primeiro Congresso passava fundamentalmente pela reunificação dos grupos dispersos que lutavam pela independência de Moçambique, mas que a seu ver pecavam por falta de representatividade interna e externa.

Internamente, faltava-lhes uma visão nacional abrangente, pois estavam muito ligados a espíritos regionais ou mesmo tribais, enfermando alguns de um racismo antibranco primário e radical. A época de ideologias extremistas grassava na Europa e não só.

Talvez ajude a enquadrar o desígnio de unificação que só uma figura como Mondlane poderia levar a bom porto, aludir aos movimentos

---

[192] Hélder Martins, *Porquê Sakrani?*, Editorial Terceiro Milénio, Maputo, 2001.

existentes antes da FRELIMO. Pensamos que a habilidade diplomática de Mondlane, a sua figura de impacto mundial e a visão estratégica e a prazo, que a sua formação académica e a experiência adquirida nas Nações Unidas consolidaram, constituíram as forças que lhe permitiram liderar um movimento heterogéneo em várias vertentes da sua composição.

A MANU, constituída em 1960, pode de certo modo considerar-se obra da TANU, partido em que se apoiava Nyerere. Os seus líderes iniciais, Mateus Mmole e Millingo, eram da etnia Maconde que se espalhava também pelo território da futura Tanzânia, facto que lhe deu sempre uma forte natureza tribal.

A UDENAMO, criada na mesma altura e também apoiada pelo Tanganica, entra facilmente em conflito com a primeira, que acusa de tribalismo. Em 1962, os quadros da UDENAMO eram Adelino Gwambe, Presidente, Fanuel Mahluze, Vice-Presidente, e Pedro Gumane, Calvino Mahlayeye, Secretário-Geral, e John Zarik Kujwanya como secretário.

Os conflitos entre ambos os movimentos faziam com que peticionários às Nações Unidas, ouvidos pelo Comité dos Sete, acusassem a UDENAMO de trabalhar para o Governo português, não obstante Gwambe ter uma forte formação marxista e ser um homem muito virado para N'Krumah e a União Soviética[193].

De resto, a seguir ao Congresso, o Embaixador do Ghana em Dar es Salam convidou Eduardo Mondlane a ir a Acra. Certamente que o Ghana se perfilava como possível candidato a fornecer treino militar aos guerrilheiros da FRELIMO. Mondlane sempre recusou a oferta pois preferia claramente os campos da FLN da Argélia, país que contactava directamente ou via Tunísia.

Marcelino dos Santos aderiu à UDENAMO e, segundo o Dr. Hélder Martins, haveria mesmo redigido os seus estatutos, pois o movimento, na sua fase inicial, nem estatutos tinha[194]. É ele que assume o pelouro

---

[193] AHD, Washington, Circular UL-60, Confidencial e de Circulação Restrita, de 3 de Fevereiro de 1963.

[194] Hélder Martins, *"Porquê Sakrani"* Editorial Terceiro Milénio, Maputo, 2001.

das Relações Externas, e representará Moçambique na Conferência de Casablanca da CONCP, em Abril de 1961.

Para além das capacidades de Mondlane, que referimos, há uma figura no Governo de Nyerere, o Ministro do Interior Oscar Kambona, e outra no PAFMESCA, o Secretário-Geral Kainonge, que tiveram uma acção muito importante na aproximação dos dois movimentos e na sua integração na FRELIMO.

No entanto, apesar de votada e consumada a integração, surgiam informações de que elementos da UDENAMO no Tanganica continuavam publicamente a acusar Mondlane de ser "um vendido aos americanos" e o jornal "UHURU", de Dar es Salam, de 24 de Agosto de 1962, alude a uma declaração conjunta feita no Cairo pelas MANU e UDENAMO, repudiando a formação da FRELIMO[195].

Não obstante estes factos, Hélder Martins diz que Gwambe, no início, manifestava admiração por Mondlane[196]. O certo é que Gwambe irá assinar em Kampala, a 27 de Maio de 1963, um *"Manifesto de dissolução da FRELIMO"*, que afirma estar controlada *"pelos imperialistas americanos"*.

Um pequeno terceiro movimento UNAMI (União Nacional de Moçambique Independente) era presidido por Baltazar Chagonga e tinha diminuta expressão.

A primeira equipa que vai liderar a FRELIMO é composta por Eduardo Mondlane, Presidente, Uria Simango, Vice-Presidente, David Mabunda, Secretário-Geral, Paulo Gumane, Vice-Secretário-Geral, Mateus Mole, Tesoureiro, John Muenda, Vice-Tesoureiro, Leo Milas, Secretário da Publicidade e Ali Mohamed como Vice-Secretário da Publicidade.

Em Abril de 1963, depois de algumas expulsões inevitáveis, como as de Mabunda, Paulo Gumane e João Mugwambe, forma-se finalmente o Comité Central que irá perdurar à frente da FRELIMO, com:

---

[195] AHD, Washington 254.
[196] Hélder Martins, *Porquê Sakrani*, Editorial Terceiro Milenium, Maputo, 2001.

E. Mondlane	Presidente
Uria Simango	Vice-Presidente
Leo Milas	Secretário de Informação, Propaganda e Segurança
Paul Bayeke	Vice-Secretário de Informação
Marcelino dos Santos	Secretário para as Relações Externas
Silvério Nungo	Secretário Administrativo
Mchambelluees	Secretário de Finanças
Mutaca Chagona	Adjunto
Baltazar Chagona	Adjunto

Segundo pudemos apurar, Mondlane teve como adversários Uria Simango e Baltazar da Costa, tendo ganho com 126 votos, contra, respectivamente, 69 e 9.

Gwambe e Mmole irão deixar a FRELIMO para constituírem um pequeno grupo extremista, chamado FUNIPAMO, que irá aparecer como elemento activo contra Mondlane.

Acompanhado frequentemente por Marcelino dos Santos, homem de formação diferente mas de inteligência e cultura semelhantes, com que souberam manter-se unidos, Eduardo Mondlane desenvolveu uma incansável actividade diplomática durante os poucos anos em que esteve à frente do movimento. Procuremos reconstituir a sua trajectória geopolítica coerente e inteligente, em relação à China.

A ajuda proveniente da China integrava-se no âmbito geral da sua política externa em África. A China ganhava a sua expressão geoestratégica própria no confronto com a União Soviética e nas difíceis relações com os Estados Unidos da América, constituindo-se como um dos três grandes actores estatais em África.

Verificámos como a primeira grande visita de Mondlane, fora das que fez aos Estados Unidos, foi a visita a Pequim em 1963, à qual consagramos um capítulo especial. Nesta fase, pensamos que preferia a China à Unão Soviética como fonte de ajuda militar.

A ofensiva que a China levava a cabo em África sofreu um desmantelamento estrutural com o período da Revolução Cultural que veio fazer desviar o eixo estratégico da ajuda militar a Mondlane mais para os países europeus de Leste.

Basta referir como as Embaixadas chinesas em África foram tomadas de assalto por jovens radicais e inexperientes, pois os seus Embaixadores foram chamados por Pequim, à excepção do Embaixador no Cairo, o famoso Huang Hua,[197] figura histórica no quadro das relações externas chinesas e que usufruía de uma grande protecção de Zhou en Lai.

Devemos ter em consideração que para a China havia, durante esse período, dois inimigos em campo: o imperialismo americano e o revisionismo soviético.

Não podemos deixar de ter em mente, que no decurso deste agitado período, vemos frequentemente a China a apoiar pequenos grupos dissidentes e radicais[198] e estas circunstâncias podem estar na origem do encorajamento de dissidências no seio da FRELIMO.

Mondlane e a FRELIMO tinham o seu quartel-general e o seu Instituto de Moçambique sediados em Dar es Salam. A Tanzânia era um dos países de África que mais simpatizavam com a China e Nyerere foi talvez o único Chefe de Estado a visitar Pequim durante a Revolução Cultural.

Acresce que nos campos de treino chineses na Tanzânia frequentados por elementos da FRELIMO, muitos dos tutores chineses falavam português e a documentação para instrução de uso de equipamento de guerra chinês estava escrita em português.

É neste particular que é extremamente interessante verificar o papel que Macau desempenhou neste contexto.

---

[197] Ver índice onomástico das personalidades citadas.

[198] Steven Jackson, "China's Third World Foreign Policy: the case of Angola and Mozambique", The China Quarterly, N. 42, Junho 1995.

O Professor Moisés Fernandes tem referido o facto nalguns trabalhos, mas gostávamos de aludir, neste quadro, aos números que seguem.

Número de alunos chineses que, segundo relatórios do então Governador de Macau, General Lopes dos Santos, frequentaram cursos nocturnos de língua portuguesa, em Macau, de 1962 a 1966:

1962 – 100
1963 – 168
1964 – 213
1965 – 247
1966 – 490

Os cursos eram ministrados pela Administração portuguesa e pela Sociedade Comercial Nam Guang[199]. Seria interessante saber quantos dos alunos se destinavam aos treinos da FRELIMO.

III.5. A questão do Instituto Moçambicano de Dar es Salam e da Fundação Ford

Referimos várias vezes neste trabalho o famoso Instituto Moçambicano, de Dar es Salam.

Aludiremos sucintamente aqui aos seguintes aspectos:

Historicamente, havia uns anos antes sido criado na Argélia – não pela FRELIMO – um *"Centro de Estudos Moçambicanos"*, cujos principais impulsionadores foram os Drs. Hélder Martins e Marinha de Campos. Eram ambos oposicionistas activos, brancos e empenhados na independência de Moçambique. A sua principal obra terá sido, segundo o Dr. Hélder Martins, o *Manual de Alfabetização de Adultos*, baseado no método do brasileiro Paulo Freire e que foi utilizado depois

---

[199] Moisés Fernandes, Curso ministrado no CCCM, em Lisboa, 2007, *"Interesses da China e Macau no dissídio Sino-soviético, 1960-1974"*.

pela FRELIMO em Dar es Salam[200]. Aquele Centro veio a terminar por decisão de Mondlane em favor do Instituto Moçambicano.

O Instituto de Dar es Salam foi crescendo em dimensão física, pois chegou a ter excelentes e grandes instalações, especialmente a partir de 1966, em Kurasini, a curta distância da capital. Era um "politécnico" no sentido abrangente do termo. Englobava a formação geral, da enfermagem a cuidados primários de saúde, a cargo do Dr. Hélder Martins desde 1965, assim como língua e outras disciplinas. A ideia fundamental era educar os futuros quadro da FRELIMO nas mais diversas tarefas.

Entre o corpo docente contavam-se vários brancos, como o próprio Dr. Hélder Martins, Fernando Ganhão, Jacinto Veloso (ex-piloto aviador das FAP), o casal Ruth e Bill Minter, uma sueca de nome Brigitte Kalström e uma britânica, Nancy Freahavor, sendo que a directora era a própria Janet Mondlane[201]. De referir que havia enfermeiras e socorristas formadas por Israel.

Esta constelação branca não podia deixar de ter repercussões negativas nos elementos "racistas" antibrancos que incorporavam então a FRELIMO e de que faziam parte outros brancos como a americana, Betty King, que secretariava Janet Mondlane e em casa de quem veio a ser assassinado Mondlane.

Próximo, existia uma escola secundária americana, o Centro Internacional de Educação de Kurasini, que se integrava no "*American African Institute*", ligado ao famoso "*American Committee for Africa*", e onde trabalhavam voluntários do igualmente conhecido "*Peace Corps*", que também ajudavam no Instituto de Janet Mondlane[202].

Julgamos fundamental sublinhar no quadro deste trabalho, a importância de interface externa que desempenhava este Instituto, no

---

[200] Pela mesma ocasião fundou-se na Argélia um "*Centro de Estudos Angolanos*", de que fazia parte Artur Pestana (Pepetela) e onde se agrupavam os não negros que ainda tinham dificuldade em integrar o MPLA, por razões semelhantes as que existiam na FRELIMO. *Vide* o já citado livro de Hélder Martins *Porquê Sakrani*.

[201] *Vide*, Hélder Martins, *Porquê Sakrani*, Editorial Terceiro Milénio, Maputo, 2001.

[202] Idem.

mundo de então, para a imagem da FRELIMO, de Mondlane e da que ele queria dar ao Moçambique futuro: um país aberto ao mundo exterior, em que o Ocidente não era necessariamente colonialista e inimigo.

O seu funcionamento na primeira fase deveu-se fundamentalmente ao financiamento da Fundação Ford.

Comecemos agora por colocar a Fundação Ford na sua perspectiva histórica e política.

A Fundação Ford, instituição filantrópica americana, foi criada em 1936 por Henry Ford e seu filho Edsel. A sua dimensão financeira é considerável: os seus activos, segundo a Enciclopédia Britânica, excediam os 9 mil milhões de dólares americanos no início do século.

Os cinco pontos fundamentais da estratégia da Fundação têm-se mantido:

- Criar e desenvolver outras instituições
- Gerar e disseminar conhecimento e informação
- Desenvolver talentos individuais
- Estimular ajuda de outras fontes
- Fazer um contributo independente para a Diplomacia Pública.

Embora a Fundação se tenha proposto ter um novo "*approach*" à sua programação a partir da década de 80, os grandes objectivos permaneceram.

Neste contexto, é fácil enquadrar o financiamento e ajuda da fundação Ford ao Instituto de Moçambique, ao abrigo dos pontos 1, 2, 3, 4 e 5:

– primeiro, porque se tratava de desenvolver outra instituição que se propunha disseminar conhecimento e desenvolver talentos individuais (pontos 1, 2 e 3);
– segundo, porque se queria canalizar, estimulando, ajuda de outras fontes – a CIA (ponto 4);
– terceiro, porque toda a acção contribuía manifestamente para os objectivos da Diplomacia Pública da Administração americana em África e não só (ponto 5).

Para além deste aspecto de coerência institucional, toda a questão levantada pelo financiamento da Fundação Ford ao Instituto de Moçambique merece uma reflexão especial, pois é reveladora de três factores importantes: a vontade política não só de alguns elementos da Administração Kennedy ou do Departamento de Estado, mas do próprio Presidente; a capacidade diplomática que Portugal teve em suster a aludida ajuda, já na nova Administração Johnson; e o papel decisivo de Janet Mondlane nos Estados Unidos e mais tarde na Suécia.

Eduardo Mondlane avistou-se em Maio de 1963 com Robert Kennedy, então Ministro da Justiça[203], seu amigo pessoal e admirador – *"He is a terrific impressive fellow"*, como a ele se referiu, numa conversa telefónica com seu irmão J. F. Kennedy[204] (Anexo 7).

No decurso da conversa, o Presidente Kennedy afirma textualmente: *"some of his people have gotten some aid and assistance from Czechoslovakia and Poland. He needs help from the United States for two reasons. Number one so that he can indicate to them that there are people in the West at least sympathetic to his efforts, and, uh, number two, just to keep'em going"*. Depois de considerar que a soma pedida para os refugiados para um ano era razoável, US$50.000, adianta que poderá receber os outros $50.000 pela Fundação Ford, onde já estão *"working on that. Carl Kaysen is"*.

Carl Kaysen, um académico economista e Professor no MIT, era então um dos membros do grupo do *National Security Affairs* do Presidente. Encontrou-se com Mondlane, a quem classificou de *"muito impressionante, sincero e inteligente"*.

Kennedy pensou que o assunto merecia ser tratado com delicadeza para não colocar Dean Rusk, então Ministro dos Estrangeiros, numa posição difícil, tendo em conta *"that he wants to be able to sit down with the Portuguese and say none of these people are getting any money...*

---

[203] *Attorney General.*

[204] The Papers of John Fitzgerald Kennedy, Presidential Papers, President Office Files, Telephone Recordings, Cassette F, 18B (Transkripts), Boston, Massachussetts. (anexo 7).

Uh, ...if he turned this over to somebody like Averell Harriman or John McCone"...[205]. McCone era o Director da CIA; e Harriman, diplomata que desempenhara importantes papéis no fim da II Guerra, era então o que os anglo-saxónicos chamam de *Ambasasdor at Large,* normalmente um velho Embaixador encarregue de missões especiais, e será em Abril de 63 nomeado para um lugar no Departamento de Estado, na área política.

Depois de várias conjecturas, Kennedy diz ao irmão não querer que Mondlane diga que recebe dinheiro dos americanos, ao que Robert Kennedy replica que deverão fazê-lo através de uma Fundação privada. Duvidam mesmo se Dean Rusk deverá saber. O Presidente pergunta: "*Should we tell Dean Rusk?*". Robert Kennedy responde, finalizando a conversa com esta frase: "*Well, uhm, Carl Kaysen got all the facts on it, and he'll have a suggestion as to how it should be handled*"[206].

Parece, pois, incontestável que estamos perante uma decisão tomada ao mais alto nível, facto que vem justificar a estratégia que anteriormente referimos como sendo a que Mondlane pensaria aplicar.

Numa carta de Fritz Rarig – empresário amigo de Mondlane – a Robert Kennedy[207], citada por Witney W. Schneidman na sua já citada obra, há uma passagem importante para compreender não só a figura de Mondlane como a imagem que dele havia na Administração Kennedy: "*O dinheiro não lhe deveria ser dado com base no pressuposto de que o podemos controlar. Na verdade, seria um erro tentar controlá-lo, porque diminuiríamos a sua utilidade para nós. A verdade é que não o podemos controlar; só podemos confiar nele...*".

No ano seguinte, 1964, Janet Mondlane, em digressão pelos Estados Unidos para angariar fundos, faz declarações ao *Syracuse Herald Journal,* de 25 de Agosto, onde aparece fotografada ao lado de R. P. Nana-

---

[205] Id.
[206] Id.
[207] JFK Papers, Box 39.

vati, que pertence ao *African American Institute*. Num número da *Geographic Magazine* sobre Moçambique, Janet afirma que, enquanto o marido organiza a parte militar, ela se dedica à educação dos futuros líderes no Instituto de Moçambique, financiado pela Fundação Ford, e que recebe também fundos do *Afro-American Institute* e do Conselho Mundial das Igrejas.

Por outro lado, um folheto intitulado *Mozambique Preparing for Independence* distribuído pela ICS (*International Student Conference*) de Leyden, Holanda, com a morada do Instituto de Moçambique em Dar Es Salam, é distribuído pelas Universidades holandesas e alemãs, e eventualmente por outras na Europa. O folheto, que pede ajuda material de qualquer espécie, para os estudantes do Instituto de Janet Mondlane, encerra toda a doutrina do seu marido – a principal tarefa é preparar academicamente, sem ideologias, os futuros dirigentes de um Moçambique independente.

Estes dois factos desencadeiam uma forte reacção portuguesa, desde logo por parte de Franco Nogueira que, em declarações à imprensa em Londres, acusa a Fundação Ford de ajudar as actividades revolucionárias em Moçambique.

Em Portugal, surge uma onda de panfletos incitando o público a não comprar veículos de marca Ford, que estavam a ser aqui montados pela Ford Lusitana SARL desde Janeiro daquele ano, 1964. Os distribuidores alarmam-se e a onda contra a Ford cresce.

A 18 de Outubro, Henry T. Heald, Presidente da Ford Foundation, escreve uma carta a Franco Nogueira[208]. É uma carta simultaneamente ingénua, sincera e reveladora, e que acaba por dar argumentos a Franco Nogueira, que os aproveita, diplomaticamente com habilidade, conseguindo realmente uma vitória naquela batalha, embora perca a guerra.

Heald confirmava na aludida carta que concedeu, através do African-American Institute, cerca de US$99.000 para a educação de refugiados em Dar es Salam, para a educação sem tendências ideológicas (assim reza também o panfleto universitário) com o objectivo de pagar

---

[208] AHD, Arq. Washington, M 254, 4, 15.

6 professores, despesas de viagem e alojamento para 50 estudantes. Sublinha ser Janet Mondlane quem dirige o Instituto e que o marido nada tem a ver com aquela instituição. Justifica aquela acção, dizendo que se pretende assim desviar os estudantes para países ocidentais e evitar que vão para países comunistas do Leste. Reafirma que a Fundação não está nem poderia estar implicada em quaisquer actividades políticas, mas que continuará a supervisionar para que o Instituto continue naquela linha.

Termina afirmando que a Ford Motor Company nada tem a ver com o que a Fundação faz nem é consultada, pelo que *"it is not reasonable for you"* considerar que a Ford Motor Company tenha qualquer responsabilidade.

A carta é reveladora do importante papel de Janet Mondlane nesta operação e da sua credibilidade nos Estados Unidos.

Franco Nogueira responde com uma bem elaborada carta que o vai fazer ganhar aquela batalha. Convém não esquecer que as pressões sobre a Ford Lusitana vêm pessoalmente do Dr. Salazar e que a nova Administração americana já não é a mesma.

O Ministro começa por afirmar que obteve, através da carta, a confirmação de que era Janet Mondlane a responsável pelo referido Instituto, em Dar Es Salaam. Diz não haver refugiados moçambicanos, pois não havia razão para os moçambicanos fugirem, e pede ao Presidente da Fundação Ford que deixe de se basear em slogans e que aceite o convite para visitar aquela província, onde será bem recebido. Acrescenta ser estranho que entre tantas mulheres americanas seja precisamente Janet Mondlane, mulher daquele "aventureiro", a dirigir o Instituto; não sendo africana por que razão se interessaria ela tanto por Moçambique se não fosse por adesão à causa do marido? Comenta, a dado momento, que acredita nas intenções do Presidente da Fundação, mas então, questiona, por que razão não dialoga com o Governo português e não canaliza os fundos pelo Governo em vez de o fazer no quadro dos revolucionários? Quanto aos professores, pergunta-se se não haverá a intenção de substituir a língua por outra da nacionalidade dos professores enviados. Termina: *"I assure you that in my mind the motives of the Ford Foundation are beyond question. But I also assure you, as sincerely, that the Foundation in this instance is cooperating and carrying out a purely political activity and for political purposes of some interest quiet alien to Mozambique. I have no difficulty in admitting, however, that up to now the Foundation could claim to be unaware of the foregoing. Sincerely yours, Franco Nogueira".*

Conhecendo os antecedentes e as decisões de Kennedy, Franco Nogueira tinha obviamente razão. Tratava-se de uma manobra política americana de ajuda ao movimento de Eduardo Mondlane.

As pressões, porém, são tais sobre a Ford Lusitana que o seu presidente, Joseph Roda, envia uma carta a 12 de Novembro ao Presidente da Ford Foundation, com cópia para Henry Ford II, Presidente da Ford Motors Company e para o seu vice-presidente, John Bugas, sublinhando o enorme prejuízo da Ford Lusitana, companhia instalada havia 33 anos em Portugal, e afirmando que Janet Mondlane ajudava o marido na sua luta na FRELIMO pelo que seria *"unadvisable"* continuar aquela ajuda, etc., etc.

Em Dezembro de 1964, a imprensa nos Estados Unidos e em Lisboa[209] anuncia, com base em declarações da Ford Lusitana, que a Fundação Ford suspendeu o auxílio ao Instituto de Moçambique e que, de futuro, qualquer donativo seria discutido com o Ministério dos Negócios Estrangeiros português.

A 29 de Março de 1965, o nosso Embaixador em Washington recebe uma curta carta do Presidente da Fundação dizendo que o donativo ao Instituto de Moçambique expirara em Julho de 1964 e não fora renovado.

Em Outubro de 1965, é, curiosamente, anunciado que a mesma Fundação atribui um subsídio de US$ 726.300 a grupos e instituições de 3 países africanos, Uganda, Quénia e Tanzânia, para preservação de fauna selvagem.

No Congresso da FRELIMO de 1968, Eduardo Mondlane afirma, porém, e é interessante notar, que a Fundação Ford dera subsídios no valor de quase US$500.000, em 1963.

---

[209] *NY Times* e *Standard Times* de 19.12.64 e *Diário de Notícias* de 18.12.64.

CAPÍTULO IV

A política africana da Administração Kennedy

"This is what I've always thought would happen, very frankly. I think we're jeopardizing the whole nations of Africa by trying to appease them" *(os portugueses)*.
Harriman, *Telephone conversation between Ball and Harriman, 31 de Julho de 1963*[210].

"Eduardo regarded the U.S. as the key for what he wanted to do".
Margaret e Colin Legum, Novembro de 1979[211].

"We would like to see the Portuguese relations with Angola developed in a framework like those between UK and India rather than those between the Netherlands and Indonesia".
Dean Rusk ao Ministro dos Estrangeiros do Brasil, Francisco Santiago D'Antas, 03.04.62[212].

---

[210] Arq. Pessoal Wittney Schneidman (IPRI), Telcons.
[211] Arq. Pessoal Witney Schneidman (IPRI), M 1967, *"Notes on a conversation with Margaret and Colin Legum, November 2, 1979, Los Angeles, California"*.
[212] *Memorandum of Conversation – Dep. Of State "Eyes only"* Arq. Pessoal Witney Schneidman (IPRI) M. DDRS 1963.

IV.1. *"Fact Finding Mission"* de um grupo de senadores democratas a 18 países africanos, com Edward Kennedy, em Dezembro de 1960

A vertente africana tem um peso enorme na política externa de Kennedy e Mondlane está atento a esse facto.

Antes de a Administração Kennedy tomar posse, deslocou-se, nos finais de 1960, a 18 países africanos e 21 cidades uma *"Fact Finding Mission"*[213] que integrava senadores democratas como Frank Church, de Idaho, Frank Moss, de Utah, e Gale McGee, de Wyoming, e que era acompanhada por Edward Kennedy, irmão do futuro Presidente. A missão tinha como principal função ajudar a definir a nova política africana de Kennedy.

Esta importante missão, recebida de modo diferenciado em cada país onde contactou os diferentes Chefes de Estado e ministros, passou, entre outros, por Marrocos, Tunísia, RAU, Etiópia, Quénia, Tanganica, Congo, Nigéria, Gana, Libéria, Guiné, Mali e Senegal. Não visitou nenhum território sob Administração portuguesa.

Segundo um analista do *New York Times*, de 5 de Dezembro de 1960, as três grandes questões que se punham à missão eram as seguintes:
– como terminar com a corrida ao armamento;
– avaliar os perigos das ajudas soviética e chinesa;
– qual a atitude dos líderes africanos relativamente aos EUA, no quadro da Guerra-Fria.

No final do périplo, o grupo de senadores dá uma conferência de imprensa em Dakar, a 20 de Dezembro de 1960[214]. Além de Edward Kennedy, falou também Church para sublinhar tratar-se de uma missão senatorial e não presidencial, embora a delegação tivesse tido muito gosto em ser acompanhada por um irmão do futuro Presidente.

---

[213] AHD, PAA 289, 940, 1(8)D.
[214] Concedida ao jornal *Paris-Dakar*, de 20.12.1960. AHD, PAA 289.

Foram referidos com particular destaque a Argélia, o Congo e a Guiné-Conacri.

– Sobre a Argélia, Edward Kennedy disse pensar que os EUA se deviam há muito ter identificado mais com as posições argelinas e adiantou estar convencido de que isso iria acontecer logo que a nova Administração tomasse posse.

– No caso do Congo, mostrou-se bem mais apreensivo, dizendo que mudaram de opinião desde o início da missão, dada a realidade que encontraram. A solução era difícil e só os africanos a poderiam encontrar no quadro e com o auxílio das Nações Unidas. Um *Referendum* nacional apresentava-se como a solução ideal, mas os conflitos entre as facções pareciam insuperáveis. "*A nossa avaliação vai no sentido de que o Katanga deve fazer parte do Congo, mas não se trata de assunto da competência dos EUA*".

– Acerca da Guiné-Conacri, disse que a União Soviética é o país que mais tem ajudado Sekou Touré. E "*ficámos*" com a impressão de que aquele líder se inclina mais para os países de Leste, embora reitere que deseja manter boas relações com os dois blocos. "*Impressiona-nos a quantidade de armas que se encontra naquele país, e que suspeitamos se venham a difundir pela região*". O próprio Sekou Touré admite a entrada de armas e diz necessitar delas para sua defesa.

Edward Kennedy terminou a sua intervenção salientando que o Presidente Kennedy se iria fazer rodear de peritos em matéria africana e que a ideia fundamental seria evitar que a Guerra-Fria se instalasse em África.

Esta era a tese defendida por Eduardo Mondlane, não admirando pois as afinidades entre ele e a Administração Kennedy neste particular.

Claro que muitos foram os políticos ultraconservadores que atacaram a nova política americana para a África. Basta olhar para os "*Congressional Records*"[215] de 1962 para registar as várias vozes que se levantaram para defender as posições portuguesas. John Tower, em

---

[215] AHD, *Proceedings and Debates*, Second Session, Washington, Friday, Oct. 5th, 1962, vol. 108.

Janeiro de 1963, tinha um discurso no Senado igual ao de Franco Nogueira em Portugal: a nova política africana dos Estados Unidos só ajudava o comunismo em África.

Em 1965 será publicado um novo *"Report of the Special Mission to Africa' – Nov. 27th/Dec. 14th, 1965"*. Foi desta vez uma missão da *"House"*, e o relatório pouco ou nada fala dos territórios portugueses[216].

Por outro lado, um grupo de 20 peritos – de que Edward Kennedy já havia falado – elabora um extenso relatório de 160 páginas sobre a política africana, que apresenta ao Presidente Kennedy, e a que o *Foreign Report* da revista britânica *The Economist*, de 23 de Fevereiro de 1961, se refere com pormenor.

Quanto a Portugal o documento recomendará:

- que os EUA e a Grã-Bretanha exerçam pressão sobre Portugal com vista à emancipação das colónias;
- que os EUA devem cessar de aceitar a posição de Portugal em se recusar a apresentar relatórios às Nações Unidas sobre os seus territórios não autónomos[217].

Refira-se que Holden Roberto, segundo alguma imprensa, deveria ser recebido em Dezembro de 1963 por Kennedy, que foi assassinado antes, em Novembro.

IV.2. As duas figuras-chave no Departamento de Estado para a nova política africana e para Eduardo Mondlane: Mennen Williams e Wayne Fredericks

As sucessivas políticas e hesitações americanas tiveram consequências extremamente negativas tanto para África como para o mundo.

---

[216] A Missão foi composta pelos Representantes Charles Diggs (Michigan), Benjamin Rosenthal (Nova Iorque), Ross Adair (Indiana), Edward Devinski (Illinois). US Government Printing Office, Washington, 1966.

[217] AHD, PAA 289, Tel. 131, de Londres, de 24.02.61.

Uma avaliação mais realista surgirá mais tarde, com Kissinger, quando a União Soviética, muito graças aos vazios causados pela falta de estratégia continuada americana, tinha já dominado certos movimentos, como o MPLA, e parcialmente a própria FRELIMO de meados de 70.

No contexto temporal a que nos reportamos neste trabalho e particularmente neste capítulo, ao abordar o tema da nova política africana da Administração Kennedy e a estratégia inicial de Eduardo Mondlane, não podemos deixar de destacar duas figuras do Departamento de Estado: Mennen Williams, Secretário de Estado adjunto para os assuntos africanos, e o seu substituto legal (*deputy*), Wayne Fredericks.

Quem foi **Mennen Williams**?

Os jornais apelidaram-no do "*soapy*" (untuoso) – uns por graça outros por maldade, consoante o campo político que ocupavam – pelo facto de o seu avô materno ter fundado a chamada linha Mennen de produtos de beleza para homem, como loções de barbear, sabonetes, etc., produção depois comprada pela Palmogate. A alcunha aparecia, de resto, sem maldade, nalguns despachos escritos à mão em documentos oficiais do Departamento de Estado, como pudemos verificar.

Mennen Williams, ao contrário do que os seus adversários, tanto nos Estados Unidos como designadamente em Portugal, afirmavam, não era um idealista simples de espírito ou um *naif* em termos políticos. Era sim um quase-militante das suas convicções políticas, que se resumiam, em termos geopolíticos mundiais relativamente a África, no seguinte dilema: ou os Estados Unidos e o Ocidente, simultaneamente, avançam em força com uma política africana para responder aos anseios dos movimentos anticolonialistas ou deixamos o espaço aberto à entrada da União Soviética.

Convém lembrar que Williams, o Governador Williams, como também lhe chamavam por ter sido Governador democrata de Michigan, era um anticomunista convicto. Graduado pela Universidade de Princeton e depois, em Direito, pela Universidade de Michigan, participou na segunda guerra mundial, onde teve altas condecorações americanas na guerra do Pacífico.

Convidado por Kennedy para *Assistant Secretary of State* para os assuntos africanos, lugar que só deixou em 1966 por considerar impossível fazer prevalecer a política afirmativa dos EUA em África face às hesitações de Johnson, foi o arquitecto e diplomata pro-activo da diplomacia africana e o "patrão" do chamado Grupo Africano no Departamento de Estado.

Foi depois, convidado por Johnson, Embaixador nas Filipinas, cargo que exerceu até 1969. Regressado aos Estados Unidos, foi eleito em 1970 para o Supremo Tribunal de Justiça de Michigan, lugar que ocupou até 1987, vindo a falecer no ano seguinte.

Wayne Fredericks teve outro percurso, mas a mesma paixão – a África. Também participou na segunda guerra mundial como piloto dos famosos bombardeiros B-17, e era engenheiro de formação. Na década de 50 teve a sua experiência africana, que o marcou, trabalhando nas plantações da *Kellogg* na África do Sul. Em 1956 entrou na *Ford Foundation* de Nova Iorque.

As sua relações com Eduardo Mondlane datam da década de 50, iniciadas, tanto quanto Wayne Fredericks recorda, na *African Studies Association*. Entre ambos consolidou-se uma forte amizade. Mondlane era um homem directo, com excelentes conhecimentos de África e da sociedade ocidental e foi *"one of the closest friends I had"*, como lembra Fredericks na sua longa entrevista, dada ao Oberlin College em 1999, na comemorações dos 30 anos da morte de Mondlane[218].

Convidado por Mennen Williams em 1961 para seu *"deputy"* – adjunto e substituto legal – no Departamento de Estado, com ele constituiu uma equipa muito homogénea. Tornou-se, igualmente, um homem polémico pelas suas afirmações por vezes "politicamente incorrectas", como as suas famosas observações sobre o Congo, quando referiu que a Bélgica fora mais perigosa do ponto de vista geopolítico do que a URSS, que se limitava a aproveitar os erros da primeira.

---

[218] Wayne Fredericks, entrevista dada ao Oberlin College, em 1999 (2 CDR). Arquivo do Oberlin College Será a partir daqui sempre referida como a **"Entrevista de 1999"**.

Um velho político e diplomata tunisino, que foi largos anos Embaixador nas Nações Unidas e que o conheceu de perto, mantendo ainda hoje relações com a sua viúva, disse-me considerar Wayne Fredericks como um dos políticos americanos com uma melhor visão estratégica para a África[219].

Foi o grande amigo de Eduardo Mondlane na Administração americana e seu interlocutor e defensor assíduo. Chegou a ter problemas com Dean Rusk por esse facto, quando, já depois de o Departamento de Estado se ter afastado um pouco de Mondlane, Fredericks se deixou fotografar com ele na *Howard University* de Washington. Dadas as observações críticas de que foi alvo por parte do Secretário de Estado, teria mesmo pensado em abandonar o lugar.

Foi ele que organizou os encontros formais de Monlane com Robert Kennedy no Ministério da Justiça e com Averell Harriman na residência deste em Georgetown. Como refere na aludida entrevista, Wayne Fredericks considerou sempre Eduardo Mondlane o *"focal point"* para a América, de entre os líderes da África portuguesa, e por ele se empenhou numa verdadeira *"cruzada"* junto da restante hierarquia do Departamento de Estado e da Casa Branca. Sobre o seu trabballho, escreveu o *New York Times* quando Fredericks deixou o Departamento: *"In 5 years of hard work, he has done much to persuade the State Department's seventh floor that Africa exists and will not go away – a considerable achievement"*.

Segundo algumas fontes, em 1977 Carter teria pensado convidar Frederics para o antigo lugar de Mennen Williams e ele não terá aceite por razões puramente pessoais.

Voltou para a *Ford Motor Company*, onde veio a reformar-se em 1987. Durante a reforma, foi um activo elemento em várias Fundações e Organizações Filantrópicas ligadas à educação e à Africa, tendo sido, na década de 90, director da *"Nelson Mandela's Childrens Fund"*. Veio a falecer em 2004, com 88 anos.

---

[219] Entrevista com o Embaixador Rashid Driss em 16.11.2007.

IV.3. Documentação do Departamento de Estado, do Pentágono e das agências de *intelligence*, relativa à nova estratégia africana; Kennedy/De Gaulle; a actividade diplomática empenhada de Mennen Williams

Da maior importância para se entender a vontade da nova Administração Kennedy na reformulação da política africana é certamente o NSAM n.º 16, de 13 de Fevereiro de 1961 – NSAM *(National Security Action Memorandum)* é a forma mais elevada de definição presidencial de uma política –, o qual é aprova a revisão da política do NSC *(National Security Council)* e propõe a flexibilidade necessária para os EUA terem em África uma acção complementar à da Europa, sempre que esta esteja de acordo com os interesses dos EUA, relativamente aos novos Estados independentes.

McGeorge Bundy *(Special President's Assistant for National Security Affairs)* escreve ao Departamento de Estado, na continuação da reunião do NSC que tivera lugar na Biblioteca de Kennedy a 9 do mesmo mês: "*Na minha opinião, esta acção constitui a revisão das políticas aplicáveis, mas se for necessário o recurso a nova linguagem em todos os documentos, esperamos recebê-la do Departamento de Estado*"[220].

Em consequência, a 15 de Fevereiro o Departamento de Estado emite o documento assinado por Dean Rusk, "*Interpretação da Política do NSC sobre África*", que, citando vária documentação do NSC e parágrafos considerados limitativos na acção, assume que o Departamento deverá encorajar as potências europeias, antigas metrópoles, a fazerem o máximo no sentido de ajudarem os novos Estados independentes. Termina dizendo: "*The Departament is now reviewing the whole United States Policy towards Africa, and we will be developing new proposals for future guidance*"[221].

---

[220] Dep. Estado, S/S-NSC Files: Lot 72D316. NSAM, 16, Top Secret.
[221] Dep. Estado, Central files 611.70/2 – 1561, Secreto. Doc. 188.

Em Abril, num Memorando datado de 5, o *"Deputy Assistant Secretary of Defence"*, Haydn Williams, dirige-se ao seu homólogo para Planificação Política, Rowen, para lhe dizer que os Estados Unidos não podem ficar à espera, para agir, que a URSS avance com ajudas militares, sob pena de agirem sob a ameaça da assitência soviética ou mesmo depois dela. *"As you know, NSC policy places preliminary dependence for meeting the military needs of the countries in the area upon the formal colonial powers. Strict interpretation of this policy reduces our ability to quickly react to requests for assistance or to achieve maximum political benefit. Too often our assistance has been furnished only after the threat, or actual acceptance, of Soviet military assistance".* Nesse sentido aponta para que os EUA possam avançar antes das respectivas metrópoles[222].

Vemos claramente que, a partir das iniciativas presidenciais, se segue um avanço coligado da diplomacia e dos militares em África.

Foi esta onda que Mondlane percebeu e quis aproveitar, numa grande ofensiva geopolítica para a independência de Moçambique.

Este mês de Abril de 1961 foi de grande actividade concertada na Administração Kennedy sobre África.

Como pano de fundo, em termos de estratégia a médio prazo, o Major General Bretweise, Director da *Intelligence* da USAF *(United States Air Force)*, assina a NIE *(National Intelligence Estimate)* secreta n.º 60/70-61, de 11 de Abril, na qual se equacionam os possíveis desenvolvimentos da África colonial nos próximos três anos[223].

O realismo prudente deste documento contrasta com afirmações públicas de algumas das principais figuras pró-África da Administração, como Mennen Williams ou mesmo Adlai Stevenson e Averell Harriman. Uma é a mensagem para o exterior, outra a análise secreta interna americana dos mesmos factos.

---

[222] Washington National Records Center, RG 330, OASD/ISA Files, FRC 65A3501, Africa 000.1-091.4, 1961, Confidencial.

[223] Washington National Records Center, RG 330, OASD/ISA Files: 65A3501, Africa 121-350.09, 1961, Secreto.

A referida NIE faz basicamente a seguinte análise e os seguintes prognósticos:

1 – A maioria das colónias britânicas ainda existentes em África será independente;

2 – Os protectorados belgas de Ruanda e Urundi deverão igualmente tornar-se independentes;

3 – Salazar continua "teimosamente" a recusar – ou mesmo considerar – uma autogovernação para os territórios portugueses e muito menos a sua independência, apesar da crescente agitação em África. "Não antevemos nenhuma possibilidade de mudança desta política que poderia evitar violência e repressão nas colónias de Angola, Moçambique e Guiné. Nem acreditamos que Portugal tenha capacidade militar e recursos económicos para, só, aguentar uma sangrenta e longa luta a que as suas presentes orientações políticas parecem levar";

4 – As áreas com grandes populações europeias (Quénia, Rodésias, Angola e Moçambique) constituem os principais focos de lutas raciais;

5 – O aparecimento de lutas entre africanos é provável em áreas com tradicionais antagonismos tribais, como Ruanda, Urundi e Quénia;

6 – Antes e a seguir às independências muitos dos territórios sofrerão de diversas dificuldades – fortes animosidades tribais, rivalidades entre os partidos políticos e seus líderes, economias fracas e subdesenvolvidas e carência de quadros especializados – que dificultarão o aparecimento de governos estáveis e condições de desenvolvimento;

7 – Procurarão ajuda militar. Pensamos que a procurarão inicialmente no Ocidente, mas como adoptarão certamente o neutralismo em política externa, ficarão receptivos à ajuda do Bloco Comunista;

8 – Pensamos, porém, que "actividades comunistas nestas áreas não atingiram até agora níveis significativos".

No que respeita aos pressupostos de base da estratégia americana em África, existe um documento dos JCS *(Joint Chiefs of Staff)* que responde a duas questões postas pelo poder político:

– *África como uma zona não atómica (Atom Free Zone);*

– Arranjos (acordos) para o controlo regional de armamento.

Trata-se do Memorando *Top Secret* n.º 280-61, de 28 de Abril de 1961[224], assinado em nome dos JCS por Arleigh Burke, Chefe das operações navais, o qual elabora um conjunto de sugestões, algumas das quais se nos afigura útil reter:

- *Uma possível "corrida ao armamento" em África, para além da necessidade de os novos Estados criarem as suas próprias forças armadas, é justificada pela Guerra-Fria e corresponde ao esforço soviético em ocupar terreno*;
- O Ocidente não pode neste contexto enveredar por qualquer política que o coloque em desvantagem;
- Os interesses americanos não podem deixar que o continente africano possa ser utilizado para colocar ou transitar armamento nuclear;
- A Guerra-Fria tende a fazer aumentar o interesse estratégico americano em África, para defesa do Ocidente.

O documento termina com três recomendações, segundo as quais os EUA devem:

"A – Opor-se a tornar África numa zona não atómica (Atomic Free Zone);

B – Apoiar o desarmamento regional 'in the lowest possible key' e só se for politicamente necessário e puder ser separado da noção de 'atomic free';

C – Sujeito às limitações de B, apoiar controlo de armamento regional....."

Será neste contexto que em Setembro daquele ano o mesmo grupo elaborará novo Memorando, JCSM 591-61, assinado pelo General

---

[224] Washington National Records Center, RG 330, OSD Files: FRC 65A3464, Africa 091.

L. L. Lemnitzer e à atenção de McNamara, Ministro da Defesa, propondo[225] a criação de uma rede de transportes aéreos (MATS) através de todo o Continente, que, em colaboração com o Departamento de Estado, se veio a chamar a *"Embassy Run"* e ligava semanalmente 12, em África.

Numa carta Secreta de 26 de Outubro de 1961 dirigida a Johnson, Susecretário adjunto para assuntos políticos, o *Deputy Assistant Secretary of Defence* para questões de Segurança, Williams, sublinha a necessidade de os EUA poderem dispor de bases militares na África Subsaariana para planos de contingência, no caso de uma crise importante, nomeadamente no Congo. Esta sugestão merece muita reserva ao Departamento de Estado, para não pôr em causa as bases existentes em Marrocos e na Líbia[226] e não prejudicar a imagem nacional dos EUA na África negra.

Kennedy/De Gaulle

Kennedy não procurou isolar a Europa da sua nova política africana. Conhecedores das diferenças de objectivos e de passado histórico, os EUA estavam cientes de que o esforço africano deveria ser feito ou com maior aproximação à Europa – na linha de pensamento de Acheson – ou com uma concertação, sim, mas mais flexível – na linha de Mennen Williams. Esta segunda orientação será a que prevalecerá mais tarde com o Presidente Johnson, particularmente no caso de Portugal, em que os EUA, conscientes da Aliança Atlântica, não querem pôr em risco a base dos Açores.

Excluindo Portugal de uma parceria estratégica atlântica conjunta relativamente a África, Kennedy irá procurar, na linha traçada por

---

[225] Washington National Records Center, RG 330, OSD Files: FRC 66A3542, Africa, 1962, Secreto.

[226] Departamento de Estado, Central Files, 770.5411/10-2662, Secreto.

Mondlane, uma plataforma de entendimento e uma aproximação triangular a África, com De Gaulle e com o Reino Unido. E De Gaulle, neste contexto, ganha uma particular relevância para Kennedy.

Num Memorando Secreto dirigido ao Conselheiro Especial, Bundy, intitulado *"De Gaulle, África e o Sudeste Asiático"*, Rostow, Conselheiro Especial Adjunto para Assuntos de Segurança Nacional, equaciona bem esta problemática[227]:

1 – Há duas razões para que as maiores potências ocidentais concertem esforços em África e no Sudeste Asiático. A primeira é porque os soviéticos procuram explorar sistematicamente as nossas divergências. A segunda é que a situação em África e no Sudeste Asiático pode levar a uma tensão muito grande com as forças do Bloco de Leste, pelo que o Presidente entende necessário promover uma discussão tripartida sobre uma estratégia ocidental em África e na Ásia.

2 – O Presidente respeita profundamente, como De Gaulle, as forças revolucionárias em África. Os três têm algumas possibilidades de nos próximos anos só serem confrontados com perigos menores naquele continente, que poderá, com o tempo, constituir uma parte construtiva do sistema ocidental.

3 – Em África, pode considerar-se que os EUA, a França e a Grã-Bretanha são os pilares que assumem a maior responsabilidade. Em certas áreas a cooperação é boa, noutras ainda há que ultrapassar problemas.

4 – Segundo o Presidente Kennedy, dever-se-á delinear uma estratégia comum assente em três objectivos:

　　a. *onde há uma estabilidade política visível, devemos trabalhar juntos, no sentido de consolidar essas "ilhas de responsabilidade" (ex. Tunísia, Nigéria, Costa do Marfim).*

　　b. *em segundo lugar, deveremos em conjunto contrabalançar os esfor-*

---

[227] Kennedy Library, National Security Files, Brubeck Series, Africa.

ços comunistas de penetrar certa áreas (ex. o Mali e o Corno da África).

c. *deveremos trabalhar em conjunto para minimizar os perigos de um processo doloroso de pôr fim ao colonialismo. "Aqui Angola está nas nossas mentes". "(Como hoje estaríamos em melhores condições se tivéssemos iniciado há 3 anos um processo de consultas sobre o futuro de Angola e do Congo)".*

Depois de fazer várias considerações sobre a posição dos EUA no mundo que se nos afigura dispensável repetir, comenta no Nr.6:

6 – Impressionou muito o Presidente a atitude do General De Gaulle e a sua visão de um desenvolvimento regional e integrado no Norte de África, uma vez resolvida a questão da Argélia. Os EUA estão dispostos a apoiar essa política.

7 – O Presidente estava interessado em ouvir De Gaulle quanto a uma estratégia comum para África.

Tempos em que a França e os Estados Unidos dialogavam sobre uma estratégia global!

A 31 de Maio de 1961, Kennedy tem uma cimeira com De Gaulle no Elysée, da qual foram elaborados pelos americanos oito Apontamentos de Conversa. No que respeita a África, segundo um dos Memorandos existentes no Departamento de Estado[228], as linhas-mestras do diálogo seguiram a seguinte forma:

– Kennedy afirmou que os objectivos dos EUA e de De Gaulle eram os mesmos, só que os métodos pareciam ser diferentes. Os EUA acreditavam que a ONU tinha a vantagem de evitar o confronto directo Ocidente/Leste e as principais preocupações da América eram o Congo e Angola.

---

[228] Departamento de Estado, Conference Files, Lot 66D110, President's Visit to France, 5/31-6/2/61.II MEMCONS, Secreto, escrito por Glenn (intérprete do lado americano).

– De Gaulle começou por dizer que havia várias Africas, a África Negra era uma delas, e mesmo esta era muito diversificada. Citou o Senegal como exemplo de um país com uma longa história de relações com o Ocidente. Outros eram pobres e sempre o foram, e por isso tendiam para soluções extremas. A França tinha uma longa experiência de colonizar uma vastíssima área e educara política e administrativamente uma elite nesses países. A descolonização foi pacífica e a maioria das ex-colónias desejavam continuar uma relação estreita com a França. Havia uma excepção
– a Guiné. "Mas aí trata-se de que Sekou Touré é um comunista que não conseguiu conciliar a ajuda francesa com o facto de ser comunista e optou pelo segundo". Mas nos restantes casos a amizade com a França era um facto. No Congo, os belgas deram pouca ajuda e não deixaram quadros capazes de administrar o país. Quando o Congo explodiu, escreveu ao General Eisenhower propondo uma acção tripartida (França, EUA e RU) que pressionasse a Bélgica de modo a manter o Leste afastado da crise. Eisenhower foi de opinião contrária e MacMillan resolveu segui-lo e fizeram apelo às NU. Hoje o que são as NU? São homens como Hammarskjoeld e Dayal e contingentes de tropas de Nasser e N'Krumah. As NU ainda criaram mais desordem no Congo. -Teceu algumas considerações sobre a melhoria das condições que prevaleciam no Congo.
– Kennedy perguntou a De Gaulle se não preferiria uma intervenção tripartida em Angola a uma intervenção da ONU.
– *De Gaulle, sem responder à questão, esclareceu que não advogara uma intervenção tripartida militar no Congo, mas uma acção de pressão junto dos belgas e dos congoleses.*

Pela primeira vez os americanos haveriam pensado numa possível "intervenção" em Angola, que foi imediatamente afastada por De Gaulle.

Neste mesmo espírito, os EUA procuraram sistematizar uma **estratégia de ajuda económica**, em que se deveria estabelecer uma coordenação com os outros países ocidentais dadores. Num documento intitulado *"Selected aspects of U.S. Economic Aid Policy for Africa"230*, preparado em Julho de 1961 pelo Conselho de Planeamento político, a que presidia George McGhee, e em Agosto encaminhado a Dean Rusk, desenvolve-se um quadro estratégico para uma ajuda futura a África em 4 aspectos diferentes: concorrência Leste/Oeste; coordenação da ajuda; programas regionais/países; e programa de desenvolvimento económico/comprometimentos plurianuais.

Kennedy cria mesmo uma *"Presidential Task Force on Portuguese Territories"*[229], cujo texto base foi discutido e aprovado pelo NSC em 2 de Março de 1962, tendo-se tornado numa directiva do Departamento de Estado em 15 do mesmo mês[230].

Os objectivos desta directiva têm paralelismos com os formulados no Relatório de Mondlane, entregue em Maio de 1961[231] no Departamento de Estado. Não obstante este facto, é Angola a referência mais gritante da directiva, porque é ela, afinal, a preocupação principal americana. É legítimo pensar que, muito mais do que Holden Roberto, Eduardo Mondlane é a eminência parda escondida e inspiradora de grande parte das posições americanas, à excepção da preocupação permanente com a base dos Açores.

A directiva define os objectivos do seguinte modo:

"Objectivos: Nas suas relações com funcionários oficiais portugueses, as Nações Unidas, o Conselho do Atlântico Norte e governos interessados deverão envidar todos os esforços no sentido de":

- *Conseguir um plano de reformas num contexto de autodeterminação aceitável para os africanos*;
- *Encorajar os portugueses a aceitarem o interesse positivo e legítimo das Nações Unidas nas questões africanas portuguesas*;

---

[229] Kennedy Library, National Security Files, Brubeck Series. Portuguese Africa. Secreto.

[230] Departamento de Estado, S/S- NSC Files, Lot 70D265, NSC Standing Group--March 2, 1962 (Doc.358).

[231] Referiremos em pormenor este documento mais adiante.

- *Pressionar Portugal a implementar prontamente um sistema de reformas, para o que encaramos a possibilidade de enviar um enviado especial falar com Salazar;*
- *Estabelecer consultas com a Grã-Bretanha, a França, a Espanha, o Brasil e/ou o Vaticano para realizarem diligências bilaterais;*
- *Utilizar em tempo oportuno a estrutura da NATO para exercer o mesmo tipo de pressão;*
- *Procurar nas NU incentivar medidas moderadas e construtivas com o mesmo fim;*
- *Dissociar os EUA de programas extremistas e igualmente de apoiar o colonialismo português;*
- *Fazer todos os esforços possíveis para evitar que o material enviado para Portugal ao abrigo do MAP (Military Aid Program) seja desviado para a guerra de África;*
- *Não autorizar licenças de exportação de armas para qualquer dos lados em confronto;*
- *No âmbito social e educacional, proporcionar assistência a angolanos para se educarem no estrangeiro;*
- *Se Portugal for sensível a esta política, procurar ir ao encontro de outro tipo de ajudas;*

Sobre os Açores, há duas curtas frases muito elucidativas:
"*Objectivo: Manter os direitos sobre a base dos Açores.*
Acção: Implementar o anteriormente exposto com a maior prudência possível e de tal modo que possamos minimizar a possibilidade de perder os direitos sobre a base dos Açores".

Assentava, assim, nestes dois pressupostos – militar e económico – da visão inicial da Administração Kennedy toda a primeira estratégia de Eduardo Mondlane para a orientação da FRELIMO e subsequente independência de Moçambique.

O quadro abaixo dá uma ideia geral da ajuda americana a África em 1963[232].

---

[232] Kennedy Library, President's Office Files, Staff Memoranda, Dungan, Ralph A., 1/63-5/63.

Países que recebem uma ajuda inferior a 1 milhão de dólares:

Mauritânia	Burundi	Ruanda
Congo (Bzv)	RCA	Zanzíbar
Argélia	Madagáscar?	Daomé
Chad	Togo	Alto Volta
Camarões		

Países que recebem uma ajuda entre 1 e 10 milhões de dólares:

Niger	Gabão	Senegal
Congo (Leo)	Rodésia/Niassalândia	Serra Leoa
Mali	Quénia	Uganda
Costa do Marfim	Guiné (Con)	Somália
Gana		

Países que recebem uma ajuda superior a 10 milhões de dólares:

Sudão	Tanganica	Líbia
Etiópia	Libéria	Marrocos
Tunísia	Nigéria	

O total em 1963 foi de 252,2 milhões de dólares, dos quais 74,5% se destinou a 8 países.

Este quadro não contempla as ajudas fornecidas pelo Governo através de algumas das suas agências tais como a CIA, quer directamente – no caso de Holden Roberto –, quer por via de entidades da sociedade civil como Fundações ou Sindicatos – no caso de Eduardo Mondlane. Sobre este assunto, temos não só fontes americanas aludidas neste trabalho, designadamente a conversa telefónica do Presidente Kennedy com seu irmão Robert, como as declarações de Eduardo Mondlane no II Congresso da FRELIMO de 1968.

Neste contexto, é também de referir o famoso "*Peace Corps*", que em 1962 contava com cerca de 1500 pessoas – das quais 1100 eram professores –, que constituíam o esforço humano ligado ao esforço financeiro que mencionámos[233]. Trata-se de arma política muito importante da Administração Kennedy. A direita mais radical americana via nele um braço de uma esquerda quase comunista a operar no campo, designadamente nos países africanos, e equiparava-o ao *"American Committee for Africa"* infiltrado de comunistas, como afirmava Ralph Beerman, deputado do Nebraska, o mesmo que se insurgia em 18.02.64 contra a protecção dada pelos americanos a Holden Roberto, que considerava *"backed by the communists"*[234]. Uma outra personagem curiosa, o jornalista e aventureiro de extrema direita americano, Hilaire Du Berrier[235], dizia em Janeiro de 1963 ao nosso primeiro secretário da Embaixada em Washington, Luís Soares de Oliveira[236] que o *"Peace Corps é um instrumento de subversão altamente efectivo ao serviço da política externa da presente Administração"* e que Eduardo Mondlane era um dos instrutores de *"27 membros que se treinavam em Syracusa para actuarem na Nyassalândia"*, facto que Soares de Oliveira dizia não ter podido verificar.

Para poder defender o bem fundado dos pressupostos de Eduardo Mondlane na sua primeira estratégia para a África, estratégia essa que não o expunha particularmente, como era o caso de Holden Roberto, julgamos útil analisar mais dois documentos americanos que cuidam de definir os pressupostos – e sobre eles reflectir – de uma estratégia para a África e um *"Working Paper"* da – DIA – Secreto, de 25 de Maio de 1963, intitulado *"The Strategic Importance of Africa"*.

---

[233] Papel entregue ao Presidente antes de ele receber um conjunto de líderes africanos, em Dezembro de 1962, assinado por Carl Kaysen, *"Deputy Special Assistant for National Security Affairs"*, Kennedy Library, National Security Files, Country Series, Africa, *Memorandum* and Miscellaneous.11/62-2/63.

[234] AHD, PAA 291.

[235] Hilaire du Berrier, também conhecido como o "espião de Dakota", é descendente de Huguenotes e americano por nascimento. Teve uma vida aventureira que passou pelos serviços de espionagem franceses em Xangai, foi artista de circo, aviador acrobata, jornalista, trabalhou para os nacionalistas na guerra de Espanha, e afirma-se monárquico.

[236] AHD PAA 291, of. de Washington de 29.01.63, Confidencial.

O primeiro[237] é um Memorando muito bem elaborado dos JCS, de 31 de Janeiro de 1962, intitulado *"Courses of Action to Counter Communist Penetration in Ghana, Guine and Mali"*, parcialmente desclassificado, e resulta de um pedido, de 4 daquele mês, do Secretário de Estado Adjunto da Defesa para Assuntos de Segurança Internacional, interino, (*Acting Assistant Secretary of Defense for International Security Affairs*), solicitando uma revisão e actualização da política em África, para contrabalançar a penetração sino-soviética. Em Março, Bundy, Subsecretário da Defesa, enviou o documento a Mennen Williams com uma nota à margem: *"a sensible and useful paper"*.

O documento começa por afirmar que a União Soviética vem aumentando a sua influência nos três Estados nele citados a ponto de se poder considerar que *"os comunistas ditam a política naqueles países"*, sendo porém inferior a influência no Gana. Em segundo lugar, faz uma ressalva relativamente a Sekou Touré, afirmando que, segundo relatórios dos serviços de informação, ele expulsou o Embaixador Soviético, o que teria provocado uma tentativa de golpe de Estado. Acrescenta que a importância, porém, que a URSS atribui àquele país se tornou clara pelo facto de Moscovo ter imediatamente enviado Mikoyan a Conacri.

Depois destes consideranda, o Memorando prossegue com:

"Basic Approach"
– *Nestes países "neutrais" e de estrutura institucional marxista, a influência americana reduz-se a uma presença diplomática, social, económica e militar mínimas;*
– *Dadas as limitações orçamentais e outras prioridades, a nossa ajuda militar nunca poderia ser suficiente para alterar o curso dos acontecimentos;*
– *Os programas de ajuda militar deverão, porém, ser previamente avaliados pelo Departamento de Estado;*

---

[237] Washington National and Records Center, RG 330, OASD/ISA Files: FRC65A3501, 092, Africa, Jan-Mar 1962 Secreto.

– *Poder-se-á concluir que o ritmo do aumento da nossa influência será lento.*

"*Acções recomendadas*":

a) *Demonstrar que* [uma linha não-desclassificada do texto original] *as actividades do Bloco são contrárias aos direitos e aspirações dos indivíduos, em acção a desenvolver pelas agências americanas ou por terceiros*;

b) *Desacreditar* [uma linha não-desclassificada no texto original] *os membros do governo pró-comunistas ou treinados no Bloco, usando aqui o recurso a terceiros*;

c) *Ajudar* [tem partes não-desclassificadas] *as forças de oposição pró-ocidentais, indivíduos ou refugiados, criando uma forte oposição interna*;

d) *Ajudar os grupos pró-ocidentais a controlar os* media [partes não--desclassificadas];

e) *Fomentar visitas aos EUA.*

Recomenda-se que também se deverá criar assistência militar nos países do "*Conseil de l'Entente*" (Senegal, Serra Leoa, Nigéria) e continuá-la na Libéria. No que respeita aos países da "*Entente*", acrescenta-se que se deverá articular com a França e, entre um conjunto de acções mais pontuais, realça-se que se deverá dar a importância suficiente à ajuda médica, social, e outra aos países amigos, como arma de propaganda junto dos outros; propõe-se que se convidem os Chefes do Estado-Maior dos três países a visitar os EUA e que se tente colocar um adido militar em Conacri e Bamako, etc., etc.

Este documento é significativo, muito particularmente por mostrar as limitações de vária ordem colocadas pela Defesa face à aparente facilidade e entusiasmo do grupo africano do Departamento de Estado e permitir assim uma análise mais mitigada da estratégia para a África.

O segundo documento, secreto, intitulado "*The Strategic Importance of Africa*", elaborado no Departamento de Defesa, constituía um papel de trabalho para uma conferência a ter lugar a 25 de Maio de 1963 na Universidade de Georgetown e foi enviado pelo Coronel Howard

Junkerman, da USAF, para o Tenente Coronel Robinson, da DIA[238]. Este documento, segundo o resumo a que tivemos acesso, afirma fundamentalmente o seguinte:

1 – De um ponto de vista global, a África não representa uma área *"de importância estratégica primacial para os EUA"* e consequentemente *"temos um interesse forte em restringir o nosso envolvimento em África".* Não obstante este facto de base, há interesses específicos e responsabilidades assumidas que nos obrigam a *"sobrecargas sérias e extensivas".*

2 – Os interesses militares americanos consistem em:

a) *Bases que sustentem a nossa postura de alerta;*
b) *Direitos de sobrevoo e aterragem para planos de contingência na África Subsaariana;*
c) *Facilidades para programas de mísseis;*
d) *Facilidades de comunicações e intelligence;*
e) *Matérias-primas essenciais.*

3 – Os interesses políticos mínimos são:

a) *Manter a África livre de regimes comunistas e minimizar a influência sino-soviética;*
b) *Delimitar a violência e manter a ordem territorial actual como a melhor alternativa contra o caos;*
c) *Prevenir as confrontações raciais;*
d) *Prevenir ou controlar situações de caos interno semelhantes às do Congo. Temos responsabilidades genéricas de agir em nome da Carta das NU e algumas responsabilidades de defesa com a Tunísia, Etiópia e Libéria.*

O documento termina com as seguintes reflexões:

– *Temos contradições internas nos nossos interesses;*
– *Há um conflito entre os nossos imperativos e o nosso desejo de limitar as responsabilidades;*

---

[238] Washington National Records Center, RG 330, OASD/ISA Files: FRC73A2226, Secreto.

- *Há também um conflito entre o nosso desejo de trabalhar com os nossos aliados da NATO e a dificuldade de aceitarmos as suas opiniões fundamentais sobre interesses comuns em África* (caso português);
- *Necessitamos de um "basic point of departure" que permita um equilíbrio entre o factor político e o factor militar para futuras políticas em África.*

A conjunção destes dois documentos de origem militar mostra claramente o problema subjacente entre o Departamento de Estado e a Defesa sobre a política africana.

Talvez não seja evidente que Eduardo Mondlane estivesse ao corrente, naquela altura, destas ambiguidades, que parcialmente iriam explicar as inflexões na política africana de Johnson.

Não podemos descurar a existência, mesmo na CIA, de propostas que competem em radicalismo com as do grupo africano do Departamento de Estado, mas que se nos afiguram mais como expressões individuais do que como vagas de fundo, a avaliar pelo seu impacto nos *"decision makers"* da época – referimo-nos particularmente ao Relatório Sakwa.[239]

A actividade diplomática empenhada de Mennen Williams

Mennen Williams, para conseguir implantar e consolidar a imagem de uma América amiga e aliada dos novos líderes dos jovens países independentes e dos movimentos de libertação, baseia muito da sua táctica diplomática em estabelecer contactos pessoais, que assumem a

---

[239] Este relatório, que propõe fortes ajudas financeiras a Portugal em contrapartida de um programa temporalmente balizado de descolonização, é largamente estudado no citado livro do Prof. Luís Nuno Rodrigues *"Salazar Kennedy: a crise de uma aliança"*, Editorial Notícias, 2002.

forma de constantes viagens por muitos países africanos numa cadência extraordinária.

Mal assume funções, vai pela primeira vez a Angola e Moçambique em Agosto de 1961, acompanhado de quatro elementos: John Abernethy, assistente especial, Saxton Breadford, director do *bureau* de educação e cultura, Richard Sauger, dos serviços de "*intelligence* e pesquisa", e C.N. Rassias, do *bureau* de assistência aos africanos. A viagem não corre mal, e Williams está esperançado nas reformas que tomam forma em Lisboa.

O Cônsul-Geral dos Estados Unidos em Lourenço Marques, por carta de 23.08.1961 dirigida ao Governador-Geral da Província, Sarmento Rodrigues, mostra-se muito satisfeito com a viagem, particularmente com a ida a Nampula onde a recepção e amabilidade do Governador Lopes dos Santos "*foi extrema*", e considera que a visita foi muito útil para Mennen Williams "*observar a realidade*"[240]. O Governador Lopes dos Santos havia lá sido colocado pelo então Ministro do Ultramar, Prof. Adriano Moreira, e representava a nova face que parecia mostrar a recente orientação da política reformista do novo Ministro[241].

Segue-se à viagem uma troca de missivas entre Mennen Williams e a nossa Embaixada em Washington por ele ter afirmado numa conferência que o direito de voto dependia da literacia do indivíduo. A Embaixada corrige: esse direito depende ou da literacia ou de ser contribuinte fiscal. Não era esse o problema que preocupava Williams, obviamente.

Em Abril e Maio de 1962 está em nova digressão pelo continente africano, sempre como "*Goodwill Envoy*". Em Free Town, ao ser interpelado sobre a posição dos EUA numa última votação nas Nações Unidas, declara reconhecer que Portugal está a fazer melhoramentos importantes em Angola, embora acrescente que lhe parece ser isso mais como resposta à revolta que grassa no território, do que como medidas

---

[240] Carta existente no AHD, Washington M 258.

há tempos exigidas pelas populações para satisfazer as suas aspirações. Mennen Williams, mesmo ao reconhecer elementos positivos, não quer mostrar perante os africanos uma mudança de campo.

Durante todo aquele ano de 1962, primeiro ano para Portugal da guerra de Angola, Mennen Williams será pródigo em conferências nos mais diversos lugares dos Estados Unidos, e em debates sobre África, regra geral difundidos no Boletim Oficial do Departamento de Estado. Na sua maioria repete os mesmos argumentos à exaustão, pelo que não será de referi-los em pormenor. Há dois, porém, que merecem particular atenção, não só pela substância política de ambos como pelo impacto que um deles teve na imprensa internacional e particularmente na portuguesa. Referimo-nos à longa entrevista publicada no número de Junho do "*US News & World Report*", intitulada "*The White Man's Future in Black Africa*", e ao artigo que aparece em Julho seguinte no "*Bolletin*" do Departamento de Estado[242] sob o título "*The Future of the Europeans in Africa*".

A entrevista, de 7 páginas, foi concedida depois da terceira maratona de Williams em África e versa os mais variados temas, mas foi a frase "*I think that no African leader is going to become a Communist*" que constituiu objecto de grandes parangonas em jornais de várias partes do mundo. Os anti-Mennen Williams viam nessa afirmação a sua ingenuidade em matéria de África. Lendo cuidadosamente toda a entrevista — onde se abordam problemas como a segurança do investimento estrangeiro em África; o espírito empreendedor das mulheres africanas, as "*mummy traders*"; a questão da saúde e da mortalidade infantil; o problema dos americanos negros e a nova África; a ajuda militar; os brancos na nova África; Angola; N'Krumah; o Congo; a Guiné Conacri, etc., etc. –, verificamos que Williams já em 1962 tinha

---

[241] Entrevista com o Gen. A. Lopes dos Santos, a 26.07.2007, em que este me falou de alguns aspectos "*que ainda hoje lhe faziam chegar as lágrimas aos olhos*", de cenas dramáticas que presenciou em certas plantações de algodão, de exploração inimaginável da população, onde grassava a fome.

[242] Vol. XLVII, Nr. 1203.

ganho um profundo conhecimento não só dos problemas fundamentais inerentes à África dos anos 60 – e muitos persistem hoje – como uma boa avaliação dos seus líderes, não obstante erros facilmente detectáveis quando se lêem quase 50 anos mais tarde.

Algumas passagens mostram uma percepção clara de certos problemas, designadamente:

- Quanto a N'Krumah e saber se ele é comunista, Williams diz pensar que nenhum líder africano deverá cair no comunismo, por diversas razões que ele desenvolve: em primeiro lugar, a preocupação da independência fá-los desconfiar tanto da URSS como dos EUA; em segundo lugar, muitos deles aspiram a uma liderança transnacional e dificilmente conseguirão ganhar influência continental se estiverem dependentes de uma grande potência e puderem assim ser acusados de servirem interesses não-africanos. Considera que N'Krumah é um desses casos, embora não creia que esteja nas suas intenções a invasão de territórios vizinhos, não obstante algum receio da parte do Togo.
- O principal problema – e ir-se-á confirmar esta previsão – que se põe ao futuro da África está na paragem ou desvio do desenvolvimento económico. Este, segundo Williams, deverá constituir a principal preocupação do Ocidente, pois dele dependerá a maior ou menor estabilidade política.
- Quanto à futura presença de brancos nos novos Estados independentes, Williams é optimista, mas com reservas. As reservas residem em haver uma bitola para todos os novos países. Onde as independências se deram sem sobressaltos de maior – e dá vários exemplos, indica vários ministros ou altos funcionários europeus que detêm lugares-chave – pensa que os brancos têm um lugar, uma vez que se considerem naturais desses mesmos países e abandonem totalmente a mentalidade colonialista, o que não é fácil. Compreende, porém, o receio de muitos.

Trata-se, a nosso ver, de uma visão optimista, mas que pressupunha uma constância da política americana em África e levada a cabo em conjunto com as antigas potências europeias administrantes, o que não se verificou. O ziguezaguear posterior da política americana e os desacordos com alguns países europeus mudaram muitas das constantes em que Mennen Williams se baseou em 1962,

No seu artigo sobre **o Futuro dos Europeus em África,** Williams aborda de maneira menos jornalística um tema semelhante ao do futuro dos brancos na nova África. Ao analisar a presença europeia em África, onde faz uma excepção ao caso português, lembra que ela data do século XIX e enferma das vicissitudes da repartição territorial da Conferência de Berlim, pelo que não se pode afirmar que tudo se vai passar de igual modo em toda a África. Faz uma distinção entre, por um lado, a África Ocidental, com uma população branca menos numerosa, e, por outro, a África Oriental e a África do Sul, onde os problemas serão mais complexos.

Cita os vários casos em que se mantém uma atmosfera "amigável" entre os jovens países e a população originária do país colonizador, tais como a Nigéria, onde o governador do Banco Central e o Secretário permanente das Finanças são europeus, o Togo, onde o mesmo acontece com o Presidente do Tribunal da Relação, o Gana que tem um canadiano a exercer funções importantes, e ainda o Senegal e o Alto Volta. Vê com optimismo o recente Estado do Tanganica (Tanzânia), e o Uganda que acederá brevemente à independência apesar de fortes problemas tribais. Também no Quénia, já com governo autónomo e em breve independente, espera que se encontrem soluções aceitáveis para ambas as partes. Faz um elogio a Kaunda, salientando que acabou de se aliar a este líder um dos grandes proprietários de terras, Sir Stuart Gore-Browne, que, de resto, prestou depoimento nas Nações Unidas diante do 17.º Comité.

Salienta que em 25 países africanos que acederam na última década à independência, pacificamente, se vive uma atmosfera relativamente calma, dadas as circunstâncias. Termina dizendo que a política americana em África é movida não só por razões humanitárias mas também por razões de segurança. A estabilidade da África é importante para os Estados Unidos. Acrescenta que um dos pilares em que assenta esta política é a autodeterminação dos povos, e – visando principalmente Portugal, para além da África do Sul – sublinha, para aqueles que ainda não começaram preparações para o inevitável, que a cada hora que passa se torna "perigosamente tarde". E conclui: *"The essential question in obtaining a peaceful resolution of Africa's problems will have to be decided by the Africans and European communities themselves, of course, but our policy in Africa is to assist in the attainment of harmony among all the continent's peoples in whatever ways we can".*

De volta a África em 1963, numa viagem que o leva a países como Nigéria, Congo, Rodésia do Sul e Norte, Niassalândia, RAU e Argélia, Mennen Williams fez uma declaração em Leopoldville que, mais uma vez, criou forte impacto e que a nossa imprensa procurou explorar. Afirmou que compreendia certos partidos únicos africanos, que podem nada ter a ver com os partidos únicos europeus como os nazis ou comunistas.

Coisa semelhante escreverá Kissinger muitos anos mais tarde, quando afirma que a política africana de Ford se baseará menos na lei da maioria do que na definição e mobilização dos elementos necessários ao desenvolvimento dos países, e acrescenta que a legitimidade em África não é necessariamente obtida no *"legal and constitutional framework"* do Ocidente, e acrescenta, citando a propósito uma conversa com Leopold Senghor[243], que a legitimidade em África não é necessariamente obtida no *"legal and constitutional framework"* do Ocidente. Na mesma obra, Kissinger vem dizer algo de paralelo ao que Mennen Williams afirmou 30 anos antes, para escândalo de muitos – *o fascínio inicial de alguns pelo marxismo-leninismo não era por afinidades com o comunismo, mas antes porque aquele sistema se aproximava, aparentemente mais do que a lei da maioria, a certa tradição africana.*

Ainda parafraseando Henry Kissinger, Angola foi o único caso em que a URSS e Cuba tomaram o lugar do próprio MPLA, cujo exército foi praticamente substituído por russos e cubanos, e isto pelo vazio que os americanos e o Ocidente não souberam preencher.

---

[243] Henry Kissinger, *"Years of Renewal"* Simon & Schuster , NY, 1999.

Durante os anos de 1964 e 1965, as posições de Mennen Williams em relação ao Continente Africano assumem uma argumentação mais "realista", que tem a ver com a **imagem externa** dos Estados Unidos, com os seus **interesses económicos e geoestratégicos**. Williams usa uma linguagem menos doutrinária ou ideológica para mostrar que os interesses americanos e ocidentais coincidem com a defesa da mesma linha política.

Na *Rochester Junior Chamber of Commerce*, em Nova Iorque, a 1 de Março de 1964, é claro quanto à importância estratégica da África para os Estados Unidos: "*In terms of national-self interest, we have an important strategic interest in Africa. That Continent faces the much traveled Atlantic, Mediterranean and Indian Ocean shipping lanes, and it shares control of such key passages as Gibraltar, Suez and Aden. A friendly Africa provides a protective flank to Europe and is important to the success of the Atlantic Alliance. Its important airfields have great strategic value, and the Communists have given evidence of how much they would like to have access to them*". Terminou a sua alocução sublinhando a importância económica da África para o Ocidente.

Estas tomadas de posição tiveram largo impacto na imprensa mundial, designadamente na África do Sul, nos países escandinavos, na Grécia e mesmo na Venezuela[244].

Mas Mennen Williams tinha também outra preocupação, agora declarada: a construção e defesa da imagem externa dos Estados Unidos. A 7 de Novembro do mesmo ano, 1964, no *America's Presidents Conference*, na Pensilvânia, numa intervenção dedicada ao problema da "imagem", sublinha que o Presidente Kennedy foi quem mais líderes africanos recebeu e que a URSS, a China e Cuba procuram "*destruir*" a imagem dos Estados Unidos em África, para acrescentar, em seguida, que a RAS, a Rodésia e as colónias portuguesas ajudam a "*prejudicar*" a mesma imagem[245].

---

[244] AHD, PAA 290.
[245] Id.

E ao receber a 15 de Abril de 1965 o nosso Embaixador Garin, que foi protestar contra as repetidas posições americanas contra nós – que segundo ele só faziam exacerbar um clima de anti-americanismo em Portugal, prejudicial às nossas relações –, Mennen Williams utiliza os mesmos argumentos: defendiam o princípio da autodeterminação em África não só *"por razões altruístas"* mas porque entendiam que a política portuguesa *"punha em risco a segurança dos Estados Unidos"*[246].

No início de 1965, a 21 e 22 de Janeiro, no Senado, o Subcomité Judiciário para Refugiados e Deslocados (*Judiciary Sub-committee on Refugees and Escapees*) iniciou um Inquérito sobre o problema dos refugiados em África e a amplitude da penetração comunista associada. A Declaração de abertura foi apresentada pelo Senador Philip Hart, do Michigan, e é reveladora não só da sua posição política como de um certo desfasamento do contexto da época, pois ainda utilizou a palavra "Peiping" para designar Pequim ou Beijing. As perguntas formuladas eram:

- Em que medida o problema dos refugiados afectava a política externa americana, tanto política como militarmente;
- Qual a natureza e dimensão da actividade comunista associada aos refugiados;
- Qual o papel dos Estados Unidos no encontrar de uma solução, qual a sua preparação para usar de meios diplomáticos ou outros, quais as suas capacidades para prestar ajuda humanitária;
- Qual a atitude dos governos africanos e dos nossos aliados europeus;
- O que deveria ser encarado pela comunidade internacional para nos prepararmos para futuras emergências.

Era evidente que as declarações de Mennen Williams no decurso destes *hearings* constituíam o elemento político mais apelativo para a opinião pública e para os *media*, tanto americanos como internacio-

---

[246] AHD, PAA290, Aerograma 29, de 15.04.65, de Washington.

nais. A tese de base que defendeu foi que: "*the welfare peace and security of the United States are closely linked with those of the rising nations of Africa*". E continua o seu depoimento nas seguintes linhas:

   a) Muitos líderes africanos, vendo como os Estados Unidos continuam com excelentes relações com Portugal e com a República da África do Sul, colocam a questão "*of our good faith*";
   b) Outros apercebem-se, apesar disso, de que a política da URSS aproveita estas circunstâncias e está longe de ser desinteressada como é a dos Estados Unidos;
   c) Não podemos perder de vista que a maioria destes novos Estados está apostada em procurar entrar numa economia de mercado de meados do século XX a partir de estruturas que estão a séculos de distância;
   d) Basta olhar para os campos de prisão e para as atrocidades cometidas na Europa durante a guerra civil espanhola para entendermos que "*atrocities are a skill not limited to any one race or any one country*";

Quanto à questão fulcral da influência comunista em África, para onde se viravam todas as atenções dado que muitos defendiam que para ele esse perigo não existia, Williams solicita e obtém que o tema seja tratado em sessão à porta fechada. Acrescenta, porém, na linha de entrevistas que já concedera: "*There is no Communist Satellite in Africa*". Admitiu ser aquele perigo uma realidade, mas evidenciou que não devíamos esquecer que os africanos lutavam em primeiro lugar pela sua independência e não estavam, à partida, interessados em se entregar a uma ideologia alheia. Mennen Williams, já na época da Administração Johnson, continua assim a defender as teses fundamentais da época Kennedy, mas ele sozinho não é a Administração Johnson e Eduardo Mondlane está disso ciente.

Um mês mais tarde, Williams é novamente ouvido na Câmara dos Representantes (*House*) a propósito da "*Foreign Assistance Act*," de 1965, afirmando mais uma vez que a falta do Ocidente em África só ajuda a entrada dos comunistas e acrescentando a sua discordância em relação a certas tendências no Departamento de Estado que apoiam aliados como Portugal.

Como já referimos anteriormente, Angola constituía uma prioridade maior para os Estados Unidos, dada a guerra que era considerada um segundo Congo, e por isso Holden Roberto era bem mais falado nos documentos americanos. As duas figuras, Roberto e Mondlane, apresentam-se, porém, com diferenças visíveis aos olhos dos americanos.

O Director do *"Bureau of Intelligence"*, Hillsman, numa carta de 23 de Maio de 1961 para Bundy, então Assistente Especial do Presidente Kennedy[247], refere que a UPA esteve envolvida nos actos de terrorismo recentemente praticados em Angola e que ao seu líder *"the Agency has been giving financial assistance for some years"*, mas que ele só em Março se apercebeu do facto. O Departamento pediu elementos biográficos sobre H. Roberto e especialmente elementos sobre de quem mais recebia ajuda. A assistência tem sido atribuída pela "estação" da Agência em Leopoldville.

Cerca de um mês depois, a 18 de Junho, Dean Rusk escreve uma carta ao *"Deputy Undersecretary of State"*, Johnson, que começa nestes termos:

"We must take immediate steps to cut off any relationship with Holden Roberto which would interfere with or discredit an official denial that the US Government is giving aid and support to the terrorists in Angola.

This would mean as a minimum: (1) sop any regular monthly payments from any official agency to Roberto Holden; (2) to cease direct contacts between him and any members or our Embassy staff in Leopoldville".

---

[247] Kennedy Library, National Security Files, Countries Series, Angola 1/61-6/61 Secret; Eyes only (só parcialmente desclassificada).

E conclui:

"*As a matter of utterly fundamental policy, a country like the United States must use its influence to moderate oppressive regimes on one side and terrorist movements on the other...*"[248].

Em 17 de Julho, porém, num *Memorandum* para Hilsman (Director do *bureau of intelligence*), Johnson (*Deputy Undersecretary*) pondera como é difícil obter uma entidade privada para continuar o financiamento por qualquer informação importante, pelo que sugere que, até se encontrar essa entidade, se continuem a fazer os pagamentos em quantidades que não permitam a compra de armas[249].

IV.4. As principais tomadas de posição públicas dos EUA sobre o problema do colonialismo

As grandes afirmações públicas da nova política externa africana de Kennedy com grande impacto internacional, que as tomadas de posição internas no Senado não tinham, estão, como exemplo paradigmático, na grande entrevista de Averell Harriman, em Nova Dehli, a 18 de Março de 1961.

Em primeiro lugar, estas afirmações correspondem, no plano geoestratégico global, à grande tentativa de Kennedy junto de Nehru de vir a liderar os não-alinhados – procurará também posição semelhante, com menos sucesso, junto de Nasser – e de modificar definitivamente a tendência sovietizante ou pró-chinesa que grassa nos países saídos de Bandung, tanto asiáticos como africanos. Algumas das declarações de Harriman nesta entrevista tiveram o maior impacto mundial e particularmente junto dos PVD, tais como: "*The United States will stick to anti-colonialism policy*" e, referindo-se à Índia, "*We are the two greatest*

---

[248] Kennedy Library, Department of State, INR/IL, Historical Files, Top Secret; Limited Distribution.

[249] Kennedy Library, Department of State, INR/IL, Historical Files, Top Secret.

democracies in the world and we have much in common in our ideals and objectives. I believe if we work together the future can indeed be bright".
São duas fortes mensagens para a União Soviética, que na altura procurava cativar Nehru, assim como para a China.

Os tempos são diferentes, mas algumas circunstâncias repetem-se, mostrando a constância e perenidade de muitos dos interesses dos Estados em questão.

Em segundo lugar, estando-se a pouco tempo da invasão de Goa e embora Harriman nunca se lhe tenha referido, as suas afirmações a favor da autodeterminação são tidas pela União Indiana como um apoio tácito. São excepção os grupos comunistas indianos que consideram que estas declarações pressupõem a possibilidade de uma autodeterminação *"backed by America or any of the NATO Powers to defend Goa".*

Relativamente a um outro problema, Harriman sublinha a importância que os EUA dão ao desarmamento da União Indiana que, segundo ele, só faz sentido quando também aplicado à Republica Popular da China[250].

A imprensa indiana, quase em bloco, considera que as palavras de Harriman constituíam um apoio embora discreto à política indiana relativamente a Goa. De resto, o Embaixador americano em Dehli, o Prof. Galbraith, quando instado por jornalistas sobre o caso, evita responder directamente, limitando-se a remeter para as tomadas de posição de Adlai Stevenson na ONU sobre Portugal. A leitura era fácil e óbvia.

A imprensa internacional dá largo conhecimento das tomadas de posição de Harriman. Os jornais do Paquistão vêem-nas com alguns *"mixed feelings"*. Em Karachi, o *The Statesman*, de 23 de Março, intitula um artigo de fundo: *"Harriman's praise for India"*.

Na Europa, a Bélgica tem uma imprensa obviamente desfavorável às novas tendências da política africana de Kennedy. O *Libre Belgique*

---

[250] AHD, PAA 291.

insurge-se, exagerando as próprias declarações do Embaixador itinerante americano[251].

De extrema importância, nesta campanha de sensibilização da opinião pública e dos países africanos, é o grande artigo publicado por Harriman no *New York Times Magazine* de 9 de Outubro de 1960, intitulado "*What the Africans expect of us*".

Não contando as posições públicas de Adlai Stevenson no quadro das Nações Unidas, o Subsecretário de Estado para Assuntos Africanos, Mennen Williams, foi certamente dos que, para além de Harriman, assumiu posições mais claramente contra a política ultramarina portuguesa. Destacamos, entre outras intervenções: a sua alocução ao *Negro Trade Union Leadersip Council*, em Filadelfia, sob o tema "*O Sul da África em Transição*", que foi distribuída à imprensa pelo Departamento de Estado em 18.09.61; outra, no Canadá, em Toronto, na *African Students Foundation*, a 31.01,64; em Março do mesmo ano, igualmente distribuída à imprensa pelo Departamento de Estado, a sua alocução em Rochester, Nova Iorque, intitulada "*Africa's Problems and Progress;* a 18.04.64, em Chicago, no "*Collegiate Council for the UN Fourth Annual Leadership Institute*", uma outra intitulada "*African Issues at the UN*", também distribuída pelos serviços do Departamento de Estado; ou outra de Novembro do mesmo ano, em Pensilvânia, intitulada "*America's Image in Africa*", objecto da mesma distribuição; e ainda uma comunicação que em Março de 1965 o Departamento de Estado difunde, intitulada "*United States Policy in Africa*".

Em todas as intervenções os temas recorrentes são: a necessidade da autodeterminação; o perigo do comunismo em África; o acreditar que, apesar de tudo, a África saberá não se deixar submeter a nova escravidão a Leste; e a fé na continuação da política de Kennedy com a nova Administração Johnson. Em quase todas, o tema do colonialismo português está presente[252].

---

[251] AHD, PAA 922, Of. 419, de 25.3.61, de Bruxelas.
[252] Textos das alocuções de Mennen Williams – AHD, PAA 291.

IV.5. Duas tendências e a nova inflexão na posição americana da Administração Johnson. A carta de Mondlane a Johnson. Johnson tenta ainda uma nova política africana para os Estados Unidos

Num *Memorandum* para Bundy, assinado por Bill Brubeck, 4 dias antes do assassinato de Kennedy, fica claramente expresso o que "os outros" pensavam dos "africanistas" da Administração: *"Most of these papers are generated at a very low level. If past experience holds true they will get scant attention higher up. So what expect anything but more desk officer boiler plate? In case of Africa, for example, it will just be the Africanists talking to themselves again, remote from the levels and perspectives where policy decision are, in practice, taken....."*[253].

Entre os que estão contra à política africana de Kennedy, conta-se Dean Acheson – amigo de Portugal – que, num artigo publicado na prestigiada *"The Yale Review"* de 1961[254], defende que a unidade dos EUA com os seus aliados europeus deve constituir um eixo de estabilidade e desenvolvimento para o terceiro mundo e um bloco contra a URSS, pelo que discorda que os Estados Unidos assumam posições públicas contra Portugal nas Nações Unidas. Um dos textos em que mais claramente formula a sua posição encontra-se na *Fortune Magazine* de Abril de 1964, em carta enviada aos editores que intitulou *"Portugal is an Ally"*. Transcrevem-se algumas passagens: *"Portugal is an Ally which has made and is making important contributions to our mutual security by the Azores base rights. She is entitled to be treated fairly and honorably"..."The way to improvement is by economic improvement in both Portugal and the African colonies, so that if true self-determination should lead the latter to choose independence, they could*

---

[253] Arq. Pessoal de Witney Scheidmen (IPRI), DDRS/1964 Jan-Apr., L. J. Johnson Library, Executive Office of the President, NSC. Secret, Nov. 18.1963.

[254] *"Fifty Years After"* na *The Yale Review*, Outono de 1961.

maintain an independent life. This they could not do now. **Portugal does not stand in the way of such a program. But has proclaimed it**"[255].

Seria, de resto, interessante analisar as razões que levaram o prudente Dean Acheson a escrever estas duas linhas que enfatizámos e não excluímos que se possam explicar através de diálogos pessoais com Franco Nogueira, com quem tinha um relacionamento pessoal excelente e por quem nutria admiração intelectual. Mas este mesmo Dean Acheson, em conversa com o nosso Embaixador em Washington, embora defendendo estas opiniões, manifesta-se contra a nossa posição utópica de considerar Angola e Moçambique como Províncias Ultramarinas. Erro, que segundo ele, já a França cometera com a Argélia[256].

As opiniões favoráveis de Acheson foram, obviamente, muito aproveitadas pelo Governo português e as Necessidades chegaram mesmo a fazer uma Circular, com o n.º 54, de 1961, que mandaram distribuir pelas missões diplomáticas portuguesas no estrangeiro.

Como temos repetido ao longo da nossa investigação, as premissas geopolíticas e geoestratégicas em que se baseava o chamado "grupo africano" identificavam-se com as de Eduardo Mondlane. Utilizaremos alguns dos argumentos de Wayne Frederick[257] para enunciar esses pressupostos:

a) Mesmo naqueles para quem a problemática da Guerra-Fria se sobreponha à política africana, Portugal, apesar dos Açores, constituía um aliado incómodo;

b) "*Portugal was a collapsing Empire*" e, quer quiséssemos quer não, Salazar não representava o futuro, mesmo de um pós-Guerra-Fria – os novos líderes do então chamado terceiro-mundo é que representavam esse futuro;

c) Os Estados Unidos deveriam manter "*avenues of discussion*" com esses países do futuro, pois o contrário seria mais prejudicial

---

[255] O negrito é da nossa iniciativa.
[256] AHD, PAA 289, Tel. 112, de Washington, de 6 de Abril de 1961.
[257] Entrevista de 1999.

aos EUA do que aos aludidos países que encontrariam parceiros a Leste;
d) Rusk, segundo Fredericks, apoiava estas teses mas via-se no meio de fortes tensões no interior do Departamento de Estado e, segundo o mesmo, o próprio departamento da Europa estava "dividido";
e) O grupo entendia que Salazar nada percebia de África nem do terceiro-mundo e tudo fazia crer que ele se preparava para um segundo *"500 year Plan"*(sic);
f) A resposta americana deveria ser isolar Portugal e simultaneamente ajudá-lo a seguir os exemplos da França e do Reino Unido em África.

A tendência mais dura era encabeçada por Mennen Williams que, contrariamente ao que muitos anunciavam na altura, se manteve no seu posto com a nova Administração Johnson. É interessante, neste contexto, olhar para um Memorando que Williams envia a Dean Rusk no dia seguinte ao assassinato de Kennedy, isto é, a 23 de Novembro de 1963[258], e que tem por título *"Os Assuntos Actuais que Afectam a nossa Política com África"* e, como subtítulo, *"As nossas acções nos próximos meses nos seguintes assuntos-chave relativos a África são ansiosamente esperados e serão cuidadosamente avaliados pelos africanos, como indicadores da direcção política dos Estados Unidos sob o Presidente Johnson"*. Segue-se a seguinte enumeração temática: *Direitos Civis nos Estados Unidos; Diplomacia Presidencial; África do Sul; África Portuguesa; Guiné; Argélia e Marrocos e o Corno da África.*

Quanto a Portugal, Williams faz as seguintes reflexões: *Os EUA têm cada vez maior dificuldade em desempenhar um papel moderador entre Portugal e os africanos. Estes irão submeter ao Conselho de Segurança e à Assembleia-Geral novas resoluções. Portugal vai exigir a extradição, por crime, de Galvão, que a 4.ª Comissão das Nações Unidas convidou a*

---

[258] Departamento de Estado, Central Files, POL 1 AFR-US, Confidential (doc. 222).

comparecer na sua reunião. Tudo isto irá ser examinado com atenção pelos africanos quanto às orientações da nova Administração.

O chefe de fila do grupo africano da nova Administração preocupa-se claramente com as inflexões possíveis e procura salvar o máximo da política africana de Kennedy. Em 4 de Maio de 1962, Wayne Frederick, assistente principal de Mennen Williams, que continuará a ser interlocutor directo ou indirecto de Mondlane, através por vezes da Embaixada americana em Dar es Salaam, e considerado um moderado dentro da Administração Kennedy, faz uma alocução num jantar-*forum* da Associação Cristã da Juventude, em que procura não hostilizar Portugal, país aliado – como refere –, e alude mesmo a programas positivos que o Governo português anunciou, nestes termos: "*At the end of August 1961, the Portuguese Government announced a series of reforms affecting its African territories. The reforms provide for a system of self-government at the village and town level and the elimination of a separate status for "unassimilated" natives. There have been indications that additional reforms are in progress*".

Trata-se de ecos nos Estados Unidos do que se poderia hoje chamar "*o pacote Adriano Moreira*" de reformas, a que aludimos noutro local.

Dean Rusk, em 10 de Julho de 1963, num Memorando Confidencial ao Presidente Kennedy, equaciona claramente as alternativas[259]. O Memorando tem por título "*Política dos EU relativa aos territórios portugueses e a estratégia no CS das NU*" e anuncia assim a questão: "*O Problema* – A difícil decisão que devemos tomar na sessão do Conselho de Segurança sobre os territórios portugueses em África terá consequências de longo alcance nos interesses gerais da política externa americana. Basicamente estaremos confrontados com a seguinte escolha:

1 – Continuar a nossa política actual;

2 – Avançar para uma posição mais forte e vigorosa anticolonial, mas reconhecer que há um grave perigo de deterioração nas relações entre Portugal e os EUA".

---

[259] Departamento de Estado, Central Files, POL 10 PORT/UN, Confidential.

Depois de uma longa análise política da situação, na qual curiosamente refere um relatório de Hailé Selassié, que haveria impressionado os franceses e os ingleses, em como o "*General Franco tinha dito a Salazar que não poderia acompanhar a política colonial portuguesa*", Dean Rusk propõe uma posição a assumir no CS, concertada com a França e a Grã-Bretanha e discutida com alguns líderes africanos, que permita evitar o pior, ou seja: "*a aplicação de sanções ao abrigo do cap. VII da Carta ou a expulsão de Portugal da Organização, que necessitaria de pelo menos 7 votos*".

A flexão estratégica relativamente ao binómio África/Açores é totalmente clara num *Memorandum* Secreto, dirigido ainda ao Presidente Kennedy, a 18.07.1963, antes de este receber o Embaixador Stevenson e com base nas informações do Embaixador Elbrick em Lisboa[260]. A linha dura está presente, mas a importância dos Açores aparece mais uma vez como a determinante definitiva:

"..........*5. There are two main issues for decision today: our tactics in the Security Council and the contents of an acceptable resolution. With regard to the latter, the key issues are (in pages 5-6 of the draft instruction):*

a) A call to Portugal to discuss with "certain key Africans" a scenario for self-determination;

b) Weather the resolution should specifically call for inclusion of Portuguese African nationalists in such talks and

c) The proposal to single out Portugal for a partial arms embargo on a hortatory basis..................."

E no n.º 6, o último, diz-se:

"*6 – You may wish to ask the Secretary of State and Ambassador Stevenson at the outset to comment on both tactics and the contents of the draft resolution. You will recall that main points in last Monday's meeting were:*

---

[260] Arq. Pessoal de Wittman Scheidman (IPRI), JFK Lybrary, Secret, *Memorandum for the President*, 18.07.63, NLK-77-673, assinado por William Brubeck.

a) We should avoid taking a visible lead or offering an "American resolution" that would permit others to make us a conspicuous target for Portuguese attacks;

b) We should explore getting the French or others to take a lead on a compromise resolution;

*c) **Any position involving serious risk of loss of Azores is unacceptable.***

William H. Brubeck"

Em Novembro de 1963 – em plenas "negociações Ball" – o Departamento de Estado publica uma intervenção de Wayne Fredericks, feita em Outubro no Instituto de Política Externa da Stanford University, da Califórnia, no mesmo tom que a anterior[261].

O próprio Mennen Williams modula as suas palavras ao enunciar os "*Interesses Americanos em África*", na já referida intervenção no Williams College de Massachussets, a 18.03.65. Embora glose a continuidade da política africana referindo o "*our tough-minded Secretary of State Dean Rusk*", alude ao caso português longamente mas no sentido de que os Estados Unidos deviam persuadir Portugal a aceitar o princípio da autodeterminação, que não se traduziria pela imediata aceitação do princípio de "*uma cabeça – um voto*", mas sim pela imediata preparação para lá chegar mais tarde[262]. Neste documento, Williams reformula em 5 pontos, os interesses americanos em África, o que corresponde a um reajustamento estratégico, do seguinte modo:

A – A Política dos EUA em África corresponde à defesa do princípio da autodeterminação;

B – Soluções africanas para os problemas africanos e consequente apoio à OUA;

---

[261] The Department of State Bulletin, Vol. XLIX, Nr. 1273, Nov. 1963AHD, PAA 289.

[262] AHD, PAA 291, Mennen Williams, "*US Interests in Africa*", Williams College, Massachusetts, 18.03.65.

C – Ajuda e Comércio (*Aid and Trade*), que é um conceito relativamente novo na altura, ao qual associa o objectivo de *"nation-building"*;
D – Segurança interna e limitação de armamento;
E – Encorajar as preocupações europeias. Trata-se de uma noção nova que vinha da época de Kennedy, mas agora mais elaborada: *"It is our feeling that the United States can give African countries a "second power" association which will increase their sense of independence. At the same time, their connection with the United States will give the African countries a greater political capacity to maintain association with former metropoles"*.

O fantasma que Salazar começou a recear desde o início da crise africana – e que permaneceu até ao episódio da expulsão da Formosa e entrada da República Popular da China nas Nações Unidas em 1971 – era uma possível expulsão de Portugal da ONU, eventualidade que foi condenada desde 1963 por Mennen Williams e Adlai Stevenson, segundo informação da nossa Embaixada em Washington[263].

Depois das intervenções de Mennen Williams no Senado e na *"House"* em 1963[264], a que nos referimos longamente no subcapítulo 3, a nossa Embaixada prevê para breve o seu pedido de demissão, pois ele veria comprometidas as suas habituais missões de *"Goodwill"* a África *"with Tschombe around his neck and an American invasion of the Congo on his conscience..."*[265]. Ele próprio admite aos jornalistas que referiu o assunto *"in general terms"* ao Presidente, mas este confia-lhe a 11.ª viagem a África como seu Representante Pessoal. O assunto da sua possível demissão preenche os *media*, que referem que Johnson se vê face ao dilema de os africanos quererem Williams, que consideram seu amigo, e a classe empresarial americana preferir um *"hardnosed career foreign service officer"*. Mas a 24 de Abril, inesperadamente, Johnson reafirma a sua confiança política em Williams, o qual, tendo em conta este volte-

---

[263] AHD, PAA 290, tel. 222 de Washington, de 13.07.1963.
[264] AHD, Washington M 258.
[265] AHD, Washington M 258, of. 184 de Washington, de 12.02.1965.

-face, retoma a sua incansável campanha com várias intervenções públicas nos Estados Unidos. Em Maio efectua a sua 12.ª volta por África, no decurso da qual declara, dia 19, à UPI que os Estados Unidos vão fazer uma completa revisão da sua política externa, económica e social.[266]

Em Agosto a Comissão Republicana do Congresso pede a demissão de Williams, entre outras razões, por considerar que *"envergonhou"* o seu país ao comentar, a propósito da recente nomeação de Arthur Goldberg para Embaixador nas Nações Unidas, que o facto de Goldberg ser judeu não devia ser interpretado como uma atitude anti-árabe por parte dos Estados Unidos. Como para se despedir, Mennen Williams ainda faz uma 13.ª digressão pela África, acompanhado de sua mulher e filha, e pede a demissão a 1 de Março de 1966. Embora se pensasse, na altura, que seria o seu adjunto e grande amigo de Mondlane que o iria substituir, Wayne Fredericks, a verdade é que Johnson prefere um tal Joseph Palmer, diplomata cauteloso e não *"engagé"* pela causa africana.

Wayne Fredericks será objecto de uma forte chamada de atenção por parte de Dean Rusk, depois de este haver proibido que Mondlane ou outros líderes independentistas fossem recebidos no Departamento de Estado, episódio a que já aludimos. Com efeito, Fredericks, Mondlane, Williams e Cleveland (a composição do grupo é aproximada, segundo a memória de Fredericks do acontecimento, em 1999) são fotografados na Universidade de Washington, facto que desencadeou a aludida reacção violenta de Rusk que levou Fredericks a pedir a demissão. Depois de uma longa conversa entre os dois, em que foi avaliada a má imagem que tal demissão transmitiria a África, imagem contrária aos princípios mesmos que deveriam constituir a imagem eterna dos Estados Unidos, Rusk, segundo Fredericks, não aceitou a demissão, garantiu-lhe o seu apoio e pediu que continuasse os contactos com Mondlane fora do Departamento de Estado. Wayne Fredericks acaba por pedir a sua demissão em Setembro de 1967.

---

[266] AHD, Washington M 258, of. 701, de Washington, de 28.05.65.

Mas não podemos esquecer, e Wayne Fredericks sublinha-o na sua entrevista de 1999, os dois temas internacionais que se tornam "globais" e dominam as preocupações do Presidente, do governo e da opinião pública dos EUA: a guerra do Vietname e o Congo. Este último encerra problemática perigosíssima e com implicações em todo o Continente, pois levanta a questão da estabilidade das fronteiras. Segundo Fredericks, Mondlane tem perfeita consciência deste facto, que assume realisticamente e passa a incorporar na sua nova estratégia. Neste contexto, a base dos Açores passou a constituir "*a national security american issue*". Segundo a mesma fonte, "*os Estados Unidos começaram a fechar-se para a África e os recursos financeiros a serem mais limitados*". "*Moçambique estava* (então) *na cauda das preocupações americanas*"[267] e a ignorância da opinião pública americana quanto a África não ajudava.

Em Lisboa, o Embaixador Tapley Bennett mantinha um *low profile* nas questões africanas.

Ambas estas alavancas da estratégia de Mondlane, Mennen Williams e Wayne Fredericks, se esvaneceram. A Administração Kennedy desapareceu e a nova, que o não antagoniza, não faz porém uma aposta tão clara na sua pessoa; e simultaneamente, em Portugal, a tendência dos falcões prevalece sobre a linha reformista do Prof. Adriano Moreira. Segundo o novo ministro Silva Cunha, que virá a suceder depois de um breve interregno a Adriano Moreira, Salazar ter-lhe-ia posto, na primeira reunião de trabalho, a possibilidade de abolir a nova Lei Orgânica do Ultramar, ao dizer-lhe que via com muita preocupação "*o caminho por que o Dr. Adriano Moreira enveredara*", ao que ele teria respondido que se não podia voltar a trás, dadas as expectativas criadas[268]. É, de resto, impressionante verificar como no seu depoimento, já de 1977, Silva Cunha mostra pouco conhecer a figura de Mondlane,

---

[267] Entrevista de 1999.
[268] "*O Ultramar a Nação e o '25 de Abril*'". J. M. Silva Cunha, Atlântica, Coimbra, 1977, pag. 95.

sobre o qual diz erros elementares e se limita a notar: *"Eduardo Mondlane, natural da região de Gaza, pertencente a tribo Muchope, o qual depois de frequentar uma missão metodista americana, estudou nos Estados Unidos, na Universidade de Colômbia.......conseguiu subverter o planalto dos Macondes....e estendeu a subversão ao vizinho distrito de Niassa"* [269].

Quando a FRELIMO comemora o primeiro aniversário da luta armada, Mondlane ainda escreve uma carta ao então já Presidente Johnson, datada de 14 de Setembro de 1965, invocando as resoluções das Nações Unidas contra o colonialismo e mais precisamente o colonialismo português e lastimando que países da NATO, aliados de Portugal, continuem a auxiliá-lo militarmente, o que permite a continuação da guerra. Termina a carta, que foi curiosamente (e desconhecemos a razão) escrita em francês, desta forma:

"Voilà, Excellence, ce que nous tenions à vous dire, à vous et à votre gouvernement.

Non pas pour vous condamner "sans espoir" mais pour vous dire notre sentiment que les chemins de la justice sont toujours, et à tout moment, ouverts aux Hommes et aux Nations. Pour vous dire qu'à l'occasion de l'Ier. Anniversaire du déclanchement de l'insurrection générale armée du peuple mozambicain, contre le colonialisme portugais et pour l'indépendance nationale du Mozambique, notre peuple espère que vous, Excellence, et votre gouvernement, vous saurez finalement montrer au monde, que vous acceptez la raison de l'histoire.

Et l'histoire est avec le peuple mozambicain.

Haute considération

Eduardo Mondlane

President" [270].

A carta foi enviada pelo Departamento de Estado a McGeorge Bundy com uma tradução e o seguinte comentário: *"believes that it is*

---

[269] Id., pags. 27 e 28.
[270] "General ME 4-3/MIT-MZ" LBJ Library, White House Archives, Box 184.

not appropriate to reply to it. There is a possibility that any reply would be misrepresented or otherwise misused by Mondlane"[271].

Este inequívoco novo estado de espírito da Administração americana, bem patente nestes documentos, será pelo próprio Mondlane afirmado publicamente[272].

É interessante recordar que, já quando a 18 de Dezembro de 1962, foram pedidas nas Nações Unidas sanções contra Portugal, numa Resolução que condenou o *"extermínio em massa da população indígena da Angola"* e que contou com os votos negativos de vários países ocidentais entre os quais o dos Estados Unidos, Holden Roberto escreveu uma carta a Kennedy, com data de 19 de Dezembro de 1962, à qual o Departamento de Estado aconselhou igualmente a não responder[273], através de um parecer de William Brubeck, do Departamento de Estado, dirigido à Casa Branca, onde se lê: *"The Department of State believes no reply should be given to the letter dated December 19th, 1962, to the President from Holden Roberto"*[274].

Averell Harriman, publica no *"The Listener"*, de Londres, no seu Nr. 1908, de 21 de Outubro de 65, um artigo intitulado *"US Foreign Policy outside Europe"*, onde repete muito da doutrina geral americana relativamente a África e chama a atenção para o perigo de um novo colonialismo, o comunista. Harriman, em conversa com Alastair Burnet, começa por dizer que a supremacia branca é facto que os americanos *abhor*, tanto no mundo como no seu próprio país. Em segundo lugar sublinha continuar a haver uma profunda diferença de opinião entre os Estados Unidos e Portugal, pois Portugal considera as suas colónias como Províncias Ultramarinas e os africanos não. Os Estados

---

[271] Id.

[272] Em Nova Iorque, Mondlane refere, numa entrevista em Março de **1967**, que com a administração Johnson deixou de ser recebido ao mais alto nível no *State Department* ou na Casa Branca, como anteriormente.

[273] Witney W. Schneidman, *Confronto em África – Washington e a Queda do Império Colonial Português,* Tribuna, 2005.

[274] Arq. Pessoal de Witney Schneidman (IPRI) M. MISC.1963, JFKL, #4-5 NSF.

Unidos continuam a apostar no princípio da autodeterminação como saída para este impasse. Termina, porém, alertando para os perigos do novo colonialismo que se avizinha – o colonialismo comunista[275].

Johnson tenta ainda uma nova política africana para os Estados Unidos

Com a sua nomeação para as Nações Unidas, o Embaixador Goldberg tenta relançar com Johnson um novo, mas fracassado, plano de política externa americana em África.

Johnson necessita, na frente externa, de se libertar do estigma do Vietname. Goldberg, por seu lado, tem uma visão mais desapaixonada e pragmática dos problemas e pensa que se devem aproveitar duas circunstâncias para relançar uma nova frente diplomática em África: o declínio da URSS e da China no continente africano e a necessidade de refazer a má imagem americana no mundo, causada pelo Vietname.

O plano passa por mobilizar o Banco Mundial, o BAD e mesmo eventualmente a União Soviética, e definir 4 objectivos prioritários ao desenvolvimento africano:
– Uma rede de transportes;
– Uma rede de telecomunicações;
– Uma rede energética;
– Um plano de educação maciça[276].

Este programa é proposto por carta a Johnson, que o adopta e o anuncia a 26 de Maio de 1966. Os Embaixadores americanos fizeram diligências em várias capitais europeias e em África. Há referências à não-aceitação de governos de minorias.

O impacto foi fraco. Poder-se-á dizer que no Plano Johnson sobejou uma visão pragmática melhor do que no plano Kennedy, mas faltou o entusiasmo e a convicção que sobejaram neste.

---

[275] AHD, PAA 281.
[276] Witney W. Schneidman, *Confronto em África – Washington e a Queda do Império Colonial Português*, Tribuna 2005.

O Embaixador Goldberg conhecia Eduardo Mondlane. Participaram juntos mais tarde, a 27 de Janeiro de 1967, na "*American Negro Leadership Conference on Africa*", no Mayflower Hotel em Washington[277]. A intervenção de Arthur Goldberg reveste particular importância para melhor se conhecer o seu pensamento sobre a África. Não obstante o equilíbrio, maior que o do seu predecessor, no sentido de manter as boas relações com Portugal eram claras as suas opções de fundo. Enunciemos os pontos fundamentais da sua exposição:

– *Começa por referir que na primeira década das Nações Unidas havia apenas 4 países africanos, dos quais dois da África Negra – Etiópia e Libéria. "Africa remained the dark continent submerged to colonialism". Nos últimos dez anos o número de Estados I/independentes subiu para 39.*

– *Disse preferir tratar primeiro dos territórios africanos sob dominação portuguesa, Angola e Moçambique, pois os debates nas Nações Unidas sobre eles eram inúmeros, e acrescentou: "Portugal is a long standing friend and NATO ally of the United States, but regrettably our close association is clouded by our differences over the future of these territories".*

– *Enfatizou a necessidade de encontrar fórmulas que permitam a Angola e Moçambique poderem exercer o direito à autodeterminação, cujas opções podem ser diversas:*

- *A emergência de um Estado soberano;*
- *A livre associação com um Estado independente;*
- *A integração num Estado independente.*

– *Estabelece o paralelo com o caso do Vietname e refere que havia um ano tinha defendido nas Nações Unidas que nenhuma solução seria possível "sem contactos, sem discussão, sem negociação".*

Faz, depois, o enquadramento conceptual da política externa americana:

1 – O interesse básico da política externa americana é promover a paz e a estabilidade no mundo;

---

[277] AHD, PAA 290.

2 – A atitude americana no mundo tem muito a ver com o seu passado histórico como um poder anticolonial. O regime Smith não aceita o princípio da autodeterminação, pois 6% de brancos governam 94% de negros;

3 – Como membros fundadores das Nações Unidas, os Estados Unidos têm obrigação internacional de apoiar "os direitos humanos e as liberdades fundamentais para todos sem distinção de raça";

4 – Finalmente, os Estados Unidos têm interesse em toda a África... "make no mistake about it..." "basic interests in the Rhodesian crisis are interests in which America is deeply involved";

5 – Quanto à África do Sul, afirma juntar-se a um grupo de países africanos que tentam persuadir a Assembleia-Geral a que se deve evitar a confrontação.

Finaliza com algumas considerações genéricas e de moderação, reconhecendo haver problemas importantes na nova África e ser desejável a cooperação regional. E sublinha que, infelizmente, muitos líderes africanos desconhecem regras de ética política elementar e o direito dos outros, demasiado preocupados que estão com os seus próprios interesses... "it is not the part of friendship to be silent about such tendencies".

Goldberg é obviamente mais realista e menos impregnado de idealismo-humanista do que o grupo dos africanos da Administração Kennedy, mas no essencial está de acordo com as teses de Mondlane, com quem tivera ocasião de falar durante a aludida Conferência.

Com Nixon, a África começou por ficar em terceiro plano nas prioridades americanas de política externa, como se vê no NSDM 38[278].

Angola despertou o problema. Kissinger viu como o avanço soviético ocupou os espaços vazios deixados pelas hesitações e recuos americanos e, na sua primeira viagem a África, vai defender a "lei das maiorias", repetindo, de modo e em tempos diversos, teses antigas.

---

[278] Henry Kissinger, "Years of Renewal", Simon & Schuster, NY, 1999.

IV.6. **A especificidade geoestratégica no caso dos territórios portugueses em África: o triângulo Açores-Berlim-África (NATO). As profundas consequências do "Entendimento Secreto" luso-americano de 1951, anexo ao "Acordo Bilateral de Assistência e Defesa Mútua" do mesmo ano**

As relações com os EUA e a NATO face à questão ultramarina – e que constituem a grande arma de arremesso contra o Ocidente usada por Mondlane – decorrem do triângulo EUA-Berlim-Portugal (África).

Para melhor caracterizarmos os contornos do problema, talvez seja útil fazer um rápido recuo histórico no que toca aos Açores e à NATO.

Em primeiro lugar, há que reter a afirmação de Jeffrey Engel[279] quanto à diferença total entre a natureza bilateral que revestia o contrato da base dos Açores no âmbito do difícil Acordo de 1944, e as funções geoestratégicas globais que a base passou gradualmente a assumir depois da segunda guerra mundial.

Quando nos aproximamos da década de 50, Salazar preferia nitidamente a opção bilateral, defendida também pelo nosso Embaixador Theotónio Pereira em Washington, para evitar *"escravidões internacionais"*, além de advogar a não necessidade de bases estrangeiras em tempo de paz[280]. Vem depois a considerar preferível inserir as negociações no âmbito da NATO, tendência sempre defendida pela *"Strategic Air Commando" da USAF.*

Um possível conflito Este-Oeste, cujo ponto mais delicado na altura era fundamentalmente Berlim, tornava a base dos Açores essencial para os EUA – o que constituía o único travão à política africana de Kennedy, e depois de Johnson, contra a política ultramarina portuguesa, e era sempre referido como *"interesses globais da política americana".*

Kennedy terá tido essa percepção de uma maneira talvez mais acutilante em Outubro de 1962, nos dias trágicos da crise dos mísseis

---

[279] Professor na Universidade de Pensilvânia, in *"Portugal e o Atlântico, 60 Anos dos Acordos dos Açores"*, CEHP-ISCTE, 2003.

[280] *Vide*, sobre todo este período, António José Telo, *Portugal e a NATO*, Cosmos, 1996.

soviéticos em Cuba. A partir daí, na sua política africana com Portugal, passou a reter esta variável – Açores – com particular relevo.

Não significa isto que o problema não constituísse desde 1961 uma questão fundamental para os Estados Unidos. Lembre-se a este propósito um *Memorandum* de 14 de Setembro de 1961, de Samuel Belk, do NSC, para o Presidente Kennedy, antes de este receber as credenciais do nosso novo Embaixador em Washington, Theotónio Pereira, que as deveria apresentar a 15. Aí se refere o facto de um grupo de empresários e de empresas ultramarinas portuguesas terem um orçamento de 1 milhão de US$ para pagar a uma firma de *Public Relations* nos Estados Unidos, a *Selvage and Lee*, a fim de fazer um activo *lobby* a favor da política ultramarina portuguesa, dos quais 500.000$ seriam despendidos no primeiro ano. Termina o documento com estes dois parágrafos:

"As you may recall, when you approved the recommendations of the Angola Task Force, paragraph 12 read as follow: 'Implement the foregoing quietly insofar as possible and in a manner designed to bring about basic and far-reaching reforms in Portuguese colonial policy, and to minimize the possibility of losing the Azores, recognizing the grave military consequences which would attend such a loss'.

The arrival of a new, probably very active ambassador, the expected activities of the public relations firm, the U.N. debates and the NBC film suggest that we may have to be more outspoken than we have been in the past, especially with regard to the use of US arms in Africa. This is one point we think you should stress[281]".

Por outro lado, a 31 de Dezembro daquele ano terminava legalmente o Acordo das bases dos Açores, que passaria a um acordo de aplicação pontual e de dia-a-dia.

Desde Pearl Harbour – e numa visão prospectiva até ao 11 de Novembro – nunca os Estados Unidos, fora da chamada crise dos

---

[281] Kennedy Library, President's Office Files, Portugal, Security. Secret, 14 Setembro 1961.

mísseis, estiveram sob uma ameaça de tal grandeza e cujas saídas possíveis poderiam trazer consigo uma eventual guerra nuclear de dimensões difíceis de prognosticar naquela altura. Criou-se então o que se veio a chamar "Conselho Executivo do Conselho Nacional de Segurança (EXNSC)"[282], grupo *ad hoc* que se reunia em segredo, quase sem interrupção, e que agrupava todos os elementos que poderiam contribuir para uma decisão urgente, desde que o avião espião U-2 fotografou com pormenor as bases de lançamento dos mísseis terra-ar soviéticos em plena instalação em Cuba. Estas fotografias foram mostradas a Franco Nogueira por Dean Rusk durante um almoço no Departamento de Estado.

Afigura-se-nos interessante nomear a maior parte das personalidades que foram chamadas a integrar este grupo: o Secretário de Estado, Dean Rusk; o Secretário de Estado da Defesa, McNamara; o Director da CIA, John McCone; o Secretário de Estado do Tesouro, Douglas Dillon; o Conselheiro para os Assuntos de Segurança de Kennedy, McGeorge Bundy; o Conselheiro Presidencial, Sorensen; o Subsecretário de Estado, George Ball; o outro Subsecretário de Estado, Alexis Johnson; o General Maxwell Taylor, CEMGF; o Assistente do Secretário de Estado para a América Latina, Edward Martin; R. Gilpatrick; Paul Nitze, Adjunto do Secretário de Estado da Defesa; o Vice-Presidente, Lyndon Johnson e Donald Wilson, Director-adjunto da CIA; e o ex-Secretário de Estado, Dean Acheson.

1 – Nunca os Estados Unidos se viram, em poucos dias, face a uma ameaça nuclear, desvendada pelos serviços de espionagem, mas sempre negada pelo próprio Kruchchev ou pelo chefe da diplomacia soviética, Andrei Gromyko.

2 – As opiniões dividiam-se no grupo: os que advogavam uma intervenção militar imediata, entre eles os militares e Dean Acheson, e os que procuravam uma solução que simultaneamente salvasse a imagem dos EUA e evitasse uma possível catástrofe. Entre estes conta-

---

[282] Sobre todo este episódio, é interessante consultar o relatório póstumo de Robert Kennedy, que foi publicado com o nome de *"Thirteen Days"*.

vam-se McNamara e o grupo Kennedy (o Presidente e Robert Kennedy, então "Attorney General")[283].

Stevenson adiantara, no decurso das reuniões, que os EUA ponderassem deixar Guantanamo e retirar os mísseis obsoletos que mantinham na Turquia e em Itália, isto para desfazer a crispação entre as duas potências – proposta que não foi aceite, pois não parecia aceitável no quadro da ameaça russa, embora fosse iniciativa em que já Kennedy pensara.

Stevenson podia pôr esta proposta em cima da mesa, depois do "espectáculo" que dera num famoso confronto televisivo em que levara Zorine, Embaixador soviético, a negar a presença dos mísseis em Cuba, para depois lhe apresentar as fotografias aéreas dos mesmos tiradas pelo U2.

3 – Mas, finalmente, depois de vários episódios, cada um com maior dramatismo e perigo a nível mundial, Kruchtchev admite a existência de mísseis, e cede, através duma carta a Kennedy, contra a promessa solene de que os EUA não invadirão Cuba. Depois, numa segunda carta, menos pessoal, propõe outro *trade off*, a retirada dos mísseis americanos da Turquia.

Kennedy, no desfecho da crise, não pôde pôr de parte um cenário futuro possível de um bloqueio de Berlim e de uma invasão soviética à Turquia. Em quaisquer dos quadros a base dos Açores surgia como ingrediente indispensável.

O Presidente, cioso da imagem da América, não deixou de consultar De Gaulle, Adenauer e MacMillan, antes de decretar o famoso bloqueio e de obter deles a simpatia e anuência. Não se deve, porém, deixar de referir que Kennedy, talvez por lembrança do seu "Africa-man" Mennen Williams, não quis deixar de consultar pelo menos dois líderes africanos, de que tenhamos conhecimento, através dos Embaixadores americanos acreditados nas suas capitais. Um, representante da linha moderada e pró-ocidental, foi o Presidente do Senegal, cuja resposta era

---

[283] Ver referido depoimento de Robert Kennedy.

facilmente imaginável; mas também outro, radical e sem simpatias para com o Ocidente, Sekou Touré da Guiné-Conakri respondeu aos americanos que entendia o seu receio, uma vez que era contra a implantação de bases militares em países terceiros, ameaçadoras de outros.

Em 1963 o Memorando de Dean Rusk, previamente citado, era claro. Trata-se do Memorando Secreto de uma reunião a 18 de Julho com o Presidente Kennedy, a que assistiram Adlai Stevenson, o Embaixador Yost, diplomata muito influente, Harlan Cleveland, Mennen Williams, Henry Tasca, Abe Chayes, o Secretário da Defesa McNamara, William Bundy, Schlesinger e Brubeck, da Casa Branca, e que se ocupa exclusivamente do caso Açores. O documento apresenta-se em 5 pontos sucintos:

"1 – Antes de Kennedy entrar, McNamara levantou o problema da cláusula secreta de 1951, que constitui a carta de entendimento ("letter of understanding") entre Portugal e os EUA, solicitada pela parte portuguesa, que permitia a Portugal o uso de armamento americano em África. A Defesa ficou de rever a questão, nomeadamente a possibilidade de denunciar o acordo de 1951 para futura apreciação presidencial.

2 – O Presidente entendeu que deveriam os EUA não levantar o problema e deixar outros tomar a iniciativa. Pensou que a França poderia aproveitar uma atitude americana para se aproveitar dela junto de Portugal. Entende o Presidente que deveríamos ouvir os africanos, os portugueses, etc., exprimir a nossa preocupação, mas abster-nos de propor possíveis soluções e deixar a questão evoluir na semana próxima. Concordou que o tempo para um possível compromisso deve manter-se como uma questão de ponderação e flexibilidade.

3 – Os Embaixadores Adlai Stevenson e Yost afirmaram que não era suficiente bloquear uma Resolução extrema, pois isso poderia não obstar a uma\Resolução drástica ao nível da Assembleia-Geral, no Outono.

4 – O Presidente concordou com o Secretário da Defesa em que, mesmo que se chegasse ao ponto de podermos conduzir um esquema de mediação, deveríamos evitar a todo o custo liderar qualquer processo de embargo. A pedido do Presidente, o Departamento de Estado foi encarregue de reapreciar a linguagem da proposta de Resolução para abrandar qualquer possível acção unilateral de embargo contra Portugal.

5 – O Presidente autorizou o Embaixador Stevenson a proceder à luz das orientações desta discussão e do desejo do Presidente de evitar qualquer iniciativa conspícua americana, e a usar a sua própria iniciativa no desenvolvimento de tácticas no debate no Conselho de Segurança. Sublinhou, contudo, que, face à delicadeza dos assuntos a tratar durante este ano, como a possibilidade de um Tratado de não-proliferação, é da maior importância excluir o risco de perder os Açores".

Com este documento fica definitivamente marcada a importância estratégica dos Açores para os americanos e constituída a arma habilmente usada por Salazar em todas as futuras tentativas de negociação luso-americanas.

A cláusula secreta de 1951

Como escreve o Prof. António José Telo, o "*Strategic Air Comando*" revê a sua estratégia do Atlântico e dos Açores em 1951[284]. Os Açores ganham, ou conservam com nova importância, os seguintes factores geoestratégicos:

a) O factor nuclear dá novo significado à base;
b) Ganha importância em termos de uma possível ofensiva estratégica do Ocidente;
c) Os Açores eram indispensáveis para os novos B52 (a partir de 1955), regressarem das novas rotas polares para a União Soviética;

---

[284] Livro citado de António José Telo.

d) Indispensáveis também para os B-124 e C-97, nas suas rotas para a Europa;

e) Necessários ainda para o reabastecimento no ar dos caças F-84 e F-86;

f) E úteis, por fim, para uma melhor cobertura meteorológica do Atlântico.

Como bem distingue o Prof. António José Telo, duas linhas negociais decorrem em paralelo do lado americano, uma mais dura, a dos militares, outra mais *soft*, a do Departamento de Estado, que finalmente vence.

Concordamos com a análise daquele autor, que mostra a filosofia errada que esteve certamente na base das opções de Salazar: uma substituição extemporânea da Inglaterra pelos Estados Unidos na defesa do ultramar, num novo sonho marítimo.

O Prof. António José Telo, que escreveu o seu livro antes de o Acordo Secreto estar desclassificado, cita a sua existência e advinha-lhe os possíveis contornos.

O nosso adido militar em Washington era o então coronel Júlio Botelho Moniz, que mais tarde veio a ser Ministro da Defesa e a encabeçar, em Abril de 1961, uma tentativa abortada de golpe de Estado. Certamente que este militar teve um papel não despiciendo nas negociações prévias.

De resto, a cláusula secreta vem a ser referida pelo Coronel João Jorge Botelho Vieira Borges no seu Estudo Introdutório e Síntese Biográfica ao livro *"Visões Estratégicas no Final do Império"*, de Júlio Botelho Moniz[285].

Encontra-se aqui o fundamento da futura mudança de estratégia de Mondlane, mas cujas raízes causais remontam a 1951. Mondlane

---

[285] Livro publicado pela Tribuna, em 2007, citando Witney Scheidman, em *"Confronto em África: Washington e a Queda do Império Colonial Português"*, Lisboa, Tribuna, 2005.

baseia-se noutros indícios que lhe alimentam, até 1963, alguma esperança de uma solução negociada e, inicialmente, com o apoio americano. Só com o avanço dos anos teria tido conhecimento, pelo menos parcial, do quadro de base em que se inserem os acontecimentos.

A cláusula secreta, a que se refere McNamara na aludida reunião[286], é uma carta assinada pelo nosso Ministro dos Estrangeiros, Prof. Paulo Cunha – recém-chegado à pasta, em Agosto de 1950, e que esteve sempre afastado das negociações, que tiveram como principais actores o famoso Xantaki, conselheiro da Embaixada americana, e o Ministro Santos Costa sob a sombra distante de Oliveira Salazar . A carta foi enviada ao Embaixador americano em Lisboa, com a mesma data do *"Acordo de Assistência Mútua de Defesa entre Portugal e os Estados Unidos"*, também por troca de Notas, de 5 de Janeiro de 1951, e teve resposta no próprio dia da parte do Embaixador Mac Vaegh (anexo 5).

Tendo todos estes instrumentos diplomáticos sido feitos na mesma ocasião, era com propriedade que o Ministro da Defesa americano, MacNamara, se referia à carta como uma cláusula secreta do aludido Acordo e como tendo sido feita a pedido português.

Na carta Paulo Cunha solicita ao Embaixador americano vários esclarecimentos, entre eles, citamos o que para este estudo se nos afigura mais pertinente, designadamente, a seguinte parte:

"No que respeita à assistência militar a que se refere a alínea 1.ª do Art. 1, declarou-me Vexa. , que as disposições deste artigo se aplicam essencialmente ao auxílio prestado a título gratuito mas que, nalguns casos, terão também aplicação ao auxílio prestado a título oneroso como sejam por exemplo os fornecimentos feitos com destino a territórios não abrangidos pelo Tratado do Atlântico Norte, assinado

---

[286] AHD – Troca de Notas Secreta, por carta entre o nosso Ministro Paulo Cunha e o Embaixador dos Estados Unidos em Lisboa, Lincoln Mac Veigh, de 5 de Janeiro de 1951. Caixa dos Tratados EUA/Portugal (anexo 5).

*em Washington em 4 de Abril de 1949..
Com respeito à disposição constante da alínea 3ª. do Art.1, ficou
esclarecido que, embora o consentimento do governo americano seja,
em princípio, necessário para qualquer transferência de armamento
fornecido para a defesa do território metropolitano português, é fora
de dúvida que esse consentimento seria dado sem demora para uma
transferência de armamento que porventura se tornasse necessária do
território metropolitano português para qualquer território colonial
português".*

Como informa Witney Schneidman no seu livro *Confronto em África*, em 1962, o Departamento de Estado instruiu o seu Embaixador em Lisboa, Elbrick, para que energicamente dissesse a Franco Nogueira que a utilização de armas americanas em África era contrária ao Tratado de 1951 e, caso o Ministro referisse a cláusula secreta, Elbric lhe respondesse que os Estados Unidos *'não podiam dar autorização'*. O facto enfureceu Franco Nogueira que teve uma reacção violenta – o que levou Elbrick a informar Washington: *"este último prego no caixão das relações entre os Estados Unidos e Portugal só pode resultar numa deterioração ainda maior dessas relações"*[287].

Do estudo da documentação e das declarações de Eduardo Mondlane ressalta, como é óbvio, a sua ignorância sobre a existência deste "acordo secreto" entre os dois países, que muitos dos funcionários do Departamento de Estado norte-americano também desconheciam, embora conhecessem a sua prática.

A possível denúncia da cláusula secreta pelos americanos, em que Kennedy chegou a pensar, colocava-os perante designadamente as Nações Unidas numa situação muito pouco desejável. E Salazar, nas diversas conversas sobre as bases dos Açores, embora nunca invocando esta cláusula, sabia que ela constituía um elemento negocial de grande

---

[287] Tel. da Embaixada dos EUA, em Lisboa, Nr. 240, de 16.08.61 (in obra citada de Witney W. Schneidman).

força, pois representava uma faca de dois gumes de grande alcance, do ponto de vista geoestratégico, para os interesses de ambos: a salvaguarda dos Açores no contexto da Guerra-Fria e a salvaguarda de uma vantagem sempre presente na guerra do ultramar.

Como lembra o Prof. Adriano Moreira na sua contribuição para o já aludido seminário "*Portugal e o Atlântico, 60 Anos dos Acordos dos Açores*", referindo-se à NATO, "*uma aliança não é uma comunidade política, e consente Estados que se diferenciam da globalidade pelo teor cultural como foi o caso da Turquia, ou que não correspondem ao modelo democrático dominante do projecto, como foi o caso de Portugal e da Espanha, mais tarde admitida*".

CAPÍTULO V

Consolidação de uma nova orientação estratégica de Mondlane face à nova estratégia americana

"Et de fait, loin de rompre avec les liens avec les États Unis, Mondlane s'y rendit fréquemment par la suite, faisant presque à chaque fois escale en Suisse et notamment à Genève, où il maintenait des contacts avec les milieux missionnaires".

Michel Barde, Journal de Genève, *05.02.69.*

V.1. Depois da morte de Kennedy e da falhada Missão Ball, Mondlane estabelece novo eixo estratégico de apoio, centrado na Escandinávia e englobando a China e o Leste, com o objectivo de desenquadrar a luta iniciada em 1964 do âmbito da Guerra Fria e da clivagem URSS/RPC

A partir de meados de 1963, é claro o desvio da Administração americana em relação à linha estratégica que dava prioridade à África – o que determina, como já referimos, uma evidente viragem na estratégia de Mondlane.

No próprio aparelho administrativo do Departamento de Estado se tem clara consciência da mudança. Dois ofícios confidenciais dirigidos a Mennen Williams pelo Cônsul-Geral dos Estados Unidos em

Lourenço Marques, Thomas Wright, um de 23 de Maio e outro de 28 de Junho de 1963, são significativos.

Na comunicação de Maio, depois de aludir ao facto de a situação económica de Moçambique se estar a deteriorar – *"a definite turn for the worse"* – devido ao aumento do esforço financeiro militar, diz verificar uma *atitude* mais descontraída entre os militares portugueses quanto à ONU, que atribui ao seguinte: *"this is based I believe on the assumption that our Government is so concerned over the Azores Bases that we will avoid any action likely to jeopardize their availability..."*. Mas acrescenta: *"In my opinion the importance of our maintaining close continuous contact with the nationalists groups cannot be overemphasized..."*[288].

Estas clivagens vão tornar-se visíveis entre os próprios representantes americanos em Lisboa e Moçambique, pois no ofício de Junho, depois de referir a deterioração da situação em Moçambique e as actividades antiportuguesas na Moeda, refere que, se fôr avante a proposta de enviarem um grupo de ligação militar para Luanda e Moçambique (sic), *"it should be made abundantly clear that the military operate under control of the respective Consulate Generals, reporting through to the Department of Defense.......I am convinced that our military attachés are completly sold to the present Portuguese policy and regard the African Bureau as a group of "screaming liberals" which was their characterization of the Consulate General staff during their recent visit here"*[289].

Mas ainda antes da morte de Kennedy e da falhada Missão Ball, Mondlane estabelece novo eixo estratégico de apoio, centrado na Escandinávia e englobando a China e o Bloco de Leste, sempre com o objectivo de desenquadrar a luta, que se iniciará em 1964, do âmbito da Guerra Fria e da clivagem URSS/RPC. Este novo eixo procura, porém, um pilar fundamental no continente africano de onde não quer ver desenraizada a sua acção.

---

[288] Arq. Pessoal Witney Schneidman, M MISC 1963, J. Mennen Williams Papers, 1961-1966, Box 28, Country File.
[289] Idem.

Entretanto, a repressão da PIDE em Moçambique reforça-se. Em 1965 é extinto o *"Centro Associativo dos Negros da Província de Moçambique"*, a cuja fundação Mondlane esteve associado. A imprensa da época (o *"Standard"* da África Oriental, o *"East African Standard"* e o *"Nationalist"*) anuncia o decreto que extingue o aludido Centro Associativo, que contaria cerca de 15.000 membros ,e é preso o seu Presidente, Dr. Arouca. Eduardo Mondlane faz declarações públicas, em Dar es Salam, sobre estes acontecimentos, que o *"Nationalist"*, de 7 de Agosto de 1965, intitula *"Extraordinary Civil Opression in Mozambique"*[290].

a) As visitas aos Estados Unidos

Depois das diligências nos Estados Unidos que referimos em capítulos anteriores e que procuraram alicerçar uma estratégia para Moçambique, Mondlane tem longas conversas no Departamento de Estado em 1961 e 1962[291], onde expõe as suas ideias geoestratégicas e cita os contactos que teve com Bourguiba e Holden Roberto, ambos receosos de que a União Soviética se viesse a tornar na nova potência colonizadora do continente africano. Esta argumentação é muito bem aceite pela Administração americana, como já tinham sido as ideias expostas no seu Relatório inicial.

Verifica-se que, durante toda a actividade diplomática desenvolvida por quatro continentes que preencherá a sua vida política, Mondlane mantém as suas regulares visitas aos Estados Unidos, das quais destacamos as que seguem.

A 11 de Novembro de 1964, a CBS transmitiu um programa de alto nível político internacional sobre as relações entre os EUA e a RPC[292].

---

[290] AHD – AR.15 – GAV 1 – M 18 (do GNP. do Min. do Ultr.).
[291] "Mozambique – a Tortuous Road to Democracy" João M. Cabrita, Palgrave Macmillan, 2001.
[292] AHD PAA 527, Tel. 471 de Washington, 940,1(8) D.

Encontramos, além de Eduardo Mondlane, figuras como Dean Rusk, o PM Wilson, o ex-PM Kennyata, o PM Lal Bahadur Shastri, o conhecido Embaixador Kennan e a Sra. Chang Kai Chek. As suas intervenções pareciam justificar os receios de Portugal face a uma figura que cada vez parecia ganhar uma evidente e rápida ascensão nos meios internacionais, especialmente a partir dos EUA.

Em Agosto de 1966, Mondlane esteve em Nova Iorque, onde contactou com J. Fleming, da ABC (Televisão) e seu amigo pessoal, a convite de Waldemar Nielson, então Presidente do famoso *"African American Institute"*, instituição que desempenhou importante papel político como interface não-oficial na sua política africana. Solicitou, sem seguimento, à ABC que fizesse uma reportagem em Moçambique sobre a guerrilha, filmando cenas da luta contra o exército português. Durante esta estadia, como era frequente, teve encontros com alguns senadores com posições liberais[293].

Poucos meses depois, em Janeiro de 1967, participa no *"Press Seminar Dinner"* no Hotel St. Regis, de Nova York, promovido igualmente pelo *"African American Institute"*, onde fez uma comunicação de fundo, na qual, segundo o adido de imprensa português que foi convidado e esteve presente, defendeu as suas teses sobre a África sem ataques violentos contra Portugal[294]. Durante esta estadia, Mondlane, como peixe na água nos Estados Unidos, intervém publicamente em Washington sobre os problemas dos afro-americanos e concede em 3 de Fevereiro uma longa entrevista à televisão nova-iorquina, ao Senhor Krauss, no então chamado canal 13[295].

Em Janeiro de 1968, reencontramos novamente o incansável Mondlane nos Estados Unidos, e a imprensa, mormente o *New York Times* e o *Chicago Sunday Times*, refere uma reunião em que participou na Universidade de Evanstone, em Illinois, e em que se haverá insurgido contra a política segregacionista americana perante uma audiência de

---

[293] AHD, PAA 527, Aerograma A-40 de Washington de 29.08.66, 940,1 (8D).
[294] AHD, PAA 527, Aerograma A-7 de Washington, de 12.01.67, id.
[295] Cuja gravação em bobine existe no AHD.

estudantes maioritariamente negros, defendendo que a violência poderia constituir um último recurso. Estamos na época do *"Black United Front"*. A credibilidade de Mondlane estava em jogo, se não assumisse nos Estados Unidos esta posição face à população negra americana, como era óbvio.

Mas outras vozes com repercussão internacional continuavam a fazer-se ouvir nos Estados Unidos, na linhagem do pensamento político de Mondlane e da ex-administração Kennedy. Refira-se, a título de exemplo, a intervenção de Edward Brooke no Senado a 29 de Abril de 1968. Único Senador negro, democrata e de Massachusetts, Edward Brooke, depois de uma visita a vários países de África, faz um veemente apelo ao Governo dos Estados Unidos para uma política de desinvestimento maciço na África do Sul e nos regimes de minorias brancas – Rodésia e África Portuguesa – e propõe que se inicie a redução da ajuda militar a Portugal: *"At stake is our moral and political credit with all Africa"*[296].

Esta tomada de posição irá encontrar ecos não só na imprensa americana, com grande destaque nos *New York Times* e *Washington Post*, como é natural, mas também no estrangeiro – em Paris e Brazzaville[297].

b) A visita à China. Franco Nogueira preparava-se para reconhecer Pequim

Em Moscovo, diante do Secretário-Geral das Nações Unidas, os Estados Unidos, a Grã-Bretanha e a União Soviética assinam o tratado da interdição de experiências nucleares, a 5 de Agosto de 1963. A França e a China são dois grandes ausentes. A imprensa francesa reflecte o estado de espírito de De Gaulle ao perguntar-se: *"Face à la coalition des sourires de Moscou, de Gaulle est-il coincé?"*[298].

---

[296] "News from Senator Edward W. Brooke", Massachusetts, Hold for Release, Monday, April 29, 1968, 12 noon on Radio-TV – AHD PAA 289.
[297] AHD PAA 289, of. 546, de Washington, de 29 de Abril de 1968.
[298] *Le Nouveau Candide*, N. 119, 7/14 de Agosto de 1963.

Dias antes, em 31 de Julho, a China propõe um Tratado Universal para a destruição de todas as armas nucleares e convoca uma Conferência Intergovernamental. Curiosamente, Zhou En Lai convida pessoalmente Salazar, por carta por ele assinada, para nela participar[299]. A existência deste interessante documento foi já tornada pública, em Macau, num artigo da autoria do investigador Moisés Fernandes[300], que constitui um excelente estudo sobre o projecto de Franco Nogueira de reconhecer a República Popular da China.

Neste contexto, a necessidade de estratificar a estratégia inicial, por parte de Eduardo Mondlane, parece evidente. Depois de consultas e ponderações tanto nos Estados Unidos, ao nível dos seus contactos tradicionais, designadamente nos meios académicos, negros e religiosos, teve lugar a visita a Pequim.

Poder-se-ia perguntar se Portugal, em 1962/63, se prepararia realmente ou não para reconhecer Pequim. Tratar-se-ia de conversações sérias, ou de meras aproximações tácticas de Franco Nogueira com três objectivos estratégicos – manter o *status quo* de Macau, aumentar um *leverage* negocial com os Estados Unidos, e assumir uma posição incómoda para a URSS no quadro da Guerra-Fria que se processava no Continente africano?

A segunda hipótese é a leitura que os EUA fazem, designadamente o Embaixador em Lisboa, Elbrick, que já em Abril de 1962, num telegrama enviado para Washington, refere claramente: "*Recent Portuguese intransigence in delying approval diplomatic visas for Africa must be considered as peevish manifestation afformentioned discontent.* **Such threatened actions as recognition of Communist China** *and Trade Agreement with Castro are basically further attempts flaunt and provoke US.*"

---

[299] AHD, PEA Confidenciais, Maço 20. Esta carta não veio através dos canais habituais de Macau, segundo o então Governador, General Lopes dos Santos (entrevista de 26.07.2007).

[300] Moisés Fernandes, "*Iniciativa gorada de Franco Nogueira para o estabelecimento de relações diplomáticas com a China Continental, 1964*", Revista: Administração, Macau, Nr. 56, 2002.

(em negrito é nossa iniciativa)[301]. No entanto, a avaliar por pessoas próximas de Franco Nogueira, como a sua viúva[302], o reconhecimento de Pequim fazia parte séria de uma sua estratégia geral de política externa que finalmente não veio a vingar por oposição de última hora de Salazar. Assim sendo, não se deverá considerarcomo plausível aquela segunda hipótese.

Também nos parece legítimo perguntar se a escolha de Mondlane em iniciar a sua acção diplomática mundial pela China teria estado alheia a este "pano de fundo" de possíveis aproximações entre Portugal e Pequim. Recorde-se que a visita de Mondlane foi em Dezembro de 1963 e a guerra em Moçambique só se iniciou em Abril do ano seguinte.

Será que Mondlane pensou que Pequim poderia eventualmente influenciar Portugal para evitar a guerra, face à aparente incapacidade americana de o fazer – não obstante o facto de um dos seus objectivos na China ter sido também o pedido de auxílio para a preparação de uma guerra que no seu íntimo julgava inevitável? Não esquecemos a sua visita à Academia Militar de Nanquim, mas quem ainda procura a paz não deve, estrategicamente, deixar de se preparar para a guerra.

Antes de seguir para Pequim, Mondlane fez escala na Alemanha Federal, tendo tido aí contactos com entidades locais não identificadas – provavelmente a Fundação Friedrich Ebert e a ala esquerda do SPD –, no quadro da sua habitual estratégia global, como ele próprio escreveu ... *"para equilibrar os nossos contactos nessa zona da Europa. Até então só tínhamos tido contactos com a Alemanha de Leste"*[303].

---

[301] Tel. 969, de 6 de Abril de 1962, da Embaixada americana em Lisboa para Washington, Confidencial, 154, NSF, J. F. Kennedy Library. Neste telegrama Elbrick descreve como as relações entre Portugal e os EUA atingiram um nível de deterioração nunca antes havido, devido à política americana em África, designadamente em Angola e com Holden Roberto, e sugere um conjunto de quatro medidas ao Departamento de Estado para procurar inverter a situação.

[302] Entrevista com a Embaixatriz Vera Franco Nogueira (Vera Wang, nome de solteira), 03.08.2007.

[303] Trata-se de um documento de E. Mondlane intitulado *"A minha visita a Pequim, Nov 26-Dez.7, Notas Confidenciais sobre a China"*. O documento estaria na posse de

O Prof. Moisés Fernandes, no seu livro "*Macau na Política Externa Chinesa 1949-1979*"[304], obra em que faz um estudo exaustivo desta problemática, conclui claramente: "*Em síntese, as relações sino-portuguesas entre 1949 e 1966 foram fortemente marcadas não só pela orientação essencialmente pró*-status quo *do regime de Pequim, como por uma crescente aproximação em Macau entre China e Portugal com a intensificação do cisma sino-soviético*".

Em 24 de Janeiro de 1964, um mês depois da visita de Mondlane à China, os Estados Unidos, através do seu Embaixador em Lisboa, Anderson, mostram as suas preocupações com um possível reconhecimento da República Popular da China por parte de Portugal, segundo rumores que circulavam em Washington. Franco Nogueira nega então o facto, mas confirma-o depois no seu livro *Diálogos Interditos*: "*estavam efectivamente em curso diligências nesse sentido*", que "*convinha ocultar dos Estados Unidos*"[305].

Anderson tece três ordens de argumentos para fundamentar as suas preocupações:

- Esse reconhecimento ofenderia os americanos que morreram na Coreia invadida pelo exército chinês.
- Os meios militares americanos que eram mais favoráveis às nossas posições ficariam indispostos connosco.
- Os Estados Unidos consideravam errada a atitude que a França havia tomado relativamente a Pequim.

Wayne Fredericks que o deu a Witney Schneidman, segundo este, que o cita no seu livro *Confronto em África* (*Vide* bibliografia). Após troca de correspondência, Witney Schneidman disse-nos não conseguir encontrar o original. Outras diligências para o localizar foram infrutíferas. Passamos a citá-lo como "*Documento de Mondlane sobre a China*".

[304] Moisés Silva Fernandes, *Macau na Política Externa Chinesa, 1949-1979*, Imprensa de Ciências Sociais, 2006, Cap. II – Macau no dissídio Sino-soviético, pag. 81.

[305] Franco Nogueira, *Diálogos Interditos,* vol. II, Intervenção, 1997.

CONSOLIDAÇÃO DE UMA NOVA ORIENTAÇÃO ESTRATÉGICA DE MONDLANE | 247

Franco Nogueira responde energicamente:

– Os Estados Unidos nunca mostraram qualquer respeito pelos sentimentos portugueses quando Nehru invadiu Goa, que era território português. A Coreia não era território americano.
– A mulher do Presidente Kennedy visita Nehru cerca de 15 dias depois da invasão de Goa.

Um mês mais tarde, em combinação com Franco Nogueira através dos bons ofícios de um jornalista francês, o famoso escritor e jornalista americano que acompanhou Mao durante a Longa Marcha, interlocutor privilegiado de Song Qing Lin e depois "cidadão chinês honorário", Edgar Snow, pergunta a Zhou En Lai se o anticolonialismo chinês seria incompatível com a abertura de relações diplomáticas com Portugal, ao que o Primeiro-Ministro e Ministro dos Negócios Estrangeiros chinês responde que não[306]. A pergunta é feita publicamente, numa entrevista de 5 horas durante uma visita de Zhou En Lai a Conakri, no decurso do seu primeiro grande périplo pela África, e é publicada no *Washington Post* de 3 de Fevereiro de 1964, bem como noutros jornais norte-americanos.

Já antes, em 30 de Março de 1962, a agência UPI de Hong Kong noticia que Ho Yin, o poderoso elemento da elite chinesa de Macau, se deslocara a Pequim para explorar as possibilidades do estabelecimento de *"relações diplomáticas e comerciais"* entre os dois países[307].

A notícia correu a imprensa de um enorme número de países europeus, latino-americanos, asiáticos, etc.

Franco Nogueira, sem referir o nome de Ho Yin, escreve mais tarde no seu livro sobre Salazar, vol. V: *"De acordo com o Ministério do Ultramar, um elemento destacado da comunidade chinesa de Macau, e também membro categorizado do partido comunista chinês, parte secre-*

---

[306] José Freire Antunes, *"Jorge Jardim Agente Secreto"*, Bertrand, 4.ª Ed., 1996.
[307] AHD, PEA M. 263.

tamente para Pequim, e põe a questão do reconhecimento por Portugal. Logo regressa a Macau, e diz que o gabinete chinês de bom grado acolherá um emissário do governo português para examinar e negociar a abertura de relações diplomáticas"[308].

É de notar que Franco Nogueira, ao referir-se ao assunto, alude exclusivamente a Moçambique: "*Paris decide reconhecer o governo de Pequim; e nos Estados Unidos são fundos os desagrado e o despeito. Em Lisboa, é imaginada uma atitude paralela.......Portugal dispõe também de alguns motivos sérios e cartas de valor: a existência de Macau; as tradicionais relações de amizade com a China; a vitória que representa para Pequim, que Washington pretende isolar, estabelecer relações com mais um país da NATO; o comércio que à China será lícito abrir com Moçambique, de que poderá importar matérias primas e produtos alimentícios que lhe são muito necessários.....*"[309].

Certamente que a missão de Ho Yin a Pequim foi desencadeada a partir de alguma diligência da nossa parte.

Não é, pois, provável que Eduardo Mondlane não estivesse ao corrente deste *volte-face* da política externa portuguesa no quadro geopolítico da Guerra-Gria, que estava a ser objecto de grandes notícias na imprensa internacional. Os seus amigos do Departamento de Estado também, provavelmente, lhe comentaram estes factos.

Em fuga orquestrada com Franco Nogueira, também o *New York Times*, pela mão do jornalista Paul Hofman, afirma que Portugal se prepara para reconhecer Pequim[310].

Foi neste contexto que Jorge Jardim terá sido encarregue pelo próprio Franco Nogueira, em concertação com Salazar, da sua famosa missão secreta a Pequim e Cantão, finalmente abortada por Salazar face

---

[308] Franco Nogueira, *Salazar*, vol.V, pag. 552, Civilização, 2000.

[309] Id, pag. 550. Este episódio é referido por Moisés Fernandes no seu citado trabalho sobre o tema.

[310] Id.

à opinião de alguns membros do governo e eventualmente dos próprios americanos, a propósito de um certo fornecimento de armas[311].

As conversações secretas com a China não se processaram através do Governo de Macau[312].

Franco Nogueira, em 14 de Fevereiro de 1964, face às pressões do Embaixador Anderson sobre a questão da China durante uma audiência que lhe concede nas Necessidades, responde-lhe que Portugal, se os Estados Unidos o obrigam a perder África, deverá rever toda a sua posição política mundial – *"passaríamos a ser outra nação e que os nossos interesses passariam também a ser diferentes"*[313]. Esta reacção brusca, que põe em causa o quadro de alianças vigente, acontece depois de Anderson mostrar um telex que recebera na Embaixada, confirmando as conversações em curso, em Macau, sobre o reconhecimento diplomático possível.

Em 6 de Junho de 1964, Franco Nogueira insta com dureza junto do Embaixador americano em Lisboa para que os Estados Unidos suspendam imediatamente o fornecimento de armas a *"terroristas"* da Formosa, via Macau. Portugal defende os interesses de Pequim... Será, de resto, o Governador, Gen. Lopes dos Santos que mandará encerrar a delegação da Formosa em Pequim, facto que ocasiona forte reacção dos EUA, designadamente da parte do gigantesco Consulado que mantinham em Hong Kong e cuja jurisdição cobria Macau[314].

Em Dezembro do mesmo ano de 1964, ano em que se consolida em África a grande ofensiva diplomática chinesa iniciada nos últimos dias de 1963, Franco Nogueira pergunta a Dean Rusk, no decurso de um almoço no quadro da NATO, como veriam os Estados Unidos a entrada

---

[311] *Vide*: Franco Nogueira, *Salazar*, vol. V, Civilização, 2000; Moisés Fernandes, "Iniciativa Gorada de Franco Nogueira para o estabelecimento de relações diplomáticas entre Portugal e a China continental em 1964", *Revista Administração*, n. 56, 2002.

[312] Entrevista em Julho de 2007 com o General A. Lopes dos Santos, Governador de Macau de Abril de 1962 a Julho de 1966.

[313] Franco Nogueira, *"Diálogos Interditos"*, vol. II, Intervenção, 1979.

[314] Entrevista com o General Lopes dos Santos, a 26.07.2007.

da RPC nas Nações Unidas, ao que Rusk responde que Kennedy chegou a pensar numa "reviravolta" de alianças nas Nações Unidas nesse sentido, mas que naquela altura, face à guerra do Vietname, era assunto impossível[315].

Mais tarde, já depois dos famosos acontecimentos de 3 e 4 de Dezembro de 1966 em Macau, Franco Nogueira diz ao Ministro dos Negócios Estrangeiros da Tailândia, Thanat Khoman, ao recebê-lo a 15 de Janeiro de 1967 nas Necessidades, que o exército regular chinês cercou Macau para evitar a entrada dos Guardas Vermelhos no território, o que causou algum espanto ao ilustre visitante[316].

Face, pois, a este pano de fundo geoestratégico das nossas relações *sui generis* com Pequim, afigura-se que ganham particular relevância as perguntas formuladas no início deste subcapítulo.

Para além deste quadro geral da questão do possível reconhecimento da RPC por Portugal, salientam-se, nas três alineas que seguem, algumas circunstâncias que contribuíram para enquadrar e colocar numa perspectiva geopolítica e histórica esta visita de Mondlane a Pequim.

a) Durante todo o ano de 1963, no que toca ao ultramar português, os jornais chineses refeririam com profusão Angola, assim como também a Guiné-Bissau, mas quase nunca Moçambique. A guerra em Angola iniciara-se em 1961, e na Guiné em inícios de 1963.[317]

Em Agosto daquele ano, 50 membros do MPLA frequentam cursos de táctica de guerrilha na Academia Militar de Nanquim[318].

Um mês mais tarde, uma delegação sindical da Guiné-Bissau visita a China a convite da Federação dos Sindicatos Chineses.

Em Outubro, uma delegação da UGEAN, União dos Estudantes da

---

[315] Franco Nogueira id.
[316] Franco Nogueira id.
[317] Biblioteca Nacional de Pequim, o jornal *Renmin Ribao* e as *depêches* da "*Xinhua*" de 1963.
[318] Moisés Fernandes, "*Sinopse e Macau nas Relações Luso-Chinesas 1945-1995*", F.O. 2000.

África Negra sob Dominação Portuguesa, efectua igualmente uma visita à República Popular da China, no fim da qual será emitido um Comunicado Comum.

E quando , no mesmo mês, um dos Vice-Presidentes da China, Dong Biwu, recebe uma delegação de mulheres estrangeiras, entre elas encontra-se uma delegada do PAIGC[319].

b) Não deveriam ser alheias a Mondlane, até possivelmente pelas conversas havidas anteriormente com o Prof. Adriano Moreira, as relações *sui generis* de Portugal com a China Popular, mesmo sem reconhecimento oficial do Governo de Pequim.

Os problemas que então dominavam essas relações no palco de Macau, para além do problema do reconhecimento diplomático, eram as acções dos agentes secretos de Taiwan que, via Macau, penetravam em território continental para praticarem vários actos de "terrorismo". O Prof. Moisés Fernandes, na obra citada, alude a afirmações dos serviços de informação da Formosa segundo asquais só entre Março e Dezembro de 1962 haveriam entrado na China Continental 873 agentes seus. A gravidade da situação levou mesmo a que, por instruções do Ministério do Ultramar, o Centro de Informação e Turismo de Macau divulgasse uma nota oficiosa declarando que *"faz saber que não se consente no seu território quaisquer actividades que possam ameaçar a segurança da China Continental, que as reprimirá severamente e que os culpados, uma vez provada a sua responsabilidade, serão entregues às autoridades competentes da República Popular da China"*[320].

Este facto provocou naturalmente uma reacção formal em Lisboa por parte da Legação da República da China (Formosa), que apresentou uma Nota de protesto junto das Necessidades, mas colocou Portugal numa situação geopolítica muito favorável face a Pequim.

A todo este contexto não esteve certamente alheia a outra "diligência" informal que Ho Yin viria a praticar em Janeiro de 1964 – um mês

---

[319] Biblioteca Nacional de Pequim, o jornal oficial *Renmin Ribao*, de 1963.
[320] Obra citada de Moisés Fernandes.

depois da visita de Mondlane a Pequim e Cantão. Sobre a "diligência" disse o então Governador de Macau, General Lopes dos Santos, "*que talvez a China pudesse ajudar Portugal no seu problema em África junto dos países africanos, dada a sua crescente influência junto destes, caso nosso país estivesse disposto a ceder* – segundo uma imagem que Ho Yin teria acrescentado como sua: '*andar meio caminho, mas ficando em África*' "[321].

Esta frase merece certamente ser estudada no quadro das negociações em curso, através de Macau.

c) A concretização da grande ofensiva diplomática chinesa no Continente Africano dá-se, exactamente sete dias depois do fim da visita oficial de Mondlane à República Popular da China, quando o Primeiro-Ministro e Ministro dos Negócios Estrangeiros, Zhou En Lai, inicia o seu périplo por dez países africanos, de 13 de Dezembro de 1963 a 5 de Fevereiro de 1964. Com este acto inicia-se uma frente diplomática chinesa em África, que hoje continua com novo relance e novos ingredientes nacionais e internacionais, mas que só poderá ser convenientemente entendida numa perspectiva que remonta a 1963.

Zhou En Lai leva consigo a doutrina – formulada em 1954 durante a sua visita à Índia – dos cinco princípios, integrados nos dez "mandamentos" saídos da Conferência de Bandung, onde ele foi o grande protagonista diplomático. Hoje, os oito princípios que guiam as relações entre a China e os países em via de desenvolvimento encontram naqueles as suas raízes doutrinárias.

No decurso da digressão pela África, Zhou En Lai encontrará no Cairo, a 17 de Dezembro de 1963, o membro da UDENAMO – movimento que integrou a FRELIMO – David Mabunda, que condenou com veemência o imperialismo americano e os restantes países NATO pelo apoio que dão a Portugal, tendo acrescentado que os Estados Unidos "*não podem atirar areia aos nossos olhos*" quando afirmam ajudar a

---

[321] Id.

independência dos países africanos[322]. A UDENAMO sempre nutriu por Eduardo Mondlane animosidade e desconfiança.

Mondlane recusou numa primeira fase a ajuda militar chinesa, pois, como ele próprio escreve: *"poderia comprometer demasiado a nossa posição no relacionamento com os vários pólos da Guerra-Fria*. Entretanto, porém, Mondlane e a FRELIMO tomaram novas iniciativas.

A visita

Mondlane visitou a República Popular da China, de 27 de Novembro a 7 de Dezembro de 1963, a convite do Instituto Popular de Relações Externas. Toda a visita decorreu num nível protocolar de números dois, por parte da China, pois foi recebido, em todos os sectores, pelos respectivos números dois, desde o mais alto nível.

No Aeroporto estiveram a recebê-lo o Vice-Presidente e o Vice-Secretário-Geral daquele Instituto, respectivamente Hu Yu Chi e Wu Xiao Da, o Secretário-Geral adjunto do Comité Chinês de Solidariedade Afro-asiática, Yang Chi, e um membro do Conselho da Associação de Amizade Sino-africana, Haj Mohamed Ali Chang.

A nível superior, foi recebido por um dos Vice-Presidentes da República, Dong Bi Wu – sendo a outra Vice-Presidente a lendária Song Qing Lin[323] – e com ele teve *"conversações amigáveis"*, na expressão usada pela agência oficial de notícias. Assistiram ao encontro Hu Yu Chi, o já citado Vice-Presidente do entãoInstituto Popular Chinês para as Relações Externas, e Xie Feng, subdirector do Departamento África do Ministério dos Negócios Estrangeiros.

---

[322] Biblioteca Nacional de Pequim, Xinhua, Nr. 5452, 19.12.63 (Primeira transmissão).

[323] Mais tarde desempenhou as funções de Presidente do Congresso Popular e antes de falecer viria a ser feita Presidente Honorária da República; era viúva de Sun Ya Tsen e irmã da mulher de Chiang Kai Chek.

O Vice-Presidente do Comité de Solidariedade Afro-asiática ofereceu-lhe um grande jantar em que participaram muitas personalidades chinesas, segundo a imprensa local da época[324].

O principal propósito da viagem de Mondlane era sensibilizar a China para a existência e para os objectivos da FRELIMO e, desde logo, garantir auxílio e treino militar para o futuro, caso a sua opção preferida de solução negociada fracassasse como cada vez se lhe afigurava mais provável.

Visitou museus, fábricas e centros de educação e formação, designadamente militar.

Antes de deixar a China, depois de uma breve passagem por Cantão, fez algumas declarações à imprensa chinesa, interessantes e curiosas, designadamente sublinhando *"que não era possível haver qualquer tipo de liberdade sem a prévia liberdade política e não seria possível deixar de lutar pela liberdade política a fim de poder vir a obter a liberdade económica, para que o país não pudesse cair no neo-colonialismo"*[325]. Estas mesmas declarações, no jornal oficial *Renmin Ribao*, assumem ligeiramente outro cariz. A edição do dia 7 de Dezembro dizia: *"Na sua saída, o Sr. Mondlane fez um discurso à imprensa de Pequim, em que afirmou que o povo de Moçambique decidiu realizar a sua independência pela luta armada. Acrescentou que a independência verdadeira somente pode ser realizada pela luta e somente pode ser realizada após se livrar do domínio dos colonialistas e imperialistas..."*[326]. O *Renmin Ribao* sempre referiu a FRELIMO e tratou Mondlane como Presidente da *"Frente Revolucionária de Moçambique"*, o que não acontecia com as "primeiras transmissões" (pré-censura) da *Xinhua*.

Em toda a visita, porém, um facto merece particular atenção. Marcelino dos Santos, então número 3 da FRELIMO, responsável pelas

---

[324] ANTT PIDE/DGS P 337/61, NT 3052 Vol. II.

[325] Biblioteca Nacional de Pequim, Xinhua, Nr. 5440, 07.12.63, (Primeira transmissão).

[326] Tradução do jornal chinês, da Dra. Lurdes Assunção, da nossa Embaixada em Pequim.

CONSOLIDAÇÃO DE UMA NOVA ORIENTAÇÃO ESTRATÉGICA DE MONDLANE | 255

relações externas, chegou a Pequim uns dias antes de Mondlane e, curiosamente, foi recebido pelo Presidente Mao, a 24 de Novembro. As conversações decorreram *"em ambiente cordial e amigável"*. Esta profunda diferença protocolar no tratamento por parte das autoridades chinesas só poderia, a nosso ver, ser entendida, ou numa perspectiva de proximidade ideológica, ou formalmente, pelo facto de Marcelino dos Santos ser Secretário-Geral da CONCP, título que aparecia na documentação oficial chinesa que referia o encontro[327].

A visita causou a Mondlane profunda e positiva impressão, segundo Janet Mondlane[328]. Admirou a limpeza, a ordem que parecia reinar por todas as partes que visitou, assim como a vontade generalizada que encontrou na população, que parecia determinada em acabar com a endémica pobreza secular. Os uniformes que então se usavam, embora o tenham feito comentar que retiravam alguma feminilidade às mulheres, impressionaram-no, por outro lado, pelo que representavam de esforço político no sentido de incentivar o espírito de igualdade da mulher numa sociedade tradicionalmente pouco igualitária em termos de género.

O banho de cultura antiga – estávamos antes da Revolução Cultural – e de modernidade, nomeadamente do ensino técnico superior, surpreenderam-no e fizeram-no concluir que os chineses tinham de que estar orgulhosos[329].

Ficou admirado também por ver como os seus interlocutores estavam ao corrente da problemática de Moçambique. Sabemos, por outro lado, quanto a FRELIMO ficou a dever à China em ajuda política e particularmente militar – armas fornecidas via Macau e treinos que tinham lugar na Tanzânia. As boas relações do Dr. Júlio Nyerere com Pequim ajudaram muito nestas circunstâncias.

---

[327] Id, Xinhua, Nr. 5428, de 25.11.1963 (primeira transmissão).
[328] Entrevista com Janet Mondlane, de Setembro de 2006.
[329] Entrevista com Janet Mondlane, Setembro de 2006.

O Governador de Macau informou Lisboa, por um curto telegrama[330], da visita de Marcelino dos Santos e Eduardo Mondlane a Pequim e enviou um ofício sobre o assunto. Sabe-se, porém, que não estava ao corrente das negociações secretas entre Portugal e Pequim quanto ao reconhecimento da RPC por Lisboa.

Mondlane repetirá, com frequência, ao longo dos anos seguintes, nomeadamente nos Estados Unidos e em Londres, que a FRELIMO se coloca fora do âmbito não só da Guerra-Fria mas também da questão China-URSS. A FRELIMO recebe ajuda de quem a conceder, o objectivo era tão-somente derrubar o colonialismo português.

c) **As visitas ao Norte de África (Argel, Tunes e Cairo)**

Os contactos com a Tunísia de Bourguiba remontam à fase da construção de uma estratégia apoiada num triângulo em que um dos vértices era os EUA, como se referiu. Mondlane contava com outros eixos diplomáticos importantes para além dos Estados Unidos, particularmente depois da morte de Kennedy. Um era o Norte de África, com a Tunísia como apoio político-diplomático e financeiro, a Argélia como apoio de formação militar, e o Egipto que não convinha hostilizar devido ao seu papel pró-soviético. O outro era a região dos países nórdicos.

Argélia

Na Argélia, a FRELIMO abriu desde 1963 uma representação, onde Mondlane tinha colocado João Munguambe, elemento que havia sido expulso anteriormente do movimento por Leo Milas, segundo Helder Martins.

As visitas à Argélia irão ser frequentes, pelo apoio de formação militar dado por este país à FRELIMO na primeira fase da luta. Segundo

---

[330] AHU, Tel.44 SEC, de 11.12.63 – Documentação não seriada (A2).

CONSOLIDAÇÃO DE UMA NOVA ORIENTAÇÃO ESTRATÉGICA DE MONDLANE | 257

informações de um dissidente de um campo de treino da FRELIMO na Argélia, já em 1963 Mondlane levara 72 guerrilheiros para treino e regressara a Dar es Salam com 150 guerrilheiros treinados[331].

No início do ano de 1964, vai à Argélia participar na Cimeira dos Não-alinhados, além de ir acompanhar os problemas ligados aos treinos dos guerrilheiros da FRELIMO. O Dr. Helder Martins descreve no seu livro *Porquê Sakrani?* que foi durante esta estadia que Mondlane, primeiro a sós e depois com Uria Simango que o acompanhava, conversou com os dois brancos que ali trabalhavam como médicos, ele próprio e Marinha de Campos, e lhes falou abertamente na diplomacia necessária para que entrassem para a FRELIMO sem criar reacções por parte dos que sempre desconfiavam de brancos e de possíveis "*infiltrados*". Convidando Helder Martins a ir chefiar o departamento de saúde do Instituto Moçambicano de Dar es Salam, mandou encerrar o "*Centro de Estudos Moçambicanos*" de Argel. Os contornos desta medida merecem análise política ponderada[332].

Quando em Março de 1967 vai uma vez mais à Argélia, tem conversações com o então Coronel Boumedienne, primeira figura militar da FLN, responsável pela formação dos guerrilheiros da FRELIMO, e com outros dirigentes argelinos, antes de partir para Tunes. *La Révolution Africaine*, publicada em Argel, no seu número de 6 de Março faz em quatro colunas a biografia de Eduardo Mondlane.

Não podemos, porém, esquecer que a Argélia desta altura já era a Argélia de Ben Bella, não a de Ferhat Abbas, o homem que sempre optou pela luta, o aliado da RAU, o político com fortes simpatias pela URSS.

---

[331] ANTT, PIDE/DGS P 337/61 RS UI 3051 e 3052, vol. I.
[332] Escreve Hélder Martins no seu livro *Porquê Sakrani?*, pag. 183: "*O meu encontro com Mondlane, que foi decisivo para o resto da minha vida, ocorreu em Argel, a 4 de Fevereiro de 1964*".

Tunísia

As relações recíprocas de Mondlane com a Tunísia deverão ser contextualizadas no âmbito geoestratégico daquela época.

Os pressupostos políticos da Tunísia constituem um dado essencial. Desde a segunda Conferência dos Povos Africanos, em 1959 na Tunísia, o Presidente Burguiba e Ahmed Tlili – que, além de líder sindicalista, coordenava a ajuda aos movimentos nacionalistas africanos – determinaram uma estratégia baseada, segundo o académico Ridha Tlili, historiador e filho de Ahmed Tlili[333], em dois pressupostos:

- rejeitar o conceito de *"negritude"* para a África assim como o de *"nativismo"*, procurando unir as chamadas Áfricas negra e branca, e eliminar conceitos raciais dos movimentos nacionalistas, a fim de nestes integrar todos aqueles que quisessem colaborar, embora nascidos noutros locais, designadamente na Europa;
- definir os EUA como principais aliados nesta nova aventura geoestratégica, eliminando a força da URSS e das potências ex-colonialistas. Quando faltou a ajuda da Administração Kennedy, nos EUA, fazia-se recurso à sociedade civil americana.

Toda esta política deveria ser levada a cabo com particular prudência[334], pois a Tunísia não queria criar uma situação de conflito com os seus vizinhos do norte – França, Espanha e Portugal – e não podia esquecer que tinha tropas francesas estacionadas no seu território e que a ameaça de uma invasão dos militares ultras da Argélia constituía um verdadeiro perigo. Preferia assim como interlocutores os dirigentes nacionalistas que se integrassem nesta linha de pensamento e fossem académicos, como acontecia com a maior parte do grupo de Burguiba.

O auxílio tunisino à FRELIMO, via Mondlane, como também a Holden Roberto, não se afigura claro na documentação que consultámos.

---

[333] Entrevista de 17.11.2007.

Quanto a uma ajuda em armas, o ex-Ministro da Defesa, Ahmed Mestiri[335], embora a admita como muito provável, não pode hoje garantir que tenha havido, pois se a houve, ela não consta dos arquivos do Ministério da Defesa. Constará sim dos arquivos do partido, como aconteceu com a África do Sul – quando da sua recente visita a Tunes, Mandela fez questão de agradecer a Bahi Ladgham a ajuda em armas ligeiras prestada no tempo em que este era titular da Defesa.

A ajuda financeira e em armas provinha da chamada *caisse noire* do partido. Dela tinham conhecimento fundamentalmente Burguiba e Ahmed Tlili, em casa de quem a caixa se encontrava e que era o coordenador da ajuda. Os fundos, como hoje nos dizem saber, vinham em grande parte da CIA, via Irwin Brown, representante da Confederação dos Sindicatos Livres americanos na Europa, sendo que as armas eram compradas na Suíça[336]. A caixa negra financiava Holden Roberto e Eduardo Mondlane, julgando os nossos interlocutores que Holden Roberto haveria recebido maior ajuda.

A Tunísia concedia também naquele tempo ajuda diplomática, no dizer do Embaixador Slaheddine Abdellah, financiando bilhetes de avião e concedendo passaportes – como fazia a Argélia – a vários dirigentes africanos, entre os quais se poderia contar, embora não haja registos, Eduardo Mondlane ou outro membro da FRELIMO. Com efeito, segundo Janet Mondlane, o seu marido usou um passaporte com o nome de (Ahmed?) Benali, que podia bem ter sido concedido pela Tunísia, e viajava muito, incluindo à Tunísia, e alguém pagava as viagens[337].

Este contexto parece-nos fundamental para perceber a importância da Tunísia na habilidosa estratégia que procurou manter durante a Guerra-Fria.

---

[334] Entrevista com o Embaixador Slaheddine Abdellah, 17.11.2007.
[335] Entrevista de 16.11.2007.
[336] Ridha Tlili, entrevista de 17.11.2007.
[337] Embora o nome possa ser de origem marroquina, argelina ou tunisina, Slaheddine Abdellah está convencido de se tratar de passaporte concedido no âmbito da ajuda tunisina. (Conversa telefónica de 23.11.2007).

Quando passa pela Tunísia com Marcelino dos Santos em Abril de 1964, Mondlane é recebido ao mais alto nível, tanto por Monji Slim, figura tutelar do país, Ministro dos Negócios Estrangeiros e mais tarde Representante Pessoal de Burguiba[338], como por Bahi Ladgham, Ministro da Defesa, outra grande personalidade tunisina, que mais tarde viria a ser posto um pouco de parte[339].

Antes de seguir para Argel e Cairo, concedeu em Tunes uma longa entrevista ao *Jeune Afrique*, que a publicou no Nr. 180, de 20.04.1964. Depois de fazer o historial da FRELIMO, Mondlane afirma:

No plano interno, criam-se as condições para a luta armada, único recurso, para o que contamos com o treino de jovens moçambicanos tanto na Argélia como no Tanganica. Simultaneamente empenhamo-nos na formação de quadros que possam assegurar postos de comando. Na frente externa, desenvolvemos uma acção diplomática o mais abrangente possível.

Nunca declara fazer opções entre EUA e URSS, ou entre URSS e China. A hora de opções deste género seria mais tarde. Queixa-se muito do que chama o "Comité Fantasma" – o chamado Comité dos Nove, criado em Adis Abeba no âmbito da OUA para auxiliar os países africanos ainda não independentes[340]. Diz haver 800.000 libras em banco, que, por razões que se prendem com a inoperacionalidade deste Comité, não são postas à disposição de quem necessita, como é o caso da FRELIMO. Pensa que na próxima reunião no Cairo dos Chefes de Estado da OUA se possa resolver a questão.

Faz uma aposta nos países africanos, de quem mais espera ajuda, pois que da Europa pouco mais pode esperar, politicamente, do que

---

[338] Mongi Slim, personalidade histórica, desde as negociações da independência.

[339] Bahi Ladgham, mais do que uma vez Ministro da Defesa, a que sucedeu Ahmed Mestiri em 1966, como acontecera nas Finanças, no sentido inverso.

[340] *"Comité de Coordenação para a Libertação da África"*, que veio a ter a sede em Dar-es-Salam e foi criado pela Resolução nr. 11 da 1.ª Conferência dos Chefes de Estado e Governo independentes da África, da OUA, realizada em Adis Abeba, de 22 a 25 de Maio de 1963; integrava Argélia, Etiópia, Guiné, Congo (L), Nigéria, Senegal, Tanganika, RAU e Uganda.

abstenções na ONU ou diminuição da ajuda NATO a Portugal. Refere, amargamente, um recente acordo entre a França e Portugal.

Nunca perdendo o realismo que o caracteriza, conclui: *"decisives seront les pays d'Afrique. Encore faut-il que les réalités soient à la mesure des bonnes intentions"*.

A outros jornais, como o *Courrier d'Afrique*, *L'Action* e *La Presse*, teceu algumas considerações sobre as suas relações com os portugueses exilados na Argélia, que disse serem boas, com diferenças resultantes dos respectivos posicionamentos políticos. Trata-se de uma das poucas ocasiões em que Mondlane refere a oposição portuguesa.

Numa outra visita em 1966, Mondlane teve reuniões com Brahim Haider e Bahi Ladgham, estando numa delas presente Ahmed Mestiri.

Em Abril de 1967, vindo da Argélia e seguindo mais uma vez para o Cairo, num seu terceiro périplo que o leva de novo a Tunes, procura expor ao governo tunisino onde tem empregue as suas ajudas à FRELIMO e faz declarações contundentes a um jornalista do *Ici Afrique*.[341] Ao enumerar os países de que recebe mais ajuda, começa com a Tanzânia, que compara à Tunísia quando esta ajudava a sua vizinha Argélia. Considera que a seguir deve nomear a Argélia, a Tunísia, a Guiné e a RAU. Sublinha que a ajuda tunisina lhe chega directamente[342], sem passar pelo Comité da OUA. Acrescenta que as suas últimas três visitas à Tunísia se inserem no quadro desta ajuda bilateral. Refere também a Índia, a China, o Iraque e a Síria e, no Leste, dá particular relevo à Checoslováquia.

Não esquece os EUA, o Canadá e os países escandinavos, mas nestes casos sublinha mais a ajuda de *"Comités não-governamentais"*. Instado sobre a OTAN e a França, atendendo à saída recente desta das estru-

---

[341] *Ici Afrique* de Abril de 1967, entrevista concedida a M. Zoubeidi.

[342] Tanto o Embaixador Rashid Driss, como o ex-Ministro Ahmed Mestiri e o Embaixador Slahedine Abdellah nos confirmaram que a ajuda financeira tunisina fora sempre feita fora do circuito da OUA. A Tunísia pensava que aquela ajuda sofria influências ideológicas para privilegiar alguns em detrimento de outros. Refira-se que Slahedine Abdellah foi representante na OUA.

turas militares da Organização, sublinha com veemência que sem a ajuda da OTAN Moçambique já poderia ser um país independente e refere a ajuda bilateral militar da RFA, dos EUA e da Grã-Bretanha a Portugal. Quanto à França, mostra-se muito céptico, e sobre o General De Gaulle pergunta : *"Mais peut on demander à un homme de ne pas aider le Portugal au Mozambique alors qu'il vient de livrer du pétrole à l'Afrique du Sud, en dépit des appels de l'ONU?* ".

Egipto

O Cairo era frequente *stop-over* de Mondlane, nas suas assíduas deslocações de e para os Estados Unidos e a Europa, assim como nas suas viagens a Moscovo e a Pequim. Aproveitava essas passagens para contactos políticos.

Foi precisamente numa reunião da OUA havida no Cairo em 1964 que, segundo a imprensa[343], Mondlane exerceu as suas faculdades diplomáticas, procurando mediar e atenuar as querelas entre Nyerere e N'Krumah, entre os chamados conservadores e progressistas, ganhando ele próprio, assim, a fama de moderado e pacifista.

Em 1967, num dos seus regressos dos Estados Unidos para a Tanzânia, aproveitou a passagem pelo Cairo para ter uma entrevista com o Ministro da Educação, Mohamed Fayak, junto de quem solicitou ajuda para o Instituto Moçambicano de Dar es Salam.

d) As visitas aos países nórdicos (Suécia, Noruega, Dinamarca e Finlândia)

Suécia

A Suécia, terra onde penetram as raízes familiares de sua mulher, Janet Mondlane, representou, de entre os países nórdicos, uma das maiores fontes de apoio, particularmente depois da pausa no financiamento da Fundação Ford. Desde 1 de Julho de 1964, o Instituto

---

[343] *Tanganyka Standard*, de 25 de Julho de 1964.

Escandinavo de Estudos Africanos, cujo Presidente era o Reitor da Universidade de Uppsala, o Prof. Torgny Segerstedt, concede bolsas de estudo para Moçambique.

As relações pessoais com Olaf Palme foram decisivas e o posicionamento do governo e do parlamento suecos também. Estocolmo passou pois a ser um dos locais de passagem de Mondlane e da sua mulher, na incansável actividade diplomática de manter uma ligação permanente ao Ocidente e uma fonte de ajuda.

A convite da *"Associação dos Estudantes da Universidade de Uppsala"*, uma associação de tendência liberal, Eduardo e Janet Mondlane deslocaram-se àquela capital em Setembro de 1964. O jornal *Dagens Nyheter*, liberal, dá particular relevo à visita, através de um editorial publicado a 12 do mesmo mês.

Na Universidade, com grande cobertura de imprensa, o casal Mondlane usou da palavra para sublinhar que parecia ser mais fácil conseguir ajuda financeira em armamento do que em fundos para educação, e solicitou que o governo sueco usasse para com Portugal a mesma atitude que adoptava para com a Republica da África do Sul, pois o governo português, negando aplicar uma política de *apartheid*, punha em prática o mesmo tipo de medidas a todos os níveis sociais[344].

Cerca de um ano mais tarde, em Setembro de 1965, desta vez a convite do *"Conselho Nacional da Juventude Sueca"*, social-democrata, Mondlane volta a Estocolmo e, para além dos contactos e conferências a nível universitário, avista-se com Olaf Palm, então Ministro sem pasta, e com a SIDA (Agência Sueca para a Ajuda ao Desenvolvimento).

O Embaixador de Portugal procura fazer diligências no sentido de impedir aqueles encontros, em vão[345]. Acabará por reportar para Lisboa[346] que a imprensa deu um relevo como se tratasse de uma visita *"de um chefe de governo de país amigo"*, queixando-se de que não foi dado

---

[344] AHD, PAA 523, tel. 58, de 13.08.64 de Estocolmo, 940,1 (8D) Eduardo Mondlane.Visitas Diversas.
[345] AHD, PAA 523, tel. 43, de 10.09.65, id.
[346] AHD, PAA 523, of. 26, de 14.09.65, id.

qualquer relevo à abertura da representação do turismo português em Estocolmo.

Mais uma vez, com efeito, Mondlane consegue grande publicidade jornalística e com ela aumentar a sua acção junto da opinião pública. O *Aftonbladet*, de 12 de Setembro, dá cobertura importante à visita, com grande fotografia de Mondlane, como também o jornal conservador *Svenska Dagbladet*. A Televisão consagra-lhe, igualmente, um programa.

Mais tarde, em Fevereiro de 1969, logo a seguir ao assassinato de Mondlane, o Embaixador de Espanha em Estocolmo enviava um ofício a Madrid[347], informando que na altura se dava um recrudescimento da campanha contra Portugal – o assassinato ocorrera a 3 daquele mês – e que os jornais suecos de todos os quadrantes políticos anunciavam uma decisão do Congresso anual dos estudantes do ensino secundário para promover uma angariação de fundos que se esperava atingisse 2 a 3 milhões de coroas. Este *"fund raising"* destinava-se a Moçambique.

Noruega

Quando o casal Mondlane ou Eduardo Mondlane, só, iam à Suécia, aproveitavam a viagem para visitar outros países da região.

Assim, no mesmo mês de Setembro de 1965, a convite da *"Comissão Norueguesa da Assembleia Geral da Juventude"*, Mondlane é recebido na Noruega com enorme destaque da imprensa e da televisão. O acolhimento, porém, contrariamente ao da Suécia, contou com alguns artigos de jornais que não lhe foram favoráveis.

Erik Höyer, que tinha visitado Moçambique a nosso convite, escreveu um artigo no *Morgenbladet* de 28.09.65, em que declara que Mondlane não representa o povo de Moçambique, território onde reina o total multirracismo. Numa visão um pouco idílica do mundo, o jornalista afirma: "*A aventura de Angola terminou e começa agora a de*

---

[347] AHD, PAA 523, of. 103, de 19.02.69, da Embaixada de Espanha em Estocolmo, id.

Moçambique. Um grupo de novos idealistas reuniu-se em Dar es Salaam com planos para a independência de Moçambique e para a criação de guerrilhas. Mas tudo resultou mal, não por causa da pressão militar portuguesa, mas porque a população civil se mostrou totalmente desinteressada por esses planos...."[348].

Também no semanário económico *Formand* foi publicado um artigo que lhe era desfavorável.

Mas a verdade é que tanto o *Aftenposten* como *Dagbladet* deram grandes entrevistas de Mondlane, com destaque fotográfico. Voltou a afirmar alguns dos seus temas preferidos: a história da formação da FRELIMO; o recebimento de armas de qualquer proveniência, nomeadamente da China; e críticas mais uma vez a alguns países-membros da NATO por ajudarem militarmente Portugal.

Mondlane foi recebido no Ministério dos Negócios Estrangeiros, apesar das diligências do nosso Embaixador. O Director-Geral Comercial reiterou argumentos que nos eram já familiares: o Governo norueguês recebia os vários líderes africanos como antes recebera os argelinos. E afirmou tranquilamente ao nosso Embaixador que o seu país ajudaria certamente Eduardo Mondlane. A Noruega queria continuar a manter boas relações com Portugal, não obstante os conhecidos pontos de vista diferentes que cada um defendia[349]. O Embaixador insistiu, porém, e afirmou que nosso país não podia deixar de considerar "inamistosa" a atitude da Noruega.

Alguns anos mais tarde, em finais de Janeiro de 1967, Janet Mondlane chega a Oslo, onde vem solicitar a concretização da ajuda de 1 milhão de coroas para o Instituto Moçambicano, prometida pelo Parlamento norueguês havia já algum tempo.

A 2 de Dezembro de 1968, tanto o *Dagbladet* como o *Arbeiderbladet* publicam longos artigos com entrevistas de Janet Mondlane, o primeiro intitulado "*Uma mulher branca que luta em África – dirige a*

---

[348] AHD – PAA 523, tradução da Embaixada de Portugal em Oslo, 940,1 (8), 1965.
[349] AHD – PAA 523, Tel. 52, de 12.09.65. Id.

reconstrução nos territórios libertados de Moçambique", e o segundo, *"Está na Noruega o Chefe do 'Mozambique Institute' – Os africanos em Moçambique carecem de apoio da Noruega"*.

Em ambos os artigos, as declarações de Janet Mondlane seguem as mesmas linhas de força:

A Ford Foundation financiou de início o Instituto até que pressões exercidas por Portugal fizeram aquela suspender aquele apoio; a Suécia e a Dinamarca têm dado uma ajuda considerável, alguns países de Leste deram equipamento laboratorial; têm hoje cerca de 20.000 alunos em escolas primárias na Tanzânia; esperam que alguns bolseiros que se estão a formar em medicina regressem para ajudar nas instituições sanitárias das zonas libertadas, que correspondem a cerca de 1/5 do território; as funções do Instituto são independentes da acção política ou militar da FRELIMO, o Instituto procura formar quadros para o futuro país e melhorar as condições de vida das populações;e também que iria falar ao Ministério dos Estrangeiros, pois nunca tinha recebido nada de 1 milhão de coroas de ajuda aprovada pelo Parlamento norueguês.

Face a estas declarações claras e de impacto mediático, o nosso Embaixador em Oslo pediu para ser recebido no Ministério dos Estrangeiros. Aí o Secretário-Geral e o Director-Geral Político, que já recebera Janet Mondlane, haver-lhe-iam dado algumas explicações, nomeadamente que[350]:

a) *o Parlamento norueguês votou em 1963 uma ajuda global de 1 milhão de coroas a favor de refugiados e prisioneiros da África austral;*

b) *foi criada uma Comissão parlamentar para administrar esse fundo, pelo que o Ministério dos Estrangeiros nada tinha a ver com o seu destino;*

c) *isso mesmo fora dito a Janet Mondlane a quem aconselharam se dirigisse àquela Comissão parlamentar.*

---

[350] AHD Of. PAA 200, de 5 de Dezembro de 1968. 940,1 (8).

Janet Mondlane seguiu depois para a Finlândia e regressaria à Suécia. Tudo isto se passa a dois meses do assassinato de seu marido.

Dinamarca

No mês de Setembro de 1965, Eduardo Mondlane também visita a Dinamarca, onde tem novo sucesso de impacto sobre a opinião pública do país dinamarquesa.

É recebido no Ministério dos Negócios Estrangeiros, no Fundo de Auxílio aos Refugiados, no Secretariado de Assistência Técnica e nos meios sindicais.

A 11 de Setembro, o *Berlingske Tidende* e, dois dias depois, o *Aktuelt* e o *Politiken* inserem entrevistas e fazem ampla cobertura da série de Conferências sobre os movimentos africanos de libertação, onde Mondlane proferiu uma conferência e teve várias intervenções[351]. Refira-se que José Chipenda também interveio, uns dias depois, no mesmo *forum*.

Mais uma vez se repetem cenas a que assistimos noutros países. A diplomacia portuguesa protesta, em vão, contra a actividade diplomática de Mondlane.

O nosso Embaixador será recebido, a seu pedido, a 13 do mês seguinte, pelo Director-Geral Político, Senhor Paludan, a quem repete os argumentos conhecidos, e de quem recebe a resposta de que, se Mondlane o pedisse, seria novamente recebido naquele Ministério, pois certamente haveria assuntos de *"ajuda humanitária e política a discutir"*. O Embaixador comentou para Lisboa ter considerado aquela reacção como *"um desafio"*[352].

Em Outubro de 1967, Mondlane volta ao seu novo eixo estratégico escandinavo e está em Copenhague, onde os jornais noticiam que se trata de mais uma *"tournée"* pelos países nórdicos.

---

[351] AHD PAA 523, Of 293, de Copenhague, de 13.09.65, 940,1 (8) 1965.
[352] AHD, PAA 523, tel 54, de 13.10.65, de Copenhague, 940,1 (8) 1965.
[353] AHD, PAA 523, Documento 90,1 (8), 1965.

Portugal tinha um informador na pessoa de António Fonseca, que se intitulava Secretário-Geral do "*Movimento para a Libertação de Goa, Damão e Diu*" e que apresentou um relatório pormenorizado sobre a estadia e todos os passos de Mondlane na Dinamarca, em 1967[353].

Desta vez a cobertura dos *media* é ainda superior. O nosso Encarregado de Negócios envia vários ofícios a Lisboa com os artigos publicados e as declarações públicas do "terrorista" Mondlane.

O *Politiken*de 1 de Outubro de 1967 a anuncia a próxima visita de Mondlane com artigo de Halldór Sigurdsson, a 4 colunas e fotografia, intitulado "*O Inimigo Nr.1 de Lisboa*". Diz o seu primeiro parágrafo: "*No que respeita a celebridade internacional, Eduardo Mondlane, de Moçambique, tem que ceder o primeiro lugar ao seu compatriota Eusébio, o célebre marcador da equipa de futebol do Benfica de Lisboa. Mas no que respeita a força de penetração, Mondlane não tem rival – pelo menos na guerrilha. É que Mondlane, que virá a Copenhague sexta-feira, está apostado em fazer mentir o Chefe do Governo António Salazar – no que respeita a afirmação do ditador português, proferida em Dezembro de 1961, segundo a qual, enquanto ele estivesse no poder 'Portugal não baixará a sua bandeira em nenhum dos seus territórios no mundo'* "[354]. O artigo prossegue num tom de cerrado ataque a Portugal e de encomiástico elogio a Mondlane.

E um jornal como o *Berlingske Tidende*, de 7 do mesmo mês, inicia com estas palavras o artigo intitulado "*Um Combatente da Liberdade de Moçambique em Copenhague*": "*Copenhague teve ontem a visita de uma personalidade das mais marcantes no quadro do movimento africano pela liberdade que combate cada vez mais vigorosamente os regimes minoritários brancos da África austral*".

É clara a dimensão regional que lhe é atribuída na opinião pública destes países e, por outro lado, o impacto negativo que este facto pode e deve ocasionar, não só nalguns elementos da FRELIMO, mas mesmo

---

[354] AHD, PAA 523, Tradução da versão francesa feita na nossa Embaixada em Copenhague. Id.

noutros países africanos da região. De inveja nuns casos, de perigo noutros, como na Rodésia ou na África do Sul. Elementos não despiciendos quando se analisa o seu assassinato.

A *France Press* reporta na mesma data declarações de Mondlane afirmando que o futuro Estado de Moçambique *"será socialista, não terá senão um partido para que o povo seja forte e unido"*. É curioso notar que somente a agência francesa – a França não era dos países que melhor se dispunha a acolher Mondlane – refere estas declarações.

Finlândia

Portugal segue atentamente o périplo nórdico de Mondlane[355]. As repercussões na opinião pública através dos *media* finlandeses são atentamente lidas e comentadas pela PIDE. O jornal *Helsingin Sanomat*, de 12 de Outubro de 67, publica, também, uma longa entrevista em que Mondlane, com o seu à-vontade habitual, começa por perguntar como pode Portugal falar dos direitos democráticos em África, quando não os tem no próprio país. Continua no seu estilo, repetindo alguns dos seus temas costumeiros: em Moçambique 100.000 brancos governam cerca de 6.000.000 de negros; o seu objectivo era influenciar a opinião pública finlandesa para obter mais ajuda militar ou outra para a luta da FRELIMO. E insistiu no seu pensamento de base – politicamente importante tê-lo feito na Finlândia – de que a sua luta se encontrava completamente fora do âmbito ideológico da desavença entre Moscovo e Pequim, pois o único objectivo era eliminar o poder colonial português.

e) A participação na X Reunião da Internacional Socialista em Uppsala

Desta vez, o convite é-lhe dirigido pelas *"Juventude Centrista"*, *"Federação dos Estudantes Liberais"*, *"Federação dos Estudantes Social-democratas"*, *"Federação dos Estudantes Socialistas"* e *"Federação dos*

---

[355] AHD, PAA 523, Inf. PIDE 330, SC/CI(2), de 26.12.67, 940,1(8), 1964, 65, 66, 67.

Estudantes Comunistas". A visita de Mondlane à Suécia, onde chegou a 26 de Abril de 1966, e durante a qual participou como observador na X Reunião da Internacional Socialista e nas diversas reuniões e manifestações que a rodearam, foi, no dizer da nossa Embaixada em Estocolmo, aquela em que Mondlane obteve uma maior projecção: *"Conforme já informei no meu telegrama 24, de 4 do corrente, parece-me fora de dúvida que Mondlane conta agora com fortes apoios neste país. Enquanto as anteriores (visitas) passaram quasi despercebidas e receberam reduzida publicidade, a sua presente visita à Suécia está tendo uma projecção considerável, talvez superior à que se está verificando com os membros dos Governos de países africanos que também vieram participar no Congresso Internacional do Socialismo..."*[356].

Foi uma ocasião em que Mondlane não só deu várias entrevistas com muito destaque, como esteve reunido com – e foi ouvido por – personalidades políticas importantes, entre as quais o Primeiro-Ministro sueco, Tage Erlander, que presidiu ao Congresso, Harold Wilson da Grã-Bretanha, Willy Brand da República Federal Alemã, Henri Spaak da Bélgica, Guy Mollet da França, Bruno Kreisky da Áustria, Golda Meyer e muitos outros.

Pela primeira vez, a Internacional Socialista procurou convidar o mundo de Bandung, os líderes africanos e asiáticos, a que juntou vários da América Latina.

Lee Kuan Yew, Primeiro-Ministro de Singapura, a vedeta asiática, falou da criação no Sudeste asiático de uma região que desempenhasse o papel de uma Escandinávia na Europa. Mas entre os africanos presentes, um ministro da Tanzânia e outro da Zâmbia, Mondlane foi quem mais protagonizou a luta independentista africana. Foi notado pela sua elegância, pelos seus graus académicos, por dominar 4 línguas e pela clareza e veemência das suas intervenções.

Para além das muitas declarações que fez à imprensa, afigura-se-nos como talvez mais importante, pelo seu conteúdo, a entrevista que con-

---

[356] AHD, PAA 523, of. 106 – ULT, de 06.05.66, Emb. em Estocolmo, 940,1(8) D, 1966, subdiv.5.

cedeu a Sören Eriksson, do *Aftonbladet* de 5 de Maio de 66, de que se transcrevem excertos, usando a tradução inglesa da nossa Embaixada:

"*We are in a Viet Nam situation and must use the same tactics as the FLN are using over there. We accept foreign help gladly from whatever direction it might come. Above all it is our own war we must win with our own means and methods.*

… …

'Eduardo Mondlane looks upon the situation realistically: the fact that the liberation movement have some province headquarters in the North, which the Portuguese have not dared to do anything about, does not mean that one has definitely liberated these area… …However, the majority in the forces is trained in southern Tanzania. The instructors themselves are refugees from Mozambique who have been trained in Algeria and 'other countries which have current experience from guerilla warfare'.

…Economic help: Eighty percent of the economic help to FRELIMO comes from the African countries and is canalized through the liberation committee of the African United Organization for the colonial areas in Dar es Salaam…the rest consists of contributions from private organizations in a number of western countries…

…Arms from the East: Arms are received from the East Bloc, Czechoslovakia and the Soviets for the most, and naturally he is being called a Communist.

But in FRELIMO some are Communists, some Socialists as I am, some are of other political opinions. We have the one thing in common, i.e. we are fighting for a free country of Mozambique. We will become socialistic, but a closer framing of the political system will be a later problem".

É certamente uma das poucas vezes em que, em público, refere as diversas tendências dentro da FRELIMO e ele próprio se reconhece como socialista e não comunista.

No 1.º de Maio, com Olaf Palme, então Ministro do Governo de Erlander, toma parte num grande comício organizado pelo Partido Social-democrata e sindicatos suecos.

Na sessão de encerramento do Congresso, diz mais uma vez que havia que deixar uma certa hipocrisia, pois *"certos governos que se encontram nas mãos dos socialistas e membros da Internacional Socialista continuam, no quadro da NATO, a fornecer armamento a Portugal utilizado na repressão contra os negros das colónias. Como podem vocês chamar-nos 'camaradas' e convidar-nos a nos juntarmos a vós, contra a opressão e a exploração, quando muitos de vós equipam o nosso inimigo através do armamento que ele necessita para nos destruir?"*[357].

Ecos deste Congresso ouvem-se em paragens longínquas, como o México, onde Raúl Haya de la Torre, que esteve presente em Uppsala, escreve no *Excelsior* de 12 de Maio de 1966 que Mondlane, numa exposição recheada de elementos concretos, deu uma impressionante história do colonialismo português no seu país e em Angola, que comparou com o tratamento brando que os portugueses deram aos escravos no Brasil, citando o livro de Gilberto Freire *O Mundo que o Português criou* de que acabara de ler tantas referência no livro *Slave & Citizen* de Frank Tanennbaum.

f) Visitas à República Federal Alemã

Já vimos que em 1963 Mondlane foi à RFA antes da visita a Pequim, certamente para explicar a sua atitude à *Friederich Ebert Stiftung*[358].

Também no seu regresso da Suécia, no início de Maio de 1966, foi a Bona a convite daquela Fundação, embora tenha declinado ir a Berlim. Na *Friedrich Ebert Stiftung,* certamente debateu a ajuda por ela prestada aos movimentos emancipalistas, através da formação de quadros sindicalistas. De acordo com o Boletim Semanal nr. 24, de 30.06.66, do Ministério Federal da Informação, a Fundação tinha cerca de 41 tutores ou formadores nos países em via de desenvolvimento.

Durante a sua estadia, Mondlane foi recebido por um alto funcionário daquele Minstério – o *Bundespressamt*.

---

[357] AHD, PAA 523, AFP, *Bulletin d'Afrique*, N. 5978.
[358] *Friederich Ebert Stiftung*, Fundação ligada ao SPD, na Alemanha Federal.

Mondlane mostrou-se[359] desapontado com a Reunião da Internacional Socialista, de Uppsala, na qual os africanos tiveram pouca expressão e a sua temática não foi devidamente discutida. Quanto a Moçambique, segundo a sua interlocutora no *Bundespresseamt*, foi muito eloquente e mostrou sentir-se à vontade ao tratar de problemática internacional. Referiu que a FRELIMO contava com cerca de 5000 homens em armas e estava recebendo armamento dos países de Leste, mas também da Holanda e da própria RFA, que transitava por terceiros, via Kuweit. Dos Estados Unidos recebiam medicamentos, roupa e alimentação para os refugiados, especialmente da parte de meios ligados à Igreja Católica (parece legítimo perguntar se não teria havido um equívoco por parte da sua interlocutora ou dos serviços de informação, que tomaram protestante por católica). Acrescentou que havia enviado alguém à Holanda para negociar o mesmo tipo de ajuda e perguntou se não seria possível esperar igual atitude da Alemanha Federal. Foi-lhe respondido que sim e que se deveria dirigir a Aachen à organização "Misereor".

Adiantou a mesma fonte que já em 1964 o Boletim Semanal nr. 305, de 22.12.64, do *Bundespresseamt* informava, sob o título *"Leo Milas, o Embaixador Voador da FRELIMO"*[360], que esta personagem ambígua, numa entrevista de 10 de Abril adquele ano a um jornal iraquiano em Bagdad, agradecia ao Marechal Abdul Sallam Mohamed Arifa, então Presidente do Iraque, e ao seu Governo a ajuda dada à FRELIMO, e criticava severamente os EUA, a RFA e a Grã-Bretanha por ajudarem Portugal. Por essa mesma ocasião, Milas passou também discretamente pelo Kuweit.

Quanto aos números de soldados da FRELIMO, um comentário ao relatório, elaborado pela mesma fonte, merece particular atenção. Referia ele que:

---

[359] A avaliar por um Relatório alemão, elaborado possivelmente a pedido da SGDN, arquivado na cx 5023_01, do ADN – Ver notas sobre a natureza deste relatório, junto ao anexo.

[360] *"Der Fliegender Botschaft der FRELIMO".*

a) apesar de a visita de Mondlane não ter constituído para a Alemanha motivo para maior mobilização dos serviços de informação, o número de 5000 guerrilheiros adiantado por Mondlane merecia credibilidade, pois correspondia às suas estimativas de que estavam 1/3 deles em formação em cerca de 10 campos de treino na Tanzânia e 300 a 400 na URSS e na RPC. Já os números exagerados que terão sido referidos por Leo Milas não mereceram credibilidade;

b) o principal interesse do envolvimento da Fundação Friederich Ebert era evitar uma maior dependência da FRELIMO em relação ao Leste.

A Alemanha Federal esteve, assim, também na rota política de Mondlane.

g) Visita à Holanda

Quando em Setembro de 1964 visitou Uppsala, o casal Mondlane deslocou-se também à Holanda. Em Amsterdão proferiu ele uma conferência, numa chamada *"Comissão Angola"*, em que retomou os seus argumentos no sentido de defender a necessidade de conceder a independência a Angola e a Moçambique.

Apesar da reacção do nosso Embaixador na Haia, mais uma vez Portugal ouve uma resposta esquiva do Ministério dos Estrangeiros dos Países Baixos: Mondlane não atacara Portugal, só defendeu as teses das independências em África, pelo que o Governo holandês não podia interferir ou tomar quaisquer medidas[361]. Como consequência, a nossa missão diplomática procura minimizar o impacto da visita.

Aconteceu, porém, que um missionário holandês, de nome Boormans, haveria sido morto por tropas da FRELIMO. Mondlane é questionado sobre o incidente e responde serenamente que admite essa

---

[361] AHD. PAA 523, Tel. 51 da Embaixada na Haia, de 18.09.64, 940,1 (8D) 1964.

possibilidade e que, se assim foi, lastima. Mas só poderia ter sido por engano – que tivessem tomado o missionário por um elemento branco contra a guerrilha, dado o local onde ele se encontrava. O assunto parece ter morrido por aí[362].

h) As visitas à Grã-Bretanha

Londres é uma das capitais que acolhe com frequência Mondlane. Uma das visitas, e das mais marcantes, foi em Julho de 1967, a convite da *Ariel Foundation*, cujo Presidente, o ex-deputado conservador da ala liberal Charles Brooke Longbotten, era seu amigo pessoal.

A visita não passou desapercebida, como Portugal gostaria. Além de se avistar com funcionários do *Foreign Office*, encontrou-se com Richard Kernshaw, director do *Africa Confidential*, e Colin Legum, do *Observer*, e deu entrevistas ao *Evening Staandard*, ao *Guardian* e à BBC – que a transmitiu no seu programa *"24 hours BBC"*[363].

Ao *Guardian*, Mondlane afirma ter regressado dos Estados Unidos, onde fora visitar 65 moçambicanos que lá se encontravam a estudar com bolsas oferecidas por aquele país[364]. A dada altura da entrevista, diz: *"Our guerilla forces number about 7000 and are clashing daily with 65,000 Portuguese National servicemen in Mozambique. Thanks to a good supply of arms from many countries, including Britain, our troops now control over one-fifth of the country"*.

---

[362] AHD. PAA 523, Of. 357, de 21.09.64, da Embaixada na Haia. Id.

[363] AHD, PAA 523, Tel. 484 de 12.06.67, Tel.81, de 14.02.68, Of. Secreto 261, de 28.02.68, Inf. PIDE 235, de 20.02 68, Tel. Secreto 155 de 14.03.68 e Tel.40 de 31.01.69, todos de Londres. id. 940,1(8) D.

[364] António Tomás, no seu livro *O Fazedor de Utopias*, Tinta da China, 2007, quando alude à grande saída de Lisboa de estudantes africanos por iniciativa da CIMADE e do missionário Jacques Beaumont, refere: *"...os jovens dividiram-se entre os que, por um lado, como os moçambicanos, aceitam a proposta de Eduardo Mondlane para continuarem os seus estudos nos Estados Unidos e, por outro, os muitos angolanos e alguns cabo-verdianos que escolhem, ou seguir para a União Soviética..."*.

Em quase todas as intervenções públicas Mondlane batia na mesma tecla: apesar da ajuda que recebia da Grã-Bretanha, a opinião pública inglesa pouco sabia da situação real da luta em Moçambique.

Portugal dispunha em Londres, como acontecia em muitas capitais, de um informador, bem introduzido nos meios jornalísticos e políticos, que forneceu à Embaixada um documento sobre a *Ariel Foundation*. Os meios mais de direita do Partido Conservador desconsideravam a Fundação, pois, apesar de ter sido iniciada dentro *"de bons costumes"* nos anos 60, passou para as mãos do "liberal" Charles Longbotten, que era na altura Presidente do *"Comité para a África Oriental e Central"* dos Conservadores, após ter perdido o seu lugar de MP.

Portugal conseguiu que um deputado *"nosso amigo"* escrevesse ao *Foreign Office*, insurgindo-se contra certas afirmações públicas de Mondlane. Tudo foi, porém, em vão, pois o *Foreign Office* nunca tomou qualquer medida contra ele.

Em Março de 1968, Mondlane irá de novo a Inglaterra, desta vez com um vasto e importante programa de visita. Já em Fevereiro a imprensa britânica anunciava a sua chegada e que viria a convite do *"African Center"* para falar sobre as colónias portuguesas da África meridional, com a presença de personalidades de destaque nos meios da imprensa inglesa.

A 27 de Fevereiro, por instruções das Necessidades, o nosso Embaixador Manuel Rocheta entrega uma carta a Sir Paul Gore-Booth, Subsecretário de Estado Permanente no *Foreign Office*, pedindo ao Governo de Sua Majestade que impedisse a entrada de Mondlane e a realização de uma reunião de terrorismo contra um país amigo como Portugal, num Centro que se propunha dar a maior publicidade ao acontecimento, nomeadamente através da BBC. Nunca foi obtida resposta.

Embora a visita e as reuniões tenham lugar, Portugal recorre ainda a bons ofícios internos britânicos através do deputado Victor Goodhew. Indicam-se de seguida, pelo seu interesse, os trâmites diplomáticos a que esta diligência deu lugar e a resposta peremptória do Procurador-Geral (*"Attorney General"*):

1 – Victor Goodew escreve a 29 de Fevereiro de 1968 a James Callaghan, Subsecretário parlamentar no Ministério do Interior (*Home Office*), referindo que Eduardo Mondlane, "*líder num movimento terrorista financiado pelo exterior e baseado na Tanzânia, cujos bandos armados se infiltraram nalgumas áreas do norte de Moçambique*"[365], virá à Grã-Bretanha propagar ideias subversivas contra um nosso aliado, lembrando que a Grã-Bretanha está financeiramente envolvida em Cahora-Bassa e perguntando se o Governo não o poderá impedir de entrar no país ou pelo menos tomar as devidas precauções para que ele não faça propaganda subversiva contra Portugal em território britânico.

2 – Na falta de resposta, insiste com nova carta a 8 de Março, a que o Ministério do Interior responde por comunicação de 4 de Abril assinada por David Ennals. Mondlane, escreve Ennals, já veio antes ao Reino Unido sem consequências inconvenientes; ao entrar, satisfez as questões que lhe foram postas pelas autoridades de imigração, dizendo designadamente que vinha fazer conferências no "*Africa Center*" e no "*Royal Institute of International Affairs*"; nestas circunstâncias não havia fundamento para tomar qualquer medida contra ele. Caberia, porém, ao Procurador-Geral, decidir se havia matéria para proceder, ao abrigo da secção 6 do "*Race Relations Act*", que prevê e condena a incitação racial "*contra uma parte do público na Grã-Bretanha*"[366].

3 – Não satisfeito com a resposta e instado pela nossa Embaixada, Victor Goodhew insiste junto de James Callaghan, invocando agora uma frase pronunciada por Mondlane no "*Africa Center*" que, considera, o inscrevia na linhagem do movimento "*Black Power*"[367] e constituía ofensa à luz da aludida disposição legal contra a instigação ao ódio racial. A frase foi: "*We look up to Angola because they first showed that a black man can stand up and kill a white man*".

---

[365] National Archives of UK, LO2/469/C297063.

[366] Id.

[367] É indiscutível que Mondlane foi, nos Estados Unido, uma referência – como Amílcar Cabral, Nyerere etc. – do *Black Power*, particularmente das suas tendências menos radicais, como os chamados "*nacionalistas pragmáticos*" (McKissick) ou os "*nacionalistas conservadores*" (Roy Innis, Harlem CORE).

4 – O Ministério do Interior responde-lhe numa missiva de 8 linhas, informando-o de que submeteu o caso ao Procurador-Geral (*Attorney General*) para consideração.

5 – De acordo com um parecer do Procurador-Geral, sem data, a Procuradoria-Geral responde nos seguintes termos:

"Independentemente da total falta de provas sobre o que disse o Dr. Mondlane, penso não haver qualquer matéria de acusação neste caso. Em primeiro lugar o Dr. Mondlane está já na Tanzânia e em segundo lugar as sua afirmações referiam-se a assuntos que aconteciam fora do Reino Unido e quando referiu 'we look up to Angola' estava provavelmente a referir-se a si próprio e aos seus apoiantes em Moçambique e não estava a tentar incitar ao ódio racial aqui. Em concordância com estes elementos proponho uma resposta no sentido de que uma acusação com base na secção 6 carece de fundamento".

6 – Foi redigida pelo Ministério do Interior uma nota ao deputado Victor Goodhew naqueles termos, a 10 de Maio, e encerrado o incidente, ficando sem efeito as nossas diligências oficiais e oficiosas no sentido de obter da Grã-Bretanha uma posição contra Mondlane.

O programa da sua visita previa os seguintes eventos:

- Dia 6: Chegada e conferência de imprensa na Sala do Comité da Câmara dos Comuns, em que o MP Basil Davidson faria a apresentação.
- Dia 7: Conferência na *Chatham House (Royal Institute of International Affairs)*.
- Dia 8: Reunião pública em *Oxford*.
- Dia 9: Um seminário em *Oxford*.
- Dia 10: Conferência sobre "*A aliança maldita*", no salão Nufto.
- Dia 11: Reunião no *Africa Center* à hora do almoço, e à tarde seminário na Universidade de *Sussex*.
- Dia 12: Seminário na Universidade de *Swansea*.
- Dia 13: Reunião na Câmara dos Comuns, seguida de uma reunião pública no *Church Hall*.

Foram acrescentadas posteriormente algumas outras actividades, como uma Conferência na LSE (*London School of Economics*).

Para além de Mondlane, seriam oradores em várias destas sessões Chitsiga, da ZAPU, e Robert Resha, do ANC, assim como David Steel, Humphrey Barkeley, Sir Dingle Foot e Clive Jenkins.

A Conferência teve uma audiência notável, tanto pelas personalidades que assistiram como pelos órgãos de informação presentes. Segundo informações colhidas pela nossa Embaixada em Londres, a audiência era de cerca de 120 pessoas, contando com representantes dos Ministérios da *Commomwealth* e dos Estrangeiros, muitos jornalistas e "*25 personalidades de destaque*".

De resto, só por si, a *Chatham House* tem um prestígio em Inglaterra que coloca Mondlane, ao ser convidado para lá falar, numa posição invejável. A isto acresce a chamada "*Chatham House Rule*", regra de ouro que garante ao orador um estatuto único de confidencialidade e liberdade. Instituída em 1927 e reformulada em 1992 e 2002, diz o seguinte: "*When a meeting, or part thereof, is held under the Chatham House Rule, participants are free to use the information received, but neither the identity nor the affiliation of the speaker(s), nor that of any other participant, may be revealed*".

A intervenção de Mondlane na *Chatham House* ou *Royal Institute of International Affairs* sob a presidência do conceituado especialista em assuntos africanos, Colin Legum, constitui, a nosso ver, o documento mais importante – depois do seu Relatório apresentado em Maio de 1961 no Departamento de Estado, em Wasington – da sua análise da situação e estratégia, referente ao enquadramento geopolítico que se deparava à FRELIMO em 1968. Colin Legum, em Novembro de 1979, lembra: "*Eduardo's main time in London was the Chatham House Conference where he gave one of his most important political speeches that he ever gave in England*"[368].

---

[368] Arq. Pessoal de Witney Schneidman, (IPRI) M. 1967, "*Notes on a conversation with Margaret and Colin Legum, November 2, 1979, Los Angeles, California*".

Mondlane, nesta sua longa alocução – que as circunstâncias regulamentares da *Chatham House* não nos permitem reproduzir textualmente – começa com a ideia base de que o Governo português, uma vez que não aplicava os princípios da democracia e da liberdade individual em Portugal continental, não se poderia esperar que os aplicasse em África.

Para contrapor a uma visão romântica, que o Ministro Franco Nogueira afirmara pouco tempo antes, de que *"o colonialismo fora algo sempre estranho aos princípios e políticas portugueses"*, Mondlane cita as posições críticas de António Enes e de Vieira Machado em relação ao nada idílico colonialismo português, desenvolvendo toda uma argumentação conducente a chegar ao problema do *"trabalho forçado"*, existente na realidade embora não na estrutura legal, e à questão do indigenato[369] e dos assimilados. Mondlane, de resto, afirma-o: "*I am an assimilado*".

Historia, mais uma vez, o processo da formação da FRELIMO a partir dos movimentos MANU, UDENAMO e UNAMI, e equaciona os princípios que estiveram a montante do primeiro Congresso de 1962 e os grandes objectivos nele definidos. Partindo do facto, *"a fact of life"*, de que Salazar não aceitaria jamais a aplicação do princípio da autodeterminação, a FRELIMO definiu os seguintes objectivos:

– Estabelecer um programa militar clandestino;
– Estabelecer um programa educacional para a formação de quadros.

Refere que viram a Argélia como exemplo de um país que teve de recorrer às armas contra um exército maior do que o português para alcançar a independência, e diz que começaram a luta armada, em 1964, com 250 jovens bem armados e equipados.

Sublinhou e desenvolveu o princípio do multirracismo como objectivo programático da FRELIMO, que aceitava nas suas fileiras negros, mulatos, brancos ou asiáticos.

Traçou um quadro interessante quanto aos cuidados de saúde primária que estavam a ser desenvolvidos nas "zonas libertadas" e men-

---

[369] Estatutos e condições abolidas pelo Ministro Adriano Moreira uns anos antes.

cionou o primeiro médico moçambicano que estava a terminar a sua especialização nos Estados Unidos.

Falou da política de educação que estavam a implementar, designadamente com a substituição dos *curricula* portugueses, e do desenvolvimento agrícola através da criação de cooperativas, e delineou a estrutura política da FRELIMO, com o Comité Central, as comissões políticas, os departamentos de defesa, de relações externas, de finanças e de educação e saúde. Referiu o Instituto Moçambicano de Dar es Salam como um órgão essencial no domínio da educação e formação.

Quanto às relações externas, o documento tem uma relevância particular na estratégia de Mondlane, que temos vindo a estudar. Quanto às ajudas externas, enumerou três:

1. a África, em primeiro lugar, designadamente através do Comité de Libertação da OUA, que constitui cerca de 2/3 da ajuda total;
2. em segundo lugar, os países asiáticos e socialistas, nomeadamente a Índia, a República Popular da China, a Indonésia, o Japão e a União Soviética (por esta ordem);
3. em terceiro lugar, os países ocidentais, designadamente instituições humanitárias e Igrejas. O Instituto Moçambicano, disse, tem recebido grande ajuda financeira do Ocidente, e equipamento do Leste

Faz severas críticas à falta de apoio de países como França, RFA, Grã-Bretanha, Estados Unidos e a NATO, em geral, que têm prodigado ajudas a Portugal e assim prolongado a guerra.

Termina, afirmando que, quando lhe perguntam *se é um líder pró-ocidental ou pró-leste, pró-capitalista ou pró-socialista, responde sempre que é pró-Moçambique. E pergunta-se o que espera de Moçambique o Ocidente, uma vez aquele independente, se mantiver a atitude referida.* Uma pergunta que é simultaneamente um apelo e um desafio.

O *Times* de 9 e de 11 de Março dá bastante relevo a muitas das afirmações de Mondlane, designadamente sobre o perigo da Rodésia para Moçambique e quanto a um futuro governo de Moçambique:

"he says he wants a majority government including whites". O *Morning Star*, como seria mais de esperar, dá também grande relevo ao assunto. O *West Africa* publica um grande e elogioso perfil de Mondlane. A BBC transmite uma reportagem que, obviamente, ajuda ao impacto da sua presença na opinião pública britânica e que Portugal não conseguiu suster.

De entre as várias manifestações de solidariedade para com Moçambique que presenciou, segundo Hélder Martins[370], Mondlane teria sido particularmente sensível a uma manifestação de rua, durante a noite, de estudantes de Oxford, que desfilavam com tochas acesas e sob uma temperatura de 3 graus centígrados.

Em Dar es Salam, segundo o mesmo relato, em reacção a ter Mondlane afirmado ao Reitor da Universidade que nunca vira nos africanos tal demonstração de solidariedade, aquela Universidade organizou uma reunião de estudantes, em que Mondlane falou para descrever a fase por que passava a luta da FRELIMO. No final, ao perguntar se podia contar com voluntários, ter-se-á levantado um *"jovem estudante de economia, ugandês, chamado Yoweri Museveni"*. Este viria a encabeçar, mais tarde, em Janeiro de 1969, um grupo da *African Revolutionary Front* em visita às estruturas da FRELIMO no interior de Moçambique, tendo à volta proferido uma conferência na Universidade de Dar es Salam sobre o *"safari"*, como então lhe chamaram[371].

Esta grande visita de Mondlane a Londres foi por ele abruptamente interrompida dia 10, devido, ao que constou na altura, a um telegrama recebido que o obrigou a regressar a Dar es Salam. Três razões foram então apontadas:

- a antecipação de uma reunião do Comité de Libertação da OUA, segundo o *Africa Confidential*;

---

[370] Hélder Martins, *Porquê Sakrani*, Editorial Terceiro Milénio, Maputo, 2001.
[371] AHU – MU /GM/GNP/049, 1962-69, M.2.13, SCCIM 27/69, Confidencial, 14.01.69.

- as recentes execuções em Salisbury, que provocaram grande reacção a nível mundial;
- uma intervenção do "*Home Office*", explicação que chega a ser aventada por Portugal mas que é inverosímil e totalmente destituída de fundamento, como antes demonstrámos.

Adiantaríamos que a gravidade da situação interna na FRELIMO, que viria a desenrolar-se em Abril e teve o seu auge no início de Maio, poderá ser a explicação mais plausível para esta repentina partida, tese que Hélder Martins confirma no seu citado livro. Certo é que Mondlane, com esta partida precipitada, perdeu alguns momentos importantes programados, como uma Conferencia na *London School of Economics* e uma reunião numa sala do Parlamento a convite do deputado liberal, David Steel.

Quando em Janeiro de 1969 toma conhecimento de uma próxima visita de Mondlane em Abril, a nossa Embaixada em Londres sugere a Lisboa que se não faça nova diligência formal junto do FO, tendo em conta o resultado da primeira, mas simplesmente uma diligência verbal, de que aliás não esperava grandes resultados.

A morte de Eduardo Mondlane não permitirá já esta visita.

i) As visitas a Moscovo e países de Leste

Eduardo Mondlane, à medida que a guerra evoluía e iam escasseando as ajudas militares que não fossem os treinos dos guerrilheiros fornecidos pela Argélia, depois pela Tanzânia e mais tarde já por instrutores moçambicanos, empreende uma actividade diplomática intensa junto dos países de Leste a fim de deles obter ajuda em material. Faz parte de uma estratégia que chamaríamos de dupla vertente: procurar o *soft power* do Ocidente, na formação e educação das elites futuras, assim como na ajuda humanitária; e obter o *hard power*, que o Ocidente lhe nega, nos países comunistas, diversificando, mesmo aí, entre o bloco soviético e a República Popular da China. A URSS e os países do bloco estarão sempre prontos a fornecer essa ajuda, no quadro da Guerra-Fria.

Já em 1964, com Marcelino dos Santos, que concedeu uma entrevista transmitida pela Rádio Moscovo a de 11 de Julho[372], visitou Moscovo no quadro da 2ª. Conferência de Solidariedade para com os Povos Africanos. Há referência na PIDE da sua passagem pelo Aeroporto de Bourget nessa rota[373].

Quando regressou de Moscovo, avistou-se a seu pedido com o Embaixador dos Estados Unidos em Dar es Salam, William Leonhart[374] (Anexo 8), junto de quem teceu interessantes observações políticas sobre a viagem. Mondlane tinha excelentes relações com Leonhart, que afirmará em depoimento ter Mondlane na mais alta consideração. Ambos são académicos e entre eles havia uma grande confiança.

Mondlane aludiu na conversa a que, embora não fosse sua intenção fazer esta viagem, Ben Bella insistiu com ele para ir a Moscovo, dada a sua recente visita a Pequim. Resumiu as impressões colhidas em três ideias fundamentais sobre as posições da URSS: estava muito preocupada com o avanço chinês em África; considerava que a influência americana no continente africano estabilizava esse desequilíbrio; e, finalmente, estava convencida de que o seu sistema ganharia em África, como noutras partes do mundo.

Sublinhe-se o facto de Mondlane afirmar que os russos lhe disseram ser importante ele manter boas relações com as potências ocidentais, particularmente os Estados Unidos, pois isso permitiria que "fontes privadas" americanas pudessem dar mais ajuda à FRELIMO e desse modo contrariar a influência chinesa. Leonhart comenta, no final do telegrama que envia a Washington, que a URSS quis certamente minimizar o efeito possível que a visita de Mondlane a Pequim, de 1963, lhe teria causado e falar-lhe numa linguagem de não-alinhamento que lhe era querida.

---

[372] ANTT PIDE/DGS P 337/61 NT 3052, vol. II.
[373] Id.
[374] Arq. de Witney Schneidman (no IPRI) M 1964 MAY-DEC – Tel. Secreto da Emb. americana para o Dep. Estado, de 10.05.64. Este documento contém um parágrafo e uma palavra não-desclassificados.

É, pois, nesta perspectiva que vemos novamente Eduardo Mondlane, no final do ano de 1967, encabeçar uma delegação da FRELIMO em visita a Moscovo durante cerca de 2 semanas. Por outro lado, há pressões internas importantes vindas de todos os elementos que dele desconfiam e o acusam de *"pender para os americanos"*, para usar a expressão de Gwambe. Fez-se acompanhar pelo seu vice-presidente, Uria Simango, por um elemento militar – fundamental para negociar matéria de fornecimentos bélicos – e por um elemento da Segurança e Defesa.

Não se nos afigura, a partir dos dados que nos foi possível consultar, que tenha sido recebido por outra instituição diferente de quem o convidou – *"O Comité Soviético de Solidariedade com os Povos da Ásia e África"*[375]. Como académico, não deixou de ser convidado por "cientistas" do chamado *Instituto para a África*, em conjunto com o aludido *Comité de Solidariedade*, para proferir uma conferência.

A Tass e a Radio Moscovo transmitem a 5 de Novembro uma curta entrevista, em língua portuguesa, em que Mondlane, depois de dizer que vem pedir auxílio, termina com: *"A Vitória é nossa; Viva a Libertação Nacional, Viva Moçambique e Viva a FRELIMO"*. É pelo menos pouco habitual, e porventura significativo, que não desse um Viva ao país anfitrião, a quem vem pedir auxílio.

A 14, a comunicação social soviética, depois de um longo texto da "cartilha política" da época quanto ao papel da URSS em África, refere declarações em que Mondlane repete os três pilares onde assenta o programa da FRELIMO: criar uma ampla base de apoio; aumentar a resistência armada contra os colonialistas portugueses; e, na frente diplomática, desmascarar o salazarismo e fortificar os laços com os povos progressistas do mundo, com os países irmãos africanos e também com os socialistas[376].

---

[375] ANTT. PIDE/DGS, P.337/61 SR UI 3051 e 3052, vol. I. Inf. Nr. 1727/67-GAB de 23.10.67. Secreto.

[376] ANTT PIDE/DGS P.337/61 SR UI 3051 e 3052 vol I.

Numa outra entrevista difundida pela Rádio Moscovo a 21 de Dezembro, Mondlane responde assim a uma pergunta, certamente provocatória, sobre se não vê a possibilidade de que Portugal possa ajudar a criar uma cultura própria: *"tenho ouvido as conferências do Prof. Gilberto Freire e entendo que ele segue uma linha que é a linha britânica, mas aplicada a uma política que é a de Salazar; mas os nossos povos não podem conformar-se ao romantismo".*

Mondlane estará entre os delegados em Moscovo para participar nas cerimónias comemorativas da revolução de Outubro. Serão em grande número os líderes africanos presentes, entre outros, os moderados como os do Senegal e da Etiópia, e Oliver Tambo, da RAS. Dos discursos que estes delegados proferiram e a que tivemos acesso, o de Mondlane conta entre os mais breves e de mais *low profile*[377].

Em 1965, Mondlane visitou durante 8 dias a cismática Jugoslávia, onde a 10 de Abril teve prolongada reunião com a Junta Federal da Aliança Socialista[378].

Em Outubro de 1968, visitará Bucareste e Sofia, cobrindo assim, nesta última fase da sua actividade diplomática e último ano de vida, vários países do bloco[379].

O ano de 1968 é, pois, marcado por intensa actividade diplomática. Em Setembro visita o Congo Brazzaville, onde encontra o seu Presidente, vai à Argélia, onde se encontra com o Coronel Boumedienne, segue para a Tunísia e em Outubro visita a Bulgária e a Roménia, como referimos.

No regresso a Dar es Salam, passou em Londres e Genebra[380].

---

[377] Id.
[378] ANTT, PIDE/DGS P.337/61, vol. II, of. do Min. Ultramar 3364/Z-15 II.
[379] Id.
[380] ANTT, PIDE/DGS P. 295 NT 8032 Luanda (classificação de A1).

V.2. O Acordo Portugal/África do Sul de 1964

a) A grande entrevista de Mondlane na *"War/Peace Report"* de Janeiro de 1966 e a denúncia que faz do Acordo Portugal-RAS de 1964

A 7 de Dezembro de 1965, a *"War/ Peace Report"* fez uma grande entrevista a Eduardo Mondlane, que veio a ser publicada no seu número de Janeiro de 1966 e que teve um impacto considerável, tanto nos Estados Unidos como em Portugal.

Em primeiro lugar, os entrevistadores, que deram à entrevista o formato de uma mesa redonda, eram o próprio editor, Richard Hudson, Immanuel Wallerstein, Professor associado de Sociologia da Universidade de Colômbia e autor do livro *África: The Politics of Independence*, Marvin Harris, Presidente do Departamento de Sociologia da mesma Universidade, que vivera em Moçambique no quadro da Fundação Ford, e Collin Gonze, Director do Departamento de publicações do *"American Committee on Africa"*.

Em segundo lugar, Mondlane era tratado com especial deferência académica como *"Professor Mondlane"*, facto que lhe dava politicamente, tanto do ponto de vista internacional como particularmente em Portugal, um estatuto que contrastava com a nossa retórica política, que lhe chamava *"o terrorista Mondlane"*.

Em terceiro lugar, como introdução à entrevista, a *"War/ Peace Report"* começa por citar Lord Kilbracken, do jornal conservador britânico, *Evening Standard*, que publicou em Setembro de 1965 uma série de artigos em jornais da Rodésia sobre a guerra em Moçambique. Depois de vários voos efectuados sobre o terreno, Kilbracken pinta um quadro negro para a situação militar portuguesa e admira-se com as atenções que parecem só recair sobre a guerra de Angola.

Em quarto lugar, a entrevista aborda assuntos de fundo sobre a situação em Portugal e alude a futuros enquadramentos políticos possíveis no país, pelo que faz uma análise serena, num tom quase académico, do problema ultramarino na sua globalidade, incluindo o novo quadro da política americana, as questões ligadas à NATO e a base dos Açores.

E em último lugar – e foi o que provocou, talvez, o maior impacto –, Mondlane denuncia, implicitamente, um Acordo entre Portugal e a África do Sul sobre a emigração de trabalhadores moçambicanos para as minas de ouro sul-africanas, cujo quadro prevê que o Governo Português receba choruda parte do pequeno ordenado dos trabalhadores, prefigurando um modelo de "trabalho forçado".

A revista consulta a Embaixada de Portugal e pergunta-lhe se não quererá fazer alguns comentários, que se prontifica a publicar como anexo à entrevista.

Antes de abordarmos as dificuldades em que o Embaixador se encontrou, as consultas e instruções de Lisboa e finalmente o Acordo Secreto, que está por detrás das acusações de Mondlane, analisemos as afirmações e teses que desenvolve na entrevista.

- A FRELIMO iniciou a guerra em Moçambique em 1964, a fim de obrigar Portugal a entrar em negociações sobre uma independência ou sair do território;
- Moçambique conta com cerca de 6 milhões de moçambicanos e cerca de 100.000 europeus que ocupam a administração, o comércio, e dominam a maioria da população moçambicana; a isto acresce que enorme número de moçambicanos trabalham como emigrantes na Rodésia e na África do Sul e são controlados pelo Governo português;
- Quando um dos interlocutores lhe referiu uma recente publicação portuguesa que afirmava haver igualdade de direito de voto entre continentais e moçambicanos, desde que se esteja numa de três condições – *"ser alfabetizado ou pagar impostos ou ser proprietário de casa"* –, Mondlane responde: quanto à primeira condição, bastava lembrar que 95% da população adulta moçambicana era analfabeta; quanto a pagar impostos, tudo dependia do nível de rendimento e a fonte citada omitiu habilmente elaborar sobre essa questão; quando a possuir casa própria, o facto de portugueses definirem uma família segundo o modelo europeu faz

excluir imediatamente a maioria da população da categoria de proprietários, com excepção dos brancos, alguns mulatos e poucos assimilados. Acrescenta que da análise das estatísticas do último acto eleitoral em Moçambique, em Março de 1964, resulta que menos de 2% da população exerceu o direito de voto, percentagem que se aproxima do número da população europeia adulta;
- Ao comparar Moçambique com a África do Sul, afirma que, embora discordando do appartheid, deve admitir que a política sul-africana é pelo menos mais honesta *(honestly stated policy)* do que a portuguesa;
- A FRELIMO deseja um governo democrático baseado na lei da maioria *(majority rule)*. Com a independência, acontecerá aos portugueses o mesmo que acontece aos britânicos que se encontram no Quénia ou na Tanzânia. Terão a possibilidade de optarem pela nacionalidade moçambicana se quiserem, pois a cidadania não dependerá da raça;
- Sobre as diferenças entre a África do Sul e Moçambique, Mondlane conta que lhe disseram a ele e a sua mulher, em Moçambique, que a origem dos problemas na África do Sul reside no facto de ter sido ali dado demasiado acesso à educação às populações negras, tornando-as mais difíceis de controlar. Descreve a conversa que tiveram, ele e sua mulher, Janet, com o Governador-Geral de Moçambique em 1960, na qual este lhes afirmara que a política portuguesa era *"de não discriminar e tratar os africanos como irmãos. Admitiu, porém, que havia realmente discriminação e que o meu povo era mal tratado. Ele considerava-se integrado na ala do governo português que favorecia uma mudança na política, mas acrescentou: 'Realisticamente, não conseguimos modificar esta situação; ainda ficará para alguns anos'. Agora, considero que ele estava sonhando. O Governo português não poderá lá ficar durante muitos anos"*;
- Questionado sobre se poderia imaginar uma solução negociada com outro governo em Lisboa, comenta de imediato: *"o que*

significa só depois da morte de Salazar". Mondlane não acreditava que fosse possível um novo governo de outra forma. Acrescenta: *"Penso que a morte de Salazar trará uma revolução em Portugal".* Neste particular, Wallerstein pergunta-lhe se os novos homens saídos de uma tal revolução estariam dispostos a negociar? *"Realisticamente, só se sentirem que não podem ganhar, então negociariam a independência". ..."Eles sentir-se-iam sob a pressão dos jovens portugueses que estão a morrer na guerra em África".* Como Wallerstein pretende elaborar mais sobre o tema, ainda lhe pergunta se, em vez de resultar de uma vitória militar, a negociação não poderia surgir devido à pressão da opinião pública interna e mundial. Mondlane responde: *"Ambas. A Argélia é um bom exemplo. Ali existiu um complexo de opinião interna e pressões no seio da própria França e a inabilidade do exército francês ao não conseguir a vitória militar sobre o movimento de libertação; estes factos forçaram De Gaulle a negociar";*

– Sobre a ideologia da FRELIMO, Mondlane repete uma frase habitual: a nossa ideologia é a independência. *"Lutamos pela liberdade, democracia e um governo de maioria".* E acrescenta, pedagogicamente, que começaram por procurar negociar com Portugal, em vão; tentaram depois que a opinião mundial pressionasse Portugal, sem sucesso; restou a última alternativa, a militar;

– Em termos de ajuda militar, afirma nada receber do Ocidente, somente ajuda médica, educacional, particularmente dos países escandinavos. Aceitam ajuda de todos os quadrantes: *"we have no choice".* Hudson vai mais longe e provoca-o, ao perguntar-lhe se, recebendo só ajuda dos comunistas, não receia que os EUA passem a apelidar o seu movimento de comunista. Mondlane responde claramente: *"We don't really care what the Americans think of us".* O Prof. Harris resolve vir em seu auxílio, do ponto de vista da opinião pública internacional e de certa opinião democrata nos Estados Unidos, afirmando: *"Gostaria de sublinhar aqui o seguinte ponto: o simples facto de haver um movimento nos dias de hoje chega para os Estados Unidos dizerem que ele*

é de inspiração comunista e ajudado por Pequim ou Moscovo, mesmo que não tenha havido ajuda militar daqueles. Se eu chefiasse um movimento insurreccional e me deparasse com a eventualidade de vir a ser apelidado de comunista, independentemente de estar ou não a receber ajuda militar de Moscovo ou Pequim, preferia aceitar aquele armamento, pois seria considerado comunista em qualquer dos casos";
- Sobre a possível ajuda americana, Mondlane diz estar a ter respostas negativas, e dá o exemplo da Fundação Ford que deixou de ajudar o Instituto de Moçambique devido a pressões portuguesas, facto que Harris conhecia. Mondlane acrescenta que a Fundação Ford agora só dá ajudas mediante prévio consentimento de Lisboa. Hudson pergunta-lhe se tem provas disso e Mondlane responde que tinha sido publicado no *New York Times* do ano passado;
- Quanto ao treino dos militares moçambicanos, Mondlane diz que inicialmente Boumedienne treinava-os. Hoje, ao contrário do que se diz, não são já treinados na Tanzânia mas pela própria FRELIMO;
- Mondlane nega-se a responder sobre a ajuda que recebe de países africanos vizinhos e longamente estabelece paralelos entre a situação em Moçambique e no Vietnam;
- Segue-se um diálogo entre alguns dos participantes americanos, designadamente Gonze, Harris e Hudson, sobre o facto de a política americana em África há 5 anos ser totalmente diversa, até que se aproximou o tempo de renegociar a base dos Açores. Para manter a base, os Estados Unidos deixaram de ajudar concretamente os movimentos de libertação e fazem tudo *"not to anger the Portuguese"*. Gonze conclui que os EUA deixaram de ter uma política africana. O Prof. Harris vai mais longe ao concluir: *"I believe that American policy is a national disgrace which exists by virtue of the colossal ignorance of the American people concerning affairs in Portugal and in Africa..."*;

- Sobre a NATO, embora os entrevistadores refiram que a Organização não dá armas para Portugal fazer a guerra em África, Mondlane sublinha que os militares portugueses recebem treino no quadro da NATO, nomeadamente nos Estados Unidos, e Gonze afirma terem nos seus escritórios fragmentos que provam o uso de napalm de fabrico americano em Angola;
- Mondlane lamenta afirmações do Embaixador Anderson em Lisboa que só encorajam a política portuguesa em África. E para terminar, sobre as suas relações com os Estados Unidos, afirma: *"In view of the attitude of the American Government towards my people who are now dying, if I were to continue to admire the United States for its democratic ideals the way I used to, I would have to be mentally deranged. The actions of the United States government concerning the Portuguese question are, at best, dubious".* E conclui: *"Portugal is a fascist state that is against the ideals in which Americans say they believe".*

Propositadamente ou não, parece talvez positiva a aparente ou real "inocência" política com que Mondlane encara a *"realpolitik"* dos interesses estratégicos americanos no âmbito da Guerra-Fria. Dizemos positiva porque, não a podendo modificar, não lhe resta outra táctica, nem outra estratégia, que possa aplicar internacionalmente.

Deixámos para o fim o que na entrevista surge numa fase inicial, a questão magna para Portugal do trabalho emigrante na África do Sul e que foi certamente o tema de maior impacto.

- Quando o Prof. Harris lhe pediu que comentasse a questão da emigração de moçambicanos para a África do Sul, Mondlane começou por historiar o problema, dizendo que foram primeiro os chineses e depois os indianos que chegaram à África do Sul, no quadro de que cabia sempre aos homens de cor trabalharem para os brancos, naquele país. Estas experiências não haviam tido grande resultado.
- Quando Portugal se apercebe de que pode exportar mão-de-obra barata, com proveito para a África do Sul e com a vantagem de

o Governo português controlar o trabalho e receber uma quantia por cabeça enviada, estabelece-se o sistema. Neste quadro, o Governo português proibia que os trabalhadores fossem acompanhados pelas famílias, facto que os obrigava, em princípio, a voltar.
- Actualmente, continua Mondlane, Portugal recebe 6 US dólares por cabeça. O Acordo diz na pág. 2, F. (a): "R6 (six rand)".
Durante os primeiros 4 meses, o Governo português recebe 50% do seu salário. Nos restantes meses dos dois anos do contrato, o Governo português continua a receber 50% que só devolve ao trabalhador quando este regressa, mas sem juros e em escudos.

b) "A questão do trabalho forçado", o Acordo e o Anexo secreto de 13.10.1964. Os problemas da nossa Embaixada em Washington

Desde as reformas do Ministro Adriano Moreira, havia terminado, do ponto de vista estritamente legal, o Estatuto do Indígena, desaparecendo a categoria de Assimilado e passando todos os habitantes de Moçambique, como dos restantes territórios, a serem considerados cidadãos nacionais. No mesmo contexto, é proibido o chamado "Trabalho Forçado ou Compelido". A legislação laboral de 1899, modificada em 1911, somente em 1914 sofreu alguma moderação em acordo com os ideais republicanos. Mantinha-se a obrigatoriedade do trabalho, embora terminasse a noção de trabalho forçado.

O Código do Trabalho dos Indígenas das Colónias Portugueses de África, de 1928, não modificou substantivamente a legislação anterior.

De resto, já a 11 de Setembro desse mesmo ano Portugal assinara um Acordo com a África do Sul, que previa o envio anual de pelo menos 65000 moçambicanos para a exploração mineira do Transval[381].

Os tempos, porém, eram outros.

---

[381] A. H. de Oliveira Marques. *História de Portugal*, III vol., Palas Editoras, 1981.

O Decreto-Lei n.º 39666, de 20 de Maio de 1954, vem, de forma mais suave nos termos, consagrar o "Estatuto dos Indígenas Portugueses das Províncias da Guiné, Angola e Moçambique", dentro do enquadramento constitucional em vigor e da Lei Orgânica do Ultramar.

Segundo o art. 2.º do Capítulo I, "consideram-se indígenas das referidas províncias os indivíduos de raça negra ou seus descendentes que, tendo nascido ou vivendo habitualmente nelas, não possuam ainda a ilustração e os hábitos individuais e sociais pressupostos para a integral aplicação do direito público e privado dos cidadãos portugueses".

Embora admita na Secção II, no seu artigo 26.º, que "as penas de prisão podem ser substituídas por trabalho obrigatório", não refere abertamente o trabalho "obrigatório" ou "forçado" no seu articulado. Admite, sim, no art. 32.º, que "o Estado procurará fazer reconhecer pelo indígena que o trabalho constitui elemento indispensável de progresso", e acrescenta que "as autoridades só podem impor o trabalho nos casos especificamente previstos na lei".

Portugal, já pelo Decreto-Lei n.º 40646, de 16 de Junho de 1956, aprova para ratificação a Convenção n.º 29 da OIT sobre o trabalho forçado ou obrigatório.

Apesar de que, no seu artigo 1.º, todos os membros *"se comprometem a suprimir o trabalho forçado ou obrigatório, sob todas as suas formas, no mais breve espaço de tempo"*, outras disposições da Convenção são menos drásticas, tanto nas definições de trabalho forçado (art. 2.º), como em algumas formulações: o art. 10.º estipula que certos tipos de trabalho forçado *"deverão ser progressivamente suprimidos"*, e o n.º 1.º do art. 11.º diz mesmo que *"Só os adultos válidos do sexo masculino cuja idade não seja inferior a 18 anos e superior a 45 poderão estar sujeitos ao trabalho forçado ou obrigatório"*... Já, porém, o art. 21.º impõe: *"Não se fará recurso ao trabalho forçado ou obrigatório para os trabalhos subterrâneos a executar nas minas"*.

Só, porém, mais tarde é que Portugal, através do Decreto-Lei n.º 42381, de 13 de Julho de 1959, aprova para ratificação a Convenção da OIT n.º 105, de 1957, relativa desta vez à abolição total do trabalho forçado, sendo a ratificação publicada em 17 de Novembro de 1959.

A adesão de qualquer Estado-membro tinha a duração de dez anos e seria renovada por igual período quando não denunciada.

O Ministro Adriano Moreira, pelo decreto n.º 43893, de 6 de Setembro de 1961, com o seu artigo único, revoga pura e simplesmente o Decreto-Lei n.º 39666, de 1954, e com ele, o Estatuto dos Indígenas Portugueses.

Num longo considerando que precede o famoso artigo único, é com base na filosofia e na concepção dos Direitos do Homem que se estende o direito de cidadania a todos os habitantes de territórios portugueses, independentemente da sua raça, cultura ou religião.

É certamente das primeiras vezes que a concepção de Direitos do Homem é invocada em preâmbulos de legislação portuguesa.

Com este novo contexto legal cai necessariamente qualquer possibilidade de aplicação da prática de trabalho forçado, pelas razões invocadas na última convenção da OIT.

Postas estas considerações introdutórias, vejamos o que se passou com o Acordo por troca de notas, de 13 de Outubro de 1964, entre Portugal e a África do Sul sobre o emprego de trabalhadores moçambicanos em minas sul-africanas, e particularmente com o seu anexo Secreto, o Acordo Complementar por troca de notas e da mesma data -e ainda com o arranjo, Secreto também, concluído em 5 de Fevereiro de 1965, relativo ao pagamento em ouro pela África do Sul dos montantes acordados.

O Acordo *público*, de 13 de Outubro de 1964

Em primeiro lugar, trata-se de um Acordo Internacional não classificado, e portanto público por natureza, mas que não foi publicado em Portugal – só o foi na África do Sul. No seu longo articulado estabelecem-se normas pormenorizadas quanto ao recrutamento, emprego e pagamentos de trabalhadores moçambicanos para trabalharem nas minas sul-africanas.

Sem entrar na sua complexa teia técnica, refiram-se somente os seguintes elementos mais significativos:

1) As entidades contratantes são as organizações devidamente aprovadas pelo Governo provincial de Moçambique e pela República da África do Sul;

2) No Art. IV a chamada "Organização de recrutamento" a quem o Governo provincial outorgou uma licença anual e específica é renovável por iguais períodos e sujeita a um certo número de condições, das quais referiremos algumas:

   a) Um pagamento anual de R. 250 por cada licença;
   b) Depósito de R. 250 na Caixa do Tesouro de Lourenço Marques, à ordem do Instituto do Trabalho, Previdência e Acção Social, como "segurança";
   c) Uma Declaração escrita do candidato à licença, em como cumprirá todas as cláusulas deste Acordo e suas possíveis alterações;
   d) Uma declaração da Organização de Recrutamento em como o candidato é seu empregado...etc.;
   e) A licença não é transmissível;
   etc., etc., até j).

3) No Art. VIII estipula-se que nenhum emigrante poderá deixar o território moçambicano sem haver previamente assinado o contrato com a Organização de Recrutamento e sem passaporte ou outro documento a especificar posteriormente;

4) O Art. IX estabelece que a República Sul-Africana se reserva o direito de cancelar a autorização de permanência na África do Sul de qualquer trabalhador na vigência do contrato, sem qualquer referência a eventual necessidade de invocar fundamentos;

5) O Art. XI prevê que o contrato terá uma duração de 12 meses (313 turnos), podendo ser renovado por períodos que na totalidade não excedam 18 meses;

6) No Art. XIII estipula-se que os trabalhadores portugueses terão as mesmas regalias que os sul-africanos, das quais se faz longa enumeração, sem qualquer referência ao regime de pensões;

7) O Art. XVIII é certamente o mais chocante, pois começa por estabelecer: "*A transferência para Moçambique pelos trabalhadores portugueses de uma parte dos seus proventos será efectuada numa base a acordar mutuamente entre os dois Governos*";

8) O mesmo Art. XVIII estabelece que os montantes transferidos serão pagos em Moçambique por uma das seguintes formas, à escolha do trabalhador:

"*(a) Como pagamentos periódicos a um parente indicado pelo trabalhador, não devendo cada período exceder 3 meses;*
(b) como depósito numa conta bancária de poupança no nome do trabalhador garantida pela Província de Moçambique, com juros pagos a taxa não inferior à taxa corrente no mercado financeiro de Lourenço Marques; e
(c) como pagamento ao próprio trabalhador, aquando do seu regresso, do montante total por ele transferido".

A forma contida nesta última alínea, sem dúvida a mais vantajosa para os cofres do Estado Português, é aplicada supletivamente na falta de escolha pelo trabalhador.
9) O Art. XXI evidencia mais uma vez a não-independência do trabalhador, ao estipular que, quanto a este ou seus descendentes, será o Instituto do Trabalho que actuará como mandatário em causas civis;
10) O Art. XXVII é igualmente claro ao remeter este Acordo para os termos do Tratado de 11 de Setembro de 1928.

O Acordo Complementar Secreto, de 13 de Outubro de 1964 – (Anexo 9)

O Acordo Complementar Secreto estabelece e precisa o entendimento a dar aos Artigos II, VI, IX, X, XVI, XVII, XVIII e XIX do Acordo público. Vários destes artigos dizem respeito a questões técnicas que têm a ver com os locais de recrutamento e proximidades de fronteira. Outros visam questões substantivas.

Nos termos do Art. XVI estipula-se que os montantes de R.6, pelo registo inicial de cada contrato, e de R.2, pela sua recondução, devem ser efectuados pelas minas ao Governo de Moçambique, para fins de "assistência e bem-estar dos trabalhadores" em questão, na África do

Sul e depois do seu regresso, – ou até para obras que beneficiem as regiões donde eles provêm(!).

No âmbito do mesmo Artigo XVI, determina-se que o número anual de trabalhadores não deverá exceder 110.000, com a possibilidade de mais 30.000 – o que dá uma ideia da amplitude da emigração.

Quanto ao famoso Art. XVIII, fica estipulado na alínea H. deste Acordo Complementar Secreto que a quantia que os trabalhadores deverão transferir para Moçambique, depois dos primeiros seis meses de contrato e durante as subsequentes reconduções, será de 60% do seus salários líquidos.

É afinal mais do que Mondlane suspeitava na sua entrevista!

No que se poderá considerar um terceiro acordo obtido na ocasião relativo ao mesmo assunto – o trabalho de moçambicanos nas minas sul-africanas – os dois governos convêm, por ofício secreto de 2 de Fevereiro de 1965 do nosso Ministro dos Estrangeiros ao Embaixador sul-africano em Lisboa, que responde a 5 por ofício secreto tambémdo – em que os pagamentos dos montantes a que diz respeito o famoso Art. XVIII serão efectuadas em barras de ouro. A possibilidadde de tal opção por parte do Governo Português tinha sido prevista e acordada no referido Acordo Complementar Secreto de 13 de Outubro de 1964.

O Problema da nossa Embaixada em Washington

Confrontada com o pedido da *War/Peace Report* face às declarações de Mondlane que iria publicar, e a fim de preparar resposta a ser publicada no mesmo número daquela revista[382], a nossa Embaixada solicita, por telegrama Urgentíssimo de 5 de Janeiro às Necessidades, o envio não só de cópia do Acordo assinado com a África do Sul como mesmo de pormenores sobre: *"a) quantia Governo português recebe por cada trabalhador emigrado; b) se essa quantia creditada Governo português em "Gold Bullion"?; c) É verdade que 50% salários durante primeiros*

---

[382] AHD PAA 527, tel. Nr. 7, de 5.1.1966, de Washington.

meses contrato revertem favor Governo português para reembolso despesas deslocação?".

As Necessidades respondem dia 7 por telegrama Urgente e Secreto, dizendo que vão remeter os textos do Acordo e do Acordo Complementar anexo. Acrescentam que o texto do Acordo (não do anexo) foi publicado na África do Sul mas não entre nós, e sublinham: "*Quanto acordo complementar é secreto não podendo ser utilizado nem tampouco sua existência admitida*"[383].

Quanto aos três elementos pedidos pelo Embaixador, remetem as seguintes respostas: "*Poderá afirmar-se que Governo não recebe quaisquer quantias por cada trabalhador recrutado existindo apenas taxas que são impostas exclusivamente para fins assistência e bem-estar trabalhadores casos desemprego necessidades de readaptação e serviços sociais. Quanto terceiro ponto inteiramente falso conforme art. 2.ª acordo recrutamento. Relatório comissão examinou queixa Ghana seus parágrafos 745 e 746 reconheceu não existir qualquer elemento de fraude ou acção compulsiva por parte autoridades portuguesas na ida trabalhadores portugueses de Moçambique para África Sul*".

É realmente omitida a resposta ao ponto b).

A seguir à entrevista de Eduardo Mondlane, o nosso Embaixador em Washington, envolvendo o texto noutras considerações, limita-se a desmentir categoricamente as afirmações daquele.

---

[383] AHD PAA 527, tel. Nr. 10, de 7 de Janeiro de 1966, da Secretaria de Estado para Washington.

CAPÍTULO VI

Avolumam-se os anticorpos externos e internos a Eduardo Mondlane – aperta-se a malha do cerco

"Eduardo's real strength was that he was a "leader of consensus"... and that one of his great skills was the ability to maneuver between factions..."

Margaret e Colin Legum[384].

VI.1. As acusações de que foi alvo – agente da CIA, colaborador da PIDE, amigo de Moscovo, próximo da China. Os assaltos à sede da FRELIMO em Maio de 1968. A questão "Che"

Mondlane deixa as suas funções nas Nações Unidas só em 1962, mas já desde 1960 o seu era conhecido entre os protagonistas dos movimentos nacionalistas, particularmente de Moçambique. Os elementos mais cultos desses movimentos já teriam, talvez mesmo na segunda metade da década de 50, ouvido falar da acção por ele desenvolvida nos meios académicos americanos.

---

[384] Arq. Pessoal de Witney Schneidman, (IPRI) M. 1967, "*Notes on a conversation with Margaret and Colin Legum*, November 2, 1979, Los Angeles, California".

Até ao assassinato de Kennedy, a Administração americana procura, designadamente em África, ter uma acção decisiva no sentido de procurar uma liderança do terceiro mundo e assim evitar que somente o bloco de Leste e a China protagonizem o patrocínio dos movimentos anticolonialistas.

O caso português foi, de certo modo, paradigmático. A Administração Kennedy era odiada pelos ultraconservadores do regime português, pois encarnava, segundo estes, os dois grandes adversários da tradicional direita-fascista da segunda guerra mundial – o comunismo e as *"democracias plutocráticas do Ocidente"*, para usar uma frase correntemente repetida por Mussolini.

A Administração Kennedy via em Mondlane um arauto de uma esquerda pró-ocidental em África, em que decidiu apostar.

A esquerda europeia, particularmente a francesa, era muito dominada pelas correntes pró-marxistas, paralelas ou não ao Partido Comunista Francês. Na Alemanha, já o SPD no congresso de 1959 tinha separado as águas entre ele e os marxistas, apesar de continuar uma corrente de esquerda no interior do próprio partido. Mas não foi nos círculos da RFA que se formaram os líderes independentistas das colónias portuguesas. Ou foi em Portugal, onde ganharam contactos com a única força organizada de oposição, o Partido Comunista Português, ou em França – para além dos que frequentaram escolas dos países de Leste.

Eduardo Mondlane pode considerar-se um *"outsider"* das correntes existentes à altura. Tinha como vantagens evidentes uma formação académica nos Estados Unidos, com prestígio, uma experiência internacional ganha nas Nações Unidas e uma inserção sociocultural que lhe adveio do casamento com uma americana, branca, de origem sueca. As ligações académicas e políticas com uma das grandes potências em confronto no continente africano e as fortes ligações à esquerda não-comunista dos países nórdicos, que Janet lhe assegurava, davam-lhe uma valência acrescida no mundo de então.

Obviamente, estas circunstâncias não lhe poupavam inimigos nem ataques, que surgiam dos mais variados sectores com as mais diversas acusações, como já temos referido. O seu espírito disciplinado e activo e a sua simpatia pessoal permitiram-lhe contactos internacionais nos mais opostos quadrantes, a quem interessava "recuperá-lo" ou eliminá-lo.

Foi notória a oposição que sofreu da parte de outro independentista moçambicano, Adelino Gwambe. Já em 1961, a partir de Rabat, poucos meses depois da Conferência de Casablanca da CONCP e de haver sido convidado por Fanuel Mahluza, em Julho e novamente em Setembro[385], para integrar a UDENAMO, Gwambe adverte este movimento dos perigos de Mondlane, nestes termos pouco académicos mas demonstrativos de um fundo de desconfiança congénito: *"É bom mas inclina muito na América pois é preciso cuidado para este assunto também como por exemplo ele recebeu dólares para tirar estudantes de Lisboa e não esqueceu a América reservou 100.000 m2 para explorar o petróleo em Moçambique e isso é para convencer os estudantes moçambicanos deixá-los no Moçambique independente explorarem na mesma. Ele esteve em Paris para o mesmo assunto com estudantes que estão lá e tenho a certeza ele vai também à Índia"*[386](sic).

A 17 de Julho desse ano, em Dar es Salam, antes mesmo de Mondlane assumir a presidência da FRELIMO, Gwambe declara numa sala onde desconhecia a presença de um jornalista do *"Daily Nation"*, que obviamente publica as suas afirmações, que a UDENAMO tem 230.000 homens (número fantasioso...) com armas e ajuda de Acra, e acrescenta: *"From today I declare to the world that our policy is violence and revolution "..."we are going to turn Mozambique to another Angola"*[387].

Mondlane, por seu lado, cerca de um ano mais tarde, mais exactamente a 7 de Julho de 1962, declarava ao *"Syracuse Post Standard"*, em Siracusa, Estados Unidos, que só dentro de dois anos entraria em guerra em Moçambique.

---

[385] AHD PAA 527, Cartas de 19 de Julho e de 19 de Setembro de 1961.

[386] AHD, PAA 527, of. do Consulado em Nairobi de 29.09.61 e Inf. da PIDE 1584//61-GU.

[387] AHD, Washington M. 254.

Segundo um *Foreign Service Despatch* da Embaixada dos Estados Unidos em Dar es Salam[388], de 19 de Junho de 1962, o então Encarregado de Negócios, Thomas Byrne, amigo de Mondlane, refere que este o tinha informado na véspera, com preocupação, que Gwambe havia recebido US$14.000 provenientes de N'Krumah e que assim controlava as finanças da FRELIMO.

Duas perspectivas bem diversas que se iram entrecruzar durante as vidas destes dois moçambicanos. Diferenças não só de estilo mas também de mentalidades e níveis de educação.

Em 1963, a partir de Acra, os *"freedom fighters"* ali radicados acusam Mondlane de *"estar ao serviço do Imperialismo"*[389]. O alvejado por esta crítica, que parece não o surpreender, riposta de imediato refutando a acusação e atribuindo-lhe a autoria. Refere um movimento chamado FUNIPAMO (Frente Unida Popular Africana de Moçambique) que, segundo ele, seria dirigido por um *"mercador de escravos"* para a África do Sul.

Mais um actor não isento... a soldo de quem? O palco africano estava então invadido por actores políticos, e alguns importantes, por conta de outrem. Nem sempre era fácil identificar os *"empresários"*, até por que estes mudavam consoante o pagamento.

Na própria sociedade americana, toda uma ala conservadora e segregacionista via com a maior desconfiança os movimentos afro-americanos, que durante a Administração Kennedy ganharam particular relevo.

Pouco antes da morte de Kennedy, Mondlane esteve nos Estados Unidos e teve, como de costume, uma intensa actividade de conferencista nalguns meios académicos, nomeadamente, em Carlysle, na Pensilvânia, onde foi publicada uma entrevista sua na primeira página do jornal do *Dickinson College*[390]. Poucos meses depois, uma senhora

---

[388] Referido em João M. Cabrita, *"Mozambique – The Tortuous Road to Democracy"*, Palgrave Macmillan, NY, 2000.

[389] AHD, PAA 527, Jornal *Tanganyka Standard*, de 20.12.1963.

[390] AHD, PAA 527, *"The Dickinsonian"*, de 15.11.1963.

americana, Elisabeth Crosby, pediu para ser recebida pelo nosso representante diplomático em Washington[391]. Indignada com a actuação de Mondlane numa Universidade americana, onde ele e "*um seu sobrinho*" não pouparam críticas aos Estados Unidos quanto à sua política em África, pediu que a Embaixada agisse no sentido de o fazer expulsar do país. O nosso representante limitou-se a responder-lhe que a Embaixada não tinha essa prerrogativa de expulsar pessoas de território americano, e muito menos Eduardo Mondlane, que ali contava com muitos amigos – no Departamento de Estado e junto de outros membros do Governo.

Este *fait-divers* é um episódio que mostra concretamente os anticorpos que Mondlane suscitava mesmo nos próprios Estados Unidos da América, sendo considerado como um perigoso esquerdista.

Já em 1963, numa Informação 124-SC/CI (2), a PIDE informa que certos elementos da FRELIMO fazem correr o boato de que "*Timoteo Urias e Mondlane trabalham para a PIDE*"[392].

A contestação à sua volta cresce. A 5 de Fevereiro de 1965, Seifak-aziz Leo Milas, dissidente da FRELIMO, escreve ao governo do Quénia solicitando asilo político para si e os seus seguidores[393]. Nesta carta, acusa Mondlane de estar ao serviço dos americanos, de quem recebe avultadas somas. Lembra que Mondlane foi recebido "como herói" em Moçambique em 1961 (não refere que ali foi ainda como funcionário das NU). Acusa-o de receber dinheiro do Governo dos EUA canalizado por uma Fundação para o Instituto dirigido em Dar Es Salaam pela sua mulher e de ter como contacto na Embaixada americana nessa capital um tal Dr. Hennemeyer, "*certamente*" um "*intelligence agent*". Termina o libelo afirmando que a Embaixada de Israel em Dar Es Salaam lhe garante uma mensalidade de 200 Libras.

---

[391] AHD, PAA 527, of. 285, de 6 de Março de 1964, da nossa Embaixada em Washington.

[392] ANTT, PIDE/DGS, P337/61 NT 3052, vol. II.

[393] AHD, PAA 527, of. UL21, Secreto, transmitindo cópia da aludida carta. Arq. Emb. Washington, M.254.

Em Junho e Julho de 1965, uma nova vaga de ataques a Mondlane encontra eco público em Brazzaville e junto das autoridades portuguesas em Lourenço Marques. Um "agente" em Brazzaville, que a nossa Embaixada não quis identificar, disse ali ao nosso Embaixador que Mondlane lhe teria falado, em conversa recente, de uma iminente "*crise e possível cisão*" na FRELIMO por parte de elementos esquerdistas pró-chineses, "*chefiados por Uria Simango*", descontentes com a influência americana protagonizada por Mondlane e especialmente por sua mulher, Janet. Referiu ainda, de sua iniciativa, que Mondlane era recebido em todas as Embaixadas ocidentais, nomeadamente na belga e na britânica.

A soldo de quem estaria este informador?

É curioso notar que esta informação mereceu reservas nas Necessidades[394].

Esta mancha ou campanha orquestrada espalha-se no mesmo mês a outros pontos da África. O Secretariado da Defesa Nacional, num relatório de 9 de Junho de 1965 a que atribui avaliação de A/2, informa que: "*O Governo da Tanzânia possuiria provas concretas de que o Dr. Eduardo Mondlane é colaborador dos Serviços de Informação Americanos e mantém estreitas relações com a Embaixada dos Estados Unidos em Dar es Salam. Tudo parece indicar que o Governo da Tanzânia logo após a Conferência de Argel, em Junho de 65, provocará uma reorganização da FRELIMO tendente a eliminar Mondlane*"(sic)[395].

Fazendo parte integrante da informação, lê-se no chamado "Comentário", o seguinte: "*Da Região militar de Moçambique: Tem por vezes sido referidas ligações do líder da FRELIMO com a CIA; do mesmo tem sido acusada sua mulher Janet Mondlane. É de admitir como muito provável a existência dessas ligações. Admite-se que, em face das relações pouco amistosas entre a Tanzânia e os EUA, a posição de Mondlane seja encarada com reservas por parte do governo de Nyerere*".

---

[394] AHD. PAA 527, Tel. Muito Secreto de Brazzaville, de 1 de Junho de 65 e of. 304, de 16, do MNE.

[395] AHD. PAA 527, Secretariado Geral da Defesa Nacional, Confidencial, Relatório 219/RN/B assinado pelo Secretario Adjunto da Defesa Nacional.

Na sua morte, veio-se a verificar uma reacção bem diferente de Nyerere, a avaliar pela forma que revestiram as cerimónias fúnebres – equiparadas às de um Chefe de Estado.

A UDENAMO e a MANU nunca o aceitaram, apesar do formalismo contrário, mas aparente, de alguns. Ambas chegam a fazer circular uma brochura (anexo 10)[396] em língua inglesa, não assinada e intitulada *"A Profile of Dr. Eduardo Mondlane"*, que constitui um verdadeiro libelo de acusações contra Mondlane, acusações que, de resto, visam também outros como Marcelino dos Santos, Silvério Nungu e João Mungwambe. O livrinho afirma que estes foram comprados por Mondlane, com dólares americanos, para afastar do movimento os fiéis seguidores da UDENAMO e MANU. Mais uma vez o acusam de desvirtuar a revolução por estar ao serviço dos Estados Unidos e de Portugal. O seu objectivo seria fazer substituir Portugal pelos Estados Unidos num futuro Moçambique independente. Procurando ridicularizar o antropólogo, a frase com que termina este livrinho de 8 páginas é a seguinte: *"At any rate the emancipation struggle in Africa is at least three-phased – political, economic and anthropological. The last phase means fighting off the Europeanized African such as Dr. Eduardo Chivambo Mondlane".*

Segundo artigo do *Times of Zâmbia* de 14 de Fevereiro de 1969, a acusação relativa a cumplicidades de Monlane com Portugal teria sido objecto de uma carta com cabeçalho da UNAR (União Nacional Africana da Rumbezia) circulada na Zâmbia três dias antes do seu assassinato[397]. Tratar-se-ia de uma carta escrita em língua inglesa, em que ele é acusado de colaborar com a PIDE, e a sua mulher, Janet, com a CIA. Segundo quem a recebeu, teria sido enviada de Limbe (do Mallawi), com o remetente POBox 579.

Esta curiosa missiva, se realmente existiu, parecia obviamente ter objectivos precisos – os de preparar a opinião para o que iria acontecer

---

[396] AHD. PAA 527, Enviada ao MNE por of. 34/L-6-4-7, do Min. Ultramar de 05.01.66 (anexo 10).

[397] AHD. PAA 516, Artigo de John Edlin, publicado no *"Times of Zambia"* de 14 de Fevereiro de 1969, intitulado *"Mondlane accused in smear letter, FRELIMO BOSS 'A DOUBLE AGENT'"*.

e apontar previamente o dedo acusador para alguém. Expediente ingénuo, por demasiado evidente.

A aludida carta-circular diz que Uria Simango acusa Mondlane de estar ao serviço do Imperialismo e o facto de ter casado com uma branca também era motivo de acusação. Depois de referir o seu modo de vida como *"um milionário americano"* com uma segunda casa em Washington, avança com pormenores da sua actividade na PIDE, desde 1949, sob as ordens de um inspector M. Roquete, em Lourenço Marques, além de ter tirado um curso na PIDE durante a sua estadia em Lisboa. Numa longa diatribe, acusa Mondlane de ter sido agente para o nosso Embaixador Theotónio Pereira, em Washington. Para culminar as acusações, nomeia quatro elementos que infiltram a FRELIMO depois de dois anos de formação de PIDE: Lourenço Mutaca, Joaquim Chissano, Pascoal Mucumbi e Mariano Matsi.

O autor pergunta-se, ao terminar o artigo, se a UNAR será um refúgio dos dissidentes da FRELIMO ou um grupo fantasma organizado pela própria PIDE.

O Congresso de 1968, crucial para a liderança de Mondlane na FRELIMO e para a manutenção de um equilíbrio face a tendências tão diversas, acontece num ano de grandes tensões.

Segundo uma Informação da PIDE/DGS 425-SC/CI (2), haveria uma enorme agitação no interior do movimento para afastar Mondlane e a 25 de Abril, outro documento – o Congresso terá lugar em Junho – afirma que 200 elementos na sede da FRELIMO, em Dar es Salam, gritaram: *"abaixo o Presidente da FRELIMO"*. Outra informação, classificada de B3, relata que um telegrama haveria sido enviado da sede a Bonifácio Gruveta, sublinhando que o partido *"atravessava um período crítico"* e num relatório de 24 do mesmo mês, baseado numa fonte, embora classificada de B4, alude-se a que teria havido uma reunião do Comité Central, em que se discutiu o possível afastamento de Eduardo Mondlane, por ser considerado demasiado próximo dos Estados Unidos da América[398].

---

[398] ANTT, PIDE/DGS, P 337/61 SR UI 3051 e 3052 vol. I.

Nos arquivos da PIDE, encontrámos uma informação dos serviços franceses, de 6 de Setembro de 68, com a referência 83/68, que confirma o mal-estar na FRELIMO e o atribui ao *"adversaire de Mondlane, le Reverend Père Mateus Gwenjere"*, e acrescenta que um militante do Niassa teria escrito a um amigo para que apoie Gwenjere. Outra informação dos mesmos serviços secretos, classificada de B2*, de Novembro de 1968, alude a que haveriam sido presos em Dar es Salam 15 membros "infiltrados" por Portugal na FRELIMO, vindos do Mallawi. Uma terceira informação daqueles serviços, com a classificação de *"Difusion restreinte"* e já de Janeiro de 1969, refere que a polícia de Dar es Salam prendeu Gwenjere e oito dos seus partidário, vindo a soltá-los depois sob a condição de abandonarem a cidade e se dirigirem para o campo de Dodoma; acrescenta que Gwenjere, antes de deixar a cidade, haveria encarregue um tal Saidi Ombrósio (?) de prosseguir a sua acção contra Mondlane.

a) Os assaltos à sede da FRELIMO em Maio de 1968

Na ausência de Mondlane, que se encontrava em Conakri numa reunião de peritos militares – uma sub-comissão do Comité Militar da OUA –, dão-se alguns importantes acontecimentos durante o mês de Maio de 1968 que constituem verdadeiros motores para a organização do próximo Congresso do movimento e talvez possam ser vistos como prelúdios do assassinato do seu líder:

- a 5 ou 6 de Maio de 1968, cerca de 20 pessoas de origem moçambicana assaltam e danificam a sede da FRELIMO, em Dar es Salam;
- a 9, um segundo grupo repete a façanha, ocasionando vítimas graves entre os funcionários da FRELIMO que se encontravam nos locais, do que resultaram 13 prisões levadas a cabo pela polícia tanzaniana.

No dia seguinte, Uria Simango, numa conferência de imprensa, acusa tratar-se de obra de uma organização portuguesa clandestina (*under-*

ground organization) que tinha por objecto liquidar a FRELIMO e assassinar o seu Presidente, Eduardo Mondlane[399].

O Embaixador da França em Dar es Salam, André Naudy, reportava ao Quai d'Orsay, a 28 de Maio, que o Vice-Presidente Karume lhe tecera críticas, que não mencionavam Mondlane mas que no fundo o visavam, alegando que a origem destas desordens estava nos *"freedom fighters"* da FRELIMO, pois alguns viviam em moradias luxuosas e eram recebidos em Embaixadas ocidentais como a dos Estados Unidos, Canadá e Israel, enquanto outros estavam na guerrilha. Estes factos ocasionariam uma atmosfera pouco equilibrada no movimento[400].

Segundo a mesma Embaixada, em comunicado de Junho seguinte[401], o Governo da Tanzânia, para evitar fricções entre grupos, manda afastar da capital alguns membros da FRELIMO, que não Mondlane, Uria Simango e dois outros membros do aparelho não nomeados assim como doentes em tratamento hospitalar. Para internar os *"fauteurs de troubles"*, será organizado um campo em Morogoro. Nessa mesma altura foram expulsos 6 professores do Instituto de Moçambique, a cargo de Janet Mondlane, sendo todos ocidentais – duas inglesas, uma sueca e três portugueses, referidos no relato francês como um ex-piloto da FAP, Dr. Hélder Martins, um Fernando Ganhoo (sic) e Jacinto Veloso[402]. Isto deve-se – continua a Embaixada — ao grupo antibranco que luta pela africanização do movimento, contra as posições de Mondlane e sua mulher. Termina o relatório referindo que o abade Mateo Gwenjere continua um inimigo do grupo afecto a Mondlane.

Estas opiniões estão em consonância com o fundamental que o Dr. Hélder Martins descreve num capítulo da obra citada dedicado a estes acontecimentos, obviamente com os pormenores de quem os viveu

---

[399] Relatório do Vice-Cônsul do Consulado-Geral (serviços de informação) da RDA em Dar es Salam, 159/, Mü/Sr, de 5 de Junho de 1969. Arquivo Diplomático do MNE, Berlim.

[400] Arq. MNE francês CX 1573 – TA-5-7-MO.

[401] Id. (of. 320/AI).

[402] Há evidente confusão: trata-se dos Drs. Hélder Martins (médico), Fernando Ganhão, Jacinto Veloso (ex-piloto aviador das FAP); os não-portugueses já foram referidos noutro capítulo.

como actor – e que não cabem na economia programática do presente trabalho.

Afigura-se-nos ser oportuno, neste contexto, sublinhar que certas afirmações, baseadas de resto em relatórios da PIDE[403], de que tinha sido determinado expulsar da FRELIMO o médico Dr. Hélder Martins, Fernando Ganhão e Jacinto Veloso, em suma os brancos da FRELIMO, carece totalmente de fundamento. Tratou-se, sim, da sua expulsão da Tanzânia.

Refere o Dr. Helder Martins que se encontrava em Dar es Salam Agostinho Neto, que depois de haver falado com Mondlane se avistou com Nyerere e conseguiu deste, pelo menos, o adiamento por mais uns dias da expulsão dos "indesejados".

Em resposta a um pedido, que Mondlane formulara havia algum tempo, de audiência com Nyerere e com o Segundo Vice-Presidente, Kawawa[404], este acaba por o receber. Haver-lhe-á dito que dispunha *"de informações, que ele não pode revelar naquela altura"*[405]. Ter-se-ia falado, segundo a mesma fonte, tanto de proteger da PIDE aqueles elementos como de evitar o perigo de que o comunismo internacional se infiltrasse na FRELIMO.

Também Hélder Martins tem a convicção de que se tratou de uma manobra antibranca de Gwenjere.

Estas teses serão confirmadas pelo Governo-Geral em Lourenço Marques ao afirmar, a 12 do mesmo mês, que se pretende expurgar os brancos do movimento à excepção, por enquanto, de Janet Mondlane. Igual é a versão do Cônsul-Geral francês naquela cidade.

Os serviços de informação da RDA em Dar es Salam fazem um pormenorizado relatório sobre estes acontecimentos e sobre a personalidade de Eduardo Mondlane, de que se referem algumas passagens:

A – Simango declarou não conhecer nenhum dos indivíduos presos pela polícia tanzaniana. Mais tarde, depois da chegada de Mondlane, foi

---

[403] Manuel Amaro Bernardo, *"Combater em Moçambique"*, Prefácio, 2003.
[404] Hélder Martins, livro já citado.
[405] Idem, pag. 355.

publicamente declarado que pelo menos dois haviam sido membros da FRELIMO mas desertaram e que todos eram macondes.

B – Tanto Mondlane como outros dirigentes da FRELIMO declararam não se tratar de nenhuma brecha no seio da FRELIMO, como tanto os jornais tanzanianos como os dos países vizinhos noticiaram.

C – Houve acusações sobre a vida luxuosa que dirigentes da FRELIMO levavam, e entre os acusadores contava-se o Primeiro Vice-Presidente da Tanzânia, Karume, em declarações públicas.

D – O Segundo Vice-Presidente, Kawawa, declarou no Parlamento que o seu Governo não se imiscuiria nas questões internas da FRELIMO e que esta deveria resolver os seus problemas segundo a sua base constitucional e as leis da Tanzânia, mas que a Tanzânia não toleraria actos de violência no seu território.

E – A seguir a estes acontecimentos, o Comité Central da FRELIMO reunia em permanência e a 26 de Maio tornou público que o movimento organizaria um Congresso em Moçambique a 31 de Julho. O Congresso ocupar-se-ia dos seguintes temas:

– *A cooperação entre a administração militar e civil nas zonas libertadas;*
– *Meios de aumentar a produção agrícola e criação de cooperativas;*
– *Criação e desenvolvimento escolar e educação de adultos;*
– *Cuidados de saúde da população;*
– *Política externa.*

F – A 29 de Maio foram expulsos 3 professores de nacionalidade portuguesa do Instituto de Moçambique, sem fundamentos tornados públicos. Dois deles eram desertores do exército português. Um deles era piloto de jactos, que foi treinador na Argélia, sendo o terceiro um médico que assegurava os serviços do pequeno hospital da FRELIMO e também exercera anteriormente na Argélia.

G – Estas medidas terão a ver com a acção do padre católico contra todos os brancos que trabalhavam com a FRELIMO.

H – A FRELIMO obteve imediatamente vistos dos argelinos para estes três e assegurou-lhes que eles mantinham a total confiança do Comité Central.

I– Mais tarde, do gabinete do Segundo Vice-Presidente da Tanzânia, foi decretado que a FRELIMO só poderia ter 4 colaboradores na sua sede, medida que se tornou extensiva a todos os movimentos sediados naquela capital.

O subscritor desta longa informação termina com várias conclusões, das quais salientamos:

1. *Embora não haja ainda provas, estas provocações são actos planeados há muito por portugueses ou outras potências imperialistas*;
2. *As autoridades tanzanianas não souberam avaliar o perigo destas acções nem tomar as medidas devidas*;
3. *Como causas, consideramos*:
    a) *O aludido padre católico, que protagoniza a luta contra a liderança da FRELIMO, encontra ecos numa quantidade de funcionários do gabinete do 2.º Vice-Presidente da Tanzânia;*
    b) *A FRELIMO e Mondlane têm-se distanciado dos chineses, nos últimos tempos, e aproximado dos países socialistas, o que tem provocado algum mal-estar nos chineses e nas forças pró-chinesas da Tanzânia;*
    c) *Existem no aparelho de Estado tanzaniano e nalguns redactores do "Nationalist" posições racistas contra a colaboração com brancos;*
    d) *Verifica-se, frequentemente sem justificação, a existência de críticas aos líderes dos movimentos que passam a vida a viajar em vez de lutarem na guerrilha;*

Apesar da apregoada unidade da liderança da FRELIMO, é natural e evidente a existência de diversas concepções sobre questões como:

– *a estrutura política e social do país depois da libertação;*
– *colaboração com portugueses que se juntaram à FRELIMO;*
– *métodos de condução da luta armada e questões de caracter puramente tribal.*

Estas questões, ainda teremos que as estudar mais em pormenor, mas tudo leva a crer que não tenham a profundidade que possa levar a uma cisão no movimento.

Sobre Mondlane e o Instituto, o analista da *intelligence* da RDA conclui:

> *É indiscutível que Mondlane teve nos últimos tempos uma evolução positiva*[406]*. Deve-se assinalar que Mondlane tem procurado aproximar-se dos Estados socialistas, tem-se distanciado das concepções chinesas, muito embora não querendo nunca criar um clima de confrontação, e tem-se igualmente manifestado contra Estados imperialistas, como a Alemanha Ocidental, que tem ajudado militarmente Portugal. Continua sempre a existir, porém, uma certa reserva contra Mondlane, dadas as suas ainda hoje relações abrangentes com os americanos, entre eles o adido militar na Tanzânia, Sr. Pottar. Também o Instituto de Moçambique não poderia existir sem as ajudas financeiras das igrejas americanas e outras organizações de beneficência...".*

Esta informação foi considerada suficientemente importante para ser distribuída, para além do Ministério das Relações Externas de Berlim Leste, ao Comité Central do Partido (SED).

Uns meses mais tarde, em Agosto de 1968, Mondlane diz ao então Cônsul-Geral da RDA em Dar es Salam, Dr. Lessing, que o Padre Gwenjere teve um papel determinante nos acontecimentos de Abril e Maio na sede da FRELIMO e tinha relações estreitas com o então conselheiro da Embaixada da República Federal Alemã, o Dr. Pagenstert, que lhe prestaria apoio, designadamente financeiro. Segundo o teor desta conversa, Mondlane haveria dito que o Embaixador da RFA, Dr. Hebisch, fez com que o referido conselheiro tivesse sido chamado a Bona[407].

---

[406] É interessante reflectir sobre o que o analista da RDA considerava uma evolução positiva.

[407] Ofício Confidencial, B7/44-05/68, de 24 de Agosto, do Cônsul-Geral da RDA. Arquivo Político do MNE, em Berlim.

Tudo isto revela a complexidade e a intoxicação devassadora que grassava em muitos sectores da FRELIMO e da Tanzânia contra Mondlane.

Wayne Fredericks, relembrando Mondlane em 1999[408], afirma a dado momento ter verificado em várias ocasiões que ele, contrariamente aos seus hábitos anteriores, mudava frequentemente de local para local, nos hotéis onde pernoitava, numa típica medida de segurança. E acrescenta que numa reunião havida em Setembro de 1968, de que se não recordava o local, viu pela primeira vez um Mondlane tenso, "*insecure*", e que não produzia aquele "'*solid impact*' *a que nos tinha habituado*".

Grande parte deste quadro de convulsão vai encontrar o seu epílogo com o assassinato de Paulo Samuel Kankhomba, a 22 de Dezembro de 1968, e com as drásticas resoluções, ao mais alto nível da FRELIMO, expressas no Comunicado do Comité Executivo e respectivas resoluções anexas, já de início de Janeiro de 1969[409].

Este Comunicado ganha particular importância de enquadramento ao assassinato de Mondlane, que vem a acontecer um mês mais tarde, e constitui um elemento essencial em toda a engrenagem do assassinato político. Depois de enaltecer as virtudes de Kankhomba, acusa um grupo de 16 indivíduos, de que dá os nomes, como tendo sido os autores do assassínio e cuja missão teria sido a de aniquilar os restantes líderes da FRELIMO. Acusa-os de estarem às ordens de Lazaro N'kavandame e Mateus Alipona, e de serem todos finalmente comandados pelos então chamados "*chairmans*", aliados do colonialismo português. São igualmente acusados dos assaltos contra as instalações da FRELIMO e de não terem nunca aceite as conclusões do II Congresso. O documento também refere que os "*chairmans*" estão ligados ao "criminoso" Padre Gwengere.

---

[408] Entrevista de Wayne Fredericks de 1999.
[409] AHD, PAA 516, Textos completos.

b) A questão "Che"

A discórdia com algumas opiniões de Che Guevara aquando da visita deste a Dar es Salam em 1965 – a que Mondlane se refere na sua "*Última Entrevista* "e numa entrevista publicada no boletim *Liberation News Service*, de Washington, de 6 de Março de 1968 – serve de fundo a outra diatribe feroz na mesma linha, esta de origem cubana, contra Mondlane.

Refira-se, à margem e a título de curiosidade, que se tem aludido a uma viagem de Mondlane a Cuba, designadamente há pouco tempo no capítulo "*Vida e Morte de Eduardo Mondlane*" do já citado livro de Manuel Amaro Bernardo[410]. O alegado facto, provavelmente baseado numa informação circulada pela PIDE, foi desmentido pela nossa Embaixada em Havana[411].

Um ex-correspondente de Prensa Latina em Dar es Salam, Teófilo Acosta, que Mondlane refere como pessoa com quem sempre teve más relações, escreve num conceituado jornal cubano, a 21 de Maio de 1968[412], um artigo a 5 colunas na página 3, intitulado "*Desmascarado el Presidente del Frelimo*", com o título de primeira página "*Injuria a Che Guevara – Presidente del Frente de Liberacion de Mozambique*". Trata-se de um bem organizado libelo de acusações contra Mondlane, que tinha cometido a heresia de discordar de alguns pontos dos dogmas afirmados por Che e que não teria aceite um convite para ir a Cuba. Que mais provas necessitava Havana para o acusar de "lacaio" do imperialismo americano (anexo 11).

Com efeito, desde uma visita de Che Guevara a Dar es Salam em meados da década de 60 e um encontro que aí teve com Mondlane, que se verificavam diferenças de opiniões entre os dois quanto ao modo de levar a cabo a revolução[413]. Enquanto Che defendia uma revolução

---

[410] "*Combater em Moçambique*" Prefácio, 2003.

[411] Assim como por sua viúva, Janet Mondlane.

[412] AHD, PAA 527, "*Juventud Rebelde*", Cuba, 21 de Maio de 1968.

[413] A PIDE enviou para Portugal várias fotografias do encontro que se encontram no arquivo da PIDE, dos Arquivos Nacionais da Torre do Tombo – ANTT, PIDE/DGS P 337/61 SR UI 3051 e 3052, vol. I.

baseada na classe operária, Mondlane alegava que em Moçambique quase não existia uma classe operária, mas sim uma enorme sociedade agrícola, pelo que a revolução no país se basearia muito mais numa reforma social e numa autonomia substantiva que deveria passar pela transformação das .estruturas coloniais[414]. Em suma, Mondlane não aceitava o modelo cubano como exemplo a seguir por Moçambique. Disse-o aberta e publicamente[415].

Fidel Castro reconhece estes factos mais tarde, numa conversa com Honecker em 1977, e admite também que eles levaram a que *"artigos de imprensa cubana tenham sido publicados contra Mondlane"*[416].

VI.2. O Congresso da FRELIMO de 1968 – alguns aspectos e uma "aparente" abertura de Mondlane ao bloco socialista

Não cabe no âmbito deste trabalho fazer a história do II Congresso da FRELIMO. Primeiro, porque em grande parte já foi feita, segundo, porque não foi nossa intenção fazer a história da FRELIMO nem uma biografia de Eduardo Mondlane, mas tão-somente estudar e apontar algumas das características que marcaram a sua personalidade, no âmbito dum quadro geoestratégico e do continente africano no final da década de 50 e especialmente na década de 60. Afigura-se, porém, que tecer algumas considerações sobre aquele Congresso de 1968 é relevante para melhor enquadrar politicamente Mondlane numa perspectiva global.

Em primeiro lugar, é essencial perspectivar o Congresso na época de alta turbulência que se vivia nalgumas esferas dos quadros da FRELIMO ou de outros movimentos de Moçambique, como já referido.

---

[414] vide: http://playagiron.net/ppr/chapter3.php.

[415] AHD, PAA 527, *"Liberation News Service"* de Washington, de 6 de Março de 1968.

[416] Encontro entre Castro e Honecker em Berlim, 3 de Abril de 1977.CNN Cold War – Historical Documents.

A liderança de Eduardo Mondlane era objecto de vivas críticas em certos sectores africanos radicais e nelas não deixavam de se reflectir as opiniões das potências em jogo em África. Os EUA eram, por seu lado, objecto de crítica da esquerda europeia e americana pela sua acção no Vietname, crítica que Mondlane partilhava dadas a sua formação e ligações institucionais antigas, e até o próprio casamento. Não era, pois, evidente, que Mondlane pudesse facilmente continuar a liderança do movimento, assegurando, por um lado, a unidade interna e, por outro, mantendo alguns equilíbrios na frente externa que definiam e marcavam a sua própria personalidade e constituíam uma mais-valia para o movimento.

Quando, pois, Mondlane chegou, no início da tarde do dia 20 de Julho, ao acampamento em território moçambicano para participar no Congresso, uma batalha decisiva se iria travar e que marcaria, infelizmente por pouco tempo, a última fase da sua liderança.

O Congresso consegue consagrar a liderança de Mondlane, mas a FRELIMO deixa de ter uma estrutura mais ligeira e improvisada que ficou do I Congresso de 1962, para assumir a de uma pesada e consistente máquina de guerra e de administração dos territórios sob o seu controlo. De um movimento nacionalista, passa-se a um partido, uma máquina de guerra e um Governo. Este edifício era difícil de construir fora de uma estrutura que se não inspirasse nos modelos do Leste europeu, embora com matizes próprios tanto no plano interno como na sua interface externa.

Pode considerar-se que com o II Congresso a FRELIMO assume uma estrutura formalmente marxista, resultado por certo de uma difícil negociação interna. No III Congresso, depois do desaparecimento de Mondlane, virá a assumir uma estrutura marxista-leninista em toda a sua plenitude, criando, afinal, um modelo que pouco já tem de africano. Será um modelo ocidental desajustado à sociedade em que se iria inserir, mas será um modelo pró-soviético que pouco irá servir o país. Mondlane sempre teve a noção de que Moçambique e a sua sociedade africana não permitiriam incorporar com sucesso um modelo alheio.

Como bem defende Barry Rubin[417], os modelos de Hitler e de Estaline contribuíram certamente de alguma maneira como modelos, mas não foram modelos que se incorporassem nas sociedades do chamado terceiro mundo. Na raiz destas ditaduras do terceiro mundo estão o que Rubin chama *"fundadores, ou os soldados e radicais"*.

A luta contra o colonialismo em África, como bem aponta Basil Davidson[418], não permitia já a reforma de instituições existentes. Nenhuma delas *"whether of colonial rule or of such traditional ways of life as may have survived the colonial dismantlement, can now enable these African populations to realize their own identity...only a new society, such as they are striving to build..."*.

As independências em África são exemplo acabado de como a maior parte dos modelos não são exportáveis, pois os fundamentos socioculturais em que se querem inserir irão sempre determinar novos modelos políticos. Infelizmente, neste congresso de 1968, um modelo moçambicano independente do Ocidente e do Leste, embora com muitos elementos de cada – que Mondlane com suas ideias realistas pretendia criar – começou a esbater-se. Consideramos que, infelizmente, a política irrealista e obsessiva de Portugal ajudou a que a necessidade de optar por um modelo obrigasse a um recurso que se verificou, a prazo, não funcionar.

Não obstante estes factos, parece-nos importante ler com atenção algumas passagens do discurso inaugural de Mondlane, em nome do Comité Central, ao passar revista ao passado do movimento até aquela data. Contra a opinião de vários, sublinhou longamente o papel do Instituto Moçambicano, sediado em Dar Es Salam, afirmando:

"O propósito original do Instituto era de estabelecer um centro colegial em que jovens refugiados moçambicanos pudessem viver, estudando nas escolas secundárias de Dar Es Salam, para depois

---

[417] In *"Modern Dictators"*, Mc Graw-Hill, NY, 1987.
[418] Basil Davidson, in Introdução a *"Portuguese Colonialism in Africa: the end of an era"* de Prof. Dr. Eduardo de Sousa Ferreira, The Unesco Press, 1974.

poderem receber bolsas para continuar seus estudos superiores no estrangeiro ou integrarem-se no trabalho da luta de libertação nacional. Todavia, quando mais tarde se notou que o nível académico atingido pelo jovem moçambicano, habilitando-lhe a entrar no liceu português não era suficiente para lhe dar ingresso no liceu tanzaniano, decidiu--se criar condições que lhe pudessem dar os elementos académicos necessários para preencher a lacuna que existe entre os dois sistemas liceais. E daí que nasceu o sistema secundário do Instituto Moçambicano.

.... A fonte de fundos com que custeamos a construção do primeiro edifício do Instituto Moçambicano foi a Fundação Ford, dos EUA, que em Junho de 1963, nos deu a subvenção de aproximadamente US$500.000. Como essa doação não se tivesse repetido no ano seguinte, tivemos que procurar outras fontes de apoio financeiro para podermos continuar o nosso trabalho. Felizmente em 1964 e nos anos que se seguiram até ao dia de hoje, tivemos a sorte de receber subvenções da SIDA, que é uma fundação sueca para a ajuda ao desenvolvimento. Mais tarde recebemos fundos de outras organizações escandinavas e de organizações humanitárias...." [419].

Num congresso, cujas conclusões estavam viradas para os países de Leste, ficou claramente afirmado que eram ocidentais os financiamentos de origem do movimento.

No final, curiosamente, a China vem em primeiro lugar e com maior destaque do que a União Soviética nas referências aos países a quem a FRELIMO mais deve.

Julgamos inútil, no contexto deste trabalho, referir em pormenor, porque já conhecido, o Regulamento Geral Interno da FRELIMO, embrião de uma futura estrutura governativa altamente ideológica e de cariz Leste europeu.

---

[419] Documentação do II Congresso da FRELIMO, AHD, AR 15, Gav. 1, M.12 e PAA 516.

Na entrevista que concedeu a seguir ao Congresso[420], a 2 de Agosto, Mondlane estabelece a diferença fundamental entre o Congresso de 1962, de reunificação de movimentos e de moçambicanos emigrados, e o Congresso hoje com delegados de quase todo o Moçambique e realizado já em território moçambicano, como sempre tinha desejado. Refere a nova estrutura do Comité Central, alargada ao dobro de elementos, com separação entre o poder legislativo e o poder executivo, este agora na sua mão e na do seu vice-presidente, Uria Simango, ficando Marcelino dos Santos em terceiro lugar. Na política externa, condena a guerra do Vietname, condena a *"aliança imperialista"* da NATO, condena a *"política imperialista de Israel"* e declara a intensificação das relações com os países socialistas. Destaca dois elementos curiosos: sublinha a presença no Congresso do conhecido historiador e jornalista britânico, Basil Davidson, elemento fundamental no mundo anglo-saxónico de esquerda, dado ser uma das figuras mais prestigiadas entre os historiadores e comentaristas britânicos sobre a África[421] e alude à carta que escreveu a Julius Nyerere, sob a forma de uma mensagem de agradecimento e solidariedade.

Basil Davidson, no *West Africa*, de 5 de Outubro de 1968, publica um interessante artigo (de um conjunto de dois sobre *"Africa after Salazar"*) dedicado à sua presença no Congresso. Sublinha que a FRELIMO conseguiu neste congresso ultrapassar as divisões de base tribalista, para as quais, segundo ele, os portugueses certamente muito contribuíram fomentando um dado naturalmente existente, e afirma: *"Altogether I had the impression that FRELIMO is a stronger fighting movement than the outside world has so far cared to recognize; and there is no doubt, I think, about its having come out of this well organized congress a good deal stronger still".*

---

[420] AHD, Ar. 15,Gav.1, M. 12.
[421] Basil Davidson, jornalista e escritor de reputação, sobre assuntos africanos. *Vide* índice onomástico.

Termina o artigo com esta conclusão: *"Given all this, the Portuguese position after Salazar is clearly going to be open to change, at least in Africa. This is the time, accordingly, when the new leadership in Lisbon will expect heavy pressure by independent Africa on the principal suppliers and supporters of Portugal, notably Western Germany, the United States, France and Britain – and at the moment in more or less that order of importance. For these men in Lisbon need no teaching in to where their greatest weakness lies. They cannot possibly go on with these wars without assurance of renewed financial support from outside, as well as continued military aid in bombers, helicopters, napalm, and other sophisticated weapons. How far such pressure will materialize is no doubt another matter".*

Este lúcido artigo numa conceituada publicação inglesa mereceu particular atenção da nossa Embaixada em Londres, que o transmitiu com um longo ofício às Necessidades, e, por outro lado, valeu ao autor o convite para assistir ao Congresso. Já depois do assassinato, Basil Davidson será o principal orador numa cerimónia realizada na Caxton Hall, instituição de longa tradição trabalhista, na Grã-Bretanha, em homenagem a Mondlane e nela se referirá também ao Congresso[422].

Jornais em todo o mundo referiram o Congresso.

A OSPAA (Organização de Solidariedade dos Países Afro-Asiáticos), que participou no Congresso juntamente com o MPLA, o AMC e o ZAPU, elaborou um relatório notável a todos os títulos, não só pelo pitoresco da descrição pormenorizada da viagem – primeiro, do Cairo a Dar Es Salam, e depois o percurso aventuroso de várias horas num Dakota, a travessia do rio Ruwuma e uma marcha a pé na floresta por mais de 12 horas – como pela importância dos encontros e das entrevistas com os diversos líderes da FRELIMO. É signatário do relatório Kamal Bahaa Eddine, que viajava com o soviético Bahadur Abdurrazakov, e acompanhava-os o historiador inglês Basil Davidson.

---

[422] AHD, PAA 516, Aerograma 43, da nossa Embaixada em Londres, de 15.02.69.

O relatório, que conta em pormenor o decorrer dos três longos dias do Congresso, descreve em termos tão encomiásticos a sua realização, com cerca de 150 pessoas, na mais absoluta clandestinidade face ao exército português – que estranhamente não conseguiu identificar o local senão um dia depois de terminado o congresso –, que certos serviços do Ministério do Ultramar chegaram a pensar tratar-se de um documento fabricado pela própria FRELIMO para fins propagandísticos[423].

Basil Davidson era amigo pessoal de Nyerere – e mais uma vez se deve reconhecer a habilidade diplomática de Mondlane em o ter convidado. Depois do Congresso, foi a Dar es Salam e teve uma longa conversa com o Dr. Nyerere, facto que ajudou a restabelecer a confiança deste em Mondlane e na liderança do movimento, tão abalada pelos acontecimentos de Abril e Maio e com interferências evidentes do aparelho governativo da Tanzânia[424].

Os diplomatas da RDA referiam, já havia algum tempo, um certo distanciamento de Mondlane relativamente a Pequim– não obstante as referências feitas à China nas conclusões do Congresso – e uma certa aproximação aos países do bloco de Leste. Afigura-se-nos fundamental situar esta posição de Mondlane face ao período de verdadeiro tsunami político que vive a China maoísta. Mondlane visitou Pequim em 1963, mas a estabilidade que se instalara na China no início dos anos sessenta, quando *"the party sought to reorganize itself, reassert central control, and return the economy to a more predictable track..."*, no dizer de Jonathan Spence[425], é totalmente abalada pelo início da Grande Revolução Cultural Proletária, que ficou conhecida pela Revolução Cultural.

---

[423] AHD, PAA 516, of. 261, da Embaixada no Cairo, de 21.09.68.

[24] Conversas de Basil Davidson e Mondlane com o Cônsul-Geral da RDA, em Dar es Salam, ofício "Estritamente Confidencial" B7/44-05/68 de 24 de Agosto, do Consulado-Geral da RDA para Berlim, Arquivo Político do MNE alemão, Berlim.

[425] Jonathan Spence, *"The Search for Modern China"*, W. W. Norton & Company, NY, London 1991.

A China da segunda metade da década de 60 é a China dos "guardas vermelhos". É a China dos eventuais golpes e contra-golpes de Lin Biao.

A quase totalidade dos Embaixadores chineses em África foi retirada e substituída por jovens inexperientes e radicais tendo várias Embaixadas da China sido acusadas de acções subversivas e mandadas encerrar por alguns países africanos[426].

Trata-se de habilidades de Mondlane para manter a coesão interna e calar as críticas de pró-americanismo? Habilidades do bloco soviético para intoxicar as relações com a China? Ambas os factores aliados à necessidade de armamento por parte de Mondlane? Admitimos que, como na maior parte das definições de estratégias de política externa, existiria um compósito de *"inputs"*, dos quais resulta uma orientação, que, por sua vez, deve ser descodificada e interpretada na sua natureza real e na sua natureza morfológica de interface externa ou de diplomacia pública.

Não havendo Embaixada da RDA em Dar es Salam, foi no Consulado-Geral, cujo Vice-cônsul era a antena de *intelligence*, que mais nos baseamos para avaliar essa *"aparente"* aproximação a Leste de Mondlane.

O Cônsul-Geral da RDA, depois do Congresso, teve ocasião de falar *"amplamente"* com Mondlane, e finalmente convidou-o para um jantar na residência, a 16 de Agosto de 1968[427], no decurso do qual tiveram uma vasta troca de opiniões, que o diplomata este-alemão relata para Berlim. Traduzem-se algumas passagens que aludem, no dizer do autor, a opiniões expressas por Mondlane:

> *"Um conjunto de elementos de topo da FRELIMO, designadamente alguns militares, foram acusados de infidelidade e outras atitudes semelhantes, a tal ponto que o Governo da Tanzânia se dispunha a tomar medidas que redundariam no fecho do Instituto Moçambicano, o que representaria o fim do apoio da Tanzânia à FRELIMO.*

---

[426] *"China's Third World Foreign Policy: the case of Angola and Mozambique"*, Steven Jackson, China Quarterly, N. 142, Junho de 1995.

[427] Referido ofício B7/44-05/68, "Estritamente Confidencial".

A acção de Basil Davidson junto de Nyerere fora inestimável para restabelecer o clima de confiança anterior.

Uma investigação levada a cabo pela própria Tanzânia chegou à conclusão que muitas das acusações eram falsas e que muito partira de elementos do gabinete do Segundo Vice-Presidente da Tanzânia e particularmente do Ministro de Estado Sijaona, homem de Kawawa. Segundo o Dr. Mondlane, algum do material de acusação haveria sido entregue pelos chineses a Sijaoma.

Mondlane referiu não querer entrar nas disputas entre ambos os Vice--Presidentes face à questão de Zanzibar, ainda foco de problemas naquela altura[428].

Embora Nyerere tivesse pensado afastar Sijaoma do governo, tudo se recompôs, e Mondlane haveria afirmado ter, actualmente, de novo um bom relacionamento com aquele.

Mondlane teria afirmado que a partir daquele momento Nyerere e Kawawa eram mais cautelosos ao receberem informações veiculadas por chineses.

Mondlane terá feito referências muito elogiosas a Kaunda, tem grande confiança nele e tê-lo-á qualificado de 'prudente mas consequente e anti-imperialista' e contava muito com a sua ajuda.

Mondlane disse estar disposto a fazer uma declaração pública contra a ajuda militar da Alemanha Federal a Portugal, e sentia-se tanto mais à vontade para o fazer, depois das invectivas de Hassels à sua conferência de imprensa em Dar es Salam".

Este relatório foi distribuído, entre outros, directamente para o Ministro dos Estrangeiros, para o General Kern e para o Comité Central.

Dar es Salam era um meio muito pequeno. As visitas de Eduardo Mondlane às missões diplomáticas ou consulares ali acreditadas eram do conhecimento geral, como eram as suas visitas ao Encarregado de

---

[428] Sheikh Abeid Amani Karume, que chegou a ser Presidente depois do golpe de Zanzibar em 1963, e Rashidi Mfaume Kawawa, que veio a ser PM nos anos 70 e galardoado com o Prémio Luther King em 2007.

Negócios ou ao adido militar americanos. Depois do Congresso, esta visita ao Cônsul-Geral da RDA ganha um significado específico, no seu perfil político, em geral, mas também como mensagem para os chamados "maoístas" da FRELIMO. Por outro lado, o seu diálogo com os países socialistas da Europa de Leste passa a ser uma componente essencial nesta fase da sua estratégia.

CAPÍTULO VII

O Assassinato de Eduardo Mondlane

"Clean-shaven, eloquent and realistic, Mondlane accepted alike both communist and capitalist, Arab or Jew, black and white", *David Martin*, Daily Telegraph, *11.02.69.*

"Il était une des chances de l'Afrique", *Michel Barde*, Journal de Genève, *05.02.69.*

"A medo vivo, a medo escrevo e falo/ hei medo do que falo só comigo/mas inda a medo cuido/ a medo calo", *António Ferreira, 1528-1569.*

VII.1. A última e trágica entrevista de Mondlane

Eduardo Mondlane deslocara-se ao Cairo nos últimos dias de Janeiro de 1969 para participar na *II Conferência Internacional de Apoio aos Povos Árabes* em representação da FRELIMO.

Uma semana antes, havia estado em Cartum numa Conferência Internacional dos Movimentos Independentistas da África, onde deu a Eric Pace, do *New York Times*, uma entrevista de teor menos pessoal e mais sobre as vitórias militares em Moçambique, vitórias, aliás, desmentidas no mesmo dia e ao mesmo jornal em Lisboa[429]. Esta última conferência foi convocada por duas organizações mais próximas de Moscovo do que de Pequim – a Organização de Solidariedade Afro--Asiática e o Conselho Mundial para a Paz – e espelhou de modo muito visível o cisma sino-soviético. Pequim não participou e produziu declarações em que acusava a União Soviética de procurar usar uma política imperialista em África. A Conferência foi objecto de uma comunicação portuguesa para o Relatório do Grupo de Peritos da NATO sobre África, em Março de 1969[430].

Mondlane queria marcar posição com a FRELIMO no palco das relações internacionais e não se cingir ao quadro africano. No caso do Cairo, tratava-se do Médio Oriente e do problema palestino, e a Conferência foi importante para o futuro das relações euro-árabes[431].

No final da Conferência e já no seu quarto do Hotel, enquanto fazia as malas para seguir do Cairo para Dar es Salam, onde iria encontrar a morte, responde a perguntas de uma jornalista francesa, Ania Francos, da *Jeune Afrique,* sendo curiosamente a última pergunta sobre se ele não temia pela sua vida. Trata-se certamente da sua derradeira entrevista substantiva em muitos pontos, assim como da última viagem de carácter político-diplomático. A *Jeune Afrique* publica-a no seu número de 24 de Fevereiro de 2 de Março de 1969[432], e mais tarde, em 1 de Abril, a revista turca *Turk Solu* virá também a publicá-la. Mondlane sabia que o entrevistador estava ligado aos seus críticos: "*On le sentait sur la défensive et aux aguets. Il avait l'air, plutôt d'un diplomate, tant soit peu désabusé, que d'un chef de «maquis» ou d'un doctrinaire*".

---

[429] *New York Times*, de 23 de Janeiro de 1969.

[430] AHD, "*Confidentiel, Contribution portugaise au rapport du groupe d'experts sur l'Afrique – Situation en Afrique en mars 1969*".

[431] Esta Conferência, que adoptou 23 resoluções, na sua 15.ª lança os fundamentos da política euro-árabe, que terá o seu ponto mais significativo na decisão de criar grupos parlamentares nos países europeus onde ainda não existiam.

[432] ANTT, PIDE/DGS P337/61 SR UI 3051 e 3052, vol. I.

A melhor maneira de apanhar o pensamento de Mondlane é dar-lhe a palavra, transcrevendo partes da entrevista, a começar pela razão por que veio à Conferencia:

«*On ne peut s'abstenir de venir en aide à un peuple qui, comme nous, résiste pour récupérer ses droits nationaux et lutte contre le colonialisme et l'occupation*».

Sur ce, je lui ai demandé pourquoi ils avaient tant tardé à se ranger aux cotés des mouvements d'indépendance de l'Afrique et de la Palestine (Il y a déjà 4 ans qu'a débuté la lutte armée d'El-Fatih). Il a souri. «**Il y avait tant à faire... Et puis**, dit il, **il y a à peine une année que la situation s'est éclaircie. Antérieurement, les palestiniens ne se faisaient point entendre. Tout était plongé dans le chaos. En général, les arabes ne parlaient qu'en leur propre nom. Ils ne se proposaient que d'anéantir Israël, sans révéler ce que cela pouvait bien signifier...**».

Et pourtant, répliquais-je, vous entreteniez des bonnes relations avec Israël. «**Oh, mais vous aussi ?....Nous n'avons pas des relations avec Israël. Cependant il y a des israéliens en Afrique. Et même en grand nombre. Certains d'entre eux peuvent être de nos amis personnels. Et puis, il existe une collaboration entre les armées d'Israël et de Tanzanie ou nous nous activons...**».

Cette lutte sera plus rude et opiniâtre que celle du Mozambique, répliquai-je. Les portugais ont un foyer où se réfugier. Les juifs d'Israël, en étant privés, résisteront. «**Ceci est certain. Nous ne voulons pas jeter les portugais à la mer, tout comme les palestiniens ne veulent pas y jeter les colonialistes juifs. Nous luttons contre le colonialisme portugais et non pas contre le peuple portugais. Il y aura de la place à nos côtés pour les portugais, originaires du Mozambique, qui voudraient vivre, en tant que citoyens possesseurs de droits égaux, dans une Mozambique libre**».

On vous accuse d'être un agent de l'Amérique...! «**Et vous, pour le compte de qui travaillez vous ?** *Riposta-t-il en riant :* «**pour celui des russes, des français, ou des chinois ? Chacun est à la solde de quelqu'un. Très peu travaillent pour leur propre compte. Moi, je ne** *m'active que pour le Mozambique. J'ai besoin d'argent et d'armes. Je les prends à l'Occident, quand je le peux. N'importe qui, à ma place, aurait agit de même».*

Em seguida, discutem a famosa querela sobre se Mondlane teria ou não atacado Che Guevara, depois da sua morte. Para por um fim a esta questão, o repórter pergunta-lhe:

À la fin du compte, dis-je, vous êtes-vous attaqué ou pas à Guevara ? «Jamais, au grand jamais ! Nous étions en litige sur certains points du mode de poursuite de la lutte armée. Lors de son arrivée à Dar es Salam, "Che » s'était livré à certains critiques, qui nous ont paru injustes. Nous avions foi au «foco » qui automatiquement constituait l'armée populaire. Nous étions convaincus de la nécessité d'un Parti, organisme de masses populaires, pouvant créer une armée populaire qui inaugurerait la lutte de guerillas. Enfin, c'est une longue histoire. Mais nous respectons le caractère humanitaire et révolutionnaire de la personnalité de «Che». Et puis, il est mort en héros. Comment pourrai-je dénigrer un tel homme ?»(sic).

Termina a entrevista com esta pergunta terrível, feita poucos dias antes do seu assassinato:

Craignez vous une mort similaire ?...... «La mort ne peut vous saisir, tant que vous êtes parmi les résistants, dit il, la révolution protège. J'ai peur, quand j'étais à Paris. Voyez ce qui est arrivé à Ben Barka. Personne n'est en sécurité dans votre pays».

VII.2. A quem aproveitou a morte de Mondlane ou os possíveis suspeitos. Contextualização

Tanzânia, 3 de Fevereiro de 1969. O Dr. Eduardo Mondlane, depois do seu exercício de natação nas águas mornas do Índico – exercício que procurava praticar regularmente para equilibrar a actividade trasbordante da sua vida de diplomata, de político e de chefe de guerrilha –

regressava a casa da cidadã americana Betty King, amiga do casal, que vivia nos arredores da cidade, onde se iria dedicar à leitura da enorme correspondência que o esperava.

Um pacote que tinha chegado pelo correio e sido depositado na sua secretária trazia um engenho mortal, que o despedaçou no momento em que o abriu.

Desta forma trágica e súbita, desapareceu para sempre aquele *"clean-shaven, eloquent and realistic Mondlane who accepted alike both Communist and Capitalist, Arab and Jew, black and white"*[433].

A partir deste dia, a FRELIMO experimentou novas e fortes convulsões internas, desta vez mais graves do que as que precederam o II Congresso de 1968 e que modificaram a sua imagem e a sua acção. A África perdeu um líder, *"il était une des chances de l'Afrique"* como referia o *Journal de Genève*[434], e o mundo ficou mais pobre.

Esta morte parecia ter sido anunciada havia alguns anos. O *Post Standard* de Siracusa, a 26 de Fevereiro de 1963, no decurso da visita de Mondlane àquela cidade, ao anunciar o seu regresso definitivo à Tanzânia e noticiar as grandes linhas do seu programa como ele as afirmara na entrevista

- Reforçar a pressão diplomática
- Reforçar a educação para preparar a independência e
- Preparar a organização revolucionária para estar pronta para qualquer intervenção,

comenta que ele correrá perigo de vida quando regressar a Dar Es Salaam[435].

Saber a quem aproveitou a morte de Mondlane é, na provável impossibilidade de apurar quem o matou ou mandou matar, historicamente mais interessante. Uma resposta verdadeira, mas que não satisfaz totalmente o historiador, é a de que Mondlane foi vítima,

---

[433] David Martin, no *Daily Telegraph* de 11.03.69.
[434] *Journal de Genève*, artigo de Michel Barde, 05.02.69.
[435] AHD, PAA 527, Arq. Emb. Washington, M 254.

nacional e internacionalmente, da sua independência de espírito, face a ideologias ou pressões.

Ao procurar hoje, isto é, quarenta anos depois, obter o que resta do inquérito policial feito pela polícia da Tanzânia e pela Interpol com a *Scotland Yard* ou o Relatório final deste , que não parece acessível, era de esperar que o caso ficasse envolto em tais contradições e dificuldades, que não seria de conseguir um resultado claro e uma explicação convincente. Tem sido este o resultado da maioria dos inquéritos sobre outros assassinatos políticos.

Na realidade, havia na altura pessoas, grupos ou potências que beneficiavam com o desaparecimento de Mondlane. Neste quadro poder-se-ia prever que a muitos interessava encobrir os autores "úteis".

Partimos assim do princípio de que o exercício historicamente mais interessante é procurar avaliar os contornos geoestratégicos do seu assassinato político. Quem beneficiou; quem prejudicou. A última questão é certamente a mais fácil de responder: prejudicou de forma trágica a independência de Moçambique e a imagem da África em geral.

Parece claro que a maior parte dos analistas políticos da altura previa um deslizamento para a esquerda, que de facto veio a acontecer.

O Cônsul da Alemanha Federal em Lourenço Marques, num relatório de 17 de Fevereiro de 1969[436], afirma que, com a morte de Mondlane, a certos meios que ajudavam a FRELIMO, como o Governo Sueco, "*esfriaram-se-lhes os pés*" (sic) ao preverem o rumo de aproximação a Moscovo e à China que se vislumbrava

O Ministro dos Negócios Estrangeiros da Dinamarca enviou um telegrama a Janet Mondlane do seguinte teor: "*Desejo exprimir-lhe a minha profunda simpatia depois de saber da morte estúpida do seu marido*"[437].

Um semanário com muito impacto no terceiro mundo, o *Jeune Afrique*, consagra ao assassinato a capa e seis páginas inteiras do seu número de 17 a 23 Fevereiro de 1969, com fotografias de Mondlane, de

---

[436] Ofício IB3 – 81/75/69, Arquivo Diplomático do MNE alemão, Berlim.
[437] ADN, SGDN, 0286 – 1523.

sua mulher, de Marcello Caetano, de Humberto Delgado e de Felix Moumié, dos Camarões, e escreve: "*Ni pro-occidental (comme le gouvernement de l'Angola, en exil, de Robert Holden) ni résolument socialiste (comme le MPLA et le PAIGC) ainsi est toujour apparu le FRELIMO sous l'égide du docteur Mondlane*".

Em Portugal, o exame das análises sucessivas elaboradas pela PIDE sobre os acontecimentos, entre 1970 e 1972, mostra claramente essa opinião, no que respeita aos movimentos pró-independência das colónias[438].

É a altura em que o Comité de Luta Anticolonial (CLAC) desenvolve a sua acção de forma mais coordenada. Descrevendo o seu aparecimento no n.º 11 de *O Salto*, de Julho-Agosto de 1972, o CLAC afirma ter sido criado em 1970 – um ano depois da morte de Mondlane – *por anticapitalistas e anticolonialistas, através do jornal ´Vencerão´* e acrescenta que *só começou tão tarde porque a oposição portuguesa era burguesa e liberal, que quer colocar governos negros fantoches, como Mário Soares, para continuarem a explorar os negros e preconizam a negociação como via de solução.*

Será legítimo perguntar onde colocariam Mondlane neste quadro. Pois, em Julho de 1972, surge um "*Comité Mondlane de Luta Anticolonial*", em cujo manifesto – escrito em muito mau português – se pretende recuperar a figura de Mondlane para a extrema-esquerda e se declara que aquele Comité pertence ao CLAC. Afirma-se mesmo, num panfleto do Comité Marxista Leninista Português, que serão necessárias cartas de apoio de homens como Enver Hodja,.

Alguma imprensa estrangeira, designadamente o jornal alemão *Die Welt*, refere uma lista de movimentos subversivos de extrema-esquerda que ganharam particular actividade como grupos que se separaram do Partido Comunista Português.

No Portugal de Marcello Caetano, em 1968 e 1969, alguns grupos radicais e extremistas de direita poderiam querer evitar que ele pudesse cair na tentação de entrar em diálogo com um "*chamado*" moderado;

---

[438] ANTT, PIDE/DGS Pr 14643CI(2) NT 7722/279.

países amigos de Portugal, como a África do Sul ou a Rodésia, poderiam partilhar do mesmo receio; a URSS, com uma estratégia bem definida em termos geopolíticos em África, via certamente como perigosa a liderança da FRELIMO nas mãos de um não-comunista que mantinha fortes ligações ao Ocidente e que não via o futuro de Moçambique ligado a nenhum dos blocos; a República Popular da China, na altura concorrente da URSS em África e adversária do *"imperialismo soviético"* mas também do *"imperialismo americano"*, poder-se-ia regozijar com o seu desaparecimento; elementos da própria FRELIMO, instrumentalizados ou "infiltrados ou ex-filtrados" por qualquer um dos actores acima mencionados, poderiam ter sido os executores, tanto como o poderiam ter sido elementos da PIDE, sós ou em conjunto com outros. O crime é normalmente *"negócio sujo"* e o tipo de transações que poderiam ter estado por detrás deste assassinato, a quarenta anos de distância, com possíveis actores ainda hoje vivos, afiguram-se-nos de clarificação difícil e quiçá inútil.[439]

Não poderemos esquecer dinâmicas internas que certos serviços de informação e contra-espionagem geram no seu seio e que passam, por vezes, ao lado das próprias decisões do poder soberano dos Estados, actuando por conta própria.

Janet Mondlane, que estava no estrangeiro, negociando ajudas para o movimento, quando soube pelo noticiário da BBC do assassinato de seu marido, disse numa entrevista dada a Nadja Manghezi em 11 de Fevereiro de 1997: *"Não faço a menor das ideias quem matou Eduardo Mondlane. Ninguém parece saber* [pausa longa]. *É o fim dessa questão... Continua a ser um mistério. Tanto quanto sei só há especulações. Tanto quanto sei... Não estou ansiosa por saber quem o fez"*[440].

---

[439] Não se deve esquecer que segundo as chamadas "Mitrokhin Archives", de um "jovem membro da liderança FRELIMO", com o "codename" TSOM, trabalhava para o KGB. *"The world was going our way – The KGB and the battle for the third world"*, de Christopher Andrew e Vassili Mitrokhin, Basic Books, N.Y. 2005.

[440] Nadja Manghezi, *"O meu coração está nas mãos de um negro"* – CEA, Maputo, 2001.

No seu livro biográfico sobre Janet Mondlane, Nadja Manghezi diz que o relatório da polícia da Tanzânia foi entregue à FRELIMO e que o assassinato teria sido uma operação da PIDE, mas que a PIDE teria sido ajudada por traidores internos; e acrescenta que a FRELIMO acusou o pastor Uria Simango de estar por trás do crime[441].

Através da documentação tanto diplomática como da PIDE existente no Ministério dos Negócios Estrangeiros e na Torre do Tombo, e ainda na colecção do Prof. Marcello Caetano, nos arquivos de chancelarias estrangeiras e em serviços de informação, vejamos como se pode ter uma maior aproximação aos acontecimentos. Não subestimamos as fontes de jornalistas e observadores nacionais e estrangeiros conceituados. Não podemos, porém, deixar de sublinhar o facto estranho de que nem a Tanzânia nem a FRELIMO tenham, até hoje, tornado público o resultado do ou dos inquéritos levados a cabo.[442]

A investigação iniciada pela segurança de Dar es Salam teria identificado o livro e onde foi comprado, em Lourenço Marques, mas ainda hoje há mais do que uma versão sobre o local da sua expedição como encomenda postal: de Berlim Leste, dizem umas fontes; de Berlim Ocidental ou mesmo de outro sítio da RFA, dizem outras; de Moscovo, afirmam terceiros. Fosse donde fosse, a origem postal constituía necessariamente mais um elemento para encobrir o ou os autores.

Um Aerograma não cifrado N 42-48, de 4 de Fevereiro de 1969, da Embaixada de França na Tanzânia anuncia o atentado e coloca-o na sequência das graves dissidências internas da FRELIMO. Acrescenta que um possível adversário seria Matteo Gwenjee (má grafia de Gwejere), refere Uria Simango e também elementos ligados a Lazaro N'kawandame, mas conclui que, dado o envolvimento de *"grandes puissances"* no caso, seria difícil imputar a morte de Eduardo Mondlane a alguém[443].

---

[441] Idem, pag. 303.

[442] É curioso notar que o assassinato coincidiu com a reunião dos Ministros dos Negócios Estrangeiros da OUA, que tinha lugar na Tanzânia sob a presidência de Buteflika, então Ministro argelino daquela pasta.

[443] Arq. MNE francês. Caixa 1537, Mouvement Nationaliste Frelimo, TA-5-7-MO.

A FRELIMO, a 5 de Fevereiro de 1969, leu um comunicado na Rádio Tanzânia que não se refere a autores do crime e se limita a fazer um apelo a todas as facções do movimento para manterem a calma[444]. Também uma Nota Verbal distribuída pela Embaixada da Tanzânia nas diversas capitais é totalmente omissa quanto aos autores do atentado. Mas já um Obituário distribuído nesse mesmo dia 5 pela FRELIMO às Embaixadas em Dar es Salam[445], em conjunto com uma Biografia de Eduardo Mondlane, depois de a este tecer rasgados elogios, afirma: *"unable to conceal their defeat in Mozambique, the Portuguese colonialists and their imperialist allies have, for long time, been undertaking a program of systematic assassination of FRELIMO leaders..."*.

Registe-se, porém, que em Outubro de 1969, oito meses depois do assassinato, o representante da FRELIMO, Sharfuddine Khan, nada confirmou quando instado diante da 4.ª Comissão da ONU pelo delegado do Malawi sobre se teria sido Uria Simango o assassino, por Mondlane não aceitar o pensamento de Mao Ze Dong. *"Em resposta Khan disse apesar esforços polícia Tanzânia não fora ainda descoberto autor crime"* – relata um telegrama da nossa Representação em Nova Iorque[446]. Sharguddine Khan, amigo de Mondlane, viria a ser morto pelo pessoal da sua própria Embaixada, quando Embaixador na Zâmbia.

O Comité dos 24 das Nações Unidas, a 13 de Fevereiro de 1969, na sessão presidida pelo Embaixador tunisino Mahmoud Mestiri[447] (interlocutor de Mondlane na Tunísia, quando então exercia o cargo de Secretário-Geral do Ministério dos Estrangeiros), observou um minuto de silêncio pela morte de Mondlane[448].

Quando a Comissão das Nações Unidas contra o Colonialismo se reuniu em Dar es Salam, de 20 a 24 de Maio de 1969, depois de se

---

[444] ANTT, PIDE/DGS, P.337/61 SR UI 3051 e 3052, vol. I – escutas.

[445] Embaixada da Republica Federal Alemã em Dar es Salam, Arquivo Político do MNE alemão, Berlim.

[446] AHD, Pasta tel. recebidos da ONU 1969, vol. IV, tel. 757, de 15.10.1969.

[447] Primo de Ahmed Mestiri que foi Ministro da Defesa e que entrevistámos para este trabalho.

[448] AHD, Col. rel. recebidos da ONU, tel. 70, de 14 de Fevereiro de 1969.

ouvirem intervenções inflamadas, em especial da ANC, da SWAPO e da ZANU, contra o imperialismo ocidental, visando fundamentalmente os Estados Unidos, a Grã-Bretanha, Portugal e os países da NATO em geral, como sustentáculos do *apartheid* na África do Sul e nas colónias portuguesas, intervieram Uria Simango e Marcelino dos Santos em nome da FRELIMO. Uria Simango *"pediu a condenação de Portugal pela estratégia bárbara de assassínios"* de dirigentes da FRELIMO. Marcelino dos Santos apoiou um pedido que Amílcar Cabral, apresentara, em nome de todos os movimentos de libertação, para que as Nações Unidas procedessem a uma investigação sobre a morte de Mondlane, e sublinhou que o pedido era subscrito por todos os movimentos de libertação dos territórios portugueses e que, se fosse aceite, a FRELIMO forneceria importantes elementos[449].

A Embaixada da Alemanha Federal deu-se por satisfeita por não ter sido especificamente visada, tanto mais que a reunião tinha lugar na Universidade de Dar es Salam, financiada por Bona, e assinala na comunicação dirigida ao seu Ministério dos Estrangeiros que não notou qualquer movimentação de aproveitamento político por parte da RDA[450].

A Rádio *"Voz da Liberdade"*, do chamado *"grupo da Argélia"* da oposição portuguesa, numa emissão de 4 de Fevereiro, invoca a recente conferência de Cartum e alude aos discursos de Amílcar Cabral, Agostinho Neto e Eduardo Mondlane, sublinhando que *"eles querem viver em paz com Portugal e com os portugueses"* e terminando com duas citações, uma de Antero de Quental e outra de Almeida Garrett. Dois dias depois, quando refere a morte de Mondlane, não atribui a autoria a Portugal[451].

Já a Rádio Praga, a 5 de Fevereiro, atribui a morte a *"graves divergências internas na Frente de Libertação de Moçambique"* e, a 12, diz ser

---

[449] AHD, PO 356, tel. 269, da ONU, de 23 de Maio de 1969 e tel. 276 da ONU, de 24 de Maio de 1969.

[450] Relatório da Embaixada da RFA, em Dar es Salam, de 2 de Junho de 1969, Arquivo Político do MNE alemão de Berlim.

ainda muito cedo para apontar autores[452]. Embora Dubcek só seja demitido do Partido, em Abril de 1969, as tropas soviéticas já ocupavam a Checoslováquia. Neste contexto é interessante notar que a TASS, a 5 de Fevereiro já atribuía aos serviços portugueses a morte de Mondlane, mas sabe-se hoje que vestígios de liberdade ainda grassavam nos serviços checos da Rádio Praga, que resistiram mais tempo à invasão soviética.

Diplomatas ocidentais em Dar es Salem pouco acreditaram nas conclusões do inquérito judicial.

O Embaixador de França comentava em 11 de Fevereiro: *"Certains indices donnent a penser que ...Urya Symango s'efforcera de se débarrasser de leurs rivaux et adversaires en les dénonçant a la Sûreté Tanzanienne. L'enquête policière risque donc de s'égarer sur des fausses pistes e de servir à des règlements de compte"*[453]. A Embaixada de França nunca refere a possibilidade de uma autoria portuguesa, mas fundamentalmente do resultado de lutas internas na FRELIMO.

Uma Nota interna da *Sous Direction Afrique* do Quai d'Orsay, de 10 de Fevereiro, termina com a seguinte conclusão: *"entre a ala pró-soviética e a pró-chinesa Eduardo Mondlane seria uma fácil vítima de qualquer destas tendências"*.

Por outro lado, a Embaixada de França em Lisboa, no seu ofício 198/Al, informa Paris que Eduardo Mondlane estava muito integrado na sociedade, cultura e língua portuguesas, *"o que faz com que esta imprensa seja geralmente moderada. O Diário da Manhã contém o mais moderado dos artigos"*[454].

Titular de posto importante de observação para todos os países com interesses em jogo no continente africano, o Cônsul-Geral da França em Lourenço Marques, Jacques Honoré – um Ministro que cuidava particularmente do seu belo estilo literário – refere na infor-

---

[451] ANTT, PIDE/DGS, P. 337/61. SR.UI 3051 e 3052 – vol. II (escutas).
[452] ANTT, PIDE/DGS, P. 337/61. SR.UI 3051 e 3052 – vol. II (escutas).
[453] Ofício 104/ Caixa AL, de 11.02.69. Arquivo do MNE francês.
[454] Arq. MNE francês Caixa AL.

mação 36, de 21 de Fevereiro, que com o futuro presidente coordenador, Simango, haverá uma radicalização pró-China, e acrescenta: "*La disparition du Dr. Mondlane est considerée dans les milieux portugais responsables comme un fait important et pernitieux*"[455]. O texto da sua informação sobre a morte de Mondlane, que teve larga distribuição nas missões francesas constitui, também, uma peça literariamente interessante e demonstrativa de outros tempos e estilos diplomáticos.

François Rose, Embaixador em Lisboa, afirma na informação 368/Al que o primeiro documento oficial português sobre a morte de Mondlane foi emitido pelo Gabinete do CEM de Moçambique e refere ainda que o Encarregado de Negócios do Paquistão em Lisboa, depois dos contactos que teve em recente visita a Lourenço Marques, "*a le sentiment que la mort de Mondlane n'etait pas imputable aux services portugais*"[456].

A Embaixada da Alemanha em Lisboa escreve para Bona, a 25 de Fevereiro de 1969[457], que nos círculos diplomáticos de Lisboa "*reina a incerteza sobre os motivos do assassinato do Dr. Mondlane. Segundo informações recolhidas pela Embaixada de França daqui não se deverá excluir que Mondlane tenha sido vítima de um imbróglio (zusammenspiel) de forças entre a China Comunista e subalternos da Polícia Política Portuguesa (PIDE)*".

Cite-se também o telegrama de 3 de Fevereiro que o Ministro do Ultramar português envia ao Governador-Geral de Moçambique – o Prof. Baltazar Rebelo de Sousa – afirmando que a "*Reuters distribuiu notícia oriunda da Dar es Salam segundo a qual Mondlane foi assassinado noite ontem. Agradeço Vexa comunicar informações eventualmente disponha. Ministro*"[458].

---

[455] Arq. MNE francês Caixa AL.
[456] Arq. MNE francês, mesma Caixa.
[457] Arq. dos MNE, Berlim, Ofício IA4-81.8-12, Relatório 185/68 VS-NFD (serviços de informação).
[458] AHD. MU/GM/GNP, 8069, AR 15 – Gav 1 M.28. Ofício Secreto de 04.02.1969 (Assassinato de Mondlane) transcreve mensagem Secreta do Ministro ao Governador-Geral e resposta deste, afirmando ter tido conhecimento pela mesma fonte.

Comecemos por abordar as reacções de vários países – já vimos os da França – nos tempos que se seguiram ao assassinato, designadamente as tendências quanto à atribuição da autoria do crime político em causa. Delas se deve fazer uma leitura prudente e que as coloque nos quadrantes geopolíticos em jogo na altura.

a) Portugal? A PIDE/DGS, outros serviços secretos operando a partir de Lisboa? O contexto do pós-II Guerra e a Guerra-Fria. O Eng. Jorge Jardim

"Ainsi, même en poursuivant la lutte en fonction du choix qu'il a fait de se maintenir en Afrique, le Portugal ne peut que regretter la disparition d'un homme qui était, mais surtout aurait pu devenir, un interlocuteur valable", *Michel Barde*, Journal de Genève, 05.02.69.

Não parece fácil, face aos documentos que pudemos consultar, chegar-se a uma conclusão com fundamento histórico-científico quanto à participação de Portugal, enquanto Estado, no assassinato de Mondlane; antes pelo contrário.

Alguns indícios podem apontar para a possibilidade de ter sido a PIDE ou elementos desta, numa lógica de que *"Mondlane was Portugal's most wanted man"*, assim como o descreve o articulista do *Economist* ou a reportagem do *Newsweek* de 17 de Fevereiro de 1969. A figura de Mondlane falseava o cenário no qual Salazar havia defendido a guerra do Ultramar pela boca do seu Ministro dos Estrangeiros, Franco Nogueira: tratava-se de defender o Ocidente contra o comunismo. Ora Mondlane foi de início um pró-americano e foi evoluindo e distanciando-se da nova Administração americana, mas nada tinha de um pró-soviético. Foi personagem bem recebido e respeitado nos meios ocidentais até aos seus últimos dias.

Já em 1965 uma informação da Central de *Intelligence* de Moçambique sobre Mondlane reproduzia um ofício também confidencial, de 27 de Maio daquele ano, em que se afirma que a personalidade simpática de Mondlane e a sua postura pró-ocidental leva a poder-se concluir que *"de todos os adversários de Portugal é o mais temível".*

Por outro lado, a PIDE, numa Informação de 1967[459], afirma que Eduardo Mondlane tem a sua posição muito ameaçada pela facção dita pró-chinesa chefiada por Uria Simango e que, para se defender, tem pedido mais apoio soviético. Depois de referir que sua mulher se encontra na Suécia solicitando fundos através do Instituto de Moçambique, conclui que Nyerere, apesar dos seus conhecidos laços com a China, *recebe bem Eduardo Mondlane e Marcelino dos Santos, dadas as suas estaturas de académicos, mas já não recebe o Dr. Hélder Martins, até por este ser branco* (sic).

Mas quando Mondlane é assassinado, Salazar já não estava no poder e o Ministro dos Estrangeiros já não era Franco Nogueira. Um grupo de "falcões" que se opunham ao novo Presidente do Conselho, Marcello Caetano poderia recear eventuais liberalismos da parte deste. A PIDE/DGS, agora muito menos controlada pela Presidência do Conselho, era uma óptima "estufa" para o cultivo e conservação de um grupo ultra que, de resto, se fazia ouvir na Assembleia Nacional.

É também interessante reflectir sobre a resposta do Governador-Geral de Moçambique ao telegrama secreto do Ministro do Ultramar já referido:

"Informo Vexa de que tive conhecimento de notícia da mesma fonte admitindo que seja verdadeira. Embora sem elementos concretos julgo que o atentado foi resultante de profundas dissidências entre a etnia Maconde e os dirigentes da FRELIMO, com possíveis ligações com a muito recente destituição de Lázaro Cavandame (grafia original) de funções directivas na FRELIMO. Estou muito atento ao eventual desenvolvimento da acção psicológica entre os macondes em seguimento de tudo o que se vem fazendo no sentido de acentuar e explorar o desentendimento constante das actas do GIFOP"[460] (sic).

---

[459] AHD, PAA 516, PIDE, Inf. 1236/SC/CI(2) de 15.11.67.
[460] AHD, Of .Secreto do Gab. do Ministro do Ultramar,73/D/6/7, de 04.02.69, Arm 15-M 28.

Alguém (que não quis ser nomeado) me referiu que o próprio Ministro do Ultramar teria tido um desabafo, no sentido de lamentar a pouca sorte de logo terem morto o único moderado do grupo[461].

Inscreve-se neste contexto a iniciativa daquele Ministro, Silva Cunha, de solicitar ao Gabinete dos Negócios Políticos do seu Ministério, no mesmo dia da morte de Mondlane, uma "avaliação" das repercussões tanto internas como externas do assassinato[462], a ser apresentada em 24 horas. O GNP produz um extenso documento secreto de 8 páginas, assinado por José Catalão e dirigido ao Ministro. Esse documento, depois de elaborar um quadro interno da FRELIMO em que este acto se recorta, aponta 4 elementos fundamentais *"de desinteligência no seio da FRELIMO"*, ou seja, acusações de que Mondlane era alvo:

– ligação ao "imperialismo" americano;
– colaboração indirecta com o colonialismo português;
– falta de uma atitude *"activamente revolucionária"*, tendo protelado a entrada em luta;
– manter estreitas relações com *"personalidades políticas imperialistas"*.

Após uma análise geral, sublinha que *"apesar de dirigente de um movimento revolucionário, Eduardo Mondlane era um elemento moderado e um interlocutor válido, realidades que lhe advinham da sua formação intelectual"*.

Adianta que, para equacionar as repercussões da morte de Mondlane, dever-se-á ponderar: *"O assassinato foi executado por elementos dissidentes do movimento terrorista ou foi perpetrado pelos portugueses? Evidentemente que a resposta dependerá do que a polícia tanzaniana averiguar"*. Na primeira hipótese, conclui que poderá haver, a curto prazo, uma vantagem para Portugal pela "desorientação" que reinará

---

[461] Afirmação no mesmo sentido teria sido feita a José Freire Antunes, vide "*Jorge Jardim Agente Secreto*", Bertrand Editora, 1996.

[462] AHU, Apontamentos Secretos, MU/GM/GNP/160/PT 10 S – 1969.

na FRELIMO, facto que trará consequências militares, mas que, a longo prazo, é uma perda importante para a FRELIMO e para nós.

Ignora a hipótese de terem sido os portugueses os autores e passa para uma terceira hipótese, a não descoberta dos assassinos, caso em que, conclui, "*a responsabilidade da sua morte há-de buscar, como agentes, 'elementos pagos pelos portugueses'*". Neste quadro, dever-se-ia contar com possíveis reacções de represália contra Portugal por parte de elementos ou organizações afectas a Mondlane, a que havia que acrescentar as reacções negativas nos meios universitários americanos.

Ao terminar, o documento tira as seguintes conclusões:

1. "*O assassínio de Eduardo Mondlane é, quanto a nós, desfavorável e muito prejudicial, para além do "curto prazo". Apesar de chefe de movimento terrorista ele estava integrado no contexto cultural português*;
2. *Para lhe suceder, apontamos como mais provável, o Vice-Presidente da FRELIMO, URIA SIMANGO, de feição mais extremista, possivelmente adepto de ideologia chinesa*;
3. *Pode verificar-se, no entanto, um surto de actividade por banda de certos elementos moderados da FRELIMO (moderados no sentido que atribuímos a Eduardo Mondlane) de maior valor intelectual que o referenciado anteriormente URIA SIMANGO*;
4. *Parece lógico que, por ora, se verifique alguma desorientação nos elementos terroristas e, portanto, um certo abrandamento de apoio logístico.*

É quanto me cumpre referir.

O *Christian Science Monitor*, de 5 de Fevereiro, diz claramente não ser óbvio que Portugal esteja implicado na morte de Mondlane.

A *Time* de 14 de Fevereiro, num interessante artigo procedente da Tanzânia e cujo título se inspirou em romances policiais e num célebre filme sobre Poirot, *Murder by the Book*, refere: "*A source close to Premier Marcello Caetano's government made no secret of his feeling that Mondlane was 'a moderate, a man we could eventually talk to, and his disappearance is a loss'*".

Na mesma data, o *Africa Confidential* nr. 4 – trata-se de uma *"intelligence open source"* mas geralmente bem informada – numa passagem intitulada *"Who killed Mondlane?"* descreve-o como um homem cordial com a esquerda, em bons termos com a URSS, mas não suficientemente à esquerda para outros militantes da FRELIMO, e acrescenta: *"African statesmen, newspapers, radio and TV commentators naturally enough blamed Portugal's agents. But some commentaries – from Guinea, for one – reflectively remarked that Africans, possibly co-operating with Portuguese agents, might have been involved".*

Estes elementos levam, a nosso ver, clara a legitimamente a admitir que o Ministro do Ultramar, o Governador-Geral de Moçambique e, eventualmente, a ala liberal junto de Marcello Caetano não estivessem implicados no assassinato de Mondlane; se muitos rejubilaram pela morte do único que não fundamentava a tese de que a guerra do ultramar era a guerra contra o comunismo, essa não era a tese generalizada no Portugal de então nem no Lourenço Marques da época, a avaliar pelas informações do Cônsul-Geral da França naquela cidade, que já referimos. O desmembramento possível, a crise interna da FRELIMO, em suma, a divisão no inimigo serviam os objectivos da guerra que continuava a ser, para aqueles que nela acreditavam, a solução da questão ultramarina.

Também o Cônsul da Alemanha Federal em Lourenço Marques, em relatório de 10 de Fevereiro de 1969[463], refere que a *inteligenzia* local estava preocupada, pois Marcelino dos Santos, com maior inclinação para Moscovo, e o Pastor Uria Simango, simpatizante da China, constituíam perigos maiores. Afirma a dado passo que verificou em certas regiões a sua forte popularidade. *"Mais do que um negro me referia Mondlane como 'o nosso Presidente'".* Adianta que Geoge Hoffmann, delegado da Cruz Vermelha Internacional, havia combinado com Mondlane, em Dar es Salam, uma visita aos prisioneiros portugueses da FRELIMO.

---

[463] Relatório IB3-81/65/69, Arquivo Político do MNE alemão, de Berlim.

O Ministério dos Negócios Estrangeiros de Portugal desmente formalmente o envolvimento português, mas tê-lo-ia feito em qualquer das hipóteses. O Ministro Rui Patrício prestou também declarações à Rádio Sul-africano, em que referia com distanciamento a morte *"de um terrorista"*[464].

A 1 de Fevereiro de 1972, a Rádio da Tanzânia afirma que a polícia tanzaniana sabe quem matou Mondlane mas não pode revelar o nome por se tratar de um português residente em Moçambique, o que na altura não parece fazer muito sentido[465].

A PIDE toma uma posição ambígua, na sua Informação Secreta, de 7 de Fevereiro de 1969[466], sobre a morte de Mondlane, que descreve nestas palavras:

"Ao longo do seu "mandato", por razões várias, contou sempre com o apoio moral e financeiro de organizações americanas; era o "menino bonito" dos americanos, o paladino da paz e liberdade na África Oriental Portuguesa, em oposição aos "colonialistas" que exploram, escravizam e matam".

"Mercê de milhares de dólares recebidos de certas organizações norte-americanas e de alguns países do Ocidente, mercê de actividade desenvolvida por sua mulher – a norte-americana JANET – em prol da educação e, mercê, ainda, do apoio que muitos lhe davam com vista a colherem os frutos de um Moçambique independente, Mondlane vivia nas nuvens ciente do seu poder".

"Mas, o castelo de areia começou a desfazer-se, minado pela eficiência e manhosa diplomacia chinesa em África...".

....."a facção chinesa do partido, depois de eliminar Jaime Sigauque e Filipe Magaia jogando habilmente com o espírito ingénuo do Padre Mateus Pinho Guenguere, concebe o ataque aos escritórios da sede em Dar es Salam, de que resultou a morte de Mateus Sansão Mutemba,

---

[464] ANTT, PIDE/DGS, P 295 NT 8032 Luanda, escutas.
[465] ANTT, PIDE/DGS, P 295 NT 8032, Luanda, escuta 1794, de 01.02.72.
[466] AHD, PAA 516, PIDE Inf. 177-SC/CI (2).

fomenta os incidentes que levaram o Instituto de Moçambique a fechar as suas portas e à expulsão dos médicos e professores brancos, perpreta o assassinato de Paulo Samuel Kankhomba, adjunto chefe nacional das operações e, agora, com serenidade implacável, liquida Mondlane".

Não é evidente qual a leitura que devemos fazer de documentos como este. Trata-se, porém, de um documento Secreto da PIDE, com circulação restrita.

O Governo-Geral de Moçambique, segundo um ofício Secreto do Gabinete dos Assuntos Políticos do Ministério do Ultramar, diz estar convencido de haver uma ligação entre Lazaro N'kavandame e a morte de Mondlane e estar atento para desenvolver uma guerra psicológica quanto às divisões internas do movimento[467].

Portugal sempre apostou na promoção das rivalidades no interior da FRELIMO e na sua "infiltração" por colaboradores da PIDE ou "exfiltração" de outros. Mesmo já depois do II Congresso, temos notícias da nossa Embaixada em Blantyre de que houve incidentes entre os membros da FRELIMO naquela região, em que foram alvejados a tiro dois militantes *"que ameaçavam denunciar dois colaboradores da polícia portuguesa"*[468].

Os Serviços de Escuta da Legião Portuguesa mencionam, a 9 de Fevereiro, o Comunicado de Imprensa da "Frente Patriótica de Libertação Nacional"[469], lido na Rádio Portugal Livre, sobre a morte de Mondlane, que se lhe refere como *"nosso amigo e companheiro de luta"* e acrescenta: "*Nós, militantes antifascistas e anticolonialistas portugueses, denunciamos este crime dos imperialistas, que tudo indica ter sido*

---

[467] AHD, PAA 516, Of. 594, do Gab. Neg. Pol. do Min. Ultr.

[468] AHD, PAA 516, despacho PAA 87, Muito Secreto, de 15.10.68, para o nosso encarregado de negócios em Zomba.

[469] Fundada em 19.12.1962, sediada na Argélia, donde emitia regularmente emissões na chamada Rádio Portugal Livre. Entre as figuras proeminentes deste agrupamento, contava-se Manuel Alegre.

cometido com a colaboração da PIDE..." ..."Nós, militantes da Frente Patriótica de Libertação Nacional, perdemos um amigo, porque Eduardo Mondlane, que deu a sua vida à causa da independência de Moçambique, era um amigo do povo português, e nunca confundiu o colonialismo português com o povo de Portugal". Este comunicado é duplamente interessante: insuspeito relativamente ao Governo de Lisboa, é reticente quanto ao reais autor ou autores do atentado, falando somente da possível colaboração da PIDE; em segundo lugar, quanto ao perfil de Mondlane, define-o como amigo do povo português[470].

Sobre os responsáveis do assassinato, conhecem-se vários relatos, através da imprensa, da rádio e de diversa literatura, designadamente:

a) Algumas fontes atribuem ao agente da PIDE de origem goesa, Casimiro Monteiro, o papel de organizador do atentado. É o caso de Rosa Casaco, que numa entrevista à imprensa portuguesa nega ter tido nele qualquer envolvimento, e afirma: *"quem montou a carta foi o Casimiro Monteiro, parece que a mando do Fernando Fernandes Vaz".* Casimiro Monteiro era um perito em explosivos e foi a ele que foi atribuída a morte do General Delgado[471].

b) O inspector-adjunto da PIDE, Oscar Cardoso, corrobora a versão de Rosa Casaco e vai mesmo mais longe, afirmando que Casimiro Monteiro teve a colaboração do então chefe da segurança na FRELIMO, Joaquim Chissano. Convém não esquecer, porém, que Oscar Cardoso parece ter trabalhado para a RENAMO, contra a FRELIMO[472].

Todos estes elementos, hoje do conhecimento geral, talvez careçam de uma investigação mais histórica, isenta e objectiva. Poderíamos, face aos elementos históricos de que dispomos, adiantar o seguinte:

---

[470] AHD, Arm. 15, M 28 (L-6-4-14).
[471] Entrevista a José Pedro Castanheira, ao *Expresso* de 21 de Fevereiro de 1998.
[472] Dalila Cabrita Mateus, *"A PIDE/DGS na Guerra do Ultramar 1961-74"*, Terramar, pag. 172.

1. Ou estamos perante uma acção levada a cabo pela PIDE sem conhecimento dos principais *"decision makers"* da época, camuflada a quase todos os níveis, o que parece altamente improvável;
2. Ou, conhecendo a debilidade de Marcello Caetano, estamos perante uma das seguintes hipóteses:

    a) Os ultras do regime, dada a sua influência na PIDE/DGS, levaram a cabo a operação com elementos individuais da PIDE e com a possível conivência de elementos da FRELIMO – hipótese esta que tem, desde logo, o factor contra de que, controlando Marcello Caetano mal a PIDE/DGS, esta talvez não se atrevesse a levar a cabo uma operação que implicasse um assassinato político;

    b) Elementos da PIDE/DGS, por dinheiro, prestaram-se a uma acção por conta de outrem, designadamente de outra potência (URSS?, China?);

    c) Foi obra de outros serviços secretos que operavam em Portugal com maior ou menor independência relativamente à PIDE/DGS e especialmente ao governo, embora com ligações especiais a grupos específicos internacionais de certa extrema-direita.

Outros serviços secretos operando a partir de Lisboa. O contexto do pós-II Guerra e da Guerra-Fria

Neste quadro, não deveríamos ignorar a existência e as actividades dos **Serviços Secretos da Legião Portuguesa** e da **Aginter Press**.

A **Legião Portuguesa** tinha muito discretamente um núcleo de serviços secretos que nem sempre actuava em paralelo com a PIDE. Para além dos conhecidos serviços de escuta rádio, tinham comandos e unidades operacionais. Tratava-se, no entanto, de uma organização que nem mesmo junto do aparelho do Estado gozava de qualquer reputação de eficiência e dinamismo[473].

---

[473] Entrevista com o Emb. Leonardo Mathias, 23.08.2007.

Yves Guérin-Sérac, ex-comando da OAS[474] refugiado no nosso país e a que nos referiremos adiante, treinou em Portugal e noutros países europeus, a partir da *Aginter Press*, comandos para '*operações especiais*' na Europa e em África, designadamente da Legião Portuguesa, responsáveis por acções de sabotagem e, segundo alguns autores, por actos de eliminação física de certas figuras[475]. Recordamos que em 1962 um agente dos aludidos serviços secretos, o Capitão de Fragata, Soares de Oliveira, se deslocou a Marrocos com a missão de assassinar o General Humberto Delgado, na altura sem o conhecimento do Ministério dos Negócios Estrangeiros e aparentemente da própria PIDE[476], mas somente da Presidência do Conselho.

A **Aginter Press** era uma chamada agência noticiosa, fundada em 1966 (?) em Lisboa – embora activa desde 1962 –, que na realidade funcionava como um núcleo de contra-espionagem e que agrupava fundamentalmente franceses petainistas e da *Action Française* refugiados em Portugal. Tinha também associados vários portugueses – católicos, nacionalistas de extrema-direita – e mantinha uma rede de contactos noutros países com organizações congéneres, como *Avanguardia Nazionale, Ordine Nuovo, Ordre Nouveau* – mais tarde "*Comités faire front*" com Jean Marie Le Pen à cabeça –, *Fuerza Nova e Paladin* em Espanha, o partido *MSI* italiano, etc.

O juiz de instrução italiano Guido Salvini, no seu depoimento de 1997 nas audições do Senado no inquérito sobre os famosos atentados nas décadas de 60 e 70 em Itália, declara: "*...a Aginter Press da qual é difícil dar uma definição. Procurarei dá-la nos seguintes termos. É uma entidade que constitui a estrutura inspiradora de estratégias em vários países, designadamente em Itália, no sentido de fornecer aos grupos de*

---

[474] *Organisation de l'Armée Secrète,* organização terrorista, antigaullista, que pugnava por uma Argélia francesa.

[475] Prof. Daniele Ganser, "*Terrorism in Western Europe...* ", The Whitehead Journal of Diplomacy and International Relations, Winter/Spring, 2005 – Universidade de Seton Hall, N. J., EUA.

[476] O autor, *Casablanca – O Início do Isolamento Português*, Gradiva, 2006.

intervenção que operam noutros países um protocolo específico e adequado[477] *à situação que se pretende afrontar. É uma organização que tem a capacidade de fornecer um protocolo de intervenção aos que podem, nos diversos países, ser chamados a actuar para a defesa daquilo que são os fins e valores daquela organização, substancialmente a defesa do mundo ocidental e a retenção de um provável e iminente avanço na Europa de forças emanadas da União Soviética".*

Certas fontes, que não merecem uma total confiança quanto aos dados histórico-científicos em que se baseiam, avançam com possíveis responsabilidades da *Aginter Press* no assassinato de Mondlane.[478] Outros afirmam que esta organização enviava os seus agentes operacionais para países africanos próximos das nossas colónias e *"Their aim included the liquidation of leaders of the liberation movements, infiltration, the installation of informers and provocateurs, and the utilisation of false liberation movements"*[479]. Segundo Jeffrey Bale, os agentes operacionais da organização infiltravam-se fundamentalmente em grupos de extrema-esquerda ou maoistas, na sua cruzada anti-soviética, podendo assim haver uma ligação com elementos pro-chineses de Moçambique[480], e Leroy, o número 2 da *Aginter*, estaria envolvido, em Dar es Salam, numa manobra de infiltração e intoxicação da FRELIMO, operação chamada *Zona Leste*.

---

[477] "9 *Seduta, Mercoledi 12 Febbraio 1997, Presidenza del Presidente Pellegrino – Commissione parlamentare d'inchiesta sul terrorismo in Italia e sulle cause della mancate individuazione dei responsbili delle stragi".*

[478] Frederic Laurent-Nina Sutton, *"The Assassination of Eduardo Mondlane",* in Ellen Ray, William Schaap, Karl van Mater e Louis Wolf, *"Dirty Works 2: The CIA in Africa",* 2. que reproduz um texto de 1978, intitulado *"L'Orchestre Noir"* e publicado em França pela Stock.

[479] Stuart Christie in *"Stephano delle Chiaie",* Anarchy Publications, Londres 1984 e citado nas obras do Prof. Ganser, já referido.

[480] *"Right-wing Terrorists and the Extraparliamentary Left in Post-World War 2 Europe: Collusion or Manipulation?"* in *Barkeley Journal of Sociology* e *Lobster,* Outubro de 1989.

Aparentemente, o acervo arquivístico da *Aginter Press* não se encontra no Arquivo Nacional da Torre do Tombo junto com o arquivo da PIDE/DGS. Segundo o Prof. Daniele Ganser, investigador do Centro de Estudos de Segurança do ETH[481] de Zurique, aquele acervo, depois de ter estado em Caxias a seguir ao 25 de Abril de 1974, teria sido destruído por militares portugueses. Esta versão não é, porém, corroborada pelos referidos militares envolvidos na sua guarda, designadamente pelo Capitão-de-mar-e- guerra Luís Costa Correia.

Antes do seu desaparecimento, aqueles arquivos da *Aginter* tinham sido consultados, e sobre eles foram publicadas duas longas reportagens na Revista do Expresso[482]. Na última são reproduzidos alguns documentos designadamente a ficha de Robert Leroy, adjunto de Guerin-Serrac na direcção da organização, na qual ele próprio se atribui a profissão de *"sabotador".*

Os principais responsáveis pela *Aginter Press* teriam abandonado Portugal na altura do 25 de Abril e, segundo algumas fontes não confirmadas, teriam ido para Espanha juntar-se a uma organização semelhante, chamada Palladin. que dependeria da lendária figura de Otto Skorzeni. Toda esta rede, como o próprio Skorzeni – que ficou lendário nos anais dos grandes aventureiros por ter raptado Mussolini da prisão, numa operação especial e secreta ordenada por Hitler – estão envolvidas em histórias romanceadas que não merecem total crédito histórico[483].

---

[481] «Eidgenösische Technische Hochschule » de Zurique (Instituto Federal de Tecnologia).

[482] Revista do *Expresso*, de 17 de Agosto de 1974, *"A Actuação da Aginter Press em Portugal e na Europa – (um segredo que se esconde em Caxias e que o Expresso começa a revelar)"*; e N.29, de 5 de Outubro de 1974, *"Um Segredo que se esconde em Caxias – A Aginter Press ainda em Foco".* Estes artigos foram da autoria de Helena Vaz da Silva, segundo o citado Capitão-de-mar-e-guerra Costa Correia que lhe proporcionou a visita a Caxias.

[483] Skorzeni, nas suas memórias, nega a maior parte dos factos aventureiros e rocambolescos que lhe são atribuídos nos anos 50 e 60.

Este mesmo Leroy é apontado em certa imprensa e *blogs* italianos, com base nos serviços de informação italianos (SID) e na imprensa portuguesa, como espião que operava em Dar es Salam.[484] Pela documentação referida, vê-se que a *Aginter* dispunha de uma secção de nome "*Central Ordem e Tradição*", estava integrada na *OACI* (*Organização Anticomunista Internacional*), mais conhecida pela sigla inglesa WACL (*World Anti Communist League*), que congregava grande parte da extrema-direita a nível mundial. As relações da *Aginter Press* com a PIDE/DGS – a que fornecia informações[485] – e com a Legião Portuguesa eram inegáveis, e tanto a Defesa Nacional como eventualmente os Serviços de Informação e Imprensa do Ministério dos Negócios Estrangeiros a haveriam financiado[486].

Outra francês que circulava em Lisboa desde 1944, ligado ao Governo de Vichy, era Jacques Ploncard d'Assac, pétainista, "*elemento da extrema-direita francesa refugiado em Lisboa*", que exercia diversas actividades, desde tradutor para o Ministério dos Negócios Estrangeiros e tradutor para francês dos discursos de Salazar até comentador de destaque na *Voz do Ocidente*, rádio que, no dizer de Franco Nogueira, emitia "*em onda autónoma*" em várias línguas – francês, inglês, italiano, espanhol e alemão – a partir da própria Rua do Quelhas (Emissora Nacional). Os programas integravam-se no espírito de cruzada da OACI – a defesa dos valores católicos, nacionalistas e anticomunistas – e a eles estava também associada uma editorial de livros de extrema-direita europeia, alguns em língua francesa, que ocasionaram sérios problemas diplomáticos com o Governo francês que se traduziram por violentas Notas de protesto da Embaixada de França em Lisboa. A causa dos protestos estava, regra geral, nos editoriais de Ploncard d'Assac, que frequentemente se excedia em invectivas contra De Gaulle[487]. Aquele

---

[484] José Freire Antunes, "*Jorge Jardim Agente Secreto*", Bertrand, 1996.
[485] Irene Flunser Pimentel "*História da PIDE*", Círculo Leitores, 2007.
[486] Idem (pag. 128).
[487] AHD, SII 3, "Keep It Safe".

intelectual de extrema-direita[488] conheceu em Lisboa o operacional Yves Guérin-Sérac[489] (entre outros nomes que usava), ex-elemento da OAS, que ele terá apresentado à PIDE e à Legião Portuguesa. Um outro francês, também do mesmo quadrante político, Jean Haupt, lança uma revista chamada *"Découvertes"*.

Estas actividades, como diz Franco Nogueira, *"de certo em prol da política portuguesa, são sobretudo conduzidas em nome de valores e princípios ocidentais, e apenas fazem sentido em Portugal com Oliveira Salazar à frente dos negócios políticos"*[490].

Afigura-se-nos importante enquadrar o panorama que, politicamente, define o modelo que se vive em Portugal na altura, no que respeita a uma teia luso-francesa de serviços e instituições de uma extrema-direita com projecção internacional. Nesta perspectiva parece-nos igualmente importante citar uma frase que Franco Nogueira ouviu de Salazar e reproduz com a indicação de se tratar de frase rigorosamente autêntica: *"Ah, se eu tivesse menos vinte anos!"*... *"Havia de pôr os brancos contra os brancos em África, os pretos contra os pretos, e brancos e pretos uns contra os outros, e nós haveríamos de sair incólumes no meio de tudo"*[491].

Desde o final da II Guerra Mundial que se instituíra um grande fosso entre os serviços de informação e de *"operações especiais"* do bloco soviético e os do Ocidente, designadamente dos Estados Unidos e do bloco NATO.

A CIA foi criada em 1947 juntamente com o JCS por NSA aprovada no Congresso[492], mas não dispunha de nenhum dispositivo que fosse na linha da doutrina Truman: a política de contenção face ao bloco

---

[488] ...um fascista, no dizer do Emb. Leonardo Mathias, que o conheceu pessoalmente. Barbieri Cardoso intercedeu em seu favor junto dos franceses, segundo Irene Flunser Pimentel, na obra já citada.

[489] Também conhecido por Yves Guillou ou Jean Robert de Guernadec.

[490] Franco Nogueira, *Salazar - A Resistência*, Editorial Civilização, 2000.

[491] Idem, pag. 557.

[492] Paul H. Nitze *"America: An Honest Broker"*, *Foreign Affairs*, Fall 1990.

comunista, nas linhas da grande estratégia delineada nos documentos NSC 20/1 e NSC 20/4[493], este elaborado sob a orientação de George Kennan. Esta estratégia, que constituiu a definição teórica da Guerra-Fria, encarava a diminuição – não o aniquilamento – do poder estratégico da União Soviética e de seus satélites e as medidas a tomar em caso de uma invasão soviética.

É quando os EUA resolvem assumir o plano de ajuda à Grécia e à Turquia, face à incapacidade britânica, que se pode considerar que iniciam o seu papel de líderes do mundo ocidental contra a União Soviética. George Kennan é quem está na origem desta linha política, desde que, a partir de Moscovo onde servia como diplomata, enviou para Washington o seu famoso telegrama de Fevereiro de 1946, que ficou conhecido no Departamento de Estado como o *"long telegram"*[494].

A NSC 68 aprovada por Truman em 1950 vem dar novos contornos à NSC 20/4 no sentido em que *"stressed the thesis that U.S. and allied power, including military power, had become fundamentally important to the successful pursuit of our foreign policy objectives..."*[495]. Nesta perspectiva, foi criado junto à CIA, por decisão do NSC, um *"Office of Political Coordination"*, OPC, para o que se veio a chamar os *"dirty tricks"* – acções de sabotagem, subversão, assistência aos movimentos de resistência anticomunista nos países do bloco etc.

Não querendo entrar na evolução histórica destes serviços, saliente-se que Truman aprovou em 1948 a criação da chamada rede *"stay behind"*, uma rede de "agentes adormecidos" (*sleeping agents*) com os quais a NATO estava em condições de fazer face às redes que operavam a partir do bloco de Leste. Estes agentes, em regra recrutados localmente, vieram também a funcionar fora dos países da cortina de ferro, pois as instruções contidas nas orientações do NSC referidas contemplavam

---

[493] *"Papers of Harry S. Truman, Staff Member and Office Files; National Security Council File"*, National Archives and Records; Éric Dénecé, *"Histoire Secrète des Forces Speciales"*, Nouveau Monde, 2007.

[494] Obra citada de Paul H. Nitze.

[495] Obra citada de Paul H. Nitze.

ainda os movimentos comunistas no Ocidente. Foi Frank Wisner que ficou encarregue de implantar a rede *"stay behind"* na Europa[496].

O serviço de informações da República Federal Alemã, que se denominava *"Schwert"* e se tornaria mais tarde no BND[497], sob as ordens do General Gehlen, funcionava em paralelo e em colaboração com a *"stay behind"* alemã, criada em 1956 e integrada na NATO em 1957, e era talvez das melhores redes europeias. Segundo Éric Denécé, a coordenação das actividades das redes *"stay behind"* da NATO foi confiada ao CCP (Comité Clandestino de Planificação), que em 1990 se passa a denominar ACC (*Allied Coordination Committee*).

A partir daqui e particularmente de declarações de Giuliu Andriotti em Agosto de 1990, confirmando, perante um subcomité do Senado italiano sobre acções de terrorismo em Itália, a existência de um exército secreto denominado Gladio, este tema tornou-se num verdadeiro mito, que alimenta hoje uma inúmera quantidade de *blogs* e literatura menos científica e mais fantasiosa, em especial de origem italiana.

Dentro deste quadro aparece o nome de Guérin-Serrac como autor de vários atentados em Itália com o fim de desestabilizar as instituições e incriminar a esquerda. Foi aquilo a que se chamou a *"estratégia de tensão"*, em Itália.

A 22 de Novembro de 1990, surge uma resolução conjunta no Parlamento Europeu que condena estas actividades e pede que os E.M. tomem medidas no sentido de apurar a verdade sobre estas actividades e solicita informação completa ao Conselho[498]. O Prof. Daniele Ganser, no seu livro *"NATO Secret Armies – Operation Gladio and Terrorism in Western Europe"*, avança com várias quase-teorias sobre o assunto.

Nem cabe tematicamente no quadro deste trabalho explorar esta questão, nem pensamos que tal fosse útil numa fase tão especulativa em que este tema ainda se encontra. Não podemos, porém, deixar de con-

---

[496] Obra citada de Éric Dénécé.
[497] Bundes Nachrichten Dienst.
[498] Esta Resolução substitui as B3-2021, 2058, 2068, 2078 e 2087/90 (www.team8plus.org).

siderar a verosimilhança de que a *Aginter Press* possa ter tido uma ligação à rede *"stay behind"* – o que é dado como certo pelo aludido Daniele Ganser, entre outros autores. Com efeito, foram recrutados muitos indivíduos que tinham um passado pouco recomendável durante a Segunda Guerra Mundial mas eram elementos úteis numa cruzada anticomunista. Este facto pode frequentemente ocasionar que organizações locais agissem sem o controlo da CIA em acções independentes, pelo que não podemos excluir que, em coordenação ou não com a PIDE, a *Aginter* pudesse estar implicada indirectamente no assassinato de Mondlane através do seu número dois, Robert Leroy, que, segundo fontes já citadas, operava na altura em Dar es Salam. A verificar-se esta hipótese, teríamos paradoxalmente os americanos um pouco envolvidos involuntariamente nos acontecimentos, pois, numa perspectiva simplista, em todas estas operações de algum modo conotadas com a rede *"stay behind"* se via a mão secreta da CIA.

Na imprensa portuguesa, a morte de Mondlane é noticiada com certo recato, como relatam alguns Embaixadores acreditados em Lisboa. O *Comércio do Porto* de 4 de Fevereiro de 1969 publica notícia com bastante relevo, mas muito neutra, não deixando de sublinhar que aquele assassinato *"teve as maiores repercussões"*[499]. O *Diário de Notícias* publica na primeira página, com fotografia de Mondlane, um artigo intitulado *"MONDLANE ASSASSINADO – foi morto por uma bomba o dirigente da FRELIMO. O chefe terrorista teria sido vítima da facção "maoísta" da sua própria organização"*[500].

O Eng. Jorge Jardim

Já vimos referida a possível mas pouco provável implicação na morte de Mondlane da incontornável figura de Jorge Jardim, homem ligado a tudo o que toca a Moçambique do ante-25 de Abril.

---

[499] ANTT, PIDE/DGS, PI 27366/UI 3875.
[500] ADN, SGDN 0286 – 1523.

Não é fácil analisar com alguma lógica e serenidade uma personalidade como a sua – personificação de poderes paralelos, com a confiança imensa do Dr. Salazar, relações muito equívocas com a PIDE, e mais tarde com a PIDE/DGS, e conflituosas com muitos membros da diplomacia portuguesa. No entanto, de há muito que parecia verificar-se no comportamento e nas relações do Eng. Jorge Jardim, uma ambição para Moçambique. Essa ambição ou projecto foi tendo cambiantes diversos consoante as circunstâncias mudavam na parte portuguesa e no terreno. A ideia de um Moçambique meio independente dentro de um esquema talvez federativo com Portugal viria a dar lugar, eventualmente, à tentativa de uma independência quase branca e, por fim, a um possível golpe que, na sua mente, incorporaria a própria FRELIMO.

A constante de todos estes quadros de ficção era a recusa de cenários pró-soviéticos ou comunistas. Nas diversas construções imaginadas, dois interlocutores foram importantes: o Dr. Banda e Kaunda. Não foi por acaso que o famoso Protocolo de Lusaka de 1973 foi assinado naquela capital e em grande parte redigido pelo próprio Dr. Kaunda. O Dr. Banda, por seu turno, era um manobrador exímio que, embora com um discurso profundamente nacionalista e anticolonialista, mantinha pragmaticamente boas relações com o Estado Novo e com a FRELIMO. Não admira assim que, em 1965, à pergunta de Salazar – *"Mas afinal como é esse seu amigo Banda que parece tê-lo conquistado?"* – tenha Jorge Jardim respondido: *"Tal· e qual como Vexa, mas em preto"*[501].

Por outro lado, Mondlane poderia ser um alvo que Jorge Jardim viesse a querer "conquistar" para a sua causa. Mas parece nunca se terem encontrado, a avaliar pelo que ele próprio afirma. Depois de aludir a que, quando Mondlane foi assassinado, o Dr. Banda se preparava para lho apresentar, acrescenta: *"Por tudo, tive a maior pena em*

---

[501] Pag. 52, *"Moçambique Terra Queimada"*, Jorge Jardim, Editora Intervenção, Lisboa 1976.

que esse crime tivesse sido cometido. Só faltava que anos depois, me viessem a acusar de o ter planeado"[502]. Também Janet Mondlane nos referiu não saber que tivesse jamais havido algum encontro entre os dois.

A questão duma eventual mas pouco provavel implicação de Jorge Jardim ficará, para já, em aberto. Mais fácil parece, porém, apontar o dedo aos possíveis beneficiários – ou que se julgaram beneficiários – do atentado.

b) Quem se mostrou cauteloso e relativamente neutro

Numa *depêche* de Dar es Salam sobre o atentado da véspera, a AFP mantém reservas quanto a autores, sem deixar porém de citar as hostilidades que a postura de Mondlane causava a outros líderes nacionalistas: *"O movimento sob o plano internacional recebia o essencial do seu auxílio da URSS, da China Popular e da Tanzânia, o Dr. Mondlane recusava-se categoricamente a enfeudar-se na ideologia comunista e a cortar as ligações com o Ocidente. Esta atitude devia suscitar a oposição e muitas vezes a hostilidade de vários outros chefes nacionalistas"*[503].

Em Kinshasa, o presidente da GRAE (Governo da Republica de Angola no Exílio), Holden Roberto, personagem que tinha com Mondlane pontos comuns embora discordasse em muitos outros, lastima a sua morte, num comunicado oficial de 5 de Fevereiro, mas nada adianta sobre possíveis culpados.

A imprensa de Washington, do México, de Paris, bem como a indiana, na primeira fase relataram o assassinato omitindo a sua atribuição. O Jornal de Genève, num excelente artigo sobre Mondlane intitulado *"Il était une des chances pour l'Afrique"*, não só se interroga sobre quem o teria morto como acrescenta que o Portugal de Caetano deveria lamentar o facto. O artigo é assinado por Michel Barde, hoje o chefe do patronato do cantão de Genève, que pouco antes havia visitado Angola.

---

[502] Id. pag. 44.
[503] ADN, SGDN, 0286 – 1523.

Num comunicado das N.U. também se omitem quaisquer especulações sobre os autores do atentado, tal como no *Press Release* n.º 6.2 que a Índia fez circular entre as delegações[504].

Em Washington, o Departamento de Estado declarava pelo seu porta-voz, a 5 de Fevereiro, que *"Mondlane era figura conhecida e respeitada em África como nos Estados Unidos e que o Departamento de Estado deplorava o seu assassinato, acto estúpido e de brutal violência"*, e acrescentava que *"elementos menos moderados e mais radicais assumiriam a chefia da FRELIMO"*[505]. O nosso Embaixador naquela capital adianta mesmo para Lisboa que deveríamos reagir à tomada de posição oficial americana sublinhando que Mondlane recebia auxílio dos países da cortina de ferro. O nosso Ministro parece ter sido sensível a esta sugestão mal ajustada, mesmo dentro dos interesses oficiais do Governo de então, e aproveitou uma ocasião social para abordar o Embaixador dos EUA em Lisboa, Benett, e mostrar "descontentamento" pela declaração americana, pois não podíamos esquecer que Mondlane era um terrorista e causara a morte de muitos portugueses. Ingenuamente, acrescenta na sua missiva para o nosso Embaixador em Washington que Bennet se mostrou *"muito compreensivo e disse que transmitiria os nossos sentimentos..."*.

No Congresso americano sucedem-se as homenagens. Em 1 de Abril, por iniciativa do Hon. Donald Fraser, do Minnesota, o jornal oficial do Congresso insere um enorme artigo encomiástico sobre Mondlane publicado na revista *Venture*. Também o Hon. Abner Mikva, de Illinois,

---

[504] AHD, col. de tel. recebidos da ONU, 1969, tel. 57, de 5 de Fevereiro: *"The Permanent Mission of India to the United Nations has learnt with profound regret the news of the tragic assassination on February 3 1969 in Dar es Salam of Dr. Eduardo Mondlane, President of FRELIMO. The Community of the Civilized Nations will be shocked by this dastardly act which has taken away one of the foremost leaders of the anti-colonial struggle and an outstanding leader of the liberation movement in the continent of Africa. There is, no doubt, however, that the noble cause to which Dr. Mondlane gave his wise and inspiring leadership will continue on its successful course".*

[505] AHD, PAA 516, tel. 62 de Washington.

mandou publicar no *Congressional Records* o grande artigo de John A. Marcum na revista *Africa Report, Oxford University Press*, de NY, nr. de Março-Abril, que é certamente dos mais bem escritos e das melhores análises à acção de Mondlane. Começando por evocar ter este recusado uma oferta da Universidade portuguesa[506] porque o afastaria da luta em Moçambique, Marcum realça que ele *"se afirmou pela sua educação, pelo tempo que esteve preso, pelo trabalho na ONU e por ter casado com uma branca"*, sublinha a aposta que fez no Procurador Robert Kennedy para tentar modificar a atitude de Portugal – embora a diplomacia americana, devido à base dos Açores, tenha sido sempre algo dúbia em relação à política colonial portuguesa. Lembra que a Fundação Ford, depois de haver conversado com Salazar, acabou por retirar a ajuda ao Instituto de Moçambique em Dar es Salam, obrigando Mondlane a recorrer ao Conselho Mundial das Igrejas, em Genève. Releva as dissidências internas na FRELIMO mas acentua o simplismo de se colocar Marcelino dos Santos como um pró-soviético e Uria Simango como um pró-chinês. Diz que só Mondlane tinha o prestígio para conseguir a coesão do movimento e uma boa aceitação universal, no Ocidente e no Leste, e conclui: primeiro, a sua morte nada resolveu pois a luta continuará com outros líderes, Uria ou outros; segundo, se a investigação for inconclusiva, complicar-se-a a situação com o agudizar da luta entre a China e a URSS.

Fazendo um pouco opinião solitária em Itália, o semanário "*Lo Spechio*" de 23 de Março refere que Mondlane teria sido morto por uma organização não oficial portuguesa que reagrupa brancos e negros, com semelhanças à antiga OAS[507]. Pensamos ser a única referência na imprensa internacional que poderia fazer pensar em Jorge Jardim ou na *Aginter*.

De uma maneira geral, a Televisão e imprensa inglesas dão grande relevo ao acontecimento e realçam as graves consequências para a

---

[506] Trata-se da proposta do Prof. Adriano Moreira, anteriormente referida.
[507] AHD, PAA 516, of 250 de 28.03.69 de Roma.

África decorrentes do desaparecimento de Mondlane, mas abstêm-se de apontar o dedo a autores. O *Financial Times* – cuja venda foi temporariamente proibida em Portugal – afirma que muitos moçambicanos foram presos em Dar es Salam e o seu correspondente em Lisboa sublinha *"a preocupação dos meios oficiais portugueses sobre as possíveis implicações daquele acontecimento"*. O *Daily Telegraph*, depois de relatar os acontecimentos, sublinha, sem mais, os muitos inimigos que Mondlane tinha dentro do movimento, particularmente *"pela vida confortável"* que levava[508].

A própria Argélia, através da voz do seu Ministro dos Estrangeiros, Abdelaziz Bouteflika, limita-se a descrever *"um novo crime das forças retrógradas contra o movimento africano de libertação"* e numa mensagem enviada à representação da FRELIMO afirma: *"Estamos convencidos de que o seu sacrifício e o seu exemplo terão, para a FRELIMO, e para todos os movimentos de libertação, o valor de uma fonte de coragem e inspiração na luta implacável contra as forças da dominação"*[509].

c) Quem atribuiu imediatamente o crime a membros da própria FRELIMO

A delegação da FRELIMO no Malawi, segundo um telegrama de Zomba, atribuía a morte de Mondlane aos *"membros radicais"* da organização[510]. Também a Rádio Joanesburgo do dia seguinte, pelas 18 horas, a imputava já aos "extremistas" do seu movimento. A imprensa da África do Sul e da Rodésia, naturalmente, atribuía o assassinato aos membros da FRELIMO, conforme se enquadrava nos interesses geoestratégicos de ambos.

A África do Sul foi uma das principais beneficiadas com o assassinato. Poderia estar nele envolvida? Desde sempre a África do Sul temeu um Moçambique fora do controlo de Portugal. Já em Novembro de

---

[508] AHD, PAA 516, tel. 46, de Londres, de 04.02.69.
[509] ADN, SGDN, 0286 – 1523.
[510] AHD, PAA 516, tel. 96, Secreto, 7 de Março de 1969.

1962, o nosso Cônsul em Salisbury tem uma conversa com o Embaixador (Alto Comissário) daquele país em que este sublinha:[511]

- A URSS interessa-se por Moçambique como base de ataque à África do Sul;
- O perigo de Kaunda ter assumido a Presidência da PAFMESA, ex PAFMECA;
- A desintegração da Federação;
- Quanto à Niassalândia, a RAS desejaria saber se Portugal se dispunha a conceder facilidades e transporte pois temiam a sua independência – Portugal respondeu afirmativamente à primeira parte da pergunta;
- A posição americana em África é pior do que a da Rússia, pois Mennen Williams esquece-se da infiltração chinesa e russa e a estas duas não lhes interessa que "o golpe final" venha do Atlântico.

O correspondente do "Cape Town" em Dar es Salam elabora a 4 de Fevereiro uma notícia sobre a morte de Mondlane, repetida por outros jornais da região, em que afirma que "*há meses que os seus oponentes na FRELIMO o procuravam afastar...*" e relata que havia um ano que a polícia tanzaniana tivera que intervir devido a "amotinações" na representação da FRELIMO entre as ala pró-Mondlane e a anti-Mondlane. Afirma que numa entrevista na semana anterior, em Nairobi, Mondlane declarara: "*Some members of the movement despise me because I am not anti-white. It all started over one year ago, when I spoke to some group leaders of FRELIMO. I told them we were not against Portuguese culture or against Portuguese people. We were against Portuguese oppression*".

No mesmo dia, o correspondente do "*The Cape Argus*" na mesma capital escreve que Elangwa Shaidi, Inspector-Geral da polícia da Tanzânia, lhe dissera, depois de ter ouvido muitas pessoas durante toda a noite, que havia mistérios à volta do atentado, e avançara mesmo que Mondlane teria dito recentemente a amigos que poderia vir a ser morto

---

[511] AHD, PAA 527, of. da DGNP, de 13.12.62, Arq. Emb. Washington, M. 254.

por dissidentes tidos como uma facção pró-chinesa que o acusava de poder ser um agente americano. Convém não esquecer que em 1968/69 havia ainda alguns elementos ligados à revolução cultural nas representações diplomáticas chinesas.

O nosso Cônsul-Geral em Salisbúria envia um recorte do *Times of Zambia* de 14 de Fevereiro, assinado por John Edlin, que afirma ter lido uma Circular da chamada UNAR (União Nacional Africana da Rumbézia) acusando Mondlane de colaborar com a PIDE e a sua mulher de ser agente da CIA.

Em Março já, a nossa Embaixada no Malawi transmite, por ofício Secreto do dia 11, uma informação de fonte *"normalmente segura"*, mas que não revela, dizendo que, segundo a polícia tanzaniana, o engenho que matou Mondlane foi remetido da Europa de Leste e que mais tarde engenho semelhante da mesma origem teria sido dirigido a Uria Simango, que o entregou à polícia sem o abrir.

Esta foi a versão, que não se nos afigura muito credível, posta a correr por Uria Simango naquela altura e repetida na imprensa.

d) Elementos da FRELIMO com a ajuda de Portugal?

Esta versão surgiu pela primeira vez no *Daily Telegraph* de 7 de Fevereiro, num artigo intitulado *"Hero's Funeral for a Bomb Victim"*, onde o repórter faz um pormenorizado relato do enorme cortejo fúnebre com cerca de uma milha e meia, encabeçado pelo próprio Nyerere e que integrava a viúva, Janet Mondlane, e as mais destacadas figuras do Estado, Ministros e vasto Corpo Diplomático acreditado em Dar es Salam, assim como representantes dos *"freedom fighters*, em cerimónia que teve lugar na Igreja luterana e compreendeu uma salva de 19 tiros de canhão da Guarda Nacional tanzaniana. A terminar a reportagem, o jornalista adianta que corre a teoria de que o livro armadilhado teria sido enviado pela polícia secreta portuguesa.

No *Daily Telegraph* de 11, um artigo de David Martin, depois de equiparar Mondlane a Luther King, defende que a tecnologia aplicada no engenho pode levar mais a crer numa acção dos serviços portugueses do que numa iniciativa de um *"esfarrapado"* dissidente da FRELIMO, mas acrescenta que o discurso feito por Uria Samango na ocasião podia também ser interpretado como uma *"vingança racial"*.

O n.º 4 da *Africa Confidential* comenta, por seu lado, que a acção deveria ter sido levada a cabo por africanos da ala mais à esquerda da FRELIMO, mas *"possivelmente em cooperação com agentes portugueses"*.

O *Sunday Telegraph*, embora não seja uma fonte jornalística do nível da primeira, revela, durante 3 semanas ao longo de Maio de 1969, alguns elementos interessantes em longos artigos que resultaram das investigações de uma equipa de trabalho que se deslocou a África para escrever sobre os Movimentos de Libertação da África Meridional. Os repórteres abordaram, sobre a morte de Mondlane, um elemento da polícia de Dar es Salam que lhes afirmou *"que os agentes portugueses, em Dar es Salam, eram conhecidos e se encontravam sob vigilância constante, provavelmente com o fim de ser detectado o autor do crime. Mais ainda, um elemento da FRELIMO, de tendência maoista, asseverou-lhe, duas semanas antes do incidente, que Mondlane 'sofreria um percalço'. Este elemento confidenciou-lhe que o seu presidente estava a 'soldo da CIA' e que sua mulher, Janet, era funcionária do Departamento de Estado dos EUA e que a facção chinesa da FRELIMO não permitiria que tal 'fantoche do imperialismo' se apoderasse de Moçambique"*.

Mais dizia a reportagem que o livro que pôs fim à vida de Mondlane fora entregue nos escritórios da FRELIMO a 1 de Fevereiro e era uma edição francesa de uma colecção de ensaios do teórico marxista russo Plekhanov. É igualmente relevante o que os repórteres disseram sobre o dispositivo da bomba. Peritos balísticos, que ouviram, foram categóricos em que era muito pouco provável que o mecanismo da bomba tivesse resistido a um encaminhamento e distribuição postais, pelo que concluíram que a bomba foi montada de forma a que o seu mecanismo explodisse dentro de um prazo curto e seguro, para evitar uma detonação extemporânea. Esta hipótese levou os repórteres a concluir que o dispositivo fora colocado nos escritórios da própria FRELIMO e os carimbos do correio forjados.

Os jornalistas, que manifestamente parecem não simpatizar com Marcelino dos Santos ou Uria Simango e ignorar Samora Machel, perguntam-se como avançará este triunvirato, pois Marcelino dos Santos *"membro do partido comunista* (poder-se-ia perguntar qual) *tem tendências pró-Russia. Como pode este mulato magro e barbudo, casado com uma branca sul-africana, trabalhar com Simango e ainda por cima conseguir fazer virar a FRELIMO de Pequim para a Rússia?"*.

Em 1972, o mesmo David Martin que anteriormente citámos, na edição de 6 de Fevereiro do *Independent* de Londres, escreve um artigo com o título bombástico *"Interpol solves a guerillawhodunit"*, em que diz que, como resultado de *"informação que lhe foi facultada pelo Governo da Tanzânia, foi possível revelar as ramificações internacionais do complot para matar Mondlane"*. Segundo este autor, Mondlane era o *"porta-voz internacional dos movimentos de libertação. As suas amizades ultrapassavam barreiras de cor de pele e de ideologias....o outro era Amílcar Cabral"*. Quando a 13 de Fevereiro Marcelino dos Santos recebe outro pacote suspeito – continua David Martin –, o chefe da investigação da polícia da Tanzânia intercepta-o, desmonta o engenho e compara com os restos do primeiro. Verificando a identidade dos dispositivos, envia-os para Londres onde a *Scotland Yard* prossegue o inquérito. As pilhas foram enviadas para Tóquio, onde foi identificado o fabricante – Hitachi-Maxwell – e se concluiu que as que foram usadas faziam parte de uma remessa exportada para Lourenço Marques. Quando a 10 de Março, novo pacote é remetido a Uria Simango e igualmente interceptado, verifica-se, segundo a polícia tanzaniana, que contém pilhas com o mesmo número de série das exportadas para Lourenço Marques.

Nesta versão, tudo faria supor que os engenhos teriam sido feitos em Moçambique e, atendendo a que a Interpol caracterizou os detonadores como militares, a PIDE – ou organização portuguesa paralela – seria a autora do engenho. A dedução seguinte foi a de que os pacotes teriam sido trazidos para Dar Es Salam por elementos da FRELIMO a soldo da PIDE.

De acordo com David Martin, a polícia de Dar Es Salam teve como primeiro suspeito Silvério Nungu, Secretário para a Administração na

FRELIMO, que viria a morrer pouco mais tarde de uma greve de fome, ou a ser morto pela FRELIMO segundo Uria Simango. O segundo suspeito teria sido Lazaro N'kavandame, uma das poucas pessoas que saberia do paradeiro de Uria Simango – Nachingwea – quando este recebeu também o seu pacote. Na altura em que David Martin escreveu este artigo, 1972, Nkavandame era locutor para Portugal, exortando os guerrilheiros da FRELIMO a desertarem e anunciando a deserção de muitos dos macondes, etnia a que pertencia.

Baseados em informações de David Martin, jornais de outros países relatam estes factos, como o *Arbeiderbladet* de Oslo, de 8 de Fevereiro de 1972, num artigo assinado por Johan Tornd. O mesmo acontece com jornais da África meridional.

Esta versão de David Martin, certamente a mais completa, coerente e que remete para a entidade investigadora, não deixa também de levantar questões. A primeira e talvez a principal releva da frequência e repetição dos métodos e material usados em três tentativas de aniquilar as três figuras cimeiras da FRELIMO. Uma acção de tal envergadura parece pecar por alguma ingenuidade metodológica – o que faz mais uma vez perguntar quem estaria atrás destes actos e, designadamente, se todos foram "autênticos" ou os dois últimos forjados para explicarem o primeiro.

Segundo o Dr. Hélder Martins[512], *um seu próximo colaborador enquanto foi Ministro da Saúde, que foi ouvido durante um inquérito realizado pelo Ministério da Segurança moçambicana depois da independência, relatou-lhe ter sido ele próprio o portador do embrulho que continha a bomba, de Mbeya a Dar-es-Salaam, sem saber qual o seu conteúdo. O pacote fora-lhe entregue por um missionário belga amigo do Padre Gwenjere e dele fez entrega a Simango, como lhe fora pedido.*

O referido portador declarou que não podia afirmar se Uria Simango saberia ou não o conteúdo do famoso embrulho.

---

[512] Entrevista de 20.08.2007.

e) A URSS incriminou Portugal desde a primeira hora

Uma *depêche* da TASS, de Dar es Salam, de 4 de Fevereiro, afirma que "*meios geralmente bem informados dizem que agentes da PIDE andavam há muito a ver se caçavam Mondlane*"[513].

O *Pravda* de 5 de Fevereiro, num artigo assinado por O. Ignatiev e intitulado "*Novo crime dos colonialistas portugueses*", atribui, sem qualquer reticência, o crime aos portugueses, depois de tecer elogios à figura de Mondlane.

O *Unita*, órgão do PC italiano, repete a opinião do *Pravda,* de Moscovo.

Na sede das NU circula um jornal da URSS, o *New Times*, que imputa também à PIDE o assassinato.

A URSS sabe que não pode facilmente captar para si, no quadro da Guerra-Fria, uma figura política como Mondlane. As ligações deste aos Estados Unidos e à esquerda europeia não comunista não constituem ingredientes "positivos" para o bloco de Leste.

O Estado Maior soviético criou, desde 1940, brigadas para operações especiais, a *Spetsnaz*, que viria a ser integrada nos serviços de informação das Forças Armadas – GRU. A rede *Spetsnaz* organizar-se--ia em três corpos: as unidades combatentes, as equipas desportivas e as redes de agentes secretos. Estas redes tiveram papel importante depois da Segunda Guerra, em aliança com os serviços similares dos países do bloco e de Cuba. Conhecem-se as suas acções em Angola contra a África do Sul[514].

As eliminações físicas de inimigos assim como as acções da rede *Onaz*, esta integrada no KGB e não nas Forças Armadas, vieram a ser um poderoso suporte do Pacto de Varsóvia contra uma NATO ini-

---

[513] ADN – SGDN -0286-1523.

[514] Victor Suvorov, *Spetsnaz, the Story of Soviet SAS*, Grafton Books, Londres, 1989; Pierre de Villemarest, "*GRU: le plus secret des services soviétiques (1918-1988)*, Stock, Paris, 1988; Éric Denécé, "*Histoire Secrète des Forces Spéciales*", Nouveau Monde, 2007.

cialmente fraca e mais débil nestes aparelhos, particularmente por parte dos Estados Unidos. A Grã-Bretanha, a França e depois a RFA conservaram ou recuperaram serviços de informação que os Estados Unidos não possuíam no imediato pós-guerra[515].

Não podemos pois eliminar, no caso da morte de Mondlane, que se tenha tratado de uma acção levada a cabo por uma destas redes.

O famoso jornal da oposição portuguesa exilada em São Paulo, *Portugal Democrático*, insere no seu n.º 138, de Março, um artigo de fundo que não só atribui a Marcello Caetano um lugar secundário nesta engrenagem, como afirma ser uma acção perpetrada pelo colonialismo português, embora mostre pouco interesse em saber quem foi o executor, e adianta ter havido a possível cumplicidade da África do Sul e *"quiçá de outros mais sinistros ainda e habituados a maiores voos na escalada internacional do crime"*.

A imprensa internacional, com as excepções indicadas, nunca parece ter referido muito a África do Sul como possível interessada no desaparecimento de Mondlane.

Também o *Times of Zambia* de 1 de Setembro, vários meses depois do acontecimento, afirma que o Secretário-Geral da OUA haveria declarado que Portugal e os seus aliados teriam cometido o abominável crime contra Eduardo Mondlane.

Não se pode deixar de especular sobre o facto de a URSS acusar imediatamente Portugal, que era, na sua perspectiva, o bode expiatório mais "natural", o inimigo na guerra da FRELIMO. O facto pode reflectir, por outro lado, o interesse imediato da URSS em desviar, desde a primeira hora, as atenções do "verdadeiro" autor moral ou material do crime. Nem nos devemos esquecer dum tal possível colaborador do KGB, com o codename de TSOM, referido anteriormente

f) Também a China não foi poupada à suspeita

Desde 1963, correm boatos sobre as intenções chinesas contra Mondlane. Um relatório Secreto da PIDE/DGS, com a classificação

---

[515] Refira-se que a CIA só foi constituída em 1947.

fraca de B3, assinala a possível existência de uma acção chinesa no sentido de formar um "Comité de Acção" para eliminar Eduardo Mondlane e Kenenngo, *em que Lumayo e Oscar Kambona (sic) seriam cúmplices*[516]. Várias informações da PIDE encontradas na mesma fonte do ANTT, embora todas com a baixa classificação de B 3 e 4, aludem a possíveis manobras chinesas contra Mondlane, quase sempre em conjunto com a COREMO.

A informação com mais pormenores, e com características de ainda menor credibilidade, é a 1093-SC/C12, Secreta, de 8 de Outubro de 1967, que refere a criação de um grupo denominado POPOMO, que seria financiado por Israel e Pequim através das suas Embaixadas em Lusaka, que prometiam uma recompensa de 1.000 libras para certas eliminações físicas. A informação, que não revela fonte nem atribui grau de confiança, afirma haver diálogo entre elementos da FRELIMO, da UDENAMO e da PAPOMO neste contexto, diz que este último grupo conta cerca de 800 membros, e termina referindo que *"Uria Simango, por mais de uma vez referiu a Adelino Gwambe a necessidade de eliminar Mondlane"* e que Gwambe teria mesmo ido a Pequim levar um plano da operação e solicitar aprovação e ajuda[517].

Há notícias, na imprensa chinesa do período da revolução cultural, da ida a Pequim em 1965 de um denominado Paulo Guname, líder da recém-formada COREMO, que se encontrou naquela capital com o Presidente do Comité Chinês de Solidariedade Afro-asiática para pedir fundos, que teria obtido, para a sua campanha[518].

Intoxicação soviética? Ou elementos radicais da FRELIMO que procuram cobertura para possíveis acções? Ou simplesmente boatos, devidos a ignorância da política que realmente estava em jogo por

---

[516] ANTT, PIDE/DGS, P 337/61 NT 3052, vol. II.
[517] ANTT, PIDE/DGS P337/61 SRUI 3051 e 3052, vol. I, Inf. Secreta, 1093-SC/C12, de 08.10.67.
[518] Steven Jackson, *"China's Third World Foreign Policy: The case of Angola and Mozambique"*, China Quarterly, N. 142, Junho de 1995.

parte de inimigos de Mondlane de longa data e de feição mais tribal, aliados a um menor profissionalismo de certos analistas da PIDE?

A agência AFP de Lourenço Marques diz a 4 de Fevereiro que corre naquela cidade que o atentado da véspera teria sido inspirado pela China, mas o Governo-Geral da Província não se manifestara até aquele momento.

Em Portugal, uma informação da PIDE de 7 de Fevereiro[519], que elabora sobre as consequências previsíveis da morte de Mondlane, aponta o dedo aos chineses e *"seus seguidores"* no interior da FRELIMO. Outra, datada de 13, defende radicalmente a tese de ter sido a China quem assassinou Mondlane.

O Governo-Geral de Moçambique, segundo um ofício Secreto do Gabinete dos Assuntos Políticos do Ministério do Ultramar, diz estar convencido de haver uma ligação entre Lazaro N'Kavandame e a morte de Mondlane e estar atento para desenvolver uma guerra psicológica quanto às divisões internas do movimento[520].

Hasting Banda, Presidente do Malawi, inclina-se também para ver a mão chinesa atrás do assassinato. Declarou a Jorge Jardim, numa conversa a 6 de Fevereiro, que achava absurda a hipótese de o atribuir aos serviços portugueses. Via como principal consequência uma aproximação da FRELIMO a Pequim e uma radicalização do movimento, *"que se tornaria num movimento comunista"*[521]. Este relato, sob a forma de anexo a uma carta de Jorge Jardim para Marcello Caetano de 15 de Fevereiro, informa que Banda teria pensado fechar a representação da FRELIMO em Blantyre mas que teriam chegado ambos a acordo em que seria melhor mantê-la aberta para melhor a controlar. Acrescenta mais adiante que conversou com o representante da CIA em Blantyre, um Sr. Fryer, que lhe disse estar convencido que Pequim iria controlar o movimento e que os Estados Unidos a partir de agora teriam nele uma influência "mínima".

---

[519] AHD. PAA 516, PIDE Inf. N. 177/SC/CI(2).
[520] AHD, Of. 594, do Gab, Neg. Pol. Do Min. Ultr. Arm 15, M 28 (L-6-4-14).
[521] ANTT, Arquivo Marcello Caetano, Cx 31, n. 42, anexo III.

Em correspondência de 10 de Fevereiro[522] Jorge Jardim comunica a Marcello Caetano que Banda se referiu mais uma vez à morte de Mondlane "*atribuindo-a, sem hesitação, às manobras dos agentes da China e prevendo um endurecimento, quanto aos métodos e agressividade, por parte da FRELIMO*". E Jardim de comentar: "*Bom seria que a mesma interpretação fosse adoptada por outros Estadistas e por outras potências*"... ... ..."*Guardei para esta carta os aspectos mais reservados dos meus comentários...*". Esta frase permite infelizmente mais do que uma interpretação, não esclarecendo por isso muito quanto diz respeito aos autores reais.

Na longínqua Tailândia, que a Conferência de Bandung fez aproximar da África e dos seus problemas, faz-se uma longa análise dos acontecimentos que haviam tido lugar na reunião de Cartum, em que a China acusara frontalmente a URSS de procurar, através do chamado Comité Mundial da Paz e da AAPSO (*Afro-Asian Peoples' Solidarity Organization*), controlar todos os movimentos independentistas da África. E, ingenuamente ou não, via em Mondlane um arauto dessa tendência. De resto, a imprensa diária chinesa nunca se refere à União Soviética sem usar os adjectivos de "*renegados revisionistas soviéticos*" e sem colocar a URSS no campo do "*Imperialismo*".

Os argumentos apresentados não parecem muito sólidos para suspeitar directamente a China do assassinato, embora não se deva deixar de considerar alguns factos curiosos:

– segundo algumas fontes diplomáticas e jornalísticas, o Encarregado de Negócios da China em Dar es Salam não teria assistido ao funeral de Mondlane, para o qual o Corpo Diplomático foi convidado;
– a imprensa chinesa de todo o mês de Fevereiro de 1969 não só não comenta como nem sequer refere a morte de Mondlane[523], pelo que também nunca a atribui a Portugal;

---

[522] ANTT, Arquivo Marcelo Caetano, Cx 31, n. 41.
[523] Biblioteca Nacional de Pequim, "*Xinhua News Bulletin*" 7347 – Fevereiro de 1969, colecção de todos os despachos.

– a 23 daquele mês de Fevereiro, o Encarregado de Negócios da República Popular da China em Dar es Salam, Zhou Bo Ping, e os Consulados chineses na Tanzânia oferecem uma grande recepção para comemorar o quarto aniversário do Tratado de Amizade entre os dois países, e a agência oficial chinesa alude à presença de muitos convidados de movimentos de libertação, mas não da FRELIMO[524].

Sublinhe-se que, embora a Espanha e Franco sejam alvo frequente de ataques da imprensa chinesa daquele período, Portugal raramente aparece, não obstante as relações com os movimentos separatistas da África portuguesa.

Neste contexto, recorde-se que durante a Revolução Cultural, como já foi dito, quase todos os Embaixadores da China foram chamados à capital, deixando as Embaixadas entregues a figuras radicais que se identificaram com os "guardas vermelhos". Em Dar es Salam estava colocado desde 1962 – um anos antes da visita de Mondlane a Pequim – o Embaixador He Ying, que saiu em 1967, só tendo sido substituído ao mesmo nível em 1969 por Zhong Xidong, que lá ficou em posto até 1972[525].

O *Economist* de 8 de Fevereiro de 1969 escreveu uma frase a propósito da morte de Mondlane, que viria a demonstrar a grande clarividência do correspondente especial: *"The exact circunstances of his death are obscure and may always remain so"*. O artigo insere uma fotografia de Mondlane com a seguinte legenda: *"Killed by an enemy, or a friend"*.

Em Copenhague, Herbert Pundik, no *Politiken* de 10 de Fevereiro, num longo artigo sobre a figura de Mondlane e a FRELIMO, intitulado *"Um assassinato que poderá trazer graves consequências"*, comenta a dada

---

[524] Id. Nr. 022217.
[525] Wolfgang Bartke, *"Who's Who in the People's Republic of China"*, The Harvester Press, 1981.

altura: *"A morte de Mondlane veio a jeito para Portugal e talvez também para a China"*[526].

Afigura-se-nos importante sublinhar que não está na tradição chinesa de Mao o chamado assassinato político, em oposição à prática que se verificou na União Soviética. São muitos os exemplos que poderíamos citar, a começar pelo destino de Pu Yi, o último Imperador da China. Esta tradição foi menos seguida pelo governo da Formosa, que procedeu à tentativa de assassinar Zhou En Lai na viagem de Pequim para a Conferência de Bandung, tentativa fracassada porque o Super Constellation fretado à Índia que explodiu por efeitos de uma bomba, colocada durante o *"stop over"* em Hong Kong, não era o aparelho em que seguia o visado.

g) Uma breve conclusão provisória

Podemos concluir que o desaparecimento de Mondlane tenha sido considerado subjectivamente um benefício para:

1. os membros da FRELIMO ou outros grupos que se opunham à sua orientação *"independente"*;
2. a URSS, pois não via em Mondlane um testa de ferro das suas ambições em África;
3. a China dos "guardas vermelhos" que o consideravam, mais do que um revisionista, um intelectual independente. (Não seria porventura a opinião da China de um Zhu En Lai, mas este passava o período do seu eclipse político);
4. uma ala ultraconservadora que se movimentava em Portugal e estava preocupada com uma possível liberalização caetanista.

Todos estes possíveis beneficiários são igualmente possíveis suspeitos.

---

[526] AHD, PAA 516.

Um facto parece estabelecido: o relatório final da investigação da polícia da Tanzânia, que recorreu à Interpol, foi entregue à Presidência da FRELIMO[527]. Como consequência, encontramo-nos até hoje perante o mistério oficial sobre aquele assassinato político. Temos exclusivamente *"versões"* diversas[528].

A nosso ver, enquanto a FRELIMO entender não dever – ou não poder – tornar público o resultado da investigação levada a cabo pela polícia da Tanzânia com a ajuda da Interpol, o mistério permanecerá, e poderá beneficiar, eventualmente, alguém, algum grupo ou potência.

Em conclusão, face à inacessibilidade do Relatório Policial e à natureza dos elementos de que dispomos, não nos é possível tirar conclusões historicamente definitivas.

VII.3. O caos causado na FRELIMO pela morte de Mondlane – a cisão. A figura de Uria Simango

O mal-estar na direcção da FRELIMO, não só no contexto político como no militar, antecedeu a morte de Mondlane, como largamente referimos. Há um relatório de Samora Machel, de pouco antes do assassinato, em que é manifesta e bem analisada a situação perigosa, do ponto de vista militar e da moral da população, face a 4 anos de guerra[529]. As dificuldades financeiras, os problemas das populações cansadas de uma guerra que infantilmente tinham julgado rápida e simples, as fugas de população para países vizinhos e mesmo a rendição de alguns a Portugal constituíam um pesado fardo. Foi nesta fase que Mondlane e Simango se deslocaram às regiões mais afectadas.

---

[527] O Relatório encontrar-se-ia na pose do Presidente Samora Machel na altura da sua morte, segundo algumas fontes.

[528] Vide:*"História da PIDE"* de Irene Flunser Pimentel, Círculo de Leitores, 2007 (pag. 411).

[529] AHD, PAA 940, 1(8) vol. XI, Documento da Presidência do Conselho, Secretário-Geral da Defesa Nacional, de 07.01.69 e relatório da PIDE N.82-SC/CI/(2), de 03.01.69, classificado de A1.

É já de Janeiro de 1969 a decisão do Comité Executivo de destituir N´kavandame e Alipona de todas as suas funções[530].

O Governador-Geral de Moçambique, em carta manuscrita a Marcello Caetano de 1 de Março de 1969, é claro a dizer que as *coisas vão mal no inimigo*. "*O inimigo está dividido e abatido......era altura do golpe de misericórdia*". E acrescenta, sem convicção da vitória, "*se não ganharmos a guerra mas reduzi-la significativamente*"[531].

A moral das tropas no lado oposto também deixava muito a desejar. São conhecidos os anúncios e mensagens, tornados públicos pela FRELIMO, de desertores portugueses que incitavam os seus companheiros de armas a abandonar a luta que consideravam inútil.[532]

Portugal não tinha representação em Dar es Salam, pelo que a informação chegada a Lisboa vinha por postos da vizinhança ou pela ONU. Em 24 de Março, o nosso representante nas Nações Unidas envia para as Necessidades, em telegrama Secreto, informações colhidas junto de "colegas africanos" de que não revela a identidade: "*Simango é considerado pro-chinês, pretende a eliminação total influência americana e por isso procura liquidação Instituto Moçambicano dirigido viúva Mondlane, encontrando no entanto oposição Presidente Nyerere amigo pessoal casal Mondlane. Janet Mondlane, visada mesmas fontes teriam assassinado marido, teria sido avisada Embaixada americana conveniência em abandonar Tanzânia por sua segurança correr perigo. Presidente Nyerere posto corrente do aviso pela própria viúva Mondlane insistiu com ela se mantivesse frente Instituto Moçambique que continua receber apoio Ford Foundation, "American Committee on Africa" e "Council of Methodist Churches". Janet Mondlane é esperada brevemente Nova York a fim fazer conferência patrocinada estas duas últimas organizações*"[533].

---

[530] AHD, PAA 516, "FRELIMO, Comité Executivo, Tanzânia, 2 de Janeiro de 1969....".

[531] ANTT, Arquivo Marcello Caetano, Cx 55, n. 27, Correspondência Sousa, Baltazar Rebelo de.

[532] Id.

[533] AHD, Col. tel. recebidos da ONU, 1969. Tel. Secreto, de 24 de Março de 1969.

Todas as agências noticiosas mundiais anunciam a 26 de Abril de 1969 que a FRELIMO, preocupada por manter a sua unidade, resolve criar um triunvirato, com Marcelino dos Santos, incumbido das relações externas e continuando Secretário-Geral da CONCP, Samora Machel, responsável pela estrutura militar, e Uria Simango, como coordenador mas não Presidente. Segundo Aquino de Bragança, a posição que Simango veio a conseguir dever-se-á em grande parte à autocrítica que fez em pleno Comité Central.

O Embaixador de França em Dar es Salam, na sua informação de 2 de Maio, comentava que a posição de Simango como coordenador mas não Presidente tinha sido a maneira mais hábil de ultrapassar as suas veleidades, e, sobre o responsável pelas relações exteriores, dizia: "*Marcelino dos Santos represente une tendence intelectuelle et cosmopolite... ...un revolutionaire romantique qui passe parfois comme agent de la Chine ou de Cuba. Un admirateur de Che et de Mao*"[534].

Tendo conhecido pessoalmente Marcelino dos Santos desde 1961 na Conferência de Casablanca dos Movimentos Independentistas das Colónias Portuguesas e nos tempos que se seguiram[535], torna-se-nos particularmente interessante ver como diplomatas e observadores estrangeiros o definiram.

A *Intelligence Digest* n.º 373 de Dezembro de 1969 insere um artigo – a que a PIDE consagra um relatório confidencial[536] – do seu correspondente especial para a África que sublinha ter sido a morte de Mondlane o maior revés que a FRELIMO sofrera pois ninguém possuía "*ao menos um quarto da sua capacidade de direcção*", afirma que Uria Simango advoga os pensamentos de Mao Ze Dong enquanto Marcelino dos Santos e Samora Machel "*representam principalmente os interesses de Moscovo*", e acrescenta que a Suécia continua a financiar a FRELIMO e que Moscovo e Pequim mantêm desde Novembro de 1969 as rivalidades internas para controlo do movimento: "*Para Moscovo e China*

---

[534] Arq. MNE francês Cx 1573 – TA-5-7-MO.
[535] "Casablanca início do Isolamento", do autor, Gradiva, 2006.
[536] AHD, PAA 525, Relatório 246/69, de 31.12.69.

(como para o Comité de Libertação da OUA) isto foi uma amarga experiência. A FRELIMO sob a direcção de Mondlane era, sem dúvida, o mais eficiente e efectivo Movimento de Libertação na África Meridional, pois tem obrigado Portugal a manter destacados cerca de 50.000 homens na guerrilha de Moçambique".

O Dr. Banda, que mantém sempre a sua amizade táctica por Portugal e se continua a abrir em conversas com Jorge Jardim, mostra uma nova atitude anti-FRELIMO ao aludir pela primeira vez – que tenhamos conhecimento – *"à colaboração verificada na zona de Makangila com vista à eliminação das actividades da FRELIMO"*[537].

A grande implosão dá-se quando, nos finais de 1969, Uria Simango acusa os outros dois membros do triunvirato de o quererem matar, denunciando-os à polícia tanzaniana. Na noite de 4 de Outubro, em sua casa de Dar es Salam, Uria afirmou que a Declaração intitulada *"Triste Situação na Frelimo"* só tinha sido tornada pública depois de muito bem pensada, *"anunciei tudo isto, porque a minha vida esta em perigo. Alguns dos meus colegas planearam assassinar-me, mas agora já não o podem fazer uma vez que o trama fica publicamente denunciado"*[538]. Acrescentou que remeteu o documento ao Governo da Tanzânia, à OUA e a Embaixadas, e comentou que as únicas pessoas que iriam ficar satisfeitas eram os portugueses.

No dia seguinte, Nyerere reuniu durante duas horas com os dirigentes da FRELIMO e, no dia 6, com o Comité da OUA num encontro de 6 horas. Tudo em vão.

A 8 de Novembro, o Comité Executivo da FRELIMO difunde um comunicado em 6 pontos condenando e suspendendo Uria Simango do triunvirato.

---

[537] ANTT, Arquivo Marcello Caetano, Cx 31, n. 41, em carta de Jorge Jardim a Marcello Caetano, de 10.02.69, remetendo carta de Banda ao nosso Presidente do Conselho.

[538] AHD, Arm.15 Gav.1 M.32 SCCI, Secreto, Boletim 36/69, 26.11.69 – *"The Standard"* Tanzania 05.11.69 (mantivemos a grafia original).

As reacções tomam então uma dimensão maior. Uria conta com alguns apoios. A *"Tanu Youth League"*, o *"University College Branch"* e a *"African Revolutionary Front"* publicam a 13 de Novembro um comunicado insistindo junto do Governo da Tanzânia no sentido de que havia que afastar os lacaios do imperialismo e insurgindo-se contra a mulher de Marcelino dos Santos, apontada como judia nascida na RAS, e contra Janet: *"Por que razão devem estas duas mulheres ser impostas ao povo?"*[539].

A Embaixada da França em Dar es Salam, a 2 de Dezembro de 1969, informa Paris que Uria Simango fizera circular uma nota pelas Embaixadas tornando pública a acusação contra Marcelino dos Santos e Samora Machel, acusando ainda Janet Mondlane de estar na origem do assassinato de marido na medida em que fomentou o antagonismo entre as etnias do Norte e as do Sul, e pedindo o julgamento de ambos e que Janet seja enviada para os Estados Unidos. Segundo a mesma informação, Nyerere ainda recebe os três para procurar uma reconciliação impossível e a 1 de Novembro Uria é suspenso das suas funções na FRELIMO. A terminar, o Embaixador relembra a Paris que Uria Simango é um pró-chinês e que Marcelino dos Santos é um admirador do socialismo escandinavo e amigo de Olaf Palm embora receba auxílio da União Soviética[540].

Em Janeiro de 1970, Uria Simango dirigiu uma mensagem pessoal ao Chefe do *Special Branch* do Malawi pedindo para ter conversações com ele no sentido de avaliar a formação de um novo partido com Samuel Chinyakata e Mariano Matsinha e recebeu uma resposta afirmativa[541].

Por seu lado, a PIDE, numa Informação Secreta do mesmo mês, comenta que a criação de um novo partido encabeçado por Uria Siman-

---

[539] AHD, Arm.15.Gav.1 M32, DGS, Confidencial, Informação 1.194-CI(2).
[540] Arq. MNE francês, of. 709/AL – TA-5-7-MO.
[541] AHD, PAA 525, Tel Secreto de Zomba, de 16.01.70, assinado por Futcher Pereira.

go não terá grande possibilidade de vir a concretizar-se, especialmente dada a posição negativa da OUA em relação a este[542].

Na realidade, como a nossa Embaixada informou posteriormente, foi Chinyakata que se deslocou ao Malawi, e não Uria, e negou ter intenção de apoiar a criação de um novo partido. Se este tivesse sido criado, certamente que o Dr. Banda aceitaria a sua localização no seu país, em pé de igualdade com a FRELIMO. Segundo o Gabinete de Assuntos Políticos do Ministério do Ultramar[543], o verdadeiro objectivo de Chinyakata teria sido o de sondar elementos locais da FRELIMO para avaliar da sua possível adesão, que parece não ter conseguido.

A 20 de Fevereiro de 1970, *The Guardian* da Tanzânia anuncia que o Governo deu 48 horas a Uria Simango para deixar o país, pois a sua presença era contrária aos interesses da Tanzânia e da OUA. Os Serviços de Informação do Governo Geral de Moçambique afirmam que lhe foi fixada residência em Daballo (Dodona), o mesmo local onde estivera Lazaro N'Kavandame. Uria Simango teria daí seguido para o Cairo.

A Suécia, no campo ocidental, continuou fielmente a ajudar a FRELIMO. Marcelino dos Santos teria realmente também boas relações com Olaf Palme. O Ministro dos Estrangeiros, Torsten Nilson, anunciara já em Dezembro de 1968 no Parlamento a ajuda da Suécia ao Vietname e aos movimentos nacionalistas das colónias portuguesas. Para 1970, a Suécia adjudica uma ajuda de 1.000.000 de coroas ao PAIGC e de 700.000 à FRELIMO. Amílcar Cabral teria entregue em Estocolmo um bem elaborado dossier[544].

Qual era o perfil de Uria Simango? Julgamos que Aquino de Bragança, com a vantagem de ser um intelectual de origem não moçambicana mas indiana e ter, por isso, algum afastamento das questões de origem tribal que poderiam estar por trás de muitos dos acontecimentos, faz dele um excelente retrato, num artigo que publicou na *Africasia*

---

[542] AHD, Informação Secreta, da PIDE, N. 112-CI(2), de 17.01.70.
[543] AHD, ofício Secreto, 942, de 26.02.70, do Gab. Neg. Pol. Do Min.Ult.
[544] AFRICASIA, Dezembro de 1969.

de Dezembro de 1969, intitulado *"L'itinéraire d'Uria Simango – La défection d'un membre de la troïka qui dirigeait Frelimo dévoile certains aspects des remous qui ont secoué le mouvement de libération mozambicain"*. Referimos alguns elementos do artigo, que se nos afiguram ajudar a rever o quadro em que vivia e em que morreu Eduardo Mondlane:

Uria era um pastor protestante, que foi professor primário numa escola anglicana. Considerado subversivo pela PIDE, foi preso em Lourenço Marques durante três dias, tendo-lhe, curiosamente, o Governo Português oferecido uma bolsa para estudar em Portugal, que ele não aceitou. Teria, nessa altura, afirmado a Aquino de Bragança: "não aceito porque o meu povo necessita de mim". Uria era natural de Manica e Aquino de Bragança vê na sua resposta uma característica que o definiria sempre – o sentir-se o homem escolhido pela providência, um espírito messiânico.

Passa algum tempo na Rodésia, onde encabeça uma certa rebelião sindical.

No ano de 1960, Adelino Gwambe – que já em 1961, por altura da Conferência de Casablanca (CONCP), escreve uma carta em que mostra a sua desconfiança em relação a Mondlane – forma um movimento chamado UDENAMO, com que Uria colabora mas de que não aceitaria ser membro, segundo Bragança, por não ter cargo de chefia. Dois outros grupos surgem, um no Tanganica, a MANU (Mozambique African National Union), e outro, no Malawi, a UNAMI (União Nacionalista Africana para um Moçambique Independente).

Marcelino dos Santos, na sua qualidade de Secretário-Geral da CONCP, procura em 1962, com o apoio de N'Krumah e Nyerere, a fusão destes grupos, tendo-se formado, então, um Comité de Coordenação a que Uria preside.

Por esta ocasião, aparece um "outsider", Eduardo Mondlane, universitário e com grandes ligações internacionais, que "se impõe como líder incontestado", aceitando Uria Simango ser seu adjunto, mas intelectualmente distante.

Aquino de Bragança define os dois nestes termos: *"Eduardo Mondlane e Uria Simango são ambos nacionalistas incontestáveis, mas um é um académico brilhante e o outro um autodidacta de formação escolás-*

tica aliada a um racismo antibranco. À sua volta juntam-se todos os elementos que se sentem ultrapassados pela evolução dos acontecimentos e das mentalidades".

Depois de o descrever como um homem profundamente só, afirma: "*Paradoxalmente, o assassinato de Mondlane e a dissidência do velho Lázaro Kavandame,(sic) tornam a posição de Uria Simango muito inconfortavel. Não tentou ele ganhar para a sua causa o ex-responsável político de Cabo Delgado antes de este se juntar aos portugueses? Pode perguntar-se se ele esteve ou não ligado, directa ou indirectamente, ao estranho complot que custou a vida do presidente da FRELIMO*".

Em Março de 1970, também na frente externa, em Estocolmo, Lourenço Mutaca, representante permanente da FRELIMO, ataca publicamente a sua direcção, que apelida de ditatorial, e acusa Samora Machel de perseguições sanguinárias[545], pois estaria a eliminar todos os opositores e amigos de Mondlane[546]. Jornais noticiam que Mutaca se veio a demitir do lugar.

Agneta Pleijel, jornalista do *Aftonbladet,* periódico do PSD sueco, encontra Marcelino dos Santos no avião de Addis Abeba para Dar es Salam, vindo da reunião da OUA de Fevereiro-Março de 1970. Durante o voo tem com ele uma longa conversa que continua depois em terra. O tema é a FRELIMO e o seu estado naquela altura.

Agnete Pleijel começou por referir algumas ideias que corriam no Ocidente, nomeadamente que a figura de Mondlane era controversa, que se poderia imaginar uma luta ideológica ou uma luta de personalidades no seio da FRELIMO, que Uria Simango costumava ser caracterizado na imprensa como pró-China ou que a figura de Machel se tornara preponderante dado o seu contacto com os guerrilheiros.

Marcelino dos Santos repudiou, uma a uma, as ideias feitas contra os líderes da FRELIMO, e sublinhou que as acusações avançadas por Uria Simango pecam pela impossibilidade de as controlar no sentido

---

[545] Correspondente em Estocolmo, do *Rhodesia Herald*, de 5 de Março de 1970.
[546] AHD PAA525, "*Rhodesia Herald*", de 5 de Março de 1970.

de as confirmar ou rebater . Dentro da FRELIMO, sabem que são falsas. As acusações de infiltrações imperialistas constituem um preconceito com finalidades de tomada do poder estratégico. Os habitantes de Moçambique não se destinguem pela cor, mas sim pelo lado por que lutam. Simango sabia que só poderia encontrar audição fora do âmbito da FRELIMO, mas mesmo assim falhou, pois foi expulso da Tanzânia em pouco tempo.

Marcelino diz que não é de Simango ou de Mutaca que gostaria de falar, mas sim do movimento em si. Ele próprio formula a pergunta: "*O que significa uma luta revolucionária, tal como a nossa?*". "*Não só significa a libertação de um país, mas também a transformação de uma estrutura social – a libertação dos efeitos negativos do colonialismo, nos seus pormenores. Em Moçambique, assiste-se ao nascer de um novo homem; criado pela luta de um povo contra uma longa opressão. Assistimos sim a um enorme processo de transformação que lentamente vai mudando as condições da luta presente. Só o nacionalismo não chega. Quem não entendeu isto é que sai da FRELIMO, como é o caso de Uria Simango*".

Faz considerações históricas: no início eram grupos heterogéneos que só tinham em comum o serem nacionalistas; hoje, com a tarefa da construção de uma nova sociedade oposta ao sistema colonial-capitalista deixado pelos portugueses, a atitude é outra.

Compara com exemplos como o da Argélia e refere-se ao caracter cada vez mais ideológico e menos individualista que a luta adquire. Acrescenta: "*Simango não era o advogado de uma linha chinesa no movimento. Pelo contrário, o seu grande defeito era não perceber a necessidade de clarificar uma linha ideológica...*"" *Ele não entendeu que havia que abdicar das linhas racistas e tribalistas de pensar, para optar por uma linha socialista que tivesse como objectivo todo o povo*".

Marcelino dos Santos conclui que pensava que a questão Simango tenha sido a última das questões que afligiram a FRELIMO e que, no fundo, são normais. Acrescenta que a opinião dos suecos é importante para a FRELIMO e espera poder enviar alguém para discutir com as autoridades o último ano dos acontecimentos no movimento. "*Não posso provar nada. Quem quiser conhecer a realidade deve ir aos locais onde decorre a guerra*".

Sob a sua fotografia lê-se a seguinte legenda: "*Marcelino dos Santos é um dos líderes da FRELIMO e o Ministro dos Estrangeiros da organização. Visitou Estocolmo em Outubro do ano passado, para o Congresso do partido social-democrata. Espera que as relações com a Suécia não sofram com o conflito interno da FRELIMO*"[547].

VII.4. A imagem deixada por Eduardo Mondlane e a oposição portuguesa. Janet Mondlane ainda continua algum tempo angariando ajuda externa

Eduardo Mondlane

Na primeira fase da vida política de Mondlane, a oposição republicana e tradicional em Portugal, na década de 50, não tinha no seu ideário político a independência das colónias. A tradição republicana tinha a defesa das colónias como um dos "interesses nacionais" a formatarem a sua estratégia de política externa.

Numa grande entrevista concedida ao Prof. Chilcote e publicada na revista *Africa Today* em Novembro de 1965[548], Mondlane declara que quando estudou em Portugal, nos anos 50, mesmo a oposição não via a independência das colónias como "*uma possibilidade política*". Basta recordarmos que essa questão, quando surge como um tema político em Humberto Delgado, o vai fazer distanciar de Galvão[549]. Mondlane não se referia certamente a meios oposicionistas mais próximos do PCP.

Essa situação evolui na década de 60. Em 1965, vemos Eduardo Mondlane conceder uma entrevista ao *Portugal Democrático* de Outubro, Nr. 99, onde se apresenta como um não alinhado procurando alianças africanas regionais que fortaleçam a unidade africana. Dois anos mais tarde, concede a 14 de Agosto de 1967 outra entrevista ao

---

[547] AHD. ARM 15 GAV 1 M 32 (L-6-4-16).
[548] Revista publicada pelo "*American Committee on Africa*".
[549] "*Casablanca – o início do Isolacionismo Português*", do autor, Gradiva, 2006.

Portugal Democrático, vindo dos Estados Unidos e a caminho de Dar es Salam. E em 1 de Setembro do mesmo ano, o N.º 1 do *Portugal Socialista* publica outra entrevista sua, concedida em Julho ao *The Guardian*,.

A imagem que perdurou de Mondlane no mundo é curiosa. Como todas as figuras que deixaram um vazio atrás de si, um vazio político e uma encruzilhada de opções, ele acaba por assumir alguma dimensão mítica.

Na Holanda, como noutros países nórdicos, a sua morte desencadeou, particularmente na camada jovem, entre os estudantes universitários, uma onda de consternação. Vários foram os peditórios, *"fund raising,"* para ajudar a FRELIMO, agora sem o seu Presidente, figura tão respeitada naqueles países.

Os jornais holandeses *Het Vrije Volk*, de tendência socialista, e *De Volkskrant*, respectivamente de 23 e 27 de Setembro de 1969, anunciam em Amsterdão a criação da *"Fundação Eduardo Mondlane"*, que se propõe ajudar as independências de Angola, Moçambique e Guiné Bissau[550]. A Fundação será estabelecida em 29 de Novembro de 1969, com sede em Busken, Huetlaan 1, Bloemendaal, sendo o seu corpo directivo constituído pelo Presidente, o Pastor A Dronkers; o Secretário, Eng. E. Voet; o Tesoureiro, J. Draisma; e mais um conjunto de personalidades, entre as quais um Capitão van Dam, o Dr. van Krimpen, Dr. Ruitenberg, etc.[551]. Encontramos actividades da Fundação até 1973. Segundo as informações que obtivemos, ela deve-se ter extinguido com a independência dos territórios em questão. Devemos sublinhar, porém, que esta Fundação nada tem a ver com a *Fundação Eduardo Chivambo Mondlane*, hoje existente com sede em Maputo e dirigida pela sua viúva, Janet Mondlane[552].

Vemos, no início dos anos 70, um aproveitamento pela extrema-esquerda da sua figura, como já referimos quanto ao movimento CLAC.

---

[550] AHD, PAA 526.
[551] AHD, PAA 526.
[552] Este facto foi nos confirmado por Janct Mondlane, em Junho de 2006.

Dois meses antes de rebentar a ruptura política do 25 de Abril de 1974, o bispo evangélico Kunst – que foi membro do governo, exerceu missões diplomáticas e gozava de grande prestígio na República Federal Alemã[553] – e o bispo católico Tenhumberg, de Münster, organizam em nome da "*Conferência das Igrejas para as questões de Desenvolvimento*" um seminário sobre o tema "*As Igrejas e a situação nos territórios ultramarinos portugueses*". Convidam em Portugal o Superior dos Padres Brancos, van Asten, e muitas outras figuras a participar.

Manfred Kulessa, personalidade conceituada nos meios da democracia-cristã da Alemanha, publica um artigo a este propósito no *Deutsches Allgemeines Sonntagblatt* de 27 de Fevereiro de 1974[554], em que considera Eduardo Mondlane como um membro activo da comunidade ecuménica, na linha de Dietrich Bonhöffer, teólogo luterano, e Adam von Trott zu Solz[555].

Segundo uma informação "Reservada" da DGS, de 7 de Dezembro de 1971[556], o Instituto de Moçambique era na altura financiado pelos governos sueco e indiano, pelo *Conselho Mundial das Igrejas*, por organizações eclesiásticas inglesas, pela *Rowntree Social Services Fund*, pela *Oxfam*, pela *War on Want* e *Canon Collins*.

Janet Mondlane

Janet Mondlane era odiada por muitos dos funcionários mais zelosos da DGS. Uma vez desaparecido Eduardo Mondlane, passa a ser alvo mais focado da mesma DGS. Já aquando da sua visita a Moçambique, em 1960 e 1961, a PIDE procurou averiguar se ela não tinha algum registo criminal noutro país para a poder colocar em dificuldades, como referimos.

---

[553] Veio a falecer, centenário, em 1999.
[554] Este jornal da Igreja Evangélica alemã desapareceu como tal e hoje constitui um anexo dos "*Zeit*", *Süddeutsche Zeitung* e *Frankfurter Rundschau*.
[555] ANTT, PIDE/DGS 2784 NT 5631, Guiné, 1971-1974.
[556] ANTT – DGS, Luanda, 2651/71 – DSINF-2.

Numa Informação de 1971, com a referência 764-CI(2), Confidencial, refere-se haver a possibilidade de Janet Mondlane vir a casar com Samora Machel, sendo ambos viúvos e com o objectivo de afastar Marcelino dos Santos[557].

Noutra informação da PIDE/DGS (o exemplar que consultámos não indicava data, mas podia-se verificar não ser anterior a 1972), Janet Mondlane era descrita nos seguintes termos: *"Viúva de Eduardo Mondlane, "ninfomaníaca", em amores recentes com A., com quem pretende casar. Depois andou também com Z. Desprezada pelas organizações religiosas americanas e impopular no meio frelimista".* Só uma ignorância do papel notável para a causa de Eduardo Mondlane poderia justificar este tipo de informação intoxicante.

A verdade é que vemos Janet Mondlane, durante os anos 71 e 72, movimentar-se no mundo, continuando a acção do marido e sendo aceite em vários meios europeus importantes.

A Fundação Rowntree anuncia em Londres, a 24 de Abril de 1971, que concederá 30.000 Libras para a Fundação.

No decurso desse ano, Janet Mondlane acompanhada doutro líder moçambicano ter-se-ia deslocado aos Estados Unidos e Canadá noutra missão de angariar fundos[558].

Em Dezembro do mesmo ano de 1971, o Chefe de Gabinete do Ministro dos Negócios Estrangeiros da Noruega recebeu Janet Mondlane, segundo consta do ofício n.º 4725 do nosso Ministério dos Estrangeiros para a DGS, de 3 de Dezembro, em que se refere que a Noruega lhe concedeu 700.000 coroas e que *"os estudantes noruegueses têm sido generosos"* para com a sua causa. Durante a estadia, Janet Mondlane concede diversas entrevistas a jornais locais.

Ainda no final do ano anterior, 1970, Janet concede uma entrevista a Rolf-Henning Hitz, do *Frankfurter Rundschau*, em que repete as declarações políticas na linha de seu marido e critica fortemente as empresas

---

[557] ANTT/DGS – P.337/61 SR UI 3051 e 3052, vol. I.
[558] ANTT, PIDE/DGS, Id. – Inf. 391/71/DI/2/SC, de 26 de Fevereiro de 1971.

portuguesas e o armamento concedido pela Alemanha por contribuírem para a continuação da guerra.

Estas viagens integram-se, segundo a mesma fonte, no âmbito da elaboração do orçamento de 1972/73 do seu Instituto.

Ainda em 1972, Janet Mondlane foi recebida pelo Ministro dinamarquês, Knud Andersen, a quem solicitou auxílio para o Instituto[559].

---

[559] ANTT, PIDE/DGS, Id. – Inf. 073/72-DINF-2a., de 4 de Abril de 1972.

CAPÍTULO VIII

Conclusões

"Procurou manobrar a FRELIMO entre os diversos interesses das grandes potências, evitando de se identificar com uma ideologia determinada. Recebia ajuda tanto dos Estados Unidos como da União Soviética e conseguia manter boas relações com Nasser não obstante Israel organizar o serviço de ambulâncias da FRELIMO", *Hebert Pundik, in "Politiken", Copenhague, 10.02.69.*

"Leonhart said that Mondlane was clearly the best leader that FRELIMO had and that had he been the president of an established government he could have been a "truly historical figure of continental importance"", *EmbaixadorWilliam Leonhart, Julho de 1979*[560]

"Mondlane an 'armchair revolutionary'?", *segundo Che Guevara.*

Não querendo referir o texto, mais literário do que diplomático, do Cônsul Geral da França, em Lourenço Marques, e que constituiu o seu relatório para Paris depois do assassinato de Mondlane, pensamos que seria interessante citar uma passagem mais profissional, do ofício do

---

[560] Arq. Pessoal de Witney Schneidman, (IPRI), ""*Notes from an interview with Ambassador William Leonhard*", Langley, Virginia, July 16, 1979".

Embaixador da República Federal Alemã em Dar es Salam, pela mesma ocasião: "......ele era, entre os dirigentes do movimento de resistência moçambicana, indiscutivelmente uma personalidade extraordinária. Era, entre outras coisas, conhecido em todos os meios diplomáticos onde ele, através do seu porte amável e firme, ganhou uma boa reputação. Não será fácil para a FRELIMO encontrar um sucessor à altura..."[561].

Este testemunho ganha particular interesse quanto o perspectivamos no quadro das relações de Mondlane com a República Federal, naquela altura bastante crítica, particularmente quanto ao então Ministro da Defesa, von Hassel, devido à ajuda militar daquele país a Portugal e a uma troca de palavras de certa dureza.

Pensamos que podemos, à guisa de conclusão, traçar alguns elementos de análise da personalidade política de Mondlane, num contexto global e local, sem querer cair numa análise psicológica para a qual não nos sentimos preparados, nem caber no objectivo deste livro. Procuraremos estabelecer um quadro "macro", de onde não devemos excluir aspectos "micro" que têm a ver com a formação da sua personalidade e do seu modo de pensar e que são importantes para contextualizar as linhas estratégicas do seu pensamento e as contrapor às dos Estados Unidos e às de Portugal:

A – Pensamos que, no plano de fundo que marcou a sua mais recuada infância e juventude, deveríamos destacar os elementos cuja origem está no que poderíamos chamar a "África Profunda", veiculados pela família, designadamente pela sua mãe. A ela ouviu os nomes de líderes africanos, como Gungunhana, Maguigana e de Chivambo – o avô de quem recebeu o primeiro apelido de seu nome – e que constituíram como um referenciário histórico-cultural.

B – Haverá um segundo elemento que se veio sobrepor imediatamente a este: o cristianismo, que na sua mente se confundia, de certo modo, com o Ocidente e que também representava a modernidade. Este

---

[561] Arquivo Político do MNE alemão, Berlim, Ofício I B 3-83, Ber. Nr. 148/69, 5 de Fevereiro de 1969.

elemento teve um papel importante na sua formação intelectual. O Prof. Herbert Shore afirma mesmo: ..."*and in that sense he was involved in 'liberation theology' long before that term was actually invented*"[562]. Bispos alemães fizeram o mesmo comentário, como já referimos.

C – No rescaldo destes dois elementos, surge uma lusofonia e uma ligação mental a um país que era o seu – Moçambique – mas que tinha uma história comum e laços profundos com Portugal. Na sua mente, que se formou, em grande parte, pelos contactos de pessoas de diversas etnias e origens políticas e religiosas, e que se definia como cosmopolita e não racista, foi-se operando uma distinção, no início não conceptual, mais tarde assumidamente teórica, entre colonialismo português e Portugal/portugueses.

D – A formação académica – e os meios americanos em que esta se enraizou – mais racionalista e menos ideológica do que a prevalecente nos meios europeus e particularmente franceses – dava-lhe uma capacidade de conceptualizar e analisar as situações sociológicas, antropológicas (Antropologia e Sociologia foram as disciplinas em que se especializou e de que foi docente) e políticas, sem a roupagem de religiões políticas, isto é, de ideologias em voga na altura, designadamente os marxismos nas suas diversas formas.

Não se encontram, na sua formação anglo-saxónica, elementos de natureza hegeliana que pudessem conduzir o seu pensamento para uma tendência de explicação do mundo de cariz marxista. Daqui que o seu pensamento estratégico tenha sido profundamente pragmático.

E – O problema de Mondlane ter sido ou não ter sido marxista parece preocupar ainda hoje alguns sectores da opinião moçambicana. Não nos parece uma questão essencial para o objectivo deste trabalho, mas afigura-se-nos, no entanto, que pode ter alguma relevância na concepção teórica do seu pensamento estratégico.

---

[562] Herbert Shore, "*Legacy of Eduardo Mondlane*", Oberlin College Archives, Herbert Shore Collection, (30/307) SG II, Eduardo Mondlane 4. Writings (n. p.)

Usaremos da prudência necessária para evitar qualquer tendência para catalogar politicamente uma personalidade histórica como Mondlane, elaboração que é por ventura inútil. Por isso, limitar-nos-emos a adiantar que Mondlane se situava dentro da família do pensamento do socialismo democrático, que existia em certas regiões da Europa, na década de 60, mas agregando-lhe uma forte componente africana, antitotalitária e antiburocrática.

Pensamos interessante citar algumas passagens do documento do Prof. Shore, que o conheceu bem e pessoalmente. Diz Shore, citando Mondlane: *"A revolution is itself a long slow struggle, a process of growth"*.

Esta noção de "revolução" parece-nos bem mais próxima da noção Popperiana de *"peaceful social engeneering"* do que de um processo leninista de ruptura, como é de resto natural, vinda de alguém que é antropólogo antes de ser sociólogo ou político.

Terminaríamos estas considerações com outra citação do mesmo autor, referindo uma longa conversa de Mondlane com Jorge Rebello, na praia de Silver Sands, em Dar es Salam, alguns dias antes de ser assassinado, em que aquele teria feito as seguintes observações: *"Once the active dynamic participatory role of ordinary people is lost, socialism becomes a hollow shell. It leads to state-enforced collectivism or even to state capitalism"..."Bureaucrats do not create innovations. They create only bureaucracies"*.

De resto, já em 1966 se declara socialista e admite a existência de várias correntes na FRELIMO, designadamente a comunista, e acrescenta:

"Thus FRELIMO is the direct product of Portuguese colonial policy, and the armed struggle the direct product of the Portuguese refusal to negotiate, or even to recognize in principle our right to self-determination"[563].

---

[563] *"Socialist International Information"*, 1968, pag. 61, Oberlin College Archives, Herbert Shore Collection (30/307) II Eduardo Mondlane 4. Writings 551, by Mondlane.

Não obstante estes elementos, a preocupação de certos sectores em quererem apurar se Mondlane adoptou ou não o marxismo-leninismo, lembra a problemática teológica do pecado original.

Num livro de Iain Christie, sobre Samora Machel[564], interessante em muitas passagens, refere-se que Aquino de Bragança haveria conduzido uma entrevista a Mondlane, "pouco antes de ser assassinado", gravada logo em 1969, em que se reconhecerá a sua voz e em que este admite *"que a FRELIMO está-se inclinando mais e mais nessa direcção, porque as condições em que nós lutamos e trabalhamos assim o ditam"*. Em nota de pé de página, porém, diz: *"Esta citação de uma entrevista conduzida em 1969, por Aquino de Bragança foi retirada de uma cassete com a voz de Mondlane editada pela Rádio Moçambique em 1966"*.

Curiosa discrepância de datas, que, fora do contexto deste trabalho, talvez merecesse uma análise mais aprofundada.

Lembra o Rev. Edward Hawley, seu amigo desde os tempos do Oberlin College, e que celebrou o seu casamento com Janet Mondlane, num *"Personal Memoir"*, escrito em 1978[565], o que Amílcar Cabral disse na primeira *"Memorial Lecture"*, na Universidade de Syracusa, sobre Mondlane: *"Mondlane's principal merit lay in being able to merge himself with the reality of his country, to identify with his people and to acculturate himself through the struggle which he directed with courage, determination and wisdom. The life of Eduardo Mondlane is indeed singularly rich in experience...his life cycle includes all the categories of colonial society, from the peasantry to the assimilated petite bourgeoisie, and, on the cultural plane, from the village universe to a universal culture open to the world – its problems, its contradictions and prospects for evolution"*.

F – Julgamos pertinente tecer algumas considerações sobre o aparente alheamento de Mondlane em relação às correntes sindicalistas

---

[564] Iain Christie, *"Samora – uma Biografia"*, Nadjira, Maputo, 1996.
[565] Oberlin College Archives, Herbert Shore Collection (30/307) II, Eduardo Mondlane 4 writings, E.C.Hawley, "E.C.Mondlane: a Personal Memoir" (n. p.).

que referimos no trabalho e que foram actores de inegável importância no continente africano na década de 60.

Em primeiro lugar, devemos ter em conta que Mondlane vem de uma origem académica americana e enraizou as suas experiências no quadro das Nações Unidas;

Em segundo lugar, em Portugal e Moçambique as referências sindicalistas não tinham qualquer importância, ao contrário do que era o caso da França e da Grã-Bretanha onde os líderes nacionalistas das respectivas colónias iam buscar muitas das suas raízes;

Em terceiro lugar, o seu alheamento das correntes marxistas na Europa constituía outro factor importante;

Em quarto lugar, a sua visão antropológica e sociológica da sociedade africana constitui um elemento teórico importante. Mondlane sempre teve a consciência da ausência de um proletariado africano, elemento fundamental nos modelos sindicalistas de origem europeia. É, de resto, neste enquadramento que se devem ler as suas divergências teóricas com Che Guevara.

Não obstante, o seu pensamento coincide em muitos pontos com os objectivos definidos pelo movimento sindical africano ligado à CISL.

G – O seu pensamento estratégico, que se foi consolidando ao longo de vários anos, desde as Universidades e das escolas de pensamento e de seus mentores intelectuais, designadamente da escola de Chicago, ganhou uma nova dimensão prática no contacto directo com os actores da cena internacional e das práticas diplomáticas nas Nações Unidas. Este pensamento partiu de uma circunstância que o levou de uma estratégia e correspondente táctica, interlusitana, de um português de Moçambique, para uma outra, que se iniciou por tentativas negociais e terminou com a guerra pela independência. O objectivo desta estratégia permaneceu o mesmo – a independência de Moçambique.

O quadro geoestratégico que projectou na sua acção e no seu pensamento encontra a sua expressão nos desentendimentos com "Che" e tem as suas raízes teóricas naquilo que Herbert Shore resumiu da seguinte maneira: "*The supporters of Mondlane saw the enemy as colonialism and the system which 'exploited the peasants'. They did not want simply to put Mozambicans into power positions now occupied by the Portuguese. For Simango, Nkavandame and Gwenjere, whites were the enemy. For Mondlane, the system was the problem*"[566].

As duas etapas das suas primeiras estratégias passavam por um quadro global, assente em dois pilares: um, a política africana de Administração Kennedy; e outro, em Portugal, o então Ministro do Ultramar, Prof. Adriano Moreira, que para ele representava, também, uma corrente de pensamento de portugueses que ele conheceu em Nova Iorque e de quem foi mesmo amigo, e cujo pensamento, embora não representasse o "poder" oficial, se encontra hoje claramente expresso no "*Non Paper*" entregue ao Doutor Salazar, em Janeiro de 1962.

H – Com o enfraquecimento do primeiro pilar americano e o desaparecimento institucional do segundo – pois Portugal acaba por voltar à linha de fundo, que representava o pensamento de base de Salazar, fiel a um enquadramento do século XIX – Mondlane revê a sua estratégia global:

1) Manter uma ligação aos EUA nas suas vertentes de sociedade civil e religiosa. Não devemos nunca esquecer que os Estados Unidos eram para Mondlane o país que o "libertou" da sua "condição" inicial e lhe deu a possibilidade de ascender ao mais alto nível académico. Também lá contava com amizades fortes e duradouras, tanto a nível das comunidades religiosas, como políticas – refira-se Wayne Fredericks como exemplo. Julgamos, também, não dever esquecer a importância que o seu casamento com uma americana branca, Janet Rae Johnson, representou de ligação sentimental àquele país, particularmente num homem para quem esta ligação e a família constituíam um factor essencial da sua vida. A sua ligação profunda aos Estados Unidos não lhe retirava a objectividade da análise crítica que deles fazia, quer em problemática de ordem interna, particularmente no que res-

---

[566] Oberlin College Archives, Herbert Shore Collection (30/307) SG II Eduardo Mondlane 4 Writings by Shore: "*Legacy of Eduardo Mondlane*" (n. p.).

peita à segregação racial, quer em certos aspectos da sua política externa, bem patente nas suas posições quanto à guerra do Vietname.
Sempre preferiu orientar os bolseiros moçambicanos preferencialmente para os Estados Unidos.

2) Procurar na esquerda europeia não-comunista, particularmente na Grã-Bretanha e nas sociais democracias dos países nórdicos, novos interlocutores e apoios internacionais que lhe garantissem uma confortável retaguarda anticolonialista e uma independência face aos dois blocos da Guerra-Fria.

3) Recorrer às ajudas militares directas ou preferencialmente indirectas da RPC, da URSS e seus satélites, – quando possível, através de organizações e países africanos amigos, entre outros, a OUA, a Argélia, a Tunísia, ou a Tanzânia.

I – Procurou sempre, nestas diversas frentes diplomáticas, uma independência no quadro da Guerra-Fria, cujas maleitas não queria ver aumentar as endémicas doenças internas e inevitáveis da própria FRELIMO, de Moçambique e da África em geral.

Se quiséssemos resumir a sua trajectória estratégica, diríamos que ela se desenvolveu em quatro fases, que frequentemente se sobrepunham:

1. Procurar a negociação com Portugal (directa, via EUA ou eventualmente RPC);
2. Preparar quadros intermédios e superiores (através do Instituto Moçambicano e da obtenção de bolsas de estudo);
3. Preparar quadros militares (na Argélia, na Tanzânia, no Leste e na RPC);
4. Desencadear a guerra pela independência.

J – Dever-se-á sublinhar que Mondlane e sua mulher, Janet constituíam um bloco invulgar. Para além de serem um casal profundamente unido, actuavam politicamente como tal. Se Mondlane era o negociador e o estratego interno e externo da FRELIMO, Janet Mondlane, com o seu temperamento organizador e persistente, através do Instituto Moçambicano e não só, foi um elemento de enorme relevo na formação de quadros do movimento e como interface externa, tanto nos Estados Unidos como na Europa do Norte e nos meios religiosos, na construção de uma imagem e na angariação de fundos e ajuda humanitária.

K – Afigura-se-nos interessante como a conjuntura externa e o quadro internacional, que era o seu, constituíram dois ingredientes essenciais na conceptualização da sua política interna, designadamente na gestão interna do seu "Governo", isto é, da FRELIMO, e na formação do seu pensamento para o futuro de Moçambique. Este cenário é normalmente inverso noutros paradigmas, em que as "circunstâncias" internas determinam grande parte da conceptualização das relações externas.

Mondlane foi assassinado num dos períodos mais difíceis da sua vida política. Difícil em termos das estratégias que deveria conceptualizar e pôr em prática no interior de uma FRELIMO dilacerada por correntes e personalidades muito diversas, tendo sempre como objectivo manter a unidade do movimento; mas também difícil face à interface que queria estabilizar entre as questões internas e a geoestratégia da Guerra-Fria, no quadro global. Pensamos que Mondlane, até ao fim, procurou salvar a independência de Moçambique não só do colonialismo português mas também das ameaças de quaisquer outros colonialismos, que se prefiguravam no horizonte africano, das pós-independências ou das guerras pelas independências.

Neste quadro, Mondlane e a sua estratégia eram profundamente incómodos, tanto no quadro *micro* que o rodeava, como no contexto *macro*, em que a sua guerra se inseria.

Em suma, Eduardo Mondlane era um homem que interessava a muitos abater. Pensamos que o seu desaparecimento mudou negativamente o evoluir da situação em Moçambique, a África perdeu um líder e uma referência invulgares, e Portugal perdeu, numa perspectiva de futuro a médio e longo prazo.

Poderíamos, para terminar, procurar comentar uma observação feita pelo Che e referida num depoimento sobre Mondlane, do casal Legum: *"Che had described Eduardo as an 'armchair revolutionary'.....their basic point of discord was over the fact that Eduardo wasn't a Marxist and thus had an overall strategy for implementing the revolution..."*[567].

Não podemos senão concordar com a opinião dos Legum e repetir o que dissemos acima. Mondlane era um académico e um diplomata, com uma visão estratégica global, que queria uma independência responsável e se possível negociada para o seu país e não estabelecer um regime revolucionário de obediência ideológica.

Mondlane foi, antes de mais, cultural e historicamente, um africano humanista e aberto ao mundo. O conjunto destes elementos condicionou a sua estratégia política.

---

[567] Arquivo pessoal de Witney Schneidman, (IPRI), M. 1967, *"Notes on a conversation with Margaret and Colin Legum"*, November 2, 1979, Los Angeles, California".

APÊNDICES

BREVES NOTAS BIOGRÁFICAS
SOBRE AS PERSONALIDADES ENTREVISTADAS

– **Ahmed Mestiri**, hoje afastado da vida política, foi uma personalidade histórica e política da Tunísia. Nasceu em 1925 e formou-se em Direito. Desde 1942 fez parte duma célula Desturiana. Exerceu entretanto a profissão de advogado, vindo a tornar-se membro do *Bureau* Político clandestino do Neodestur, em 1952, ano em que escapa a um atentado organizado pela organização clandestina francesa *"La main rouge"*.

Foi Chefe de Gabinete de Mongi Slim, negociador da autonomia interna da Tunísia, em 1954. Em 1955 continuou Chefe de Gabinete de Mongi Slim, então Ministro do Interior. Foi Ministro da Justiça em 1956 e várias vezes deputado. Para além de membro do Bureau Político do partido, foi Embaixador em Moscovo, RAU e Argélia, entre 1960 e 1966, data a partir da qual é Ministro da Defesa.

Em 1968 exprime publicamente o seu desacordo com a política de Burguiba, é expulso pela primeira vez do já PSD. Em 1970 é reintegrado e feito Ministro do Interior. Pede a demissão por considerar que Burguiba não cumpriu as promessas de democratização anunciadas e acaba por ser excluído pela segunda vez em 1972.

Em 1978 funda com um grupo de descontentes com a personalização do poder e com a filosofia do partido único o Movimento dos Democratas Socialistas, de que vem a ser Secretário-Geral e virá a participar, em Albufeira, numa reunião da Internacional Socialista. A partir de 1989, deixa o partido e toda a actividade política.

– **André Roberto Delaunay Gonçalves Pereira, Prof. Doutor**, nascido em 1936, licenciou-se e doutorou-se em Direito vindo a ser Professor Catedrático de Direito Internacional Público da Universidade de Lisboa. Foi membro de júris de doutoramentos e de júris do concurso de admissão à carreira diplomática. Integrou as delegações portuguesas às Assembleias Gerais das Nações Unidas, de 1959 a 1966 e em 1980 foi consultor jurídico e representante de Portugal na 6.ª Comissão, além de representar Portugal em várias Instâncias Internacionais, designadamente no FMI e no BM.

Foi Ministro dos Negócios Estrangeiros de 1981 a 1982 e hoje dedica-se à advocacia, em Lisboa.

- **António Lopes dos Santos, General**, hoje reformado, é oriundo da Arma de Engenharia e, posteriormente, do Corpo do Estado-Maior; a sua formação é de Engenharia Militar na Escola do Exército; foi Director do Centro de Instrução de Sapadores de Assalto, na EPE, fez o Curso de Estado Maior e de Altos Comandos, no IAEM.

  1956/58 – Chefe do Estado-Maior da Guarnição Militar de Macau;

  1958/59 – Professor na Academia Militar da cadeira de "Táctica de Engenharia" e Chefe do Gabinete de Estudos do Gabinete do Ministro do Exército;

  1959/62 – Comissão Civil como Governador do Distrito de Moçambique;

  1962/66 – Comandante-Chefe e Governador de Macau;

  1974 (Setembro) – Vice-Chefe do Estado-Maior do Exército;

  1975 – Director do Centro de Estudos Militares e do Instituto da Defesa Nacional.

  Refira-se que exerceu também as seguintes funções governativas:

  1959/62 – Governador do Distrito de Moçambique;

  1962/66 – Governador de Macau;

  1970/77 – Governador de Cabo Verde;

  É actualmente Presidente da Fundação Jorge Álvares.

  Faleceu antes da publicação deste livro.

- **Hélder Martins, Prof. Doutor**, nasceu em Moçambique, formou-se em Medicina, em Lisboa e obteve uma pós-graduação em Medicina Tropical, no Instituto de Medicina Tropical de Lisboa. Desertou da Marinha de Guerra portuguesa, em 1961, tendo ido para Marrocos e Argélia, onde exerceu medicina. Veio a aderir à UDENAMO e mais tarde à FRELIMO, sendo o primeiro moçambicano branco a aderir a um movimento de libertação nacional africano. A partir de 1965, em Dar es Salaam, criou e dirigiu o *Programa de Saúde* do *Instituto Moçambicano*, dirigido por Janet Mondlane.

Desde Março de 1965, foi médico e assessor técnico do Departamento de Saúde da FRELIMO e em 1966 foi nomeado Director dos Serviços de Saúde da FRELIMO, continuando com as anteriores funções no *Instituto Moçambicano*.

Foi expulso da Tanzânia com outros brancos do aludido Instituto, em 1968, tendo regressado à Argélia.

Depois da independência de Moçambique vem a integrar o primeiro Governo de Moçambique como Ministro da Saúde. Posteriormente, foi assessor para problemas de saúde de vários ministérios, em Moçambique e nos Camarões.

Vem também a exercer funções na Organização Mundial de Saúde (OMS), designadamente como consultor em alguns países, como o Zimbabwe os Camarões, e mais tarde exerce as funções de Director de Programas da OMS, em Brazzaville (1986 a 90) e de Representante da OMS, no Uganda (1990 a 94).

Conferencista e Professor convidado em diversas Universidades, nomeadamente no Instituto de Medicina Tropical, em Lisboa.

Tem uma vasta obra técnica publicada, assim como um recente livro de memórias.

- **Jacob Ryten**, nasceu em Portugal e formou-se na LSE em Economia e Estatística (BSc., MSc.) É actualmente consultor do Banco Mundial, dos Institutos Nacionais de Estatística da República da África do Sul, de Israel, da Índia e do Ministério da Finanças do Chile. É docente do Centro de Formação do INE do Canadá, donde se reformou como vice-presidente.

  Serviu nas Nações Unidas (1959-1962 e 1979-1984), na OCDE (1962-1969) e foi conselheiro de vários governos da América Latina e África em questões fiscais e de contabilidade pública.

  É autor de vários trabalhos da especialidade e do Manual da Organização de Estatística das Nações Unidas.

- **Janet Mondlane, (Janet Rae Johnson)**, viúva de Eduardo Chivambo Mondlane, americana de origem sueca, natural da Illinois, encontrou Eduardo Mondlane, aos 17 anos, num acampamento de verão, religioso, em 1951 e foram colegas universitários. Licenciada em Sociologia na Miami University em Ohio e na Northwestern University, em Illinois é Mestre em Sociologia e Estudos Africanos, na Boston University, Massachusetts. Foi a dinâmica directora do Instituto Moçambicano de Dar es Salam de 1963 até 1975, altura da independência de Moçambique, quando regressou a Maputo, como Directora Nacional de Assuntos Sociais, no Ministério da Saúde, lugar que ocupou até 1978.

De 1979 a 1981 foi Directora Nacional para a Cooperação Internacional, e do Planeamento Nacional, do Governo. Passou por um lugar empresarial, entre 1982 e 1983, como Directora Administrativa da Companhia Industrial de Matola – a maior empresa de fabrico de alimentos a partir de cereais, tendo-se dedicado, entre 1984 e 86 a investigar sobre a vida e obra de seu falecido marido Eduardo Mondlane, em diversos arquivos do mundo.

Entre 1986 e 1992, foi Secretária-Geral da Cruz Vermelha moçambicana, que, na altura, desempenhou um importante papel, em colaboração com congéneres de outros países e com a Cruz Vermelha Internacional. Fundou em 1996 a Fundação Eduardo Chivambo Mondlane, em Maputo.

Personalidade muito activa e empreendedora, em 2000 foi Secretária Executiva do CNCS (Comissão Nacional Contra a SIDA) e continua hoje Presidente da *Fundação Eduardo Chivambo Mondlane*. A sua vida encontra-se bastante documentada no corpo deste trabalho.

- **Leonardo Mathias, Embaixador**, diplomado em Ciências Históricas e Filosóficas pela Universidade de Lisboa, é hoje Embaixador aposentado e conferencista em diversos *fora* académicos sobre temas de diplomacia e relações internacionais.

   Foi Secretário de Estado dos Negócios Estrangeiros, em 1981, e no decurso da sua carreira serviu na África do Sul, Roma, Madrid e ONU; foi Embaixador em Bagdade, em Washington, Representante Permanente de Portugal junto das Comunidades Europeias depois da nossa adesão, assim como Embaixador em Brasília, Madrid e Paris.

   Entre outras funções que exerceu, foi membro da delegação portuguesa aos trabalhos preparatórios da CSCE, presidiu a Comissão do CS da ONU para investigar a situação nos territórios árabes ocupados desde a guerra de 1967, presidiu igualmente a Comissão Política Especial da 34.ª AG da ONU, representou a Presidência portuguesa das CE, em 1992, nas negociações de Paz do Médio Oriente.

- **Luís Soares de Oliveira, Embaixador**, diplomado em Economia e Finanças pela Universidade de Lisboa, é hoje Embaixador jubilado e tem sido docente no Instituto Superior de Ciências Sociais e Políticas, da Universidade Técnica de Lisboa.

  No decurso da sua carreira, serviu longamente na ONU (de 1955 a 1961), em Ottawa, Washington, Boston, S. Paulo, Londres e foi Embaixador em Seul. Esteve uns anos fora da carreira diplomática, tendo, em Lisboa, sido director do Departamento dos Negócios Políticos Ultramarinos, director do Departamento de Estudos, director do Arquivo e Biblioteca, Subdirector-Geral dos Negócios Político-económicos, presidente da Comissão Internacional dos Limites e da delegação portuguesa na Comissão Luso-Espanhola para Regular o Uso e Aproveitamento dos Rios Internacionais nas Zonas Fronteiriças.

- **Najib Bouziri, Embaixador e ex-ministro** tunisino, nascido em 1925, licenciado e Doutorado em Direito em Paris. Foi advogado em 1951, membro da delegação que negociou a autonomia interna da Tunísia, em 1954-1955. Primeiro Chefe de Gabinete de Burguiba, foi duas vezes chefe de gabinete de Mongi Slim e encarregado de negócios em Paris, 1956-57; Embaixador em Roma, Viena e Bona, entre 1958 e 1964; Secretário de Estado dos PTT, Vice-Presidente da Assembleia Nacional em 1964-1965; Embaixador em Moscovo, Varsóvia, Bruxelas e Representante junto da CEE, Embaixador em Rabat, Argélia, e Madrid, entre 1965 e 1978. Foi Representante Permanente na ONU desde 1984 a 1986, tendo estado ligado à ONU, em diversas qualidades e Comissões desde 1961. Foi docente na Escola Nacional de Administração. Tem vários artigos publicados e uma obra intitulada "La Protection des Droits Civils et Politiques par l'ONU", 2003, L'Harmattan, Paris.

- **Nyeleti Mondlane,** filha de Eduardo Mondlane, investigadora antropóloga, membro do Comité Central da FRELIMO.

- **Rashid Driss, Embaixador** tunisino, reformado e hoje Presidente da Associação de Estudos Internacionais, em Tunis. Nasceu em 1917, é escritor, político, abandona a Tunísia em 1943 para militar pela causa da Tunísia pelo mundo e participa, no Cairo, na fundação do *Bureau du Maghreb Arabe*", em 1947. Passa a representar o Neo-Destur, na Cairo, na Indonésia e no Paquistão e mais tarde, novamente, no Cairo.

Regressa à Tunísia depois da independência, onde foi jornalista, deputado, ministro, embaixador e Representante Permanente da Tunísia nas Nações Unidas de 1955 a 1977.

Desde 1987 é membro do Conselho Constitucional e em 1991 preside o Comité Superior dos Direitos do Homem e das Liberdades Fundamentais.

- **Regina Sá Machado, Embaixatriz, viúva do diplomata Manuel Sá Machado**, este último ingressou na carreira diplomática em 1961. Depois de mobilizado para a guerra em Angola, regressou ao Ministério em 1963, tendo reassumido funções em 1964 e sido colocado como Cônsul na Baía.

  Desde o seu regresso à Secretaria de Estado até 1973, fez grande parte da sua carreira no Brasil, como Cônsul na Baía, na Embaixada no Rio de Janeiro, e depois em Brasília, onde foi Conselheiro e número dois do então Embaixador José Manuel Fragoso e, quando este decidiu abandonar a carreira, ainda trabalhou com o seu sucessor, José Hermano Saraiva. Foi, igualmente, Encarregado de Negócios.

  Depois da Revolução de 1974, integrou o gabinete de Mário Soares, Ministro dos Negócios Estrangeiros e transitou, depois, como Subsecretário de Estado Adjunto do Primeiro-Ministro, Pinheiro de Azevedo.

  Faleceu inesperadamente em Janeiro de 1976.

- **Ridha Tlili**, filho de Ahmed Tlili, político e sindicalista tunisino que desempenhou no seu país e em África um papel importante, designadamente nas relações entre a Tunísia e os movimentos independentistas africanos, desde o final dos anos 50 até à sua morte. Ridha tlili nasceu em Gafsa, em 1948. Politólogo, é doutorado em História Moderna e é autor de vários artigos e livros ligados à política magrebina, sendo a sua penúltima obra "*Democracia e Desenvolvimento no pensamento de Ahmad Tlili*" editada pela UGTT e pela Fundação Friederich Ebert.

  Director de Investigação no Instituto Nacional do Património, Vice-presidente do *Forum* Euromediterrânico das Culturas, professor universitário e participante em múltiplas conferências e *fora* sobre o diálogo das culturas luso-hispânicas e árabes.

- **Roberto Esteves Fernandes,** (Roberto Sabóia de Medeiros Esteves Fernandes), nasceu em Lisboa em 1934.

    Filho de diplomata, passou a infância e adolescência no estrangeiro, nomeadamente, no Japão e nos Estados Unidos.

    Fez os seus estudos universitários nos Estados Unidos: BSc. em Relações Internacionais na School of Foreign Service da Universidade de Georgetown em Washington e PhD (doutorado) em Economia Política e Administração Pública na Universidade de Harvard.

    Trabalhou no Secretariado das Nações Unidas em Nova Iorque, no Banco de Fomento Nacional e no Grupo CUF em Lisboa, na banca comercial em S. Paulo, no Banco Mundial em Washington e na Comissão Europeia em Bruxelas.

    Reformou-se em 1998 e reside em Lisboa. Publicou, em Outubro de 2007, as Memórias póstumas do seu pai, Embaixador Luís Esteves Fernandes

- **Slaheddine Abdellah, Embaixador** tunisino, hoje reformado e perito junto do Instituto de Estudos Estratégicos. Formado em História e Ciência Política na Universidade de Lyon, entrou na carreira diplomática em 1957. Foi diplomata no Cairo, Tripoli e Rabat e mais tarde, como Chefe da Divisão África-Ásia, participou nas Conferências de Monróvia em 1959, na Cimeira da OUA em 1963, na Conferência Ministerial de Dakar no mesmo ano, na Cimeira Africana do Cairo de 1964, etc.

    Foi Representante da Tunísia junto da OUA e Embaixador no Quénia, Etiópia, Tanganica e Uganda. Depois de ter sido acreditado no Líbano, Síria, Jordânia e Iraque, foi nomeado Secretário de Estado, em 1973.

    Foi ainda Representante Permanente junto da Liga Árabe e Embaixador em Cartum, mais tarde em Rabat e, em 1988, Director-Geral Político. Foi igualmente Embaixador em Moscovo, onde viveu o fim da União Soviética.

    Foi Embaixador na ONU, de 1993 a 1997.

- **Vera (Wang) Franco Nogueira, Embaixatriz,** viúva de Aberto Franco Nogueira, Embaixador e Ministro dos Negócios Estrangeiros, de 1961 a 1969.

QUADRO CRONOLÓGICO COMPARATIVO

ANOS	A GUERRA-FRIA LESTE/OESTE	PORTUGAL (ULTRAMAR-MOÇAMBIQUE)	E. MONDLANE
1945/50	Truman (1945-1953) Stalin (1922-1953) Crise Irano-soviética(1948); Bloqueio de Berlim (1949)	*1945 a 1947 Salazar assume interinamente a pasta dos Estrangeiros*; 1946 Portugal pede adesão às Nações Unidas; 1947 - as bases das Lajes e Santa Maria são restituídas a Portugal. *1947 - Ministro dos Negócios Estrangeiros: José Caeiro da Mata*; em Janeiro de 47 Portugal recusa Plano Marshall e em Setembro de 48 manifesta intenção de recorrer ao aludido Plano. 1948 Acordo Técnico sobre utilização americana da base das Lajes. ONU vota entrada de Portugal com 36 votos a favor, 6 contra e 1 abstenção; manifestamo-nos contra projecto NATO. Em Março de 1948 é criada a NATO e em Abril de 49 aderimos à NATO.	Estudou Ciências Sociais na Universidade de Witwatersrand 49/50 na África do Sul até vir a ser expulso.
1950/51	Guerra da Coreia (50/53)	*Ministro dos Negócios Estrangeiros: Prof. Paulo Cunha*. Portugal assina Tratado de Defesa com EUA e um Protocolo Secreto que permite utilização armamento em África e o Acordo das Lajes em Maio de 51.	Frequentou o 1.º Ano de Ciências Históricas e Filosóficas na Faculdade de Letras da Universidade de Lisboa. Obteve uma bolsa da Phelps-Stokes Fund de N.Y. pra estudar nos Estados Unidos
1952/53	Kruchtchev (53-64)	Janeiro de 1952. Índia propõe negociações para entrega de Goa e ameaça cortar relações diplomáticas, em Maio, mas continuamos com Legação em Dehli.	Licenciou-se no Oberlin College onde estudou Antropologia.
1954		União Indiana ocupa Dadrá e Nagar-Aveli	Lecionou na Universidade Roosevelt de Chicago
1955	Nos EUA continua Presidente Eisenhower desde 1953. Assinatura do Pacto de Varsóvia	Franco Nogueira Cônsul-Geral em Londres. Em Dezembro Portugal entra nas Nações Unidas.	Publica um artigo sobre Moçambique em "*Africa in Modern World*", editado por Calvin Stillman, Universidade de Chicago

ANOS	A GUERRA-FRIA LESTE/OESTE	PORTUGAL (ULTRAMAR-MOÇAMBIQUE)	E. MONDLANE
1956	Crise do Suez. Denúncia de Stalin por Krushchev e Revolta na Hungria	Em Julho União Indiana anuncia fecho nossa Legação em Dehli. Paulo Cunha chefia a primeira delegação portuguesa à AG da ONU.	Mondlane casa com Janet Rae Johnson. Publica na Revista "*Estudos de Ciências Políticas e Sociais*", do Ministério do Ultramar, num número intitulado "*Inquiry on Anti-Colonialism*", um artigo "*Änti Colonialism in the United States*". Ingressa nas N.U.como "research officer" no Departamento de Tutelas
1957	Eisenhower é reeleito. Mao Ze Dong visita Moscovo	Portugal participa pela primeira vez na reunião de concertação das 4 potências coloniais europeias para a XII AG da ONU	Continua nos quadros do Secretariado das Nações Unidas
1958		*Ministro dos Negócios Estrangeiros: Embaixador Marcello Mathias*	Continua a sua vida académica
1959	Cancelamento do Acordo nuclear Sino-soviético. Fidel Castro toma o poder em Cuba. Kruchtchev visita os EUA e Pequim. O desacordo sino-soviético	General Delgado pede asilo na Embaixada do Brasil e Capitão Henrique Galvão na Embaixada da Argentina. Em Dezembro a AG da ONU aprova texto contra Portugal e Portugal adere à EFTA.	Continua a sua vida académica. É criada a MANU (Mozambique African National Union)
1960	Oficialização do desacordo Sino-soviético	*Subsecretário de Estado da Administração Ultramarina: Prof. Adriano Moreira* introduz arrojado pacote reformas da política ultramarina	Obtém o grau de Mestre e doutora - Mondlane encontra e tem conversas com Prof. Adriano Moreira, assim como Janet Mondlane, em Lisboa. Mondlane visita Moçambique em 60 a Abril de 61 com Passaporte Diplomático das Nações Unidas. É criada a UDENAMO (União Democrática Nacional de Moçambique)

QUADRO CRONOLÓGICO COMPARATIVO | 411

ANOS	A GUERRA-FRIA LESTE/OESTE	PORTUGAL (ULTRAMAR-MOÇAMBIQUE)	E. MONDLANE
1961	J.F.Kennedy Presidente 20.1.61. Incidente da Baía dos Porcos e encontro Kennedy Krushchev em Viena. Construção do Muro de Berlim	Em Janeiro dá-se o assalto ao Santa Maria, por Henrique Galvão. *Ministro dos Negócios Estrangeiros: Alberto Franco Nogueira; Prof. Adriano Moreira, Ministro do Ultramar,* continua arrojado pacote de reformas da política ultramarina. Fim do regime do indigenato e criação dos Estudos Superiores em Moçambique. Em Março Elbrick transmite pedido de Kennedy para que Portugal aceite o princípio da autodeterminação e dá-se o início da guerra em Angola. AG da ONU pede reformas em Angola conducentes à Independência. Senegal anuncia corte relações com Portugal. Em Setembro Embaixador americano na NATO, Finletter, avista-se com Salazar no sentido mudar política africana. Em Dezembro, o RU declara não intervir na questão de Goa e o SG da ONU solicita a ambas as partes uma resolução pacífica. Goa é ocupada.	É recebido no Departamento de Estado, em Fevereiro, onde discute a sua ida para Dar es Salam para assumir a liderança da FRELIMO no I Congresso. Em Abril, Mondlane apresenta Relatório ao Comité Especial da ONU s/ territórios sob administração portuguesa e é recebido por Robert Kennedy e Wayne Frederik no Departamento de Estado. Em Julho contacta a Embaixada americana já em Dar es Salam. É criada em Rabat a CONCP sem Mondlane.
1962	Crise dos Misseis em Cuba. Acordo parcial s/ ensaios nucleares e assassinato de Kennedy, 22.11.63. Johnson Presidente a 22.11.63.	Dean Rusk vem a Lisboa. Portugal adere o GATT e pede negociações com a CEE, adiada sine die. A 24.10.62, encontro de Franco Nogueira com J. F. Kennedy em que o primeiro admite que Portugal não é contra a autodeterminação. Em Dezembro caduca o Acordo das bases dos Açores. *Em Dezembro a nova equipa chefiada por Silva Cunha toma conta do Ministério do Ultramar*	Contacta Burguiba. Fevereiro discute no Dep. Estado sua ida para Dar es Salam. É fundada a FRELIMO, com Mondlane como Presidente, no seu primeiro Congresso, na Tanzânia.

ANOS	A GUERRA-FRIA LESTE/OESTE	PORTUGAL (ULTRAMAR-MOÇAMBIQUE)	E. MONDLANE
1963	Em Agosto, a URSS, os EUA e a GB assinam em Moscovo a proibição de ensaios nucleares na ausência da França. A RPC tenta um tratado internacional sobre a abolição de armas nucleares. Em Dezembro a China lança grande ofensiva diplomática em África com a visita de Zhou en Lai a vários países africanos. Presidente Johnson (63-69)	Em Adis Abeba, em Maio, é criada a OUA e decidido o corte de relações diplomáticas com Portugal. Hailé Salassié escreve a Salazar e envia a Lisboa representante com carta. Em Julho, o CS vota a Resolução S/5380, contra Portugal sem nenhum veto dos seus aliados, mas com abstenções da França, Inglaterra e EUA. George Ball encontra Franco Nogueira e Salazar em Agosto. Zhou en Lai escreve a Salazar. Ball volta a Portugal em Setembro e recebe Memorandum português. Em Outubro entrega Memorandum americano. Em Outubro há conversações com líderes africanos na ONU. Em 7 de Novembro Franco Nogueira tem novo longo encontro com Kennedy na Casa Branca. Em 11.12, a Resolução do C.S. S/5481 vota o princípio da autodeterminação, com uma abstenção, da França. Portugal negoceia secretamente com a RPC o reconhecimento.	É criado em Dar es Salam o Instituto Moçambicano e Samora Machel integra a FRELIMO. Estando nós em Bona, temos conversa telefónica com Mondlane que propõe última tentativa negocial. Em Março-Abril é recebido nos EUA por Robert Kennedy e Harriman. Em Março escreve longo Relatório que consagra flexão estratégica inicial. Novembro e Dezembro Mondlane visita Pequim. Vai com Holden Roberto às festas da Independência do Quénia
1964	Primeiro ensaio nuclear chinês. Guerra do Viet Nam e Prelúdios da Revolução Cultural na China. Gilpatrick almoça com G. Ball sobre visita a Portugal. Krushtchev é substituído por Brejnev (64-82)	Abrimos Embaixada no Malawi (Zomba). Gilpatrick visita Lisboa em Março, Angola e Moçambique em Setembro. Estala em Portugal a questão da Fundação Ford	Vai à Tunísia, Marocos e Argélia à Cimeira dos Não-Alinhados, onde convida os primeiros brancos a integrarem a FRELIMO e em Julho vai à OUA. Em Abril início das hostilidades em Moçambique; em Setembro vai à Suécia e Holanda. Em Novembro está nos EUA
1965	Revolução Cultural na China e esbate-se figura de Zhou en Lai na cena política. Início dos grandes bombardeamentos americanos no Vietname do norte.	Príncipe Radzwilli encontra Salazar em Março. Salazar recebe Tschombé em Junho.	Vai a Londres, Suécia, Noruega e Dinamarca. É criada a COREMO (Comité Revolucionário de Moçambique).

QUADRO CRONOLÓGICO COMPARATIVO | 413

ANOS	A GUERRA-FRIA LESTE/OESTE	PORTUGAL (ULTRAMAR-MOÇAMBIQUE)	E. MONDLANE
1966	Guerra dos 6 dias e Tratado sino-americano sobre o espaço. Embaixadores da China em África são retirados.	Salazar recebe o ex-Presidente Fulbert Youlou do Congo Brazzaville. O RU procura que Portugal apoie a sua política quanto à Rodésia. O C.S. da ONU decreta o bloqueio naval da Beira. Embaixada em Kinshasa é assaltada e queimada. Kinshasa corta relações com Portugal.	Em Abril está em Nova Iorque. Visita Tunis em Maio. Vai à Suécia e participa na X Reunião da Internacional Socialista. Em Agosto volta a Nova Iorque Em Novembro-Dezembro Mondlane visita Moscovo
1967	Guerra dos 6 dias Israelo-árabe. Robert Kennedy assassinado em Junho. Dubcek em Praga; Tratado de não-proliferação; fim da revolução cultural na China; invasão da Checoslováquia. Saneamento dos Embaixadores chineses em África	Franco Nogueira visita o Mallawi. Há novas condenações de Portugal na ONU.	Em Janeiro e Fevereiro está nos EUA; Em Março na Argélia, Tunísia e Cairo; Em Julho em Londres; Volta em Outubro à Suécia Noruega, Dinamarca e Finlândia. Desloca-se a Moscovo para as celebrações do 50-º. aniversário da revolução. Reina forte controvérsia no seio da FRELIMO em que E.Mondlane é posto em causa. Em Novembro visita a Roménia, a Bulgária e a Argélia.
1968	Dubcek é Primeiro-Secretário do PCC. Kossiguine encontra Zhu En Lai em Pequim, Brand é Chanceler alemão, SALT assinado em Helsínquia. Nixon Presidente, em Janeiro	*Em Setembro o Prof. Marcello Caetano sucede a Oliveira Salazar. Em Outubro o Chanceler alemão Kissinger visita Portugal.*	Visita os EUA em Janeiro e Londres em Fevereiro. Mondlane afasta-se da China, em plena revolução cultural, e tem uma maior aproximação aos países de Leste. As guerras intestinas na FRELIMO agudizam-se. É reeleito Presidente no II Congresso da FRELIMO havido em território Moçambicano
1969	Revolução Cultural na China foi extinta. Presidente Nixon (69-74)	*Ministro dos Negócios estrangeiros: Prof. Marcello Caetano (interino)*	Lazaro N'kavandame sai da FRELIMO e entrega-se a Portugal. Mondlane participa na Conferência de Cartum e dá a sua última entrevista à Jeune Afrique. Assassinado em 3 Fevereiro em Dar es Salam.
1970		*Ministro dos Negócios Estrangeiro: Rui Patrício*	

ÍNDICE ONOMÁSTICO DE PERSONALIDADES REFERIDAS, COM EXCEPÇÃO DE CHEFES DE ESTADO OU PRIMEIROS-MINISTROS MAIS CONHECIDOS NA ACTUALIDADE, COM BREVES NOTAS DE CARÁCTER BIOGRÁFICO

NOME	FUNÇÕES
Abeid Karume	Primeiro Presidente de Zanzibar e depois da união com a Tanzânia foi o primeiro Vice-Presidente da Tanzânia.
Abdelaziz Buteflika	Hoje Presidente da Argélia, desde 1999. Nasceu em Oujda, Marrocos, onde estudou. Secretariou Boumedienne, foi Ministro dos Negócios Estrangeiros desde 1963 até 1978, data do falecimento do primeiro.
Abdul Sallam Mohamed Arife	Presidente do Iraque, de 08.02.63 a 13.04.66.
Adam von Trott zu Solz	Foi um notável anti-Nazi. Advogado e diplomata empenhou-se junto da Inglaterra e dos Estados Unidos para mudarem a sua política de apaziguamento com a Alemanha de Hitler, durante os anos 30. Fez parte do golpe falhado de Claus von Stauffenberg, de 20.07.44.
Adelino Gwambe	Presidente do movimento UDENAMO que no Congresso de 1962 se juntou à FRELIMO.
Adlai Stevenson	Advogado conhecido na defesa de causas político-liberais. Foi Governador de Illinois e candidatou-se contra Eisenhower em 1952 e 1956. Embaixador dos EUA na ONU desde 1961 até à sua morte, em 1965.
Ahmed Mestiri	Ministro várias vezes, designadamente da Defesa, Embaixador em Moscovo, Cairo e Argélia, veio a criar o partido MDS (Movimento da Democracia Social), caiu em desgraça quando se opôs à última fase de Burguiba, embora se tenha reabilitado, posteriormente.
Ahmed Tlili	Importante figura política tunisina, nasceu em 1916 e faleceu em 1967. Aderiu ao Neo-destour em 1937 e esteve na criação da UGTT em 1944/45. Tomou parte na luta armada pela independência e alinhou-se com a corrente de Burguiba contra a facção radical Youssefista. Desde 1951 que participa no Congresso da CISL e com Burguiba contacta os americanos. Desde 1954 foi Secretário-Geral da UGTT e Vice-Presidente da CISL. Em 1958 será Vice-Presidente da Assembleia Constituinte e depois Nacional. Será Presidente da CSA. Como tesoureiro do Partido, será a primeira figura a ajudar os movimentos angolanos e também Mondlane. É o autor da que ficou famosa "Lettre à Bourguiba" de 1966 e que corresponde ao seu Testamento Político contra a tendência do poder pessoal de Burguiba.
Alastair Burnet	Feito Sir, em 1984, nasceu em 1928 e foi um dos locutores mais famosos de vários programas da BBC.
Alexis Johnson	Subsecretário de Estado adjunto para questões políticas; em 1964 n.º 2 na Embaixada no Vietname; em 1965 e 1966 de novo Subsecretário de Estado.
Anthony Radziwill	Filho de um príncipe polaco e sobrinho de J. F. Kennedy pela sua mulher. Faleceu em 1999.

NOME	FUNÇÕES
Aquino de Bragança	Goês formado em Física, que deixou a carreira para se tornar num intelectual, jornalista, historiador e militante pelos movimentos nacionalistas de África. Foi para Moçambique nos anos 50. Um socialista, mas anti-marxista, convicto de que o socialismo "could not, by any means, be based on dogmatic theories". Criou o CEA da Universidade Mondlane, em 1975, com Ruth First, considerava-se o J. P. Sartre de África. Faleceu no acidente de aviação, com Samora Machel, em 19.10.1986.
Arleigh Burke	Chefe de Operações Navais dos EUA durante a Administração Eisenhower. Foi uma figura militar importante durante a Segunda Guerra Mundial e a Guerra da Coreia.
Arthur Goldberg	Embaixador dos EUA na ONU de 1965 a 1968, sucessor de Stevenson e antecessor de George W. Ball.
Arthur Schlessinger	Famoso historiador americano, polémico nas suas opiniões, muito liberal, foi assistente especial de J. F.Kennedy e escreveu o conhecido livro "A Thousand Days".
Averell Harriman	Diplomata desde o Presidente Roosevelt. Subsecretário de Estado para assuntos asiáticos 29.11.1961/03.04.1963; para assuntos políticos de 04.04.1963/11.03.1965 e em 1965 "Ambassador at Large" - Embaixador Itinerante.
Bahi Ladgham	Companheiro de Burguiba da primeira hora, foi Secretário-Geral do Neo-Destour e foi Ministro da Defesa de 1957 a 1966 e ocupou outras pastas, tendo sido Primeiro-Ministro em 1969. Afasta-se da política em 1970 e faleceu em 1998.
Basil Davidson	Escreveu vários livros sobre a história de África, do colonialismo, de grande sucesso, como "Let Freedom Come:Africa in Modern History", "The Black Man's Burden", "A History of Africa", "Lost Cities of Africa", entre outros, foi correspondente do *Economist*, do *Financial Times* e de outros importantes jornais, além de ter realizado um filme chamado "Africa", que obteve a medalha de ouro do Festival Internacional de Cinema de Nova Iorque, em 1984. Foi premiado, entre outros, com o prémio Amílcar Cabral, em 1976.
Ben Bella	Presidente, PM e Ministro do Interior da Argélia até 1965. Derrobado por um golpe militar.
Black United Front	BUF ou UBF foi uma organização criada em 1960, nos EUA, que reagrupou cerca de 50 organizações do chamado Black Power. Esta organização desapareceu nos inícios de 70. Existe hoje uma NBUF (National Black United Front).
Carl Kaysen	Economista, professor no MIT e *Deputy Special Assistant for National Security Affairs* de Kennedy e mais tarde Director do "*Institut for Advanced Studies*" até 76.
Carl T. Rowen	Um afro-americano, que exerceu funções no Departamento de Estado de 1961 a 1963, como adjunto do Secretário de Estado Adjunto para "*Public Affairs*", Director da *United States Information Agency* de 1964a 1965 e jornalista do *Washington Post*, Embaixador na Finlândia. Tem obra publicada.
Charles Longbotten	Advogado, nascido em 1930, MP britânico por York (Conservador) entre 1959 e 1966, tendo sido "*Parliament Private Secretary*" em 1961. Hoje é Director dos Armadores britânicos.

ÍNDICE ONOMÁSTICO DE PERSONALIDADES | 417

NOME	FUNÇÕES
Charles Yost	Embaixador de grande projecção nos EUA. Formado em Princeton, estudou na École de Hautes Études em Paris e entrou na carreira diplomática em 1930. Foi adjunto do Secretário de Estado na Conferência de S. Francisco que criou as NU. Em 1961 foi adjunto de Stevenson na mesma organização, tendo continuado com Arthur Goldberg. Depois de um interregno como docente universitário foi Representante Permanente nas NU com Nixon. O resto da sua vida, passou-a entre as actividades académicas e missões especiais no âmbito da diplomacia. Autor de vasta obra.
Chester Bowles	Iniciou a sua carreira pela mão da mulher de Roosevelt. Foi Embaixador na Índia, país a que ficou muito ligado. Foi Subsecretário de Estado americano de 24.01.1961/30.01.1962 e ficou conhecido por se opôr à invasão da Baía dos Porcos. Mais tarde tornou-se conhecido pela protecção dada à única filha de Estaline, Svetlana Allelujewa.
Colin Legum	Sul-africano por nascimento, foi um conhecido jornalista do *Observer* que publicou muitos trabalhos sobre a África, tendo doado a sua documentação ao Arquivo da Universidade de Edinburgh. Presidiu à sessão da Chatham House quando Mondlane proferiu uma Conferência no *Royal Institute of International Affairs*.
Cyrus Vance	Subsecretário de Estado da Defesa americano 64-67.
David Mabunda	Foi representante da UDENAMO no Cairo e, quando este movimento integrou a FRELIMO, foi o primeiro Secretário-Geral e terceira figura da primeira equipa da FRELIMO.
David Martin	Jornalista, investigador e escritor sobre assuntos africanos. Consagrou a sua vida aos temas da África Setentrional, a Angola e Moçambique. Acompanhou a FRELIMO em 1973. Foi correspondente em África do *Observer* de Londres. Formou a sua própria Agência Noticiosa em Dar es Salam. Faleceu em Harare em 2007.
Dean Rusk	Formado em Direito, entrou na carreira diplomática em 1945, tendo em 1949 e 1950 sido *Deputy Undersecretary of State* e *Assistante Secretary of State*. Exerceu as funções de Curador da *Rockerfeller Foundation* e foi Secretário de Estado norte-americano de 21.01.1961/21.01.1969.
Donald Wilson	Director-adjunto da CIA, que também foi funcionário da FBI na década de 60.
Dong Bi Wu	Vice-Presidente da República Popular da China em 1963, sendo Presidente, Liu Shaoqi e chegou a ser Presidente de 1959 a 1963.
Edward W. Brooke	Primeiro Senador afro-americano eleito na década de sessenta, do Massachusets. Hoje, com 87 anos, continua defendendo as teses mais liberais e publicou um livro, intitulado "Bridging the Divide", que é uma autobiografia, em 2006.
Einrich Honecker	Secretário-Geral do SED, da República Democrática Alemã, de 1971 a 1989.
Erich Ollenhauer	Político histórico alemão, exilado durante a guerra e líder do SPD de 1952 a 63 quando faleceu.
Eugene Black	Presidente do Banco Mundial de 1949 a 1963.

NOME	FUNÇÕES
Fanuel Mahluza	Líder da UDENAMO que sempre desconfiou de E. Mondlane e da sua mulher, mais tarde integrou a RENAMO(?)
Ferhat Abbas	Embora grande simpatizante com a França, escreveu o primeiro Manifesto pela autonomia da Argélia, em 1943. Presidiu o GPRA entre 1958 e 1961, tendo-se junto ao FLN. Foi o primeiro Presidente da Assembleia Constitucional e teve a coragem de se opôr à política de partido único e ao radicalismo de Ben Bella e mais tarde de Boumedienne, tendo passado largos anos da sua vida em prisão domiciliária. O seu livro mais conhecido é "*L'Independence confisquée*". Faleceu em 1985.
Foy Kohler	Foi Embaixador em Moscovo de 62-66, durante a crise dos mísseis. Foi encarregue de informar Estaline da fuga de sua filha que se exilou nos EUA. Subsecretário de Estado adjunto norte-americano para questões políticas de 66-67.
Frank C. Montero	Foi uma figura conhecida nos EUA, como pioneiro na luta pela integração dos negros na sociedade americana. Casado com uma branca, dificilmente foi aceite na família da mulher como Mondlane. Foi director de uma fundação que ajudava estudantes negros na América. Desempenhou papéis importantes na Administração Kennedy, tendo integrado a delegação americana das NU.
Gen. Maxwell Taylor	CEMGFA norte-americano de 1962 até 1964 depois Embaixador no Vietname de 64-65.
General Lemnitzer	1955 Comandante-em-Chefe das FA americanas no Extremo Oriente, em 57 CEM do exército e em 60 CEMGF. Em 1962 Comandante-em-Chefe das FA americanas na Europa e em 1963 Comandante-em-Chefe das Forças Aliadas na Europa. Na reserva em 1969 a partir dessa data esteve na CIA.
George W. Ball	Subsecretário de Estado 29.11.1961/30.09.1966; Embaixador na ONU em 1968.
George McGhee	Foi das figuras mais preponderantes na política americana externa do pós-guerra nas áreas económica e militar. Foi um dos principais arquitectos das relações com a Europa, designadamente na incorporação da Grécia e Turquia na NATO. Foi Embaixador e Subsecretário do Estado. Faleceu em 2005.
Hans Juergen Wischnewsky	Político conhecido do SPD alemão. Começou como sindicalista. Foi deputado largos anos, Ministro para a Cooperação e responsável pelos contactos com os movimentos nacionalistas africanos. Considerado da ala esquerda do SPD.
Hans Morgenthau	Teórico conhecido das Relações Internacionais, nascido na Alemanha e exilado nos EUA, depois do advento do Nacional Socialismo. Professor em Chicago e teórico da chamada escola realista.
Harlon Cleveland	Nasceu em 1919, desempenhou importantes funções durante a guerra na "*Allied Control Commission*", em Roma e Vice-Presidente da mesma. Em 1944 foi Presidente da UNRRA para a China. Em 1957 começou uma carreira académica na Universidade de Syracusa até 1961, quando foi chamado por Kennedy como "*Assistant Secretary of State*" americano para as Organizações Internacionais até 1965, sendo Embaixador na NATO de 1965 a 1969.
Hayden Williams	Desempenhou importante papel na Administração Kennedy e foi um conhecido Embaixador em vários postos depois dos anos 60.

ÍNDICE ONOMÁSTICO DE PERSONALIDADES | 419

NOME	FUNÇÕES
Hayden Williams	*Deputy Assistant Secretary of Defence* americano no início da década de 60.
Hélder Martins	Médico da marinha portuguesa, desertor, fundador da FRELIMO, professor no Instituto Moçambique em Dar es Salam, expulso da Tanzânia em 1968 e primeiro Ministro da Saúde de Moçambique independente. Exerceu vários cargos na OMS.
Henry Ford II	Presidente da Ford Motors Company em 1964.
Henry Tasca	"*Deputy Assistant Secretary of State* " para os assuntos africanos até 1965, depois Embaixador em Marrocos.
Hilaire du Berrier	Foi um aventureiro conhecido nos anos 40, 50 e 60. Aviador, acrobata, espião, monárquico e próximo da extrema direita. Escreveu alguns livros polémicos, designadamente sobre a guerra do Vietname.
Ho Yin	Pai do último Chefe do Executivo de Macau, foi durante décadas um importante homem de negócios, fundador do Tai Fung Bank, em Macau e representante da comunidade chinesa daquele território. Desempenhou um papel importante de contacto entre as autoridades portuguesas e o Governo de Pequim. Faleceu em 1983.
Houari Boumedienne	Antes de ser Presidente da Argélia, por um golpe de Estado de 1967, foi durante a luta pela independência, o CEM das forças do FLN e Ministro da Defesa de Ben Bella.
Huang Hua	Foi Vice-Primeiro-Ministro e Ministro dos Negócios Estrangeiros da RPC. Acompanhou Zhou en Lai a Bandung e foi Embaixador no Cairo, Acra e Ottawa. Acompanhou as negociações com Kissinger e Nixon. Personalidade de grande relevo na diplomacia chinesa.
Immanuel Wallerstein	Um académico, sociólogo de tendência socialista. Com formação americana e francesa, foi Professor na McGill, assim como Binghamton até se reformar em 1999. Na década de 90 presidiu uma Comissão da Fundação Gulbenkian para a reestruturação dos estudos sociológicos. Foi Presidente da Associação Internacional de Sociologia. Foi considerado um perito na sociedade africana pós-colonial.
J.Wayne Fredericks	Adjunto do "*Assistant Secretary of State* " para os assuntos africanos até 1977 e grande amigo de Mondlane.
Jacinto Veloso	Foi piloto da FAP, que desertou e fugiu de avião para Dar es Salam, em 196, tendo-se junto à FRELIMO. Foi responsável pelo interior e segurança do Estado, antes de ser um super-ministro da economia entre 1983 e 1984. Teve um papel importante nas negociações de Nkomati. Escreveu, recentemente, um livro que tem levantado alguma polémica "*Memórias em vôo rasante*".
James Schlesinger	Nascido em 1929, foi director da "Central Intelligence" em 1973, Ministro da Defesa, de 1973 a 1975.
John Buda	Vice-Presidente da Ford Motors Company.

NOME	FUNÇÕES
John Kenneth Galbraith	Economista, autor de alguns "best-sellers" dos anos 60, advogado do liberalismo americano. Docente em Harvard, serviu nas Administrações Roosevelt, Truman, Kennedy e Johnson. Foi Embaixador na Índia na época de Kennedy.
John Marcum	Professor de Ciências Políticas e Presidente de Programas Internacionais na Universidade da Califórnia, Santa Cruz e autor de um livro em 2 volumes sobre Angola.
John McCone	Director da CIA de 1961 até 1965, Republicano, mas um homem muito influente na Administração Kennedy. Sucedeu a Dulles e antecedeu Raborn naquela agência.
Jorge Jardim	Engenheiro agrónomo, empresário, piloto, paraquedista, político, e encarregue de missões diplomáticas por Salazar e Caetano, muitas secretas. Fixou-se em Moçambique em 1952, foi membro da Legião Portuguesa, Secretário de Estado do Comércio e Indústria de 1948 a 1952 e Cônsul do Malawi na Beira (Moçambique).
Jorge Rebêlo	Poeta, advogado e jornalista. Estudou em Coimbra e foi Secretário para a Informação na FRELIMO. Foi editor da revista "Revolução de Moçambique". Era considerado o reponsável pela propaganda política.
Joseph Roda	Presidente da Ford Lusitana Lda, Portugal.
Lazaro N'Kawandame	Foi um percursor do movimento cooperativo em Moçambique e d os primeiros na FRELIMO. Maconde de origem, veio mais tarde a entregar-se às autoridades portuguesas.
Lester Pearson	Foi um dos políticos e diplomatas mais conhecidos do Canadá. Primeiro-Ministro de 1963 a 1968. Foi Prémio Nobel da Paz e deu particular projecção ao seu país na ONU.
Lopes dos Santos, General	Governador de Nampula, início de 60 e Governador de Macau de 1962 a 1966.
Lord Hailey	William Malcolm Hailey, nascido em 1872 e falecido em 1969, é uma figura quase-lendária, da história do Império Britânico. Historiador e antropólogo é o famoso autor do "African Survey", publicado pela primeira vez em 1938.
Mahmoud Mestiri	Diplomata tunisino, designadamente Secretário-Geral do Ministério, quando Mondlane visitou a Tunísia. Foi encarregue de múltiplas missões internacionais, no âmbito da ONU. Primo de Ahmed Mestiri.
Marinha de Campos	Médico refugiado político na Argélia e companheiro de Hélder Martins.
McGeorge Bundy	"Special Assistant" do Presidente Kennedy para questões de Segurança até 1966, depois Secretário Executivo do NSC.
McNamara	Secretário de Estado da Defesa até 1968.
Melville Jean Herskovits	Antropólogo americano, seguidor de Franz Boas. Fundou em 1948 o Programa de Estudos Africanos, na Norwestern. Foi Professor na Universidade de Columbia e Norwestern University, dos EUA. Foi o mestre formador de Mondlane. Morreu em 1963.

ÍNDICE ONOMÁSTICO DE PERSONALIDADES | 421

NOME	FUNÇÕES
Mennen Williams	"Assistant Secretary of State" para os assuntos africanos de Kennedy e Johnson, de 10.03.1964/04.05.1969.
Mohamed Fayak	Foi ministro da educação de Nasser.
Mongi Slim	Foi negociador com a França, da independência tunisina, Embaixador em Washington, nas NU, Presidente da AG das NU, e membro do CS e representante pessoal de Bourguiba.
Oscar Kambona	Foi o primeiro Ministro dos Estrangeiros do Tanganika e SG da TANU. Foi amigo e próximo colaborador de Nyerere até que se separou deste, aquando da Declaração de Arucha, em 1967, e da opção pelo partido único. Opôs-se às medidas socialistas de influência chinesa e a Kawawa. Exilou-se em Londres em 1967, de livre vontade, tendo continuado muito mais tarde a sua actividade política.
Padre Mateus Gwejere	Padre católico moçambicano que aderiu à FRELIMO na luta contra o colonialismo português em 1967. Torna-se inimigo de Mondlane e personifica uma tendência anti-branca e racista no movimento. Esteve ligado aos assaltos de 1968 e seria dos principais inimigos de Janet Mondlane.
Paul Chilcote, Prof.	Prof. Paul Chilcote, Professor de evangelismo, é um conhecido metodista da Duke University.
Paul Nitze	Secretário para a Marinha até 1967 e Subsecretario da Defesa de 1967-1969. Personalidade ligada à família Rockefeller. Foi "*trustee*" (curador) da Rockefellers Brothers Fund.
R. Gilpatrick	Subsecretário de Estado da Defesa americano até 1966. Foi curador da Rockfeller s Brothers Fund e Presidente da NY Fed. de 1973 a 1975. A sua influência vinha-lhe das ligações à família Kennedy.
Rashidi Kawawa	Foi Primeiro-Ministro da Tanzânia, sob Nyerere, em 1962 a 1977. Recebeu em 2007 o Prémio Luther King numa cerimónia na Embaixada dos EUA em Dar es Salam.
Robert Kennedy	Estados Unidos: "*Attorney General*" até 1964, depois Senador até ser assassinado em 68, irmão do Presidente J. F. Kennedy. Um dos principais conselheiros do Presidente Kennedy.
Robert Shore	Director de "*JOPROSA*" Joint Program on Southern African Studies, na Universidade da Califórnia do Sul e "*Dean*" da mesma Universidade. Amigo de longa data de Eduardo Mondlane.
Roger Seydoux	Conhecido diplomata francês. Alto Comissário na Tunísia (1955-1956), Embaixador em Marrocos e nas NU. Tinha um irmão, François, que foi Embaixador em Bona a seguir à guerra.
Salah Ben Youssef	Político tunisino, companheiro de Burguiba no Destour e Neo-Destour desde a primeira hora. Entra em conflito aberto com Burguiba, encabeçando a posiçã o radical contra a França, contra a posição negocial de Bourguiba. As suas referências virão a ser Nasser e Ben Bella. Será assassinado na Alemanha em 1961.

NOME	FUNÇÕES
Sharfuddine Khan	Representou a FRELIMO como peticionário na 4.ª Comissão da ONU, em Outubro de 1969. Foi amigo de Mondlane e mais tarde Embaixador na Zâmbia, onde veio a ser vítima de um assassinato por parte do pessoal da própria missão.
Soon Qing Lin	Viúva de Sun Yatsen, irmã da mulher de Chankai chek. Figura de muita influência na China de Mao, designadamente no âmbito das relações externas com o Ocidente. Nunca foi membro do PCC, embora tivesse sido convidada pouco antes de falecer por Deng Xiao Ping. Foi declarada Presidente honorária da China, nessa mesma ocasião.
Trygve Lie	Ex-Ministro dos Estrangeiros da Noruega, foi o primeiro Secretário-Geral das Nações Unidas de 1946 a 1952.
William Brubeck	Estados Unidos: Membro do NSC até Novembro de 1964.
William Bundy	Irmão de McGeorge Bundy -"*Assistant Secretary of State*" para a política externa de 10.03.1964/04.05.1969.
William Leonhart	Embaixador dos EUA na Tanzânia de 1962 a 1965. Amigo pessoal de Eduardo Mondlane que muito admirava e considerava uma figura política maior do continente africano. Leonhart foi um académico brilhante, formado em Ciênc ia Política e Economia, foi Prof. de lógica e obteve um PhD em Princeton. No fim da sua vida integrou o Senior Review Panel da CIA, em 1977, e faleceu em 1997.
William Tyler	*Deputy Secretary of State* americano para os assuntos europeus na década de 60.

Embaixadores americanos em Lisboa de 1961 a 1969	Anos	Acreditados em
Charles Burke Elbrick (Conselheiro Xanthaki)	1962-1964	13.01.1960
Alm. George Anderson	1964-1966	22.10.1964
Dr. Tapley Bennett Jr.	1966-1968	20.07.1966
Ridgway Knight	1969	22.09.1969
Embaixadores portugueses nas NU em Nova Iorque		
Vasco V. Garin	1956-1963	
António M. Patrício	1963-1967	
Duarte Vaz Pinto (Encarregado de Negócios a.i.)	1967-1970	
Embaixadores de Portugal em Washington		
Luís Esteves Fernandes	1950-1961	
Pedro Theotónio Pereira	1961-1963	
José Menezes Rosa	1963-1964	
Vasco Vieira Garin	1964-1971	
Governadores-Gerais de Moçambique		
Pedro Correia de Barros	1958-1961	
Manuel Maria Sarmento Rodrigues	1961-1964	
José Augusto da Costa Almeida	1964-1968	
Baltazar Rebêlo de Sousa	1968-1970	

BIBLIOGRAFIA E FONTES

A.Adu Boahen (directeur du volume)	Histoire Generale de l'Afrique vol. VII (1880-1935)	UNESCO/NEA 1987 - Obra em 8 volumes realizada pelo Comité Científico Internacional para a redacção duma História Geral da África (UNESCO)
A.H. de Oliveira Marques	Historia de Portugal em 3 volumes	Palas Editores, 1981
Adriano Moreira	A Posição de Portugal em África	Lisboa – 1962
Adriano Moreira	O Caminho do Futuro	Lisboa – 1963
Adriano Moreira	Sobre a NATO	Portugal e o Atlântico, 60 anos dos acordos dos Açores CEHCP – 2003
Adriano Moreira	Contribuição de Portugal para a valorização do Homem no Ultramar	JIU Estudos de Ciências Políticas e Sociais N. 34 Ensaios Lisboa 1963
Adriano Moreira	Teoria das Relações Internacionais	Almedina 2002 (4a. Edição)
Ahmed Tlili	Lettre à Bourguiba, Janvier 1966	Imprimeries Réunies, Tunis, 1988
Alexandre A. Ferreira	Moçambique 1489-1975	Prefácio, 2007
Alfredo Caldeira/Santos Carvalho	A Operação do Cerco e Aniquilamento do General Humberto Delgado	Fundação Mário Soares, versão electrónica 04.01.2005
Almeida Santos	Quase Memórias	Circulo Leitores, 2006, Vol.I
Amilcar Cabral	Portugal Democratico	S.Paulo, N 138, de Março de 1969
Andrei Gromyko	Mémoires	Belfond, Paris, 1989
Anthony R. Wilkinson	Insurgency in Rodhesia	Adelphi Papers, N.100, 1973, International Institute for Strategic Studies, Londres
António Tomás	O Fazedor de Utopias - Uma Biografia de Amílcar Cabral	Tinta da China, 2007 (Lisboa)
Aquino de Bragança	L'assassinat de Mondlane: du nouveau	Africasia 6 Março 1972
Arthur M. Schlessiger Jr.	A Thousand Days: JFK in the White House	Boston, Houghton Mifflin Company, 1965
Averell Harriman	What the African expect of us	NYTimes de 23.01.69
Barry Cohen	The Cia and African Trade Unions	in: Ellen Ray, William Schaap, Karl van Meter, Louis Wolf, "Dirty Work 2 - The CIA in Africa ", Lyle Stuart Inc. Secaucus, NJ, 1979
Barry Rubin	Modern Dictators:Third World Coup Makers,Strongmen and Populist Tyrants	McGraw-Hill,N.Y. 1987
Basil Davidson	Introdução a "Portuguese Colonialism in Africa…"	The UNESCO Press, Paris, 1974

Christopher Andrew and Vassili Mitrokhin	The World was Going our way – The KGB and the Battle for the Third World	Basic Books, N.Y. 2005
Christopher O'Sullivan	The U.N.,Decolonization,and Selfdetermination in Coldwar Sub-saharian Africa, 1960-1994	Journal of Third World Studies, Fall 2005
Church Committee	Alleged assassination Plots Involving Foreign Leaders	New York, W.W. Norton, 1981
Dalila Cabrita Mateus	A Pide/DGS na Guerra Colonial 1961-1974	Terramar 2004
Dalila Cabrita Mateus	A Luta pela Independência - Fomação das elites formadoras da Frelimo, MPLA e PAIGC	Inquerito, 1999 -
Dalila Cabrita Mateus	Purga em Angola	ASA, 2007
Daniele Ganser	Terrorism in Wester Europe: An Approach to NATO's Secret Stay - Behing Armies	The Whitehead Journal of Diplomacy and International Relations - Winter/Spring 2005 da Seton Hall University, New Jersey.
Daniele Ganser	NATO Secret Armies - Operation Gladio and Terrorism in Western Europe	Frank Cass, Londres, 2005
David R. Francis	Fueling War	Christian Science Monitor, 05.12.2002
Dean Acheson	Fifty Years After	Yale Review, A National Quarterly, Autumn 1961
Dean Acheson	Present at the Creation	W.W. Norton& Company, 1969
Diogo Freitas do Amaral	A Tentativa Falhada de um Acordo Portugal-EUA sobre o Futuro do Ultramar Português – 1963	Coimbra Editora 1994
Eduardo de Sousa Ferreira	Portuguese Colonialism in Africa:the end of an era	
Eduardo Mondlane	The Struggle for Mozambique	Pinguin African Library - Londres 1969
Eduardo Mondlane	Anti-colonialism in the United States (Boston 1957)	Min.Ult. Centro de Estudos Politicos e Sociais – 1957
Eduardo Mondlane	Mozambique (artigo) in Africa in the Modern World Ed. Calvin W.Stillman	The University of Chicago Press 1953
Eduardo Mondlane	Entrevista a Jeune Afrique "Le Frelimo accuse"	20.04.64
Eduardo Mondlane	Present Conditions in Mozambique (Mondlane's report) 1961	Foi apresentado no Departamento de Estado em Maio de 61
Eduardo Mondlane	America Outlook	America Outlook N.6, vol 10 de Junho 62
Eduardo Mondlane	Le Mouvement de Liberation du Mozambique	Presence Africaine separata Maio 1965

Eduardo Mondlane	Another Vietnam in Africa	War/Peace, NY, Jan eiro 1966
Eduardo Mondlane	Fourth birthday of a forgotten war (entrevista)	Times of Zambia, 2.11.67
Eduardo Mondlane	Grande entrevista	NYTimes de 23.01.69
Eduardo Mondlane	Le Mozambique (entrevista longa)	Ici Afrique (Tunis) Abril 1967
Eduardo Mondlane	Entrevista televisiva	NY Canal 13, WNDT, 03.02 67
Eduardo Mondlane	The Future of the Portuguese Territories in Africa, Março de 1968	Interdita publicação pelo arquivo da Chatham House, Londres
Eduardo Mondlane	The Struggle for Independence in Mozambique	Borthwick Institute for Archives, York University, R.U.
Eduardo Mondlane	The Liberation Struggle in Mozambique	Socialist International Information, 1968 - Oberlin College Archives
Eduardo Mondlane	Autobiografia	Site oficial da FRELIMO
Éric Denécé	Histoire Secrète des Forces Spéciales (de 1939 à nos jours)	Nouveau Monde, 2007, França
Fernando de Castro Brandão	História Diplomática de Portugal - uma cronologia	Livros Horizonte, 2002.
Franco Nogueira	Salazar A resistência (1958-1964) vol V	Civilização 2000
Franco Nogueira	Salazar O último combate (1964-1970)	Civilzação 2000
Franco Nogueira	Diálogos Interditos vol. I e II	Intervenção 1977
Franco Nogueira	Um Político Confessa-se	Civilização 1987
Frederic Laurent-Nina Sutton	The Assassination of Eduardo Mondlane	in: Ellen Ray, William Schaap, Karl van Meter, Louis Wolf, " Dirty Work 2 - The CIA in Africa " , Lyle Stuart Inc. Secaucus, NJ, 1979
Frederico Delgado Rosa	Humberto Delgado - Biografia	A Esfera dos Livros – 2008
George W. Ball	The Past has Another Pattern – Memoirs	Norton&Company, N.Y. London, 1982
George W. Ball	Diplomacy for a Crowded World - An american foreign policy	An Atlantic Monthly Press Book, Boston,Toronto, 1976
Han Nianlong (Editor in Chief)	Diplomacy of Contemporary China	New Horizon Press, Hong Kong 1990 (1a. Edição)
Hans J. Morgenthau	American Foreign Policy - A Critical Examination	Methuen & Co. Ltd. London 1952H
Hans J. Morgenthau	Politics among Nations (V Edição)	Alfred A Knopf, N.Y.1978
Henry Kissinger	Diplomacy	Simon & Scuster, London, 1994
Henry Kissinger	Years of Renewal	Simon & Scuster, N.Y., 1999
Herbert Shore Prof.	The Legacy of Eduardo Mondlane	Oberlin College Archives (n.p.)

Hon. Donald M. Fraser	Editorial da "Venture" de Março 69 reproduzido no Jorn. do Congresso EUA	Congressional Record de 1 Abril 1969
Iain Christie	Samora Machel uma biografia	Nadjira, Maputo 1996
Irene Flunser Pimentel	A Historia da PIDE	Circulo de Leiores, Temas e Debates 2007
J.Wayne Fredericks(D.A.Sec.St)	Nations in the Making in Africa	Dep.Est. Bolet.1273, 18.11.63
J.Wayne Fredericks(D.A.Sec.St)	The Impact of Emergence of Africa on American Foreign Policy	Dep.Est.para Imp. Nr. 291, 04.05.62
Jacinto Veloso	Memórias em Vôo Rasante	Papa-Letras, Lisboa 2007
James Mulira	The Soviet Union, Angola and the Horn of Africa,new patterns in afro-european relation	Africa and Europe, ed. Amadou Sesay, Croom Helm, London, Sydney, Dover Hampshire 1986
James Petras	The Ford Foundation and the CIA	15.12.2001 (doc. Publicado na net pelo Prof. da Univ. de Binghamton)
Janet Rae Mondlane	Towards new Partership with Africa	Nordiska Afrikainstitutet, 1998, Uppsala (artigo)
Janet Rae Mondlane	O Eco da Tua Voz	Imprensa Universitária, Maputo, 2007
Janete Cravino	Conflitos Internos - Resolução de Conflitos	Revista Militar, Dezembro 2005 (www.revistamilitar.pt)
Jean Herskovits	Africa: Remembrance: J. Wayne Fredericks	Obituário, in ALL AFRICA com. 24.08.2004
Jeffrey Engel (Un.Penslvania)	A Política de Bases Norte-Americanas no Imediato Pós-guerra	Portugal e o Atlântico,60 anos dos acordos dos Açores CEHCP – 2003
Joana Pereira Leite	Eduardo Mondlane entrada no Dicionario de História de Portugal	Antonio Barreto-Maria Filomena Monica Vol VIII – 1999
João M. Cabrita	Mozambique - A Tortuous Road to Democracy	Palgrave Macmillan 2001 ISBN 0333920015
Joaquim da Silva Cunha	O Ultramar a Nação e o "25 de Abril"	Atlantida Editora, Coimbra, 1977
Joaquim da Silva Cunha	Questões Ultramarinas e Internacionais I	Atica , 1960
Joaquim da Silva Cunha	Questões Ultramarinas e Internacionais II	Atica , 1961
Joaquim da Silva Cunha	O Trabalho Indígena: Estudos de Direito Colonial	A.G.U. - 1954 2a. Edição
John A. Marcum	A Martyr for Mozambique (artigo)	Africa report, Oxford University Press, NY Março/Abril 1969
John Kenneth Galbraith	Ambassador's Journal: A Personal Account of Kennedy's Years	Boston, Houghton Mifflin Company, 1969
Jorge Jardim	Moçambique Terra Queimada	Intervenção 1976

Jornalista desconhecido	A Ultima reportagem do dr. Mondlane	Turk Solu, Istambul, 1 de Abril de 1969
José Filipe Pinto	Adriano Moreira - Uma intervenção humanista	Almedina 2007
Jose Freire Antunes	Jorge Jardim agente secreto	Bertrand Editora 1996 ISBN 972-25-0974-8
Jose Freire Antunes	Kennedy e Salazar, o leão e a raposa	Difusão Cultural 1991
Júlio Botelho Moniz	Visões Estratégicas no Final do Império	Tribuna 2007
Karl R. Popper	Ausgangspunkte - Meine Intellektuelle Entwicklung	Hoffmann und Campe, Hamburg 1979
Karl R. Popper	Das Elend des Historizismus	J.C.B. Mohr, Tuebingen, 1979
Karl R. Popper	The Open Society and its Enemies Two volumes	Routledge & Kegan Paul – 1966
Kenneth Maxwell	The United States and the Portuguese Decolonization(1974-76)	in "Portugal,Europe and USA", Lisboa IPRI, 2003
Kenneth Walz	International Politics is not Foreign Policy	Security Studies, 6, Nr.1, 1996
Laura Neack	The New Foreign Policy	New Millenium Books in International Studies USA 2003
Luis Esteves Fernandes	De Pequim a Washington - Memórias dum Diplomata Português	Prefácio – 2007
Luis Nuno Rodrigues	Marechal Costa Gomes - No Centro da Tempestade	A Esfera dos Livros – 2008
Luís Nuno Rodrigues	Kennedy-Salazar, a crise duma aliança	Editoril Notícias, Lisboa, 2002
Madeleine G. Kalb	The Congo Cables, The Cold War in Africa, from Eisenhower to Kennedy	New York, MacMillan, 1982
Manuel Amaro Bernardo	Combater em Moçambique - Guerra e Descolonização	Prefácio 2003
Manuel Loff	Um aliado Leal da Grã-Bretanha? Salazarismo e a Nova Ordem Europeia	Portugal e o Atlântico,60 anos dos acordos dos Açores CEHCP – 2003
Manuela Franco - coordenadora	Portugal, os Estados Unidos e a África (varias contribuições)	IPRI -FLAP 2005
May Palmberg	The Struggle for Africa (Trad. do "Befrielsskampen", Suecia)	ZED Press, Londres 1983

Mennen Williams (Ass. Sec. St)	Conferencia na African Students Found. De Toronto, Canada	31.01.1964
Mennen Williams (Ass. Sec. St)	US Policy in Africa	Dep.Est. para Imprensa Nr. 48, 10.03.65
Mennen Williams (Ass. Sec. St)	America's Image in Africa	Dep.Est. para Imprensa Nr. 481, Pennsylvania, 07.11.64
Mennen Williams (Ass. Sec. St)	African Issues at the U.N.	Dep.Est. para Imprensa Nr. 170, Collegiate Council for the U.N. fourth Annual Leadership Institute, Chicago, 18.04.64
Mennen Williams (Ass. Sec. St)	Africa's Problems and Progress	Dep.Est. para Imprensa Nr. 91, Second Annual Foreign Affairs Week, Rochester, NY, 01.03.64
Mennen Williams (Ass. Sec. St)	Southern Africa in Transition	Dep.Est. para Imprensa Nr. 641, Negro Trade Union Ladership Council, Phildelphia, 18.09.61
Mennen Williams (Ass. Sec. St)	The White Man's Future in Black Africa	US News & World Report Junho 4, 1962
Mennen Williams (Ass. Sec. St)	The Future of the European in Africa	The Department of State Bulletin vol XLVII, Nr. 1203, Julho 1962
Moises Fernandes	Macau na Política Externa Chinesa	Imprensa de Ciências Sociais 2006
Moises Fernandes	Sinopse de Macau nas Relações Luso-Chinesas 1945-1995	Fundação Oriente – 2000
Moises Fernandes	Interesses da China e Macau no Dissídio Sino-soviético 1960-1974	2007 Curso dado no C.C.C.M.
Moises Fernandes	Iniciativa gorada de Franco Nogueira para o estabelecimento de Relações Diplomáticas entre Portugal e a China continental, 1964	Revista "Administração", Macau, Nr 56 de 2002
Moises Fernandes	Confluência de Interesses, Macau nas Relações Luso-Chinesas Contemporâneas 1945-2005	IDI - CCCM - Lisboa 2002008
Patricia McGowan Pinheiro	Miséria do Exílio - os últimos meses de Humberto Delgado - portugueses e africanos na Argélia	Edição electrónica http://lanca.patricia.googlepages.com/ - Edição escrita, 1998, Editora Contra-Regra, Lisboa
Paul H. Nitze	America: An Honest Broker	Foreign Affairs, Fall, 1990
Pedro Borges Graça	O Projecto de Eduardo Monlane	Estratégia, vol XII, 2000 (Instituto Português da Conjuntura Estratégica)
Pierre de Villemarest	GRU: le Plus Secret des Services Soviétiques (1918-1988)	Stock, Paris, 1988
Renato Matusse	Guebuza - A paixão pela terra	MacMillan, Moçambique 2004 ISBN 0 7978 2665 3

Rev. Edward Hawley	Eduardo Chivambo Mondlane: A Personal Memoir (Fev 1979)	Oberlin College Archives (n.p.)
Richard Magat	The Ford Foundation at Work	Plenum Press, NY, 1979
Ridha Tlili	UGTT- 14ème Congrès de l'ORAF-CISL, Tunis 28-30 Septembre 2005	Volume historiando o movimento ORAF e CISL desde 1947 (em fotocópias cedidas pelo autor)
Robert Kennedy	Crise a la Maison Blanche (Thirteen Days, título original)	L'Express/Denoël - Collection du Defit, Paris 1968
Santana Quintinha	O Terrorismo e os partidos subversivos no Ultramar Português	Lisboa – 1973
Simões de Figueiredo	Eduarrdo Mondlane, a Portuguese Moçambican	Dário de Notícias, L.M., 16.04.1958 (Trad. Oberlin College Archives)
Simon Baynham	From Coldwar to Détente/Security and Politico-Economic Scenariosfor Southern Africa	South Africa Defence Review Nr.5 and 6, 1992
Sivério Pedro Eugénio Samuel	Pensamento Político Liberal de Eduardo Chivambo Mondlane	Tese Dout. Univ. Católica não publicada, 2003 (na BN SC 102461 V)
Steven F. Jackson	China's Third World Foreign Policy: The case of Angola and Mozambique 1961-63	The China Quarterly, N.142, Junho 1995
Teofilo Acosta	Desmascarado el Presidente de Frelimo	Juventud Rebelde, Cuba, 21.05.1968 (artigo de imprensa)
Tian Biao Zhu	Nationalism and Chinese Foreign Policy	The Chinese Review, Chinese University of Hong Kong, Vol1, Nr1, 2001
United Nations Headquarters	Secretariat News	N.4, 28 Fevereiro 1969
Varios lídered africanos	Readings in African Political Thought	London Heinemann (Nairobi Ibadan Lusaka) 1975
Victor Marques dos Santos	Reflexões sobre a Coexistência Pacífica	UTL - ISCSP 2006
Victor Marques dos Santos	Teoria e História (Prova para Agregação)	ISCSP 2007 (n.p.)
Victor Suvorov	Spetsnaz, the Story of soviet SAS	Grafton Books, London, 1989
Wayne Fredericks	Entrevista (2 CDR)	Oberlin College Archives (n.p.) (vide fontes)
William C.Westfall Jr. Major	Mozambique-Insurgency Against Portugal, 1963-1975	Marine Corps Comand and Staff College, 1984 (The University of Liverpool, "Global Security org" [Military])

Witney W. Scheidman	Confronto em África - Washington e a Queda do Império Colonial Português	Tribuna 2005
Wolfgang Bartke	Who's Who in the People's Republic of China	The Harvester Press, Institute of Asian Affairs Hamburg, 1981
Zhang Han Zhi	[Wo Yu Qiao Guan Hua] (em Piyin) (trad. "Eu e Qiao Guanhua")	China Youth Publishing Co., Beijing 1994 ISBN 7-5006-1578-7/K . 234

Fontes	Identificação	Observações
AHD - MNE Portugal	PAA527Proc.940,1(8)D ano 61/2/3 vol 1	Arquivo Historico e Diplomatico
AHD - MNE Portugal	PAA527Proc.940,1(8)D 1964 Vol II	Arquivo Historico e Diplomatico
AHD - MNE Portugal	PAA527Proc.940,1(8)D 1964 Vol III	Arquivo Historico e Diplomatico
AHD - MNE Portugal	PAA527Proc.940,1(8)D 1964/7 Vol IV	Arquivo Historico e Diplomatico
AHD - MNE Portugal	PAA527Proc.940,1(8)D 1967/9 Vol V	Arquivo Historico e Diplomatico
AHD - MNE Portugal	Acordo Secreto entre Portugal e Africa do Sul de 13.10.1964	Respectiva troca de notas
AHD - MNE Portugal	PAA527Proc.940.1(8)D 1968/69 Vol X	Arquivo Historico e Diplomatico
AHD - MNE Portugal	PAA527Proc.940,1D(8)D1968/69 Vol XI	Arquivo Historico e Diplomatico
AHD - MNE Portugal	AR 15 GAV 1 M 32	Do Gabinete Político do Min. Ultr.
AHD - MNE Portugal	AR 15 GAV 1 M 28	Do Gabinete Político do Min. Ultr.
AHD - MNE Portugal	AR 15 GAV 1 M 12	Do Gabinete Político do Min. Ultr.
AHD - MNE Portugal	PAA290Proc.940,1(8)D	Arquivo Historico e Diplomatico
AHD - MNE Portugal	Caixa dos Tratados Portugal/EUA	Acordo secreto por Troca de Notas de Janeiro de 1951
AHD - MNE Portugal	Caixa dos Tratados Portugal/RAS	Acordo secreto por Troca de Notas de 03.02.1965
AHD - MNE Portugal	O Auxílio Militar Estrangeiro ao Continente Africano MU/GM/GNP 190	Ministério Exercito, Estado Maior do Exercito, 2a.Repartição, Reservado, 1969
AHD - MNE Portugal	MU/GM/GNP Cx 1303	Do Gabinete Político do Min. Ultr.
AHD - MNE Portugal	MU/GM/GNP 190 Cx 01	Do Gabinete Político do Min. Ultr.
AHD - MNE Portugal	MU/GM/GNP Ar.15. Gav1. M.28 - 8069	Do Gabinete Político do Min. Ultr.
AHD - MNE Portugal	MU/GM/GNP Est.10 Prat.5 M.078 (16a.Pasta) - 12893	Do Gabinete Político do Min. Ultr.

AHD - MNE Portugal	POI 177, POI 356	Política, Organismos Internacionais
AHD - MNE Portugal	Colecção Tel. Bona, 1963	Arquivo Historico e Diplomatico
AHD - MNE Portugal	M 254 (MU/GNP), PAA 255	Arquivo Historico e Diplomatico
AHD - MNE Portugal	PAA 291	Arquivo Historico e Diplomatico
AHD - MNE Portugal	Pasta Tel. Bruxelas 1964; Pasta Aerogramas Bona 1963	Arquivo Historico e Diplomatico
AHD - MNE Portugal	PAA 289, PAA 523, PAA200	Arquivo Historico e Diplomatico
AHD - MNE Portugal	7	Arqvuio Historico e Diplomatico
AHD - MNE Portugal	PAA 922, PAA 940	Arquivo Historico e Diplomatico
AHD - MNE Portugal	Colecção Tel. recebidos da Missão na ONU, de 1969	Arquivo Historico e Diplomatico
AHD - MNE Portugal	PEA, M. 263 _ Questão reconhecimento China	Arquivo Historico e Diplomatico
AHD - MNE Portugal	SII 3 - Relações de Portugal com a França 1962-67 "Keep-It-Safe	Caso da "Voz do Ocidente"
AHU	SR:022/China, 1960/66 - MU/GM/GNP/022	Ministério Ultramar, Gab. Ministro, 31.01.60 a 20.01.66 - Política Internacional
AHU	SR:028/Macau - MU/GM/GNP/028	Ministério Ultramar, Gab. Ministro 26.03.63 a 14.12.66 - Informações da PIDE
AHU	Documentação não seriada (A2) Tel.exp.para Moçambique Jan -Out 63; Tel. exp. Moçambique, Out-Dez 63; Tel.exp. Para Moçambique, Jan-Ag. 64; Tel.rec. Macau 63; Tel rec. Macau 64.	Ministério Ultramar, Gabinete do Ministro, Correspondência
AHU	MU/GM/GNP/049 - 1962-1969	Movimentos separatistas em Moçambique
AHU	MU/GM/GNP/053/PT 1 - 1963-1965	Incidentes em Moçambique
AHU	MU/GM/GNP/160/PT 10 S 1969	Apontamentos Secretos
ANC Historical Archives	The International Impact of the South African Struggle for Liberation	autor: George Houser
AND	PT- AND/SGDN/05/5023_01; PT-ADN/SGDN/05/5842_01; PT-AND/SGDN/07/7461_02; SGDN - 0286 - 1253.	Arquivos da Defesa Nacional - Forte de S. Julião da Barra
ANTT	PIDE/DGS P. 14643 CI(2) NT 7722/279	Eduardo Mondlane
ANTT	PIDE/DGS P. I.27366 UI3875	Eduardo Mondlane
ANTT	PIDE/DGS P.337/61 SR UI 3051 e 3052 vol. I	Eduardo Mondlane

ANTT	PIDE?DGS P. 1396 Cabo Verde Praia NT 5264	Eduardo Mondlane
ANTT	PIDE/DGS P. 5003 Cabo Verde Mindelo NT 5327	Eduardo Mondlane
ANTT	PIDE/DGS P.337/61 SR UI 3051 e 3052 vol. II	Eduardo Mondlane
ANTT	PIDE/DGS Luanda P. 295 NT 8032	Eduardo Mondlane
ANTT	PIDE/DGS Guine P. 2784 NT 5631	Eduardo Mondlane
ANTT	AMC. CX 31, correspndência/Jardim n.41	Arquivo de Marcello Caetano
ANTT	AMC. CX 31, correspndência/Jardim n.42	Arquivo de Marcello Caetano
ANTT	AMC. CX 31, correspondência/Jardim n.42 Anexo	Arquivo de Marcello Caetano
ANTT	AMC. CX 55 correspondência/Sousa, Baltazar Rebelo de, n.26	Arquivo de Marcello Caetano
ANTT	AMC.CX 55, correspondeência/Sousa, Baltazar Rebelo de, n. 27	Arquivo de Marcello Caetano
Arquivo de Janet Mondlane	Carta de Eduardo Mondlane dirigida a Janet Mondlane de NY (ONU) 15.05.57	Sobre Roberto Fernandes (filho do Embaixador de Portugal em Washington)
Arquivo do MNE francês	Serie Afrique Levant Moz. 1960-65 Serie Me Sous Serie 5 Dossier 7	TA-5-7-MO
Arquivo do MNE francês	Caixa 1573 Mouv. Nationalistes Frelimo 1967-68-69-70	Idem
Arquivo do MNE francês	Caixa 381, 1956-1969, 1964	T.14.1
Arquivo pessoal de Witney Schneidman, cópia do IPRI	M 1964 MAY-DEC; M Tel Cons; M National Inst. Lincoln; M MISC 1963; M DDRS 1964 Jan-Apr; M 1967; M JFA; M Chapter 3 Scramble; DDRS 62; USAfrica 1962.	Fontes utilizadas por W. Scheidman para a elaboração do livro "Confronto em África - Washington e a Queda do Império Colonial Português". Ofereceu cópia ao IPRI.
Arquivos on-line – Oberlin	Series 4. Writings, 1952-1996 n.d. Subser. Writ. Eduardo Mondlane	Oberlin College EUA

BIBLIOGRAFIA E FONTES | 435

Biblioteca Nacional de Pequim	Hsinhua (Xinhua)	Nr.5428 de 25.11.63; 5432 de 29.11.63; 5439 de 6.12.63; 1a. e 2a. Transmissão; 5440 de 07.12.63; 5452 de 19.12.63; 5454 de 21.12.63 (122025); 7346 de Fevereiro de 1969
Chatham House Library	RIIA/8/3177 - The Future of the Portuguese Territories in Africa, Março 1968	Texto de Eduardo Mondlane (Royal Inst. Intern. Affairs)
CNN	Cold War Historical Documents	
Department of State	Foreign Relations of the U.S. 1964-68 Africa Vol.XXIV	Africa Doc. 181-234
Department of State	Foreign Relations of the U.S. 1964-68 Africa Vol.XXIV	Portuguese Africa Doc. 413-456
Department of State	Foreign Relations of the U.S. 1961-63 Africa Vol.XXI	Africa region Doc. 187-222; Portuguese Africa Doc 347-373
Diário do Governo	Decreto 43599/61	Regulamenta curso Altos Estudos Ultramarinos
Diário do Governo	Decreto 43602/61	Modifica grupos cadeiras Inst. Sup. Est. Ultramarinos
Diário do Governo	Decreto 43730/61	Reforma Administrativa Ultramarina
Diário do Governo	Decreto 43801/61	Dá maiores poderes aos orgãos legislativos Prov. Ultr.
Diário do Governo	Decreto 43855/61	Estatuto Político-Administrativo de Angola
Diário do Governo	Decreto Lei 43893/61	Estatuto dos Indígenas Portugueses (Guine,Angola,Moçambique)
Diário do Governo	Decreto 43897/61	Reconhece usos e costumes locais.......
Diário do Governo	Decreto 44093/61	Dá maiores autonomias a Angola e Moçambique.
Diário do Governo	Portaria 19137/62	Cria Centro Est.Antropologia Cultural (ISEU)
Diário do Governo	Decreto Lei 44530/62	Cria Estudos Gerais Universitários, Moçambique e Angola
Diário do Governo	Decreto Lei 40646/56	Aprova Convenção 29 sobre trabalho forçado
Diário do Governo	Decreto Lei 42381/59	Aprova Convenção 105 sobre abolição trabalho forçado
Diário do Governo	Decreto Lei 39666/54	Estatuto dos Indígenas Portugueses
Diário do Governo	Portaria 17782/60	Abolição da distinção de raça, cultura ou sexo
Diário do Governo	Decreto Lei 44148//62	Aprova para ratificação Conv.81 da OIT e o Código do Trabalho Indígena

Diário do Governo	Decreto Lei 44309/62	Código do Trabalho Rural
Hemeroteca Municipal de Lisboa	Notícias - Diário da Manhã, de Lourenco Marques 1961	
Hemeroteca Municipal de Lisboa	Expresso, Revista, N.92, 5 de Outubro de 1974	Um Segredo que se esconde em Caxias - Aginter Press ainda em Foco
Hemeroteca Municipal de Lisboa	Expresso, Revista, 17 de Agosto de 1974	A Actuação da Aginter Press em Portugal e na Europa (um segredo que se esconde em Caxias e que o Expresso começa a revelar)
Hemeroteca Municipal de Lisboa	Revista Visão, N.158, 28.03 1996 por Pedro Vieira	"O último aventureiro" (Dossier)
Inst.of Commonwealth Studies.	Rosalynde Ainlie Collection (RF/2/5/3)RSA Treaty Series volII/1964	Univeridade de Londres
John F.Kennedy Library	Presidential Recordings,Telephone Recordings Cassette F 18B	National Archives and Records Administration – Boston
Lyndon B. Johnson Lybrary	General ME 4-3/MIT-MZ memo	L.B.Johnson Lybrary and Museum. Austin Texas
Oberlin College Archives	Series 4. Writings, 1952-1996 Box 1 , "The Liberation Struggle in Mozambique", Socialist International, Information, 1968	Herbert Shore Collection in Honor of Eduardo Mondlane
Oberlin College Archives	Subseries 2 Box 3 "The Legacy of Eduardo Mondlane", Mondlane Biography: Research and Grant Proposals…	Herbert Shore Collection in Honor of Eduardo Mondlane
Oberlin College Archives	Subseries 2 Box 4, "The Clandestine Network of Frelimo in Lourenço Marques", Teresa Maria Cruz e Silva ; "Eduardo Mondlane, a Portuguese Mozambican", S. de Figueiredo; "Eduardo Mondlane: a personal memoir", E. Hawley	Herbert Shore Collection in Honor of Eduardo Mondlane
Oberlin College Archives	Series 7 Recordings, Subseries 1, Box 1, Interview with Wayne Fredericks (2 CDR)	Herbert Shore Collection in Honor of Eduardo Mondlane
Ren Min Ri Bao, Pequim, Arquivo	Edições de 30.11.63; 01.12.63; 06.12.63; 07.12.63	"Jornal do Povo" Diário oficial do PCC
UK National Archives	Attorney General LO2 - 469 - C297063	Correspondência entre Parlamento, Ministério do Interior e Proc. Geral, 1968, consulta autorizada por recurso ao Access Freedom Act

BIBLIOGRAFIA E FONTES | 437

Entrevistas		Datas
A. Lopes dos Santos, General	Gov. de Nampula na década de 60 e de Macau de 1962-1966	26.07.2007
Adriano Moreira, Prof. Doutor	Biografia (ver Notas)	várias, durante 2006 e 2007
Ahmed Mestiri, Embaixador e Ex-Ministro	Político tunisino desde o início, várias vezes Embaixador e Ministro da Defesa	16.11.2007
Helder Martins Prof. Doutor	Fundador da FRELIMO, Prof. do Instituto Moçambicano, ex Ministro Saúde	25.07.2007, 20.08.07
Jacob Ryten, Dr.	Biografia (ver Notas)	10.07.2006
Janet Mondlane	viuva de Eduardo Mondlane	várias, durante 2006 e 2007
Leonardo Mathias Emb	Embaixador, integrou as delegações portuguesas às AG da ONU de 1958 a 1962	23.08.2007
Luis Soares de Oliveira Emb.	Embaixador, esteve colocado na ONU e Washington na década de 60	…06.2007 e 13.09.07
Najib Bouziri, Embaixador ex-Ministro	Político tunisino desde o início, várias vezes Embaixador e Ministro	18.11.2007
Rashid Driss, Embaixador e ex-Ministro	ex Ministro e Embaixador tunisino, designadamente na ONU	16.11.2007
Ricardo Esteves Fernandes	Filho do Embaixador Luis Esteves Fernandes	02.11.2007
Ridha Tlili, historiador	Académico investigador histórico, filho de Ahmed Tlili	17.11.2007
Slaheddine Abdellah, Embaixador	Político e Embaixador tunisino em vários países	17.11.2007
Vera Franco Nogueira Emb.	Viuva do ex-Ministro, Emb. Franco Nogueira	03.08.2007
Virginia Sá Machado	Viuva do diplomata Manuel Sá Machado já falecido	05.11.07

INDEX DE NOMES DE PESSOAS *

Abeid Karume
Abdelaziz Buteflika
Adam von Trott zu Solz
Adelino Gwambe
Adlai Stevenson
Adriano Moreira
Agnes Moinet Lemen
Ahmed Mestiri
Ahmed Tlili
Alastair Burnet
Alexis Johnson
Ana Canas
André Gonçalves Pereira
Andrea Chong
Anthony Radzwill
António Lopes dos Santos
Aquino de Bragança
Arleigh Burke
Arthur Goldberg
Arthur Schlessinger
Averell Harriman
Bahi Ladgham
Banda
Basil Davidson
Ben Bella
Birgit Kwazit
Burgiba
Carl Kaysen
Carl T. Rowen
Célia Gomes
Charles Longbotten
Charles Woodruff Yost
Che Guevara
Chester Bowles
Christiane Duarte de Jesus Chong
Colin Legum
David Mabunda
David Martin
de Gaulle
Dean Acheson
Dean Rusk
Dolores Fernandes
Donald Wilson
Dong Bi Wu
Eduardo Mondlane
Eduardo Mondlane Jr.
Edward Hawley, Rev.
Edward Kenedy
Edward Martins
Edward W. Brooke

---

* Os nomes indicados obedeceram a uma "lógica" arbitrária e tiveram por critério a escolha dos que julgamos mais importantes como actores da história que se quis fazer e/ou mais importantes como fontes da sua reconstituição

Einrich Honecker
Erich Ollenhauer
Eugene Black
Fanuel Mahluza
Fátima Vidal Alves
Ferhat Abbas
Foy Kohler
Franco Nogueira
Frank C. Montero
Gen. Maxwell Taylor
General Lemnitzer
George McGhee
Georges Ball
Gilpatrick
Graça Mira Gomes
Guo Chongli
Hans Juergen Wischnewsky
Hans Morgenthau
Harlon Cleveland
Hassan II
Heitor Romana
Helder Martins
Henry Ford II
Henry Kissinger
Henry Tasca
Herbert Shore
Herkovits
Hilaire du Berrier
Ho Yin
Holden Roberto
Houari Boumedienne
Houphouet Boigny
Immanuel Wallerstein
Isabel Fevereiro
Isabel Rute Coelho
J.F.Kennedy
J.Wayne Fredericks
Jacinto Veloso
Jacob Ryten

James Graffin
James Schlesinger
Janet Rae Mondlane
Jessica Simms
John Kenneth Galbraith
John Marcum
John McCone
Johnson
Jomo Kenyata
Jorge Jardim
Jorge Rebello
José Esteves Pereira
Joseph Roda
Julius Nyerere
Karl Popper
Ken Gossi
Kenneth Kaunda
Kenyatta
Lazaro N'Kawandame
Leonardo Mathias
Leopold Senghor
Lester Pearson
Lopes dos Santos, General
Lord Hailey
Ludwig Biener
Ludwig Wittgenstein
Luis Esteves Fernandes
Luis Soares de Oliveira
Patrice Lumumba
Lurdes Henriques
Madalena Requixa
Mahmoud Mestiri
Manuela Bernardo
Marcelino dos Santos
Marcello Caeteno
Maria Helena Neves Pinto
Maria Lurdes Assunção
Marinha de Campos
Mário Soares

Mary Bone
McGeorge Bundy
McNamara
Melville Jean Herskovits
Mennen Williams
Mireille Musso
Mobutu
Modibo Neyta
Moises Fernandes
Mongi Slim
Nagib Bouziri
Nikita Kruchtchev
N'krumah
Nyeleti Mondlane
Oliveira Salazar
Oscar Kambona
Padre Mateus Gwej(g)ere
Paul Chilcote, Prof.
Paul Nitze
R. Gilpatrick
Radhia Moussa
Radzwill
Rashid Driss
Rashid Kawawa
Regina Sá Machado
Ridha Tlili
Rita Ferro

Robert Kennedy
Roberto Esteves Fernandes
Roger Seydoux
Rollana Bauman
Rui Quartim Santos
Salah Ben Youssef
Sekou Touré
Shanon Jarrett
Sharfuddine Khan
Silva Cunha
Slaheddine Abdellah
Song Qing Lin
Tereza Cruz e Silva
Tereza Fernandes
Tiago Moreira de Sá
Trygve Li
Uria Simango
Vera Franco Nogueira
Victor Marqus dos Santos
Wayne Fredericks
William Brubeck
William Bundy
William Leonhart
William Tyler
Winston Churchill
Wittney Scheidman
Yves Guerin-Serac
Yves Leroy

INDICE

Prefácio 13
Abreviaturas e Siglas utilizadas 15
Preâmbulo 19
Critérios e metodologia adoptados 25

I. O quadro geopolítico em África nos anos 60 31

I.1. Contornos geopolíticos no âmbito da Guerra-Fria 31
I.2. Os actores estatais externos: a Europa, os EUA, a URSS, a RPC 35
I.3. Actores estatais africanos. As clivagens 43

  Burguiba versus Ben Bella, Leopold Senghor, Houphouet Boig.ny, Modibo Keita, Jomo Kenyatta, Kenneth Kaunda, Nyerere, Nkruma, Sekou Touré, Lumumba, Mobutu, e outros 50

I.4. Os actores para-estatais e não-estatais 67
I.5. Os territórios ou Estados africanos governados por minorias brancas 69

II. A figura de Mondlane 71

II.1. *a)* Quadro comparativo com alguns dos principais líderes nacionalistas da África de língua portuguesa 71

  b) Eduardo Mondlane: do académico ao funcionário da ONU 78

II.2. Eduardo Mondlane, no momento em que Portugal dá os primeiros passos como membro da ONU. Impacto de Mondlane nas delegações portuguesas às AG da ONU. As conversações quadripartidas europeias 88

II.3. A longa visita a Moçambique, em 1961. A desilusão na origem do progressivo afastamento da solução negociada para Moçambique 95

II.4. O *"Non Paper"* apresentado a Salazar, em Janeiro de 1962, por Franco Nogueira, como prova da existência de uma interface com que Mondlane pensou poder negociar 105

II.5. A nova análise da situação conjuntural política de Mondlane para Moçambique 109

II.6. A nossa conversa telefónica com Mondlane e Holden Roberto, a partir de Bona, em 1963 e o papel de Ahmed Tlili 112

III. VICISSITUDES E FLEXÃO DO PRIMEIRO PLANO ESTRATÉGICO DE MONDLANE 119

III.1. A estratégia inicial: O "Relatório de Mondlane" apresentado ao Departamento de Estado, em Maio de 1961, com uma proposta de estratégia conjunta englobando os EUA e Portugal 119

III.2. Mondlane, um interlocutor privilegiado da Administração Kennedy 129

III.3. *a)* A passagem de Dean Rusk em Lisboa e as suas entrevistas com Franco Nogueira e Salazar, em Junho de 1962. A sombra do "Relatório Mondlane" nalgumas propostas de Dean Rusk. Encontro de Franco Nogueira com Kennedy, em Outubro de 1962. A versão portuguesa e a versão americana 132

b) Sugestões de Mondlane à Administração americana retomadas na Missão falhada de George Ball a Portugal, em 1963. Novo encontro de Franco Nogueira com Kennedy, em Novembro de 63, na sequência da Missão Ball 139

c) A nova tentativa falhada de aproximação entre Portugal e os EUA, missão Príncipe Radziwill – Gilpatrick, já na Administração Johnson, num novo quadro estratégico americano, em 1964 155

d) Missão Príncipe Radziwill a Lisboa 162

e) Ainda uma tentativa falhada no âmbito de um Conselho da NATO, em 1967 165

III.4. Mondlane: o unificador da FRELIMO, o incansável diplomata, interlocutor do Ocidente, que conseguia ajuda da URSS e da China. A curiosa via Macau 166

III.5. A questão do Instituto Moçambicano de Dar es Salam e da Fundação Ford 171

IV. **A Política Africana da Administração Kennedy** 179

IV.1. "A Fact Findind Mission" de um grupo de Senadores democratas a 18 países africanos, com Edward Kennedy, em Dezembro de 1960 180

IV.2. As duas figuras-chave no Departamento de Estado para a nova política africana e para Eduardo Mondlane: Mennen Williams e Wayne Fredericks   182

IV.3. Documentação de Departamento de Estado, do Pentágono e das Agências de *intelligence,* relativa à nova estratégia africana. Kennedy/De Gaulle. A actividade diplomática empenhada de Mennen Williams 186

IV.4. As principais tomadas de posição públicas americanas sobre o problema do colonialismo 211

IV.5. Duas tendências e a nova inflexão na posição americana da Administração Johnson. A Carta de Mondlane a Johnson. Johnson tenta ainda uma nova política africana para os Estado Unidos 214

IV.6. A especificidade geoestratégica no caso dos territórios portugueses em África: o triângulo Açores-Berlim-África (NATO). As profundas consequências do "Entendimento Secreto" luso-americano de 1951, anexo ao "Acordo Bilateral de Assistência e Defesa Mútua", do mesmo ano 228

V. Consolidação de uma nova orientação estratégica de Mondlane face à nova estratégia americana 239

V.1. Depois da morte de Kennedy e da falhada Missão Ball, novo eixo estratégico de apoio, estabelecido por Mondlane, centrado na Escandinávia, e englobando a China e o Leste, com o objectivo de desenquadrar do âmbito da Guerra-Fria e da clivagem URSS/RPC, a luta iniciada em 1964   239

   a) As visitas aos EUA 241

   b) A visita à China. Franco Nogueira preparava-se para reconhecer o governo de Pequim 243

   c) As visitas ao Norte de África (Argel, Tunes e Cairo) 256

   d) As visitas aos Países Nórdicos (Suécia, Noruega, Dinamarca e Finlândia)   262

   e) A participação na X Reunião da Internacional Socialista (Upsala) 269

   f) Visitas à Republica Federal Alemã 272

   g) A visita à Holanda 274

   h) As visitas à Grã-Bretanha 275

   i) As visitas a Moscovo e países de Leste 283

V.2. O Acordo Portugal/África do Sul de 1964 287

　　a) A grande entrevista de Mondlane publicada em Janeiro de 1966, no *War/Peace report*, e a denúncia de Mondlane em Nova Iorque 287

　　b) A "Questão do Trabalho Forçado", o Acordo, os Anexos Secretos e o problema da nossa Embaixada em Washington 293

VI. O avolumar dos anticorpos externos e internos a Eduardo Mondlane – aperta-se a malha do cerco 301

VI.1. As acusações de que foi alvo – agente da CIA, colaborador da PIDE, amigo de Moscovo, próximo da China 301

　　a) Os assaltos à sede da FRELIMO, em Maio de 68 309

　　b) A questão "Che" 316

VI.2. O segundo Congresso da FRELIMO de 1968 – alguns aspectos e uma "aparente" abertura de Mondlane ao bloco socialista 317

VII. O assassinato de Eduardo Mondlane 327

VII.1. A última e trágica entrevista de Mondlane 327

VII.2. A quem aproveitou a morte de Mondlane ou os possíveis suspeitos. Contextualização 330

　　a) Portugal? A PIDE/DGS, outros serviços secretos operando a partir de Lisboa? O contexto do pós-II Guerra e a Guerra-Fria. O Eng. Jorge Jardim 340

　　b) Quem se mostrou cauteloso e relativamente neutro 358

　　c) Quem atribuiu imediatamente o crime a membros da FRELIMO 361

　　d) Elementos da FRELIMO com a ajuda de Portugal? 363

　　e) A URSS, que incriminou Portugal desde a primeira hora? 367

　　f) Também a China não foi poupada à suspeita 368

　　g) Uma breve conclusão provisória 373

VII.3. O caos causado pela morte de Mondlane na FRELIMO – a cisão. A figura de Uria Simango 374

VII.4. A imagem deixada por Mondlane e a oposição portuguesa. Janet Mondlane, que ainda continua, algum tempo, angariando ajuda externa 383

VIII. Conclusões 389

Apêndices

Breve Biografia das personalidades entrevistadas 401

Quadro Cronológico Comparativo de 1950 a 1969 (acontecimentos mundiais no âmbito da Guerra-Fria/acontecimentos da política portuguesa (Ultramar-Moçambique)/ Percurso de Eduardo Mondlane) 409

Índice onomástico e breve alusão aos cargos e/ou funções das personagens referidas no trabalho (à excepção dos Chefes de Estado, Primeiros-Ministros e/ou personalidades hoje mais conhecidas) 415

Embaixadores americanos acreditados em Lisboa, portugueses acreditados na ONU e em Washington e Governadores-Gerais de Moçambique, entre 1960 e 1970 423

Bibliografia, fontes e entrevistas 425

Índice de nomes utilizados no texto principal 439

Anexos

ANEXO 1
"Outlook on America – Students Outlook", Junho de 1962. Jornal distribuído pelas Embaixadas americanas em toda a África em 1962 451

ANEXO 2
Carta de Eduardo Mondlane ao Prof. Adriano Moreira, de 07.09.1960 453

ANEXO 3
Relatório estratégico apresentado por Mondlane ao Departamento de Estado em Maio de 1961, intitulado "Present Conditions in Mozambique", que veio influenciar a estratégia da Administração Kennedy relativamente a Portugal 454

ANEXO 4

"Non Paper" – documento não assinado nem datado (de que se conhecem os autores) – entregue por Franco Nogueira a Oliveira Salazar, no final de 1961, sugerindo uma reavaliação total e uma nova orientação da nossa política externa, designadamente da política ultramarina 464

ANEXO 5

Acordo Secreto entre Portugal e os EUA de 1951, na área da defesa, sobre o uso de material bélico no Ultramar.. 483

ANEXO 6

Carta de Chester Bowles a MCGeorge Bundy sobre a personalidade e objectivos de Mondlane 487

ANEXO 7

Gravação de conversa telefónica entre JF Kennedy e Robert Kennedy sobre Mondlane (Transcrição) 488

ANEXO 8

Telegrama do Embaixador americano Leonhart, em Dar es Salam, para Washington, sobre a conversa havida com Eduardo Mondlane sobre a visita deste a Moscovo, de 1964 490

ANEXO 9

Anexo Secreto ao Acordo entre Portugal e a África do Sul, de 1964, denunciado por Mondlane nos Estados Unidos.. 491

ANEXO 10

Panfleto difamatório contra Eduardo Mondlane difundido em vários países africanos antes do seu assassinato e intitulado "A Profile of Dr. Eduardo Mondlane" 498

ANEXO 11

Artigo do jornal cubano "Juventud Rebelde" contendo graves acusações a Mondlane, de 21 de Maio de 1968, intitulado "Desmascarado el Presidente del FRELIMO" 507

ANEXOS

1. "Outlook on America – Students Outlook", Junho de 1962. Jornal distribuído pelas Embaixadas americanas em toda a África em 1962

2. Carta de Eduardo Mondlane ao Prof. Adriano Moreira, de 07.09.1960

Dr. Eduardo C. Mondlane
150-95 Village Rd.,
Jamaica 35, N.Y.

Exmo Sr. Professor Dr. Adriano Moreira,
Digmo. Sub-Secretário de Estado
da Administração do Ultramar,
Lisboa, Portugal.

7 de Setembro de 1960

Prezado Amigo e Senhor Dr. Moreira,

Na minha última carta do dia 3 de Agosto de 1960 tive oportunidade de lhe informar que minha mulher, Janet, e filhos, iriam para Moçambique, antecipando a minha viagem de férias bi-anuais prevista para Fevereiro do próximo ano. Também lhe disse que logo que soubesse da data exacta da sua passagem por Lisboa que comunicaria a V.Exa. Agora sei por certo que ela partirá de Nova York no dia 28 do mês corrente, mas em vez de ir directamente para Lisboa descobrimos que pelo mesmo preço poderá visitar as cidades de Londres, Paris, Genebra e Madrid. Assim, Janet irá daqui para Londres, visitando as cidades acima mencionadas, excepto, provavelmente, Madrid, e só chegará em Lisboa no dia 1 ou 2 de Novembro e em vez de ficar só um dia em Lisboa, como lhe tinha dito, passará uns quinze dias, podendo assim visitar a cidade de Lisboa, e possivelmente o interior de Portugal metropolitano com menos pressa.

Anteriormente tinha pensado que Janet, como minha mulher e por isso cidadã portuguesa, não necessitasse de um visto para entrar qualquer território nacional. Mas recentemente descobri do Consulado Geral de Portugal em Nova York, que, sendo ela também cidadã americana e tendo um passaporte americano, deve solicitar um visto para visitar qualquer das províncias ultramarinas portuguesas. A demais, o cônsul-geral em Nova York só tem autoridade para dar vistos para Moçambique de 90 dias apenas. Ora Janet deseja ficar em Moçambique pelo menos seis meses. Conforme a informação recebida do Consulado Geral à autorização para um visto para tantos meses só pode ser obtido de Lisboa. Quer-me parecer que tudo isto deve estar concluído antes da sua partida dos Estados Unidos que, como disse, terá lugar em 28 do mês corrente; de modo que trata-se de um caso de urgência.

Ficar-lhe-ia muitíssimo grato se V.Exa. pudesse-nos proporcionar as facilidades necessárias para a obtenção do visto requerido para que minha mulher possa entrar em Moçambique e aí ficar pelo menos seis meses. Como disse na última carta, Janet nunca visitou Moçambique ou qualquer outro território português. Ela e as crianças necessitam de se familiarizar com a língua e vida portuguesas; tendo ela por isso escolhido passar em Moçambique os meses em que eu estarei na África ocidental em vez de ficar aqui em Nova York. Enquanto estiverem em Lourenço Marques aprenderão a língua. Janet já sabe ler e traduzir português mas necessita de prática para conseguir falar com mais fluência.

É pena que não seja possível que eu passe por Lisboa de caminho para os Camarões, mas como disse, de regresso de Moçambique espero passar alguns dias em Lisboa, e então poderemos conversar sobre alguns dos problemas que nos interessam a ambos.

Seu Amigo antecipadamente Obrigado,

Eduardo C. Mondlane

3. Relatório estratégico apresentado por Mondlane ao Departamento de Estado em Maio de 1961, intitulado "Present Conditions in Mozambique", que veio influenciar a estratégia da Administração Kennedy relativamente a Portugal

PRESENT CONDITIONS IN MOZAMBIQUE

The United Nations and the world press have recently been concerned with the uprisings that have been taking place in the Portuguese possession of Angola. As a consequence, many people have been asking questions concerning the situation in Moçambique.

After my wife had spent four months in the capital city of Lourenço Marques, I joined her for another six weeks. During most of that time we were travelling and visiting many towns and villages in the southern part of the territory. During my wife's stay in Lourenço Marques she spoke with Africans and Europeans alike in regard to the political situation in that country. Most important, she came to know the African areas well, their problems, their living conditions, their attitudes concerning the present government in Moçambique. When I arrived in the country in mid-February the contact with the African population was intensified to such a degree that under the existing conditions it seemed dangerous for both ourselves and for those who desired to see us.

When my wife arrived in the last part of November 1960, the press in Lourenço Marques interviewed her and published a picture of her and the two children along with an article. The result of this publication was that she was visited by many Africans, and as time passed the interest in my forthcoming visit was greatly heightened. On the day of my arrival one newspaper published a short note announcing that I had landed in Lourenço Marques. Shortly thereafter the largest paper interviewed me and published an article describing my United Nations work and the interests I had in the development of education for the African people of Moçambique. After that article, hundreds of people came, one by one, sometimes in small groups, to discuss many issues and problems that affected them personally, and the future of their country.

In order to describe systematically our many experiences in Moçambique, I should like to divide them into several parts, thus: Politics, Education, Economics.

Politics

Moçambique is, at this time, a country full of tension and fear. Eleven years ago, when I first left Moçambique, the people were politically frustrated but could see no solution to their problems. Then as now the Portuguese government was concerned with what it called "Communist subversion" within the country. From time to time the police arrested large numbers of people who were interested in politics outside of the government's National Union Party. The majority of these people were simply interested in the betterment of the difficult economic and social situations in which the Moçambique Africans live. In one of these waves of arrests I was imprisoned for a three-day period, the intent being to find out if I was either an African Nationalist or a Communist. Because of that arrest it was rather difficult for me to obtain a passport to leave the country one year later.

Since I left the country, the vigilance of the Portuguese government has not lessened. In 1955 another wave of arrests took place, affecting mainly those Africans who were friends or family of a young African student who departed to study at Oberlin College in Ohio. The Government had failed to find a reason for refusing him a passport to enter the United States under a scholarship given by President William E. Stevenson of Oberlin College.

With the advent of independence for many African countries, the Government watched closely any Africans who had any amount of education and who were not active supporters of the present regime. This concern expressed itself by the persecution of all Africans who were ever heard mentioning the names of any of the leaders of African nationalism in the rest of Africa, such as Nkrumah, Mboya, Banda, Sekou Touré, and especially the name Patrice Lumumba. The arrests served two purposes: to discover the involvement, if any, of Moçambique Africans in nationalist movements, and to frighten the African population out of political involvement.

In spite of its efforts, the Government has not been able to stamp out the

2..../

- 2 -

political interest of the balck man in Moçambique. The nationalistic activities with which Africa is seething are sometimes reported in the local newspapers, and this information is supplemented by news from South African papers. Also, many of the Africans own radio sets and can listen to broadcasts from such important radio stations as Radio Brazzaville, which has a Portuguese news service twice a day giving details of African news; Radio Peiping, which broadcasts in simple and clear Portuguese several times a day; the Lusaka station of the Central African Federation, which has several broadcasts in Ndebele (a Zulu dialect), which many southern Moçambicans understand. Many of the hundreds of thousands of Africans who work in the South African mines, plantations and farms are open to influence through the South African nationalist movements. Thus, no matter how strictly controlled the Africans of Moçambique may be, they cannot help but be interested in their own freedom. Even if there were no influences from outside the country, the repressive measures perpetrated against the Africans of Moçambique are sufficient to arouse their interest in freedom. This point I shall explore as I discuss the other two subjects: education and economics.

When I arrived I found many of the people I knew and some of my own former school-mates in prison, most of them without any formal charges being levelled against them, but constantly under investigation by the political police. Since they were _incommunicado_ I was not able to talk with any of them, but I was able to talk with some of the members of their family. The general pattern was that these people had been overheard by the ubiquitous secret police talking about African politics, ranging from expressing a direct opinion on issues involving their political future to expressing an interest in the political ideas of any of the many African politicians in the rest of the continent. Many of these people are young Africans between the ages of 25 and 45, who have families and work in the main cities of Lourenço Marques and Beira. One of the immediate consequences of these arrests is the plight in which the families of these people are found. In most cases their very large families (average - 5 children per family) are left without any visible means of livelihood. Several of the wives came to us to ask what help they could get from people overseas. Usually when an individual is arrested under the suspicion of being a nationalist his employer drops him from the payroll, and in those cases where he is not, the police may put pressure to bear on the employers to do so as a form of pressure on the accused or suspect to "talk". In Portuguese law there is no _de facto_ division between the administration and the judiciary even though the constitution claims that there is, so that these unfortunate Africans do not have recourse to any system of justice which might intervene on their behalf.

According to several of our informants, some of whom were in the secret police (PIDE: International Police for the Defence of the State) at the time they talked to us, PIDE has police agents in practically every institution in Moçambique. Some of them work as servants in establishments where any sizable number of people are expected to be served. One of our friends was arrested because he had been overheard explaining the problems of the Congo (Leopoldville) to a group of people who were eating in a restaurant. In practically every village we visited, almost the first thing we were told by our friends was the names of all of the members of PIDE amongst them, who were usually well-known, so that we might avoid mentioning anything in their presence that might possibly be interpreted as political.

While we were in the city of Lourenço Marques our block was surrounded by members of the PIDE. During the first week of my return to Lourenço Marques some of these tried to follow up whenever we left our house. But later they gave up after discovering that we were too well aware of them. At times the PIDE sent some Africans who were our relatives to spy on us, especially to find out who were coming to visit us at night. But in most cases these people told us their purpose after the first visit.

In spite of all of these controls, we had hundred of visitors both in town and in the country. It was quite obvious that the people were very much afraid of the police; yet they insisted on coming to talk to us. Some of those who were in very sensitive jobs in the Government and were afraid of being fired wrote to us

3..../

- 3 -

to let us know how they wished the situation could be changed in Moçambique.

In the main population centers we attracted large crowds of people each time we stepped out of our house, even though we could always sense a certain amount of tension in the air. On the first Sunday after my arrival in Lourenço Marques I was scheduled to attend services at a certain church. Many Africans knew about it. Early in the morning many people came to that church, including many who were of a different faith and several who must have been "pagans". Meanwhile my wife and I had been advised to attend another church several miles away. When a few people heard of this they passed the word around and every means of transportation was taken to that church. On arriving at the church we found a huge crowd awaiting us. There were about three times more people outside than inside, and on leaving the church we were cheered and were afraid that a riot might take place, since all of them wanted to shake hands with us. After that, our African religious councillors advised us to avoid attending services on Sundays for fear that the Government might accuse them of creating political tension in the country.

Most of the people who talked to us were concerned about the political situation in Moçambique. They wanted us to (a) try to see beyond the facade that the Portuguese Government was putting up for us; (b) help inform the United Nations of the true picture in Moçambique; (c) try to get fund from the United States or any other country in order to help finance the education of many young African men and women who are hungering for education(I shall refer to this later); (d) help to alleviate the worsening economic plight of the Moçambican African, who is becoming more and more an economic tool to enrich a few Portuguese settlers (see under Economics below); (e) persuade the "Big Powers" to pressure Portugal to develop the country towards independence or put it under United Nations auspices (in spite of the Congo) to develop it towards independence.

They are afraid of beginning a war against Portugal for fear of a massacre; they have no weapons with which to fight at this juncture.

From the beginning to the end of our visit, the Portuguese Government tried to put its best food forward. The tone was set by the Governor-General himself. He gave us a very gracious interview in which he frankly analysed the situation in Moçambique, most of the time criticizing many of what he called "lamentable" practices of the Portuguese settlers vis-a-vis the African. He criticized labour practices, saying that although forced labor had practically been stopped in most cases, there were still unscrupulous employers (probably in co-operation with some bad administrators) who still insisted on using forced labourers, others who paid even less than the official minimum wages to their workers, and some who still beat and ill-treated their African laborers. In regard to the cities, he criticized the policies of many companies and employers who did not hire "assimilated" Africans, or who fired them as soon as they got their assimilation papers. We asked him how he, as the chief authority in the country, intended to cope with such problems. He shrugged his shoulders and said that although he belonged to that section of the Portuguese Government which was committed to the most ideal of the Portuguese traditions, he was also a down-to-earth realist who must deal with people as they were. He felt that his situation was one that required a great deal of wisdom and patience. He then told of the many projects that the Government had started, in order to improve the well-being of the people, which included agricultural projects, educational reforms and social welfare schemes (see below). For all of these things, he said he needed money and a great deal of it. Yet his Government was obviously poor. He acknowledged that it might be possible to get economic and technical aid from friendly nations among Portugal's Western allies, but, he added, Portugal was a proud nation. "We prefer to be poor than to accept aid and be told what to do by foreigners", he concluded.

The Governor-General's attitude was reflected in the conversations we had with the governors of the two southernmost districts of Moçambique and the intendente (a sub-governor) of another district more to the north. They all tended to apologize for the obvious low political, economic and social status of the Africans as compared with that of the whites. The governor of the district of Lourenço Marques stressed the efforts which his office was making

4..../

- 4 -

to build new houses for the Africans in and around the outskirts of the city, but we also knew that he had ordered his administrators to keep a close watch on our activities in his district. It was in his district that the people were most afriaid of the political police.

In the district of Gaza, just north of Lourenço Marques, the governor seemed to be better acquainted with the problems of the Africans under his control. He also seemed to have more confidence on the part of those Africans who were recognized as leaders in the community. Governor Ruas seemed to be interested in pushing into positions of leadership those Africans who had the best education in the area, as contrasted with the governors of other districts who tended to favor those Africans who did not have much education. He thought of his job as that of one who had to help lift the Africans to a higher level of life. In order to do this he said he had to carry out agricultural projects mainly in the Limpopo and Incomati river basins. He requested some of his technical advisors to take us to see some of these projects. (We will refer to them when we deal with Economics.) Some of the local African leaders expressed regret over the fact that Governor Ruas will be retiring from his position early next year, for they feel that, in the existing conditions of Portuguese Africa, they are likely to get a worse governor than he. More to the north the situation was calmer politically but this was due to the very low educational status of the African people. In Moçambique the better educated classes tended to gravitate towards the capital city of Lourenço Marques.

Our contacts with the chiefs were extensive throughout the southern portion of the territory, partly because many members of my family are traditional rulers in this area. We therefore had many talks with local chiefs and paramount chiefs, in conditions of almost complete security from the PIDE. To sum up the position of many of the chiefs: as traditional rulers their primary function is to represent the best interests of their clansmen to the Portuguese authorities and try to salvage as much as they can in the present fast-changing situation in the country. They are interested in what is happening in the rest of Africa, but they cannot be expected to show too much interest in the present circumstances. As far as we could judge, most African chiefs will support the nationalists under cover, but overtly they will continue to shout "Viva Salazar" to please the authorities, until the power structure begins to change.

Throughout the southern area we were accosted by several Africans asking us to advise them on the best way of getting out of the country to join the Moçambican nationalists against the Portuguese. Concerning these requests, though, it was difficult for us to tell if they were genuine or were Government-inspired "traps".

Education

The educational situation has changed little since 1950. At that time about 6 per cent of the African children of school-going age were attending school. Now, according to official records, about 10 per cent attended school. The only visible difference is that there are a few more Africans registered in the very few high and technical schools than in 1950. We tried to get exact figures of the number of African students in secondary schools, but we were always told that the government did not register students according to race. However, on talking to several African students in government high schools we gathered that the number of Africans in these schools was very low indeed. In the largest government high school in Lourenço Marques, which has an enrollment of more than one thousand students, there were no more than six African girls and an estimated 20 African boys. We were told by the rector of the school that most African high school students were at the up-town branch of the school; but some of the students attending that school said that there could not have been more than 30 Africans out of a possible total of 500 students. Most of the Africans who attend secondary schools are in technical and commercial courses, where the cost of the tuition is very low.

Up till recently secondary school education was made difficult by several factors. The firs was age. The Government had passed a law making it unlawful for a Government high school to register a child who was older than 13 years of age. This eliminated almost completely all Africans, for, because of the language difference, most African children could not pass the required high school entrance

5..../

- 5 -

examination before that age. When we broached this problem with the present director of education for Moçambique we were told that this law had now been changed. He said that the present age limit is 17 years. That is to say, if a child is 17 years of age or more he or she cannot be registered in any Government high school in Moçambique. Although this represents an improvement, it is still a handicap, for there are many young Africans who might want to continue their studies in high school after that age.

Another bedeviling problem for Africans wishing to continue their education after Standard 4 is that of money. Even though Government high schools (which are very few) do not cost very much in actual tuition, most African parents cannot afford to pay the almost nominal amount asked. An average African earns about 300.00 (escudos) in the cities, and the high school fees in government schools are 250.00 (escudos) per quarter. Since most African families are rather large, they cannot afford it. The few parents who have children in high schools are facing economic hardships as a consequence. We have asked many of these parents and/or their children to fill out some questionnaires for us, including the number of children/siblings in high school in each family, the cost per year, their annual income, the amount of subsidy, if any, that they receive from any sources, etc. We hope to be able to prepare a short paper based on these and other facts connected with educational needs in Moçambique.

So far there are between 25 and 30 African students from Moçambique in Portuguese universities in Portugal. Some of these students have partial support from the Government, but most of them are being supported by their parents. Just before we left the United States for Africa last year we received some funds from a New York foundation ($3,000.00) to aid some African students in Moçambique, especially those attending universities in Portugal. Part of this money is already supporting some five African students in Portugal. But on arriving in Moçambique we discovered that there were more high school students who need financial help than university students. So we began to extend the little money that remained to pay for some expenses of students in the last two years of high school. The word was passed around that such help was being given to some African students, we were swamped with requests from African parents and/or students in high school. Some of the requests for financial aid came from mulatto families who were in the same economic straits as most Africans, although generally speaking mulatto families are in better circumstances in Moçambique.

On discussing some of the problems of African education with the director of education in Moçambique, we were told of plans for changes in the present system. But when we probed it we found that these changes were not goingto be a-s radical as we felt they should be. In the first place, native education (so-called) is left entirely in the hands of one of the Christian missionary bodies working in the country – the Catholic Mission, at almost the exclusion of both Government and other religious bodies. The Government gives an annual subsidy to the Roman Catholic church to cover the salaries of the teachers, cost of putting up school buildings and maintenance, and some of thecosts incurred by the Catholic priests in their activities in connexion with education. But from what we heard from both the director of education himself and some of the priests, this annual subsidy from the Government is very small. The Roman Catholic church maintains that it cannot afford to put up the necessary amount of money to do the job that needs to be done. The other Christian missions working in the country depend entirely on the collections of the local Christians and some of the money they get from their own countries of origin to run their schools.

The Government's responsibilities in education in Moçambique are limited to operating those schools that are for the so-called "civilized" persons, who are at the present moment the children of some 100,000 whites, 30,000 Asians and about 25,000 assimilated Africans and mulattoes. The education of the rest of the 6,500,000 citizens of Moçambique is left in the hands ofone religious organization that admits to having no money to establish the necessary number of schools. In this connexion the director of education stated that the only thing that the Government can do to alleviate the situation is to increase the annual subsidy given to the Roman Catholic church. He reported that his office had already

6..../

- 6 -

promised a subsidy increment for the forthcoming school year. But he also added that the amount promised does not come to much in view of the need for African education.

Another problem that faces African education in Moçambique is the fact that Government does not consider African education as involving more than three to four years of schooling. No plans seem to exist for training the Africans beyond standards three and four, except a few very rudimentary courses in carpentry, shoemaking, agriculture and nursing. For the rest, the Africans themselves or their parents have to dig deep down into their already meager financial resources to send their children into the few Government high schools that cater primarily for the education of white children.

To aggravate the situation, when private humanitarian or religious organizations try to establish special high school programmes for Africans, the Government creates a million and one roadblocks to prevent them from doing so. We have known several cases where even buildings were constructed by private bodies for a high school or technical school for Africans. But since no schools can be opened without Government approval they were unable to open them; and finally the groups were given an outright "No" in the end, and the buildings had to be used for something else.

It seems that nothing short of a radical change of policy in the educational philosophy of the Portuguese Government will help to start the forces in the right direction. Othersise, the Africans of the Portuguese colonies will be quite unprepared to deal with the new situation to which their political unrest is leading them.

However, while the policy remains as it is, there should be established some fund from which those Africans who are now prepared to enter high school or technical/commercial school can draw upon to pay for the comparatively high fees, and wherever possible to aid those who are ready to enter university or other higher institutions of learning.

Economics

Compared with 1950, the general economic picture of Moçambique seems to have improved a great deal. As one arrives in the capital city of Lourenço Marques one notices the usual signs of economic prosperity: the construction of new homes, apartment buildings, commercial establishments, new African housing projects, expansion of the port wharfs. As one drives outside of the city itself one notices suburban developments, and further north one notices the construction of new roads and the extension of the great northern highway with asphalt paving. In talking to several Government officials one gets the impression that a great deal is being done for the economic advancement of the African people especially in agriculture.

But as we looked more closely we discovered that most, if not all, of this prosperity is confined to Europeans and Asians. The economic status of the Africans has not improved much since eleven years ago. With all the building of new houses and apartments that is going on in the city of Lourenço Marques, there are not more than one or two African families that live in brick houses in a city of more than 50,000 Africans (and about 30,000 whites). We were introduced to practically all of the Africans who earn the best salaries in Lourenço Marques (i.e., among Africans), and only one of them lives in a brick house (the house belongs to the Aeronautics Department of the Government for which he works); the rest of them live in corrugated iron houses which are located in the Bairro Indigena (Native Quarter) of the city, in spite of the fact that they are "assimilated". The overwhelming majority of the African people live in very poor corrugated iron shacks which are jumbled together in a huge slum.

Most of the Africans living in the city are either household servants or unskilled laborers in local Government service or in private businesses. all business in the country is in the hands of whites and Asians. Some Africans are allowed to sell fresh vegetables and some groceries in the open markets. Most of the Africans working in railroads, highways, sanitation services, construction, shipping, and plantations are contratados and are paid less than 86 per month.

7..../

- 7 -

In the southern districts there are some plantations which pay up to 8s per month, plus food and very rudimentary accommodations.

As mentioned above, many Government officials told us of the agricultural projects which the Government was setting up in various parts of southern Moçambique. We visited some of these projects. The main intent of these programmes seems to be to encourage the people of Moçambique to produce those crops that are commercially important, especially for exportation. At this juncture these are: cotton, rice wheat, maize, peanuts, beans. In order to produce some of these crops it is necessary to drain some of the large river valleys and harness the waters in such a way that controlled irrigation can be effected. For this purpose a certain amount of money has been appropriated by the Government in the last decade or so. As a consequence several thousand African and European families have been settled in some of the river valleys, especially in the Limpopo valley. Judging from what we saw and heard, however, there have been more white (European) families settled in these projects than African families. In the Upper Limpopo valley the Government settled more than 5,000 European families in less than ten years. Yet only a few African families were settled in the same projects. In talking to some of those who are well acquainted with this agricultural settlement we were told that the few <u>African</u> families that have been sandwiched between the white farmers are not being given the same water facilities available for the irrigation of their crops, and that they were not given the same number of acres as given to whites.

We visited other areas, however, where the only agricultural settlers given land were Africans. A cursory visit might give one the impression that these projects are working satisfactorily, especially in view of the fact that the Africans are producing a great deal of rice, cotton, maize and other crops compared with ten years ago. Also judging from a decade ago, one can very easily conclude that the people are deriving a great deal of profit from these agricultural schemes. But on talking to some of the farmers one discovers several prevalent problems. The most important of these is the means by which the farmers dispose of their produce for cash. For almost every cash crop in Moçambique there is a <u>concessionaire</u> company which monopolizes the buying and exportation of these crops for the whole country. All prices are fixed by the Government, obviously in co-operation with the concessionaire companies. So far the prices given by Government do not seem to take account of the costs of production. The Africans complain that the prices are far too low. But they are not allowed to have any say in the fixing of the prices. Yet European farmers are not obliged to sell their crops at the same prices.

In this connexion some Africans complained to us that whenever they did not wish to sell part of their crops, say rice for home consumption, the Government stepped in and forced them to sell under the threat of imprisonment and/or palmatoria (physical punishment in which the palms of the individuals are beaten until they bleed). They must, therefore, buy on the market food at more than double the price at which they sold it to the concessionaire.

In some districts some administrators are beginning to introduce co-operatives for farmers. On talking to some of the administrators interested in co-operatives we found out that they are facing many odds in their very worthy efforts. One of these is the opposition of the concessionaires to the introduction of co-operatives that might undermine their chances for continuing to make huge profits out of the work of African farmers. Another problem is that many African farmers do not trust each other enough to want to put their money and efforts in co-operatives. But if the Government as a whole were interested in co-operatives, many of the problems would finally be overcome. There seems no alternative to the concessionaire exploitation than the creation of co-operatives for African farmers.

Generally speaking, Moçambique has a service economy. That is to say, the main source of income for the whole country seems to be the provision of port facilities to the industrial centers of the Union of South Africa and the Rhodesias. The capital city of Lourenço Marques is the nearest natural port from both Pretoria and Johannesburg in South Africa. Beira is about the only port for the Federation of Rhodesia and Nyasaland, especially since the political disturbances of the Congo made the use of the Benguela railroad to Lobito in Angola hazardous. Also, Moçambique is becoming more and more a holiday resort for South Africans and Rhodesians. This, plus the export of Native labor and some cotton, tea, sisal, and

8..../

- 8 -

cashew nuts, provide the main source of foreign exchange for the country.

Conclusion

A combination of political oppression, lack of educational facilities and economic subservience has made it almost impossible for the African to progress in the Moçambique social structure. This was true in 1950 when I first left Moçambique, but it is even truer today when the standard of living of the minority whites and Asians has risen and the Africans of the rest of the continent have advanced so much. Consequently, the African people of Moçambique are more aware of their plight than before. Those Africans who work in South Africa and the Rhodesias see the difference in the educational standards achieved by the Africans of those countries in spite of segregation. They note the political freedom that the rest of Africa has achieved lately; they read of the forthcoming independence of Tanganyika, their northern neighbor. Yet when they show interest in these things in reference to themselves they are put in prison by the Portuguese Government, beaten and rumor has it, some of them killed.

When many people heard of the establishment of the United Nations, after the Second World War, and of its intention of helping to give the rights of self-determination to the oppressed peoples of the world, they hoped that the day of their deliverance was soon coming. They follow with great interest the work of the United Nations in the former colonies of Germany and Italy in Africa. The independence and preparation for independence of the colonies of Great Britain and France in Africa and the part played by the United Nations in these, has further encouraged Moçambicans to hope that sooner or later Portugal would finally be forced to give in.

Unfortunately they do not have an independent source of information in the country, so that most of what they know about the rest of Africa is mixed with rumors. The pressure that is often brought to bear on Portugal by member states of the United Nations reaches them only through the rebuttals that the Government-controlled press published in full. Those who have short-wave radios may secretly hear what is going on in the rest of Africa through Radio Peiping or Radio Brazzaville, both of which have clearly enunciated news services in Portuguese.

Thus far the reaction of the Portuguese Government to either internal or foreign pressures has tended to be more imprisonments, more secret police, more European armed soldiers, more mass rallies and more speeches against any charges. The war in Angola has only made the situation worse. The people are now afraid that as soon as Tanganyika is independent, the Moçambicans who are in Tanganyika will begin to attack from the north and the Portuguese Government will punish those Africans who are now under suspicions in the south. Many of the southern Moçambicans would like to leave the country and join any force that is against Portugal, but they are hemmed in between the Indian Ocean and the Union of South Africa and British Central Africa. (from the city of Lourenço Marques to the border with Tanganyika is more than 1,500 miles.)

Yet the tension is mounting every day. The same applies to the situation in Angola where I spent five days waiting for a plane to Lourenço Marques, one week after the prison riots of last February. While in Luanda, I talked to many Africans and Whites concerning the problems that led to the riots. Many Africans told of periodic raids to homes of those Africans and whites who were suspected of sessionist leanings. Prior to the riots the opposition to the government was still composed of the people of both races. But, while I was there, it was evident that the issue was turning into a white vs. black conflict. Many young Africans were asking how they could flee to the Congo to join those who were preparing to fight the Portuguese. Some of them wished they could get scholarships to come to the United States to study, for, as in Moçambique, they felt that they were being denied educational opportunities.

Some of the people were eager to know what the United Nations was going to do to help them. They hoped that a United Nations force could be sent to oust the Portuguese from their country. As in Moçambique, there were numerous rumours recarding the massacres of Africans by the Portuguese whites. They also believed that the Government was arming all the white of Angola; that a white man would shoot an African if he were walking in the European section at night; that thousands

9..../

of African nationalists were preparing to attack the Portuguese from the Congo.

It is obvious that sentiment against Portugal and the Portuguese people is growing and lately has been enhanced by events taking place in the rest of Africa, especially in the sister colony of Angola. An anti-colonialist undercurrent has been building up since the Second World War. However, Portugal, instead of channeling this indestructible force into the establishment of independent states which might at least be friendly to her, is doing everything to combat it. In order to achieve this the Government is putting hundreds of people in prison, pouring thousands of white soldiers into the country (obviously using NATO equipment), and generating a great deal of tension. The African people are not allowed to organize themselves into groups that might express their feelings more constructively. Consequently they are becoming excessively gullible to all kinds of rumours, most of which are harmful to peace and order.

While the neighbouring countries are still controlled by European whites, the Africans of Moçambique may not be able to revolt. But as soon as Tanganyika gets her independence at the end of this year, an outlet will be provided for them to express their disapproval of the status quo. One shudders at the consequences of such an eventuality, judging by Portugal's reaction to a similar situation in Angola.

Assuming that the Portuguese Government is not bluffing in its avowed determination to crush any internal revolt against her, and assuming that the Africans' determination to gain their freedom cannot be destroyed, a means to avert a catastrophy must be found elsewhere by those concerned with peace and freedom. Moçambicans who understand the present world situation can see only two world powers that can help them, namely, the United States of America and the Union of Soviet Socialist Republics which can act either singly or together through the United Nations Organization. Those African states that are sympathetic to our cause can help mainly by facilitating our movements through their countries, allowing us to establish our nationalistic organizations within their borders, arguing out case at the United Nations and channeling material resources with which to fight the Portuguese army. Since Portugal is determined to solve the question with military strength, it behooves the two major powers to "encourage" her to change her policy. The United States of America could play a decisive part in persuading Portugal to solve the question through peaceful means, for she has many ties of friendship with that country. In spite of what has happened lately, the United States can take a strong position in favor of a positive course of action and Portugal would have no alternative but to cooperate. Otherwise, the world will witness a repetition of the problems that arose in the Congo as a consequence of the lack of foresight on the part of those who had the means to avert chaos. There is an awful possibility that if nothing is done, and done quickly, that Angola and Moçambique will experience a worse confusion than has the Congo. Already it seems as though more people have been killed in Angola in less than two months of revolt than in a whole year of strife in the Congo. (According to the South African press more than 20,000 persons have been killed so far.)

The people of Moçambique think that the United States believes in justice for all of humanity. When the issue of Angola was discussed in the last session of the General Assembly and in the Security Council, the part played by the American delegation convinced the Africans that the United States meant to carry out its oft-expressed sentiments of sympathy with the oppressed peoples of the world. They also appreciated the courage with which Mr. G. Mennen Williams enunciated the principle that the United States wanted for Africans only what the Africans wanted for themselves. They interpreted it to mean that no enclaves of powers outside of Africa should continue to exist against the will of the African peoples. However, unless these expressions of sympathy are followed by immediate action, African people may begin to doubt the firmness of that resolve. Other powers have expressed similar sentiments, perhaps with different intent. However, they seem eager to help. It would be better that our fight against Portugal be interpreted as the struggle for freedom, and not the cold war between the East and the West. This does not mean that we are not concerned with the ideological struggle between Capitalism and Communism. Indeed we are. But at this moment the fight against colonialism absorbs all our attention. If our independence were to come peacefully, we might find time to consider the advantages and disadvantages of either politico-economic system. At this moment, however, we must devote all our attention to the immediate problem: ridding ourselves of the arbitrary rule by a foreign power.

The United States of America has several advantageous points from which she could act as mediator between the Portuguese Government and the African peoples.

- She has a long-standing friendship with Portugal, exemplified by the many treaties of friendship and mutual aid that exist between the two countries.

- It seems as though the United States does not have as many economic interests in Portuguese Africa as some of the Western European powers, so that who stands much less chance to suffer from economic sanctions by Portugal.

- Both the United States and Portugal are allies in the North Atlantic Treaty Organization, which is committed to fight for free governments everywhere in the world.

- Portugal depends almost totally upon the United States for her military strength (in 1960 Portugal received nearly $17 million in military aid).

- Portugal relies upon the United States for economic development, (in 1960 economic aid from the U.S.A. to Portugal amounted to more than $25 million).

These, plus many more relationships of which I may not be aware, represent ties between the two countries which should facilitate their communication. It would appear, therefore, that the United States would be in a position to:

a) encourage Portugal to accept the principle of self-determination for the African peoples under her control;

b) set target dates and take steps towards self-government and independence by 1965;

c) help formulate and finance policies of economic, educational and political development for the people of Portuguese Africa to prepare them for an independence with responsibility.

In order to achieve these ends the United States should not depend solely upon "quiet diplomacy", but should from time to time make positive suggestions of courses of action which she believes to be right. It is imperative that the United States take a strong exception to the massacre of Angolans which even the most conservative newspapers report as taking place everyday. If the United States was justified in publicly condemning the South African Government for the Sharpeville massacre, where less than one hundred people were killed, it should be even more horrified by the thousands of Africans who are being butchered by the Portuguese army in Angola. Furthermore, the United States of America could set aside funds for the education of Africans from Portuguese Africa, in order to prepare them for their forthcoming independence. For this purpose it could establish an organization through which it could carry out a carefully planned programme of education. The United States Government need not depend on the co-operation of the Portuguese Government, but seek every means possible to implement that progress. However, it would be better if the Portuguese Government could be persuaded to co-operate. The programme should be divided into four parts: the expansion of the present primary schools including teachers training; the establishment of new high schools in the various population centers in order to enable a larger proportion of African children to attend them; the establishment of more technical and commercial schools to train those who cannot follow a strictly academic career. All the religious groups which have members in these territories should be allowed to establish their own schools with government subsidies. While the number of high school graduates is still very small, those who are ready to enter university should be given scholarships to go overseas to study. Meanwhile arrangements should be made to establish a university college attached to either a Portuguese or Brazilian university.

In the economic level, the stress should be put in the present agricultural projects. More funds should be made available to increase the number of agricultural experts now working in the various regions. This would expediate the opening of new areas for settlement in the various rich river valleys. It would reduce the

- 11 -

number of people tending to emigrate to the neighboring countries for work, while at the same time increase the productivity of the country. Experts in co-operatives should help the Africans to organize co-operatives in the various agricultural regions. Labor specialists should help organize the various working classes into labour unions which would enable the people to bargain for better wages.

Finally, the Legislative Councils of Angola and Moçambique which at present represent only European interests, should be reorganized to truly represent the interests of all the people. This could be done by arranging for elections by adult suffrage involving all the people regardless of race or standard of education, under international supervision.

As these words are being written, thousands of Angolans are being killed and hundreds of both Angolans and Moçambicans imprisoned. Fear has gripped both Africans and whites. It is necessary that something be done immediately to alleviate the situation and free the people.

4. "Non Paper" – documento não assinado nem datado (de que se conhecem os autores) – entregue por Franco Nogueira a Oliveira Salazar, no final de 1961, sugerindo uma reavaliação total e uma nova orientação da nossa política externa, designadamente da política ultramarina

NOTAS SOBRE A POLITICA EXTERNA PORTUGUESA

I

Em sequência do discurso de S. Ex.ª o Presidente do Conselho de 3 de Janeiro de 1962 a Assembleia Nacional aprovou uma moção em que se lê:

"A Assembleia Nacional, ouvida a comunicação do Presidente do Conselho, resolve:
....
....
3) Formular a sugestão de uma revisão eventual, pelo Governo, da política externa, nos casos em que a mesma se afigure necessária ao interesse da Nação."

No referido discurso, Sua Ex.ª o Presidente do Conselho não só admitiu a oportunidade de uma reorientação da política externa, como indicou algumas das linhas mestras da mesma, v./g. a redução da nossa dependência das alianças tradicionais, o reforço dos laços com o Brasil, a qualificação da nossa participação nas Nações Unidas.

Tendo em conta os objectivos expressos, as presentes notas pretendem ser uma contribuição, embora não solicitada, para tal orientação. Assim, indicam-se, em síntese, alguns pontos que se consideram importantes e a partir dos quais se poderá estabelecer uma base para qualquer reorientação da nossa política externa.

1) Os factos recentes indicam que o actual isolamento internacional de Portugal não é imputável à sua acção diplomática, mas a não encontrar aceitação nem compreensão no plano mundial, a sua política ultramarina.

2) Sendo assim não parece ser possível obter, na imutabilidade de tal política, maior apoio internacional. Não se afigura portanto eficaz uma revisão da política externa que não seja acompanhada por uma readaptação da política ultramarina.

3) Quanto a esta, quer a Constituição quer as declarações do Chefe do Governo, único a quem a Constituição comete a responsabilidade da acção governativa (artº.108), definem uma doutrina, mas não se acham vinculados a um determinado tipo de execução. A Constituição é flexível ou semi-flexível, e não define, como o fazem tantas outras, matérias insusceptíveis de revisão; de forma que em última análise, a sua única exigência é a de que qualquer al-

teração a fazer se processe nos termos dos artºs. 176 e 177.

4) Ora as bases da política ultramarina portuguesa, ainda que lógicas nos seus princípios, e coerentes com a lição da história, não se coadunam com o Mundo Ocidental em que somos obrigados a viver: Assim não são internacionalmente aceites, nem parece o venham a ser nos tempos mais próximos, período em que sem dúvida se decidirá a sorte de Portugal e do Ultramar Português. Analisando:

5) A história constitucional norte-americana e a observação da situação actual da opinião pública nos Estados Unidos levam a crer que a actual administração se manterá no poder até fim de 1968.

6) Ora mesmo na hipótese de agravamento da guerra fria, a pressão dos E. U., ainda que possa atenuar-se, não deixará de se exercer no sentido do anticolonialismo; em caso algum é de prever uma coincidência com a actual posição portuguesa.

7) Deixa-se de lado, por inutil de considerar, a hipótese de uma guerra mundial. Conflitos armados de

caracter local ou agravamentos sérios da guerra fria não devem levar os E. U. a valorizar mais a aliança portuguesa, nos tempos mais próximos, do que a neutralidade do grupo afro-asiático. Admite-se, por isso, a continuação por largo tempo de climas de guerra fria ou de co-existência pacífica, que não reforçam a nossa posição no campo ocidental.

8) Tão pouco é de prever que as Nações Unidas, mesmo que venham a ser objecto de reformas, cessarão de servir como elemento aglutinador de hostilidade, no plano multilateral, à política ultramarina portuguesa: e nessa medida continuarão a afectar as nossas relações bilaterais.

9) A convicção dos centros de decisão do movimento anticolonialista mundial de existência de ressentimento provocado na população portuguesa pela ofensiva internacional contra Portugal (votações na ONU, perda de Goa) de mal estar provocado pelos sacrifícios impostos no plano militar e económico, e de certos elementos endémicos de insatisfação, pode levar o movimento anti-colonialista a acentuar a sua acção, na esperança de levar a uma alteração política em Portugal. Em duas palavras: o objectivo

imediato da pressão anticolonialista não é uma vitória militar, ao menos em Angola e Moçambique, mas a queda do regime.

10) Portugal não dispõe dos meios políticos, económicos e militares para conduzir a sua política isoladamente, e muito menos enquanto esta política tiver de abranger regiões muito distantes e executar-se em vários continentes.

11) A tentativa de realizar simultaneamente uma política de guerra e uma política de desenvolvimento económico não parece exequível com os meios disponíveis, e traduzir-se-á ou no sacrifício de uma delas, ou na insuficiência de ambas. Isto porque a posição portuguesa actual dificulta seriamente as nossas possibilidades de obtenção de apoio económico e financeiro externo indispensável à prossecução simultânea de ambos os objectivos. Tal significa que existem meios externos de pressão económica e financeira sobre Portugal.

12) Para levar a cabo a reorientação preconizada das políticas haverá que criar orgãos de decisão apropriados que permitam a actuação rápida, coordenada e harmónica

da totalidade dos meios disponíveis, tendo em conta o particular relevo que a Constituição de 1933 e a prática da sua aplicação conferem ao Presidente do Conselho.

13) Na reorientação preconizada um ponto se afigura essencial: é o de abandonar uma óptica unificadora e procurar soluções individuais para cada território ultramarino, dada a sua profunda diversidade de localização geográfica e de características étnicas, culturais, sociais e económicas. A tratar o caso português como um todo, aplicando indiscriminadamente os mesmos princípios políticos para todos os territórios, é de recear que se tenha que ir finalmente para a aplicação a todos do princípio de autodeterminação no quadro das Nações Unidas - sendo esta solução inaceitável.

14) Angola e Moçambique caminham irreversivelmente para formas de autonomia - que podem levar à independência - que convém desde já prever de forma a evitar uma ruptura que leve à perda definitiva e total destes territórios. Atendendo às limitações atrás referidas dos nossos recursos, uma oposição rígida a este processo implica a perda da possibilidade de o orientar.

15) Quanto aos outros territórios não é de prever que

se desenvolva idêntico processo, ainda que se admitam alterações no seu estatuto actual.

16) Sendo de regeitar um recurso global aos princípios e regras da ONU, não se afigura tàticamente desejável a afirmação pública do princípio da auto-determinação, embora não seja de excluir que as circunstâncias tornem aconselhável o seu reconhecimento perante sectores limitados. Em qualquer caso, parece indicado reafirmar-se sempre a nossa adesão ao princípio histórico da evolução sociológica das comunidades portuguesas pluriraciais. Quanto a dar ou não às Nações Unidas informações ao abrigo do artº. 73 da Carta, será elemento estratégico a ponderar, mas não é elemento político determinante.

17) A readaptação da política ultramarina portuguesa poderá levar a novas possibilidades de acesso a vários grupos e abrir novas perspectivas à acção diplomática, e possìvelmente facilitar uma menor hostilidade da política dos Estados Unidos - que de outra forma não se afigura possível - que nos permitisse aceitar auxílio financeiro americano, designadamente para planos concretos de educação tendentes à criação de elites nos nossos territórios africanos, tanto quanto possível ligadas a Portugal e em oposição àquelas que

se estão formando em diversos países comunistas, afro-asiáticos e até ocidentais.

18) Em qualquer caso não é de prever um abrandamento do esforço militar e do concomitante esforço financeiro, ao longo destes processos que deverão ser morosos e difíceis.

19) A execução de tal política, que comportará inevitàvelmente certa medida de pragmatismo deverá mobilizar todos os meios: políticos, diplomáticos, económicos, militares, culturais, etc.: isto é terá que ser uma política global.

II

ENSAIO DE APLICAÇÃO DOS PONTOS ANTERIORES

    Os pontos precedentes, tanto como as considerações que seguem, constituem apenas indicações sintéticas de premissas do problema e de perspectivas de soluções: e sendo assim, requerem estudo aprofundado em todos os seus aspectos, quer sejam os de política externa pròpriamente dita quer aqueles que directa ou indirectamente se ligam com a política ultramarina. A oportuna constituição de grupos de trabalho permitiria designadamente a ponderação cuidada, pelas entidades competentes nos diversos sectores, dos problemas concretos de cada província.

    Admite-se, no entanto, que na readaptação da política ultramarina - e na concomitante reorientação da política externa - se torna imperativo assentar prèviamente no que se poderá designar por posições <u>essenciais</u> e <u>não essenciais</u>. A este respeito aduzem-se as seguintes considerações:

    Esta distinção de modo algum implica um juizo absoluto em relação aos territórios que possam vir a ser aceites como <u>não essenciais</u>: com efeito, tal classificação, em primeiro lugar reflete a ideia de que a eventual altera-

10.

ção do seu statu quo teria valiosa contrapartida no reforço da nossa posição relativamente àqueles considerados essenciais; em segundo lugar implica a convicção de que importará não mobilisar neles esforços e meios necessários noutros pontos essenciais, e que arriscariam perder-se; finalmente entende-se que, relativamente a tais posições não essenciais, em caso algum deverá ou poderá Portugal descurar a protecção que deve às populações, quer europeias quer autóctones que, no processo de alteração do statu quo, desejarem permanecer portuguesas.

2. Parece indiscutível, à luz de considerações de ordem política, económica, social e estratégica, que devem ser considerados como posições essenciais as de Angola, Moçambique e Cabo Verde. Em relação a estas, dado que importa guardar-se, a todo o custo, o conjunto de laços humanos e materiais com Portugal, seja qual fôr o enquadramento constitucional, não se formulam quaisquer considerações, pois o caminho mais adequado para a evolução destes territórios será determinado pelos orgãos competentes para a definição da política ultramarina. (1)

As eventuais alterações do statu quo das posições considera-

---

1) Neste grupo ter-se-ia óbviamente incluído o Estado Português da India não fora a situação actual em que aquele território se encontra. A este respeito, já foram definidas no discurso de Sua Exª. o Presidente do Conselho as linhas mestras da política a seguir: e nelas certamente terão lugar prioritário a protecção dos núcleos goeses residentes no estrangeiro, (e mesmo de certas individualidades goesas em Goa) o incremento

11.

das não essenciais serão tratadas no contexto dos novos aspectos da política externa que se poderão abrir, conforme indicado na alínea ∅17) da parte I deste apontamento.

3.   Como atrás se disse, a já oficialmente projectada reorientação da política externa portuguesa não parece viável sem uma revisão substancial da política ultramarina: mas, efectuada esta, um dos seus efeitos será o de permitir a exploração de novas linhas de força na sociedade internacional. Assim:

a) Brasil - Pode tentar-se o reforço da comunidade alargando-a ao Ultramar e estudando a possibilidade de concessão mútua de facilidades ou preferências comerciais. Poderia ainda negociar-se uma declaração conjunta sobre a posição do Ultramar na Comunidade.

b) Espanha - O reforço da aliança com a Espanha pode ser traduzido em aspectos políticos e económicos. Assim, um novo tratado peninsular poderia ser mais amplo na area geográfica de aplicação: e a Espanha poderia obter facilidades económicas no Ultramar Português e até estudar-se a

---

de esforços para a criação de elites goesas formadas em escolas e universidades portuguesas, e a defesa intransigente da personalidade goesa. No plano internacional, deverá Portugal apoiar a reivindicação da auto-determinação de Goa, que seja possível promover através de potências amigas.

fixação ali de colonos espanhois.

c) <u>Mercado Comum</u> - Ao diminuirmos a nossa dependência actual do grupo ocidental, e designadamente de um tipo de aliança (Inglaterra, Estados Unidos e até NATO) haverá que aumentar a rede de interligações com certos países do grupo. Neste particular, haveria que estudar exaustivamente as formas de associação possíveis com o Mercado Comum. Tal estudo deve visar o início de negociações com a possível rapidez, no intuito de nos anteciparmos ao menos a alguns dos países da EFTA; tendo-se a todo o momento em conta que os aspectos políticos deverão ter primazia, após indicadas as condições mínimas de associação, tanto mais que se reunem actualmente as posições para nós mais favoráveis na conjuntura política dos Seis (preponderância de certas personalidades - De Gaule, Adenauer, Spaak - e insatisfação belga, holandesa e francesa com as Nações Unidas e com os Estados Unidos). Deverá igualmente ter-se presente que a nossa participação poderá ser acompanhada da possibilidade de fixação de emigrantes no Ultramar português, designadamente italianos, gregos e franceses da Argélia, da Metrópole ou do norte de Africa. Por último, admite-se que uma declaração de princípios quanto à evolução económica, social e política nas linhas previstas na alinea a/1b) acima, poderá constituir uma base não expressa da negociação, que não terá os inconvenientes da declaração pública que nos seria imposta como condição para cooperação com outros grupos.

d) NATO e Açores - Simultaneamente reduziríamos a nossa contribuição financeira na NATO procurando libertar-nos da rede de obrigações impostas pela Organização (por exemplo algumas das que não objecto das deliberações do Comité Económico). O montante do arrendamento da base dos Açores (possivelmente aos Estados Unidos) deveria ser substancialmente aumentado, passando assim à categoria de aliados pagos, ao mesmo tempo que se reduziria o prazo do arrendamento.

e) Países Socialistas - Deve estudar-se a possibilidade de ampliarmos os acordos comerciais com alguns países socialistas, não sendo de excluir o reconhecimento diplomático de um deles na Europa (por exemplo a Polónia) e outro na Ásia (a China, com base nas relações de vizinhança). Este último caso dependerá da aceitação pela própria China, que não se afigura impossível, sobretudo se fôr acompanhado de negociações sobre Macau, como porto franco, condomínio por forma a determinar ou até transferência de soberania com manutenção de laços simbólicos com Portugal. Parece que, a tomar-se este passo, seria da maior conveniência iniciar as negociações antes da entrada da China nas Nações Unidas. Em qualquer destes casos a troca de diplomatas seria recíproca e limitada, e limitados ao mínimo os Consulados, que em caso algum deveriam existir na Africa Portuguesa.

f) <u>Grupo afro-asiático</u> -(Asia) - Se bem que, em relação a este grupo, devamos ainda por largo tempo contar com a qualificação de colonialistas, não se afigura impossível diminuir a agressividade de alguns membros de modo a que, pelo menos, a hostilidade desses se não faça sentir no plano das relações bilaterais. Neste particular há aspectos susceptíveis de acção diplomática util. Com base na eventual readaptação da nossa política ultramarina, e no que se disse quanto a algumas das nossas posições não essenciais, poderíamos tentar incrementar vários tipos de relações.

Além do que fosse possível fazer para estreitar laços com o Japão, Paquistão, Filipinas e Tailândia a nossa posição poderia beneficiar do arranjo a que se chegasse com a China acerca de <u>Macau</u>, do mesmo modo que negociação semelhante com a Indonésia em relação a <u>Timor</u> poderia eliminar um ponto de fricção inevitável, não obstante as repetidas declarações tranquilizadoras dos governantes indonésios. A evolução do problema da Nova Guiné dificilmente deixará de agravar a situação em Timor, e a atitude que vier a assumir a Austrália, se bem que constitua elemento a ponderar, não parece dever cercear a independencia da nossa política nesta matéria.

g) <u>Grupo afro-asiático (Africa)</u> - Acentuam-se, nos últimos tempos, as divergências entre os novos países africanos, das quais poderemos vir a tirar benefícios. Se bem que a nossa política de boa vizinhança em relação ao Senegal e às duas Repúblicas congolesas não tenha até agora resultado, parece não serem de excluir novos esforços no sentido de limitar o campo de fricção sem esquecer que a Guiné portuguesa se afigure neste momento como o território para o qual é mais difícil delinear uma solução aceitável. Em relação ao Senegal, talvez fosse possível continuar a explorar a rivalidade Dakar-Conakry, dando àquele garantias de segurança que o crescente potencial militar guineense pode tornar atractivas. Julga-se não ser de excluir o recomeço do diálogo interrompido pelo corte das relações diplomáticas, mediante conversas exploratórias secretas em terceiro país. Relativamente ao Congo (Leopoldville) a tradicional dependência de Angola no que toca a certos produtos essenciais (e cada vez mais essenciais, à medida que se acentua o colapso económico da antiga colónia belga) deveria fornecer-nos elemento valioso para a tentativa de obtenção de arranjos locais ao longo da fronteira comum, tendentes a reduzir a infiltração de elementos subversivos. A captação de certos grupos políticos estabelecidos no Congo, de feição nacionalista angolana mas moderados e ainda não lançados na luta armada, poderia constituir elemento de importância. O perigo que

16.

nos advem da presença no Congo de um poderoso exército das Nações Unidas, onde predomina o contingente indiano, se por um lado deve influenciar a nossa atitude em relação ao Catanga, terá de ter em conta a crescente probabilidade de neutralização da força militar de Tshombé e, consequentemente, a necessidade imperativa de buscarmos arranjos com o Governo Central que, em pequena medida que seja, possam minorar aquela ameaça - sem dúvida alguma a mais grave que pesa sobre todo o nosso Ultramar. Quanto ao Congo (Brazaville), o afastamento deste da linha adoptada pela generalidade dos restantes países africanos relativamente ao Catanga, pode fornecer-nos campo de manobra, a que poderíamos acrescentar a negociação do estatuto de Cabinda, que nem históricamente nem em função da geografia ou da economia terá necessàriamente de acompanhar Angola. A posição do Governo de Brazaville afigura-se ser, de momento, força positiva e indispensável a nosso favor, tanto mais que a eliminação do ponto de fricção - Cabinda - e a consequente melhoria nas relações bilaterais, teria reflexo favorável na atitude para connosco de outros Estados africanos, nomeadamente Madagascar. Por último, a liquidação definitiva do contencioso de S. João Baptista de Ajudá permitiria estudar as possibilidades de cooperação com o Dahomey. Crê-se que a reconstrução do Forte por nossa conta, com a oferta da sua transformação em museu, hospital ou escola, a fazer por entidade privada ou semi-privada portuguesa (a Cruz Vermelha Portuguesa, a Fundação Gulbenkian ou a Sociedade de Geografia, por exemplo) poderia facilitar as negociações e melhor cobrir-nos de eventual exploração demagógica por parte dos partidos extremistas do Dahomey, responsáveis pelo golpe de força contra o Forte.

h) Rodésia e União da Africa do Sul - Deverá considerar-se decididamente a possibilidade e a vantagem de concluir-se com estes países pactos militares secretos de assistência mútua local, e formas de cooperação económica a serem reguladas por tratados bilaterais: nessa area dispomos de energia e de transportes, e tentaríamos obter em troca empréstimos financeiros ou facilidades na colocação de certos produtos. Os problemas da emigração da mão-de-obra dos territórios portugueses deverão ser revistos sem demora, quer em função da abolição do estatuto do indigenato em Angola e Moçambique, quer em razão das críticas, de certo modo fundadas, que nos são geralmente dirigidas a este respeito.

i) Israel e Estados Arabes - Quanto aos países arabes não parece possamos ir além de trocas culturais e económicas. Por outro lado, as atitudes de maior hostilidade que últimamente vêm sendo tomadas pelos principais estados árabes - Tunísia, Marrocos e Republica Arabe Unida - tornam possível a revisão da nossa política para com o Israel. Por outro lado, deve levar-se em conta a crescente capacidade deste país em fornecer auxílio técnico e financeiro, e a sua decidida política de ganhar influência no continente africano. Afigura-se que o Governo de Tel-Aviv aceitará colaborar com Portugal e que qualquer hesitação seria fàcilmente afastada com a concessão de interesses económicos em Angola ou Moçambique. As negociações nesse sentido necessàriamente acompanhariam a oferta de estabelecimento de relações diplomáticas.

4. Conforme se acentuou, em tarefa tão complexa como aquela em que Portugal tem de lançar-se nos domínios da política externa e da política ultramarina no período post-Goa, não se pretendeu aqui mais do que deixar alguns apontamentos de caracter geral, sem a menor pretensão de esgotar o assunto. Ao terminar julga-se, porém, dever acrescentar uma nota essencial: a execução destas medidas não poderá ficar sujeita a limitações de ordem material, de pessoal ou de orgânica de serviços, sob pena de todo o esforço a fazer se revelar ineficaz, se não contraproducente.

12 Janeiro 1962

5. Acordo Secreto entre Portugal e os EUA de 1951, na área da defesa, sobre o uso de material bélico no Ultramar

Lisbon, January 5, 1951.

My dear Mr. Minister:

Receipt is acknowledged of your communication of today's date in which Your Excellency recapitulated the explanations and interpretations which, under instructions from my government, I furnished you during the course of the negotiations which preceded the signing on January 5, 1951, of the Mutual Defense Assistance Agreement between our two countries.

In compliance with your request, I am pleased to confirm herewith that the explanations and clarifications set forth in Your Excellency's communication under reference, represent in fact the thinking of my government.

I avail myself of the opportunity to present to Your Excellency the assurances of my highest consideration.

Lincoln MacVeagh

His Excellency
  Dr. Paulo Cunha,
    Minister for Foreign Affairs,
      Lisbon.

Attachment:
  Copy of communication from
  Minister for Foreign Affairs, dated
  January 5, 1951, under reference.

SECRETO   COPY

Lisboa, 5 de Janeiro de 1951.

Senhor Embaixador,

      No decurso das negociações que precederam a assinatura, em data de hoje, do Acordo de Auxílio Mútuo para a Defesa entre os nossos países, serviu-se V.Exa. fornecer-me, por escrito ou verbalmente, as seguintes explicações e interpretações que julgo conveniente resumir e registar na presente Nota:

1.   Com respeito à assistência militar a que se refere a alínea 1a. do Artigo I, declarou-me V.Exa. que as disposições deste artigo aplicam-se essencialmente ao auxílio prestado a título gratuito mas que, nalguns casos, terão também aplicação ao auxílio prestado a título onoroso como sejam por exemplo os fornecimentos feitos com destino a territórios não abrangidos pelo Tratado do Atlântico Norte, assinado em Washington em 4 de Abril de 1949.

2.   Ainda com respeito à alínea 1a. do Artigo I, declarou-me V.Exa. que, nos termos deste artigo, a assistência militar sem pagamento, a conceder pelos Estados Unidos, deverá abranger, além dos fornecimentos directos pelos Estados Unidos, os casos em que o material tenha de ser fornecido de outras origens, incluindo portanto, se fôr considerado desejável, material de origem britânica.

3.   Com respeito à disposição da alínea 1a. do Artigo I - que prescreve que o auxílio consentido pelo Governo dos Estados Unidos será prestado nos termos do "Mutual Defense Assistance Act" de 1949, e de quaisquer outras leis aplicaveis à materia que possam ser promulgadas no futuro - V.Exa. serviu-se esclarecer que,

Sua Excelencia
O Senhor Lincoln Mac Veagh
Embaixador dos Estados Unidos da America
Lisboa.

no caso de ser promulgada de futuro qualquer lei americana contendo disposições que o Governo Português considere inaceitáveis, este terá a faculdade de rejeitar ulteriores auxílios por parte dos Estados Unidos, e que essas novas disposições nao terão efeito retroactivo sobre os auxílios que já estiverem concedidos.

4. Com respeito a disposição constante da alínea 3a. do Artigo I, ficou esclarecido que, embora o consentimento do Governo Americano seja, em princípio, necessário para qualquer transferência de armamento fornecido para a defesa do território metropolitano português, é fora de dúvida que esse consentimento seria dado sem demora para uma transferência de armamento que porventura se tornasse necessária do território metropolitano português para qualquer território colonial português.

5. Relativamente ao disposto no artigo II, V.Exa. certificou-me que a redacção deste artigo não envolve por parte do Governo Português compromisso algum relativo ao preço dos produtos portugueses de que se trata.

6. Com referência à alínea 2a. do artigo V, V.Exa. foi servido declarar-me que, no caso do Governo Portugues vir a conceder ao Governo dos Estados Unidos qualquer assistência que envolva entrega de material ou equipamento, o Governo dos Estados Unidos, a pedido do Governo Portugues, e com sujeição a autorização legislativa, concederá a esse material e equipamento o mesmo tratamento fiscal que aqui se prevê para o material americano importado em Portugal.

7. Com referência a alínea 2a. do artigo VI, relativo à vinda a Portugal de um grupo de técnicos militares americanos, ficou assente que a composição e o efectivo desse grupo dependerão de ajuste entre os dois Governos.

8. Ficou igualmente assente que, no desempenho da sua missão, os técnicos militares acima mencionados não interferirão no

/.....

funcionamento dos serviços portugueses.

9.   Entre as despesas com a missão militar americana, acordadas para o primeiro período (até 30 de Junho de 1951), figuram diversas verbas que, correspondendo a meras despesas de primeira instalação, não deverão repetir-se nos períodos seguintes.

10.   Com referência as despesas com a mesma missão, ficou também esclarecido que a fixação de um montante para cada período não obsta a que, no termo dele, sejam transferidos para o período seguinte os fundos que efectivamente não tenham sido aplicados a despesas realizadas.

Muito agradeceria a V.Exa. o favor de confirmar-me que os esclarecimentos acima formulados correspondem realmente ao pensamento do Governo que V.Exa. dignamente representa.

Aproveito a ocasião para apresentar a V.Exa., Senhor Embaixador, os protestos da minha mais alta consideração.

Paulo Cunha

A true copy of the signed original.

(Attachment to letter dated January 5, 1951 from Ambassador Lincoln MacVeagh to Dr. Paulo Cunha, Minister for Foreign Affairs)

6. Carta de Chester Bowles a MCGeorge Bundy sobre a personalidade e objectivos de Mondlane

THE UNDER SECRETARY OF STATE
WASHINGTON

May 23, 1961

Dear Mac:

The attached memorandum which was written by Eduardo Mondlane, an African from Mozambique, is worth reading as it underscores the explosive nature of the situation there.

Mondlane is a graduate of Oberlin and Northwest University, and now an employee of the United Nations. I met him a week ago and was impressed.

He is a moderate person with the potential for top leadership in Mozambique. He emphasized his willingness to work with the Portuguese in order to keep the explosive forces under control "once they have agreed to a step-by-step withdrawal." I suggested that concessions of this kind do not appear to be in the cards, and he agreed. In this case, he said, civil war would be impossible to avoid, and he and other foreign educated Africans would have no alternative but to throw their influence into the struggle.

With my warmest regards,

Sincerely,

Chester Bowles

The Honorable
    McGeorge Bundy,
        The White House.

7. Gravação de conversa telefónica entre JF Kennedy e Robert Kennedy sobre Mondlane (Transcrição)

President:	O.K.
RFK:	Now wait, h --
President:	Then we'll go ahead with Henry as the chairman.
RFK:	Yeah.
President:	Right.
RFK:	Now, one other thing. Uh,...I've had some conversations the last couple of weeks with a fellow by the name of [Eduardo] Mondlane...
President:	Yeah.
RFK:	...who's from Mozambique.
President:	Yeah.
RFK:	And he's the fellow that's leading the effort to, uh, make Mozambique independent. He -- a terrifically impressive fellow.
President:	Yeah.
RFK:	And, uh...
President:	That's Portuguese?
RFK:	Yeah.
President:	Uh,...He, uh,...uh,...Some of his people have gotten...He's the head of it, but some of his people have gotten some aid and assistance from Czechoslovakia and Poland. He needs help from the United States for two reasons. Number one, so that he can indicate to them that there are people in the West at least sympathetic to his efforts, and, uh, number two, just to keep 'em going. And, uh, the figure that he's mentioned, that they'll need for a year is a...uh,..is quite reasonable. First, he needs fifty thousand dollars for help with the refugees. Uh,...I think that they... It's a possibility that they can get the second fifty thousand dollars from the Ford Foundation. At least they're working on that. Carl Kaysen is. Uh, but he'd need at least fifty thousand dollars from us. Now, uh, Dean Rusk has felt that...uh, that he wants to be able to sit down with the Portuguese and say none of these people are getting any money. Uh,...if he turned this over to somebody like Averell Harriman or John McCone, just to use their own judgment, uh,...the he wouldn't have to kn -- get

RFK (continued):	involved in it...
President:	Yeah.
RFK:	...or know anything about it. Uh,....I think it would be damn helpful. Now, we've had discussions on these things for the last week and Carl Kaysen can fill you in on it. But this fellow's going back Wednesday -- Mondlane -- and he's gonna meet with the heads of all these African nations at this meeting, I guess next week.
President:	'Course, we wouldn't want him to be saying that he got anything from us.
RFK:	No, but you wouldn't have that, you see. You'd have it though some private foundation.
President:	Yeah.
RFK:	Then they could have cut-outs on it.
President:	I see.
RFK:	And John McCone can handle it. So it wouldn't come from the agency.
President:	Well, now, what does it depend on...Uh, you think we ought to give it?
RFK:	Yes.
President:	O.K., well, then, what do we give it?
RFK:	Well, if -- maybe if you call to Carl Kaysen about how it should be handled, because if it's to be handled so that Dean Rusk is happy and...and, uh, Averell Harriman feels very strongly it should be given.
President:	O.K.
RFK:	But, uh, I think if it could be handled so that...maybe you could explain to Dean Rusk he doesn't <u>have</u> to know about it directly.
President:	Should we tell Dean Rusk?
RFK:	Well, um, Carl Kaysen got all the facts on it, and he'll have a suggestion as to how it should be handled.
President:	Now, uh,...uh, do you know what time those troops got there, according to my information?

8. Telegrama do Embaixador americano Leonhart, em Dar es Salam, para Washington, sobre a conversa havida com Eduardo Mondlane sobre a visita deste a Moscovo, de 1964

9. Anexo Secreto ao Acordo entre Portugal e a África do Sul, de 1964, denunciado por Mondlane nos Estados Unidos

SECRET

AT THE EMBASSY OF THE REPUBLIC
OF SOUTH AFRICA,
Avenida Antonio Augusto de
Aguiar 23-5º,
LISBON.

13th October, 1964.

Your Excellency,

    I have the honour to refer to Your Excellency's Note of today's date which, when translated into English, reads as follows:

    "I have the honour to inform Your Excellency that the Portuguese Government agrees with the following terms of understanding arrived at in supplementation of Articles II, VI, IX, X, XVI, XVII, XVIII and XIX of the Agreement of today's date between the Government of the Republic of South Africa and the Government of the Republic of Portugal, which regulates the employment of Portuguese workers from the Province of Mozambique on certain mines in the Republic of South Africa.

    A.   In terms of Article II of the Agreement, it is agreed that the stopping places for transport and places where food is supplied to workers, south of the Save River and north of latitude 22 degrees South, that were in existence as at the 12th April, 1952, shall not be considered recruiting stations.

    B.   In terms of Article VI of the Agreement the authorities of the Republic of South Africa shall assist in every way possible to enable employees of the Delegate to find residential accommodation in the Republic whenever by law they are required to reside in certain areas.

/...

His Excellency Dr. Alberto Franco Nogueira,
    Minister of Foreign Affairs of the
        Republic of Portugal,
            LISBON.

SECRET

SECRET

- 2 -

C. In terms of Article IX of the Agreement it is agreed that where the Government of the Republic of South Africa withdraws from any Portuguese worker permission to stay in South Africa any amount in excess of repatriation expenses recovered in terms of Article III shall be paid by the Recruiting Organisation.

D. In terms of Article X(a) of the Agreement the expression "identification of the employer" shall be construed to mean any of the gold and coal mines of the Provinces of the Transvaal and the Orange Free State, affiliated to the Recruiting Organisation.

E. In terms of Article X(e) of the Agreement the worker shall, at the time of signing the contract, have the right to stipulate up to three affiliated mines on which he does not wish to be employed.

F. In terms of Article XVI of the Agreement it is agreed that the mine employing the worker shall pay a registration fee of:

(a) R6 (six rand) for the initial registration of each contract and payment of this amount shall be made in two equal instalments, namely, at registration of the contract, and after six months of employment; and

(b) R2 (two rand) for any renewal or extension of such contract.

Payment of these amounts shall be made to the Province of Mozambique through the Delegate of the Institute of Labour. The Province of Mozambique shall use the revenue from these fees towards the assistance and welfare of the Portuguese workers in the Republic of South Africa, towards the assistance of the same workers after their return, in case of unemployment or necessity for readjustment to local conditions, and towards social works or services of general benefit to the population of the area from which the workers emigrate.

/...

SECRET

SECRET

- 3 -

If the worker does not fulfil his contract until its expiration and the cause therefor cannot be imputed to the employer, the latter has the right to be refunded by the Province of Mozambique the part of the registration fee which proportionally corresponds to the fraction of the contracting period which was not fulfilled. For this purpose any month during which the worker may have worked in part only shall be considered as a full month.

G. In terms of Article XVII of the Agreement it is agreed that the number of workers from the Province of Mozambique employed by the mines shall, on the average, not exceed 110,000 (one hundred and ten thousand) in any one year, subject, however, to the condition that a further number, not exceeding 30,000 (thirty thousand), may be recruited if available in the Province of Mozambique and with the approval of the Authorities of that Province, on the understanding that should the total yearly average number of workers on the mines from the Province of Mozambique exceed 125,000 (one hundred and twenty-five thousand) the amount of the registration fee per worker as stipulated in paragraph F above shall be reviewed between the Province of Mozambique and the Republic of South Africa.

The recruiting of workers in the Province of Mozambique will be made in such a way that should the number of Portuguese workers on the mines have to be reduced, they shall be reduced in each year at the rate of between 11,000 (eleven thousand) and 12,500 (twelve thousand five hundred) in relation to the average number of workers employed during the previous year, until it reaches the limit of 60,000 (sixty thousand). Should the number of workers on the mines at any time be less than 60,000 (sixty thousand), the mines are obliged to employ in each year an average number of Portuguese workers not below the number employed in the previous year less 2,000 (two thousand).

/...

SECRET

SECRET

- 4 -

H. In terms of Article XVIII of the Agreement it is agreed that the portion of the earnings which Portuguese workers shall transfer after the first six months of their contracts and during any period or periods of renewals or extensions of such contracts, shall be sixty per cent of their net earned salaries. The amount so deducted shall be adjusted to the nearest 10 (ten) cents.

Notwithstanding the provisions of Article XXIV, the Government of the Republic of South Africa undertakes, in regard to the payment of moneys under this paragraph, to apply the public rate of exchange which is applicable to normal commercial transactions of its nationals. It is understood that, if at any time after the date on which the Agreement comes into operation, the Portuguese Government should consider that, for reasons of a practical nature and convenience, it would be preferable to receive the payments or any portion thereof in gold, then the Government of the Republic of South Africa shall ensure that gold for that purpose shall be made available at a price based on the public rate of exchange.

I. In terms of Article XIX of the Agreement, it is agreed that any payment due to be made to any worker in Mozambique shall be made in Johannesburg if in the opinion of the Delegate of the Institute of Labour it is to the advantage of such worker to have payment made to him in Johannesburg. It is also agreed that in regard to the establishment of additional payment stations that one or two, which shall be included in the maximum number of the eight provided for, shall be established to the north of the Zambezi River, if so desired by the Portuguese Authorities.

J. Although no specific provisions are contained in the Agreement an understanding has also been arrived at in respect of the following matters:

/...

SECRET

SECRET

– 5 –

(i) The mines may, with the approval of the South African Authorities and the Delegate of the Institute of Labour, employ Portuguese workers to whom the provisions of the Agreement shall not apply, if their remuneration is in excess of R80 (eighty rand) per month; and

(ii) the Authorities of the Province of Mozambique may, with the approval of the South African Authorities, from time to time, arrange for ministers of religion to visit the Portuguese workers, at the places where they are accommodated, for purposes of religious and educational instruction during times convenient to the mines and the Recruiting Organisation and for this purpose the mines and the Recruiting Organisation shall make available places for worship or instruction.

Should the Government of the Republic of South Africa agree with the abovementioned provisions, this Note and Your Excellency's affirmative reply of today's date and in equivalent terms shall constitute an Agreement between our Governments on the matter with effect from the 1st January, 1965."

This Note and Your Excellency's Note of today's quoted above shall constitute an Agreement between two Governments on the matter with effect from the 6 January, 1965.

Please accept, Your Excellency, the assurance of my highest consideration.

H. Muller.

MINISTER OF FOREIGN AFFAIRS
OF
THE REPUBLIC OF SOUTH AFRICA.

TA/FA   1/2/65

SECRETO

Lisboa, 2 de Fevereiro de 1965

Senhor Embaixador,

Com referência ao Acordo complementar relativo aos artigos 2º, 6º, 9º, 10º, 16º, 17º, 18º e 19º do Acordo regulamentando o emprego de trabalhadores portugueses originários da Província de Moçambique em certas minas da República da África do Sul, de 13 de Outubro de 1964, tenho a honra de comunicar a V.Exª. que o Governo Português deseja que os pagamentos mencionados na alínea H do referido Acordo sejam efectuados em ouro nos termos da mesma alínea.

Aproveito esta oportunidade para apresentar a V.Exª. os protestos da minha mais alta consideração.

(A. Franco Nogueira)

A Sua Excelência
Senhor A.J. François Viljoen
Embaixador da África do Sul
etc, etc, etc,
LISBOA

SECRET

LISBON,
5th February, 1965.

Excellency,

I have the honour to acknowledge receipt of Your Excellency's note of the 2nd February informing me that the Portuguese Government wishes the payments mentioned in paragraph H of the secret Portuguese/South African labour agreement of the 13th October, 1964, to be made in gold. I have advised my government to this effect.

I avail myself of this opportunity to renew to Your Excellency the assurances of my highest consideration.

François Diedsen

His Excellency Dr. A. Franco Nogueira,
Minister of Foreign Affairs,
LISBON.

10. Panfleto difamatório contra Eduardo Mondlane difundido em vários países africanos antes do seu assassinato e intitulado "A Profile of Dr. Eduardo Mondlane"

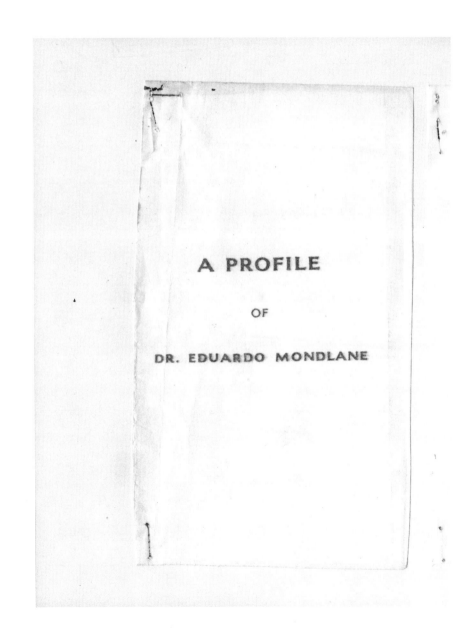

A PROFILE

DR. EDUARDO MONDLANE

DR. EDUARDO Chivambo Mondlane has betrayed the African Revolution. Three years ago he was at the Mozambican Liberation Front but as a vociferous and dubious character. Now he has deserted his compatriots when the fiercest battle is being fought with victory in sight.

Colonial struggles for freedom have invariably been side-lighted by incidents of opportunism and treachery. Mondlane's deflection can in no way undermine the *es-prit de corps* of African valiants. His case is, however, of both political and anthropological interest.

The boyhood vistas of Mondlane are rather dim and obscure. He was born on June 20, 1924, at Chibuto, into the Shangaan Community in Mozambique. He grew up to achieve the assimilado status and had the rare advantage of attending a series of schools of higher learning outside Mozambique as a preparatory step towards a professional career and apparently towards becoming an important and vital "citizen" of the Republic of Portugal.

He attended the University of Lisbon in Portugal, the University of Witwatersrand in the Union of South Africa and most recently the North-Western University in the United States. As B.A., M.A., Ph.D., and with a flair for sociology and psychology, he is said to be keen in socio-cultural problems and political science.

According to the 1963 edition of the UNESCO secretariat directory on "Social Scientists specialising in African Studies", Mondlane once had a career as a University Seminar Assistant at the Columbia University, United States. Between 1957 and 1961, he was an Associate Social Research Officer at the United Nations. He was a member of the American Sociological Society, a Fellow of the American Political and Social Science Academy and Assistant Professor of Anthropology, Syracuse University, United States.

His publications include "Mozambique", "Africa in the Modern World", printed by the University of Chicago Press in 1955, "Ancestral Spirits of South-East Bantu", "Tomorrow" (a magazine), "New York 1957", "Anti-colonialism in United States" and "L'Enquete sur L'anticolonialisme", Lisbon 1957.

Mondlane has lived at least for ten years in the United States, has been married to an American woman and has a permanent postal address : P.O. Box 20, Grand Central Station, New York. To all intents and purposes, he has gone native in the United States.

It is needless to point out that Mondlane, having been born in a Portuguese territory, having attained the assimilado status, having the command of the Portuguese language and having lived as a white man with a recognised and distinguished profession, is wholly accepted into the Portuguese community. In 1961, for instance, after the early organisation of the Mozambican Nationalist Movement, Mondlane visited Mozambique and was received as a Portuguese hero by the Governor-General and other Portuguese colonialists because of his loyalty to them.

Is Mondlane then a "Portuguese-American" citizen in a Mozambican cloak? Did he make a genuine claim that he had declined an offer of professorship in Lisbon after "seeing the revolutionary temper of the people ? How does Mondlane's life compare with his contemporary Mozambican ?

Forty years ago he was a child. Education for his people was negligible. His playmates who went to school got mixed up in Portuguese politics at an early age. They had to give the fascist salute and answer such questions as : "Who shall live" and "Who gives orders ?" Of course, the respective answers have always been: "Portugal, Portugal, Portugal" and "Salazar, Salazar, Salazar."

As Mondlane entered institutions of higher learning abroad, the educational standards of the schools for the native Africans in Mozambique were being systemaucally kept below those of the neighbouring countries. University education for most of the brilliant Mozambican youth has been a far-distant hope for, up till now there is not a single university in Mozambique.

Neither in Lourenco Marques, the Mozambican capital, nor in the hinterland have there been any spectacular changes of progress since some 500 years of Portuguese rule.

The rural areas have remained backward, squalid and poverty-stricken. Mondlane's countrymen are mostly farmers who have not been aided in developing their technical skills, but have rather been frequently exported as human labour to the South African mines.

Mondlane is aware of the Portuguese government's scheme of bringing illiterate Portuguese peasants to settle in Mozambique. Poor, miserable and lacking the skills needed in Africa, the disillusioned emigrants merely add an insult to the injury of the indigenous population. Nothing has been done to develop Mozambique's economy or social services in the interest of the people of African origin.

Mondlane then as an anthropologist, a sociologist or an international intellectual, has been uniquely privileged to admit and assert these basic facts about his Mozambican countrymen and Africans as a whole, namely

Africans—whether they are farmers, mining labourers or assimiladoes or not—have cultural values, and they feel so strongly about those values that they will not allow anything to stand in the way of their cultural development.

The Mozambican labour immigration to the Union of South Africa is a great gain to the Union but a menacing source of economic, social and spiritual impoverishment for Mozambique.

The need to provide social security for Africans who have exhausted a large part of their most productive years in the Portuguese feudal plantations or in the mines of South Africa cannot be overemphasised.

The case of Mondlane is indeed of anthropological interest. He is an anthropologist. He has chosen to be the anthropological ape of the white man.

You may say he has been the political puppet of the capitalist and imperialist powers of the United States and Portugal. He has played this role most adeptly and effectively—but as it were, outsiders more often than not see the game more clearly than those taking part in it.

Quoted here are some of the characteristic utterances of Mondlane as a "political leader and liberator" of his people.

At one time he declared: "For the first time, I am really free to lead my country to independence. The fight for independence will involve a direct action."

On another occasion he said: "Ways of achieving independence will include diplomatic pressure, education as a preparation for independence and a revolutionary organisation outside Mozambique."

Giving evidence at the United Nations of the complicity of the U.S. and other NATO powers in the Nazist policy of South Africa and Portugal, Mondlane said: "The arms used by the Portuguese army in our country are made in the U.S., West Germany, Britain and France."

Again in another U.N. speech Mondlane said: "Some kind of U.N. control of the Portuguese African territory is necessary to achieve independence for its indigenous population."

Petitioning to the U.N. Special Committee on Colonialism that unless there was a change of heart by the government of Dr. Antonio Salazar towards recognizing the demands of the indigenous population for political and social improvements Portugal could face "another Angola", Mondlane at the same breath declared: "We don't wish for another war. But Portugal seems to enjoy having wars in her territories."

But let no one associate the clidering and shilly-shallying policy of Mondlane with the Mozambican Liberation Movement whose leadership he was able to capture for a short while.

UDENAMO (Uniao Democratica Nacional de Monomotapa) was formed in Mozambique in October, 1960, and had members throughout the territory and amongst migrant workers from Mozambique in Nyasaland (now Malawi), the Rhodesias and Tanganyika.

The movement under the presidency of Hlomulo Chitofo Gwambe, had clear-cut aims: immediate self-determination and independence for the people of Mozambique, immediate abolition of forced labour systems, removal of all discrimination by establishing the principle of equal pay for equal work and by an intensified programme of popular education and co-operation with other territories and organizations in Africa to promote peace and freedom throughout the continent. It was in February, 1961, that the leaders moved to Dar-es-Salaam and maintained an office through their supporters in Mozambique.

MANU (the Mozambique African National Union) was also formed in November, 1960, to unite the Mozambique Makarde Union with other nationalist groups which had been active in Mozambique since 1955.

In May, 1962, UDENAMO and MANU representatives submitted memoranda to a U.N. Special Committee on Portuguese rule and the need for speeding up the independence of Mozambique, while discussing among themselves the possibility of unity.

Early in June, 1962, UDENAMO'S H. C. Gwambe and MANU'S S. Makaba visited Osagyefo Dr. Nkrumah in Accra. Inspired by Osagyefo's advice, the leaders later in the month, at a conference in Dar-es-Salaam, agreed to form a joint organization known as FRELIMO (Frente de Liberacao de Mocambique).

Thus the stage was set for Mondlane's clandistine and Jesuitical activities. First, he visited Mozambique in 1961 shortly after the nationalist movement had been organised and was received as a Portuguese hero by the Governor-General and other Portuguese colonialists.

In 1962, he went to Dar-es-Salaam with sufficient money to bribe and influence some key men among the Mozambican exile community who attended the joint UDENAMO-MANU conference which resulted in the formation of FRELIMO. He managed to oust the leaders of UDENAMO and MANU from the executive committee and immediately after capturing the presidency of FRELIMO, he returned to America.

In his conspiratorial den in the U.S., Mondlane in conjunction with American and Portuguese agents, worked out an elaborate programme to split the unity of FRELIMO and to checkmate its progress towards self-determination and independence of Mozambique.

Broadly speaking, the plan was that the leadership of FRELIMO, facaded by the personality of Mondlane, should comprise a coterie of U.S. hired stooges and traitors whose activities should:

(a) Further the interests of the capitalist and colonialist powers in Mozambique and,

(b) Perpetuate the suppression and enslavement of the toiling Mozambicans. Mondlane planned to exercise his leadership of FRELIMO from Syracuse University until such time that he could conveniently and permanently return to Dar-es-Salaam in Tanganyika

Take stock then of Mondlane's leadership of FRELIMO.

From the start, he ousted UDENAMO's Gwambe and MANU's Makaba from the Executive Committee of FRELIMO and captured its presidency by bribery and corruption. He violated FRELIMO's constitution in appointing three of his personal followers to the Executive Committee — Marcelino Dos Santos, Secretary for External Affairs; Silverio Nungu, Secretary for Administration and Joao Mungwambe, Secretary for Organisation — by a letter instead of their being elected by the ANNUAL CONGRESS of FRELIMO.

He created not only dissension, opposition and conflict in the FRELIMO camp by his dubious and unconstitutional methods, he also slandered his opponents to save his position as president.

For example he transferred from New York to Dar-es-Salaam, the Secretary of Information (Seifalaziz Leo Milas) after "propagandising" Milas by showing him documents "proving" a connection between General Secretary David Mabunda, Deputy General Secretary Paulo Gumane and Hlumulo Gwambe and the Portuguese Consulate in Nairobi. These documents were later discovered to be false. How did Mondlane obtain these technically perfect documents which could only be made by a perfectly well off organisation or by an Intelligence Agency? The ultimate expulsion of Mabunda and Gumane was the result of the false information supplied by Mondlane.

Mondlane, after his return to Dar-es-Salaam, maintained a close contact with the U.S. Embassy, especially with a certain political intelligence agent, a Mr. Hennemeyer, and was supplied with intelligence reports on the travels and activities of Mabunda and Gumane in Leopoldville, Kampala, Khartoum and Cairo.

Mondlane, according to him, received from the U.S., supposedly from the Ford Foundation, a grant of £20,000. However, under the U.S. laws governing tax-exempt foundations, no such foundation is permitted to give any funds to any political organisation. To do so would be to lose their tax-exempt basis and hundreds of millions of dollars. Therefore it became obvious that the fund given to Mondlane under the directorship of his American wife was actually from the U.S. Government.

Mondlane has been notoriously noted for a luxurious and ostentatious living and no one could understand how a nationalist leader without other employment could afford a level of life equal or superior to that of many Tanganyikan Ministers.

It was impossible to ignore his expensive house in the fashionable Oysterbay area, his four paid servants, his expensive entertaining and so on.

He has insisted on spending more funds for travel and similar ends than for work in Mozambique. Since taking control of FRELIMO, he has spent at least two-thirds of his time in the U.S. and Europe.

Mondlane has made repeated but vain efforts to place his American wife in control of formation of cadres who are expected to play an important part in the future of the Party of Mozambique.

Above all, Mondlane has reacted maniacally towards any opposition to his jejune and puerille leadership.

He transferred his opponents to other areas, expelled militants, and imprisoned large numbers of persons who had returned from military training in North Africa.

In 1963 FRELIMO's treasurer Mechaambeliues and some other leaders left FRELIMO after their posts were given to Mondlane's personal appointees. This year Milas and other leaders who continued to oppose Mondlane, and to demand the Annual Conference and begining of action in Mozambique, were expelled. Last September Mondlane again refused to hold Congress. Large numbers of military personnel and others who opposed Mondlane were forced to escape from Tanganyika or go into hiding to avoid imprisonment.

Recall what Mondlane said in March, 1963. "The Mozambican Liberation Front intends to obtain independence for Mozambique within 12 months", adding he had resigned his post as Professor of Anthropology at Syracuse University to take over full leadership of the front.

The case of Mondlane is of political interest. His leadership of FRELIMO has helped the infiltration and direct interference of the United States in Mozambique's internal affairs. The leadership no doubt has turned FRELIMO into a den of American, Portuguese, Belgian, French and English imperialist agents possessing FRELIMO membership cards.

But, Mondlane in choosing the role of a political clown, has exposed a sordid and yet undiscernible conspiracy between Portugal and the United States. Does the United States wish to replace Portugal through the back door in Mozambique?

At any rate the emancipation struggle in Africa is at least three-phased—political, economic and anthropological. The last phase means fighting off the Europeanised African such as Dr. Eduardo Chivambo Mondlane.

11. Artigo do jornal cubano "Juventud Rebelde" contendo graves acusações a Mondlane, de 21 de Maio de 1968, intitulado "Desmascarado el Presidente del FRELIMO"

JUVENTUD REBELDE Mayo 21 de 1968.

INJURIA A CHE GUEVARA PRESIDENTE DEL FRENTE DE LIBERACION DE MOZAMBIQUE

Coincide Mondlane con el imperialismo norteamericano y la CIA. Este "dirigente" del FRELIMO jamás ha tomado el fusil junto a la guerrilla. No apoya a los patriotas vietnamitas y censura la lucha de los negros en Estados Unidos.

(Vea pág. 3)

DESENMASCARADO EL PRESIDENTE DEL FRELIMO

El periodista autor de este artículo, Teófilo Acosta, fue corresponsal de Prensa Latina en Tanzania durante un año y medio, y ha viajado, además, por otros países africanos, acumulando por ello abundantes experiencias sobre ese continente y, en especial, sobre los movimientos de liberación nacional.

El conocimiento directo que posee sobre la ejecutoria pasada y actual del presidente del Frelimo, de Mozambique, Eduardo Mondlane, confieren a su trabajo, redactado hace dos años, el carácter histórico de Mondlane, quien recientemente formuló declaraciones injuriosas contra el Comandante Ernesto Che Guevara.

Estas declaraciones, formuladas contra uno de los más prestigiosos líderes revolucionarios de los tiempos modernos, precisamente en la capital del más feroz e implacable de los imperialismos, provocaron el entusiasmo de la Casa Blanca, y el repudio unánime de las organizaciones y la vanguardia, en todo el mundo.

No hace mucho tiempo, Mondlane calumnió al Comandante Ernesto Che Guevara en el curso de una conferencia que dictó en la Universidad de Dar es Salaam.

Este resentimiento que Mondlane no se atrevió a expresar cuando Che Guevara estaba vivo, coincide extrañamente con el que llevó al imperialismo norteamericano a desplegar enormes fuerzas en busca de la eliminación física.

Más adelante, en el contexto de este mismo trabajo, daremos explicaciones a esta actitud de Mondlane, cuya ejecutoria será evaluada, tarde o temprano, por el sufrido y rebelde pueblo de Mozambique y por el dirigentes honestos del FRELIMO enfrascados en lucha frontal contra el colonialismo portugués y sus aliados, desde 1964.

Por TEOFILO ACOSTA
(De la redacción internacional de Prensa Latina)

En el curso de una de las numerosas visitas que periódicamente realiza a Estados Unidos, Eduardo Mondlane, presidente del Frente de Liberación de Mozambique (FRELIMO), Eduardo Mondlane, formuló declaraciones injuriosas contra el Comandante Ernesto Che Guevara, muerto heroicamente frente al enemigo imperialista en las sierras bolivianas en octubre de 1967.

Los pronunciamientos de Mondlane, que aparecen publicados en el boletín "Liberation News Service" de Washington, edición del 6 de marzo pasado, constituyen un esbirro intento de deformar la personalidad del autor guerrillero e ideológico, cuya historia es un ejemplo para todos los revolucionarios del mundo.

Mondlane reveló, en entrevista exclusiva concedida a varios reporteros de la citada publicación, que jamás se reunió con Che Guevara en Dar es Salaam, capital de Tanzania, y que jamás entonces declaraciones injuriosas contra el heroico combatiente, extremadamente autorizado, y sin querer escuchar a sus interlocutores.

El presidente del FRELIMO, quien viaja a Estados Unidos con más frecuencia que un embajador del Departamento de Estado, dijo además, que Che Guevara había estado en desacuerdo con las guerrillas de ese movimiento contra las guerrillas de ese movimiento.

ta de elecciones con el fin de duplicar a Mondlane dentro, turno, el mando de esa organización.

Tanto en las oficinas del FRELIMO en Dar es Salaam, como en el Instituto de Mozambique (de dudoso origen y funcionamiento), ubicado en la misma ciudad, se han registrado serios incidentes en demanda de la destitución de Mondlane.

Las masas del FRELIMO reclaman airadamente que sean aclaradas las muertes misteriosas de los dirigentes del FRELIMO, Felipe Magai y Mateus Sigaur Rivas, ambos asesinados a mansalva en Dar es Salaam y cuyas muertes han sido atribuidas a sectores reaccionarios de la ampliación y fortalecimiento de la lucha guerrillera y en una posición intransigentemente antagónica a los hicieron acreedores de antipatía de Mozambique.

MONDLANE Y EL FRELIMO

El FRELIMO fue fundado en 1962, como resultado de la unión de varias organizaciones mozambiqueñas. En septiembre de ese año, Dar es Salaam sirvió de sede para el primer congreso de la organización, en el cual Mondlane fue elegido Presidente, aprovechándose de su nivel cultural, de las influencias foráneas y dando la espátula que lo perdió a nivel de los dirigentes africanos.

Cuando se asumió la celebración del Congreso, Mondlane dictaba clases de antropología en la Universidad de Siracusa, Estados Unidos, por expresa gentileza del gobierno norteamericano, que se preocupó de su formación ideológica en las universidades de Ohio, Chicago y Nueva York.

Casado con la norteamericana Janet Johnson, una dama que gestionó estrechos contactos con la Embajada de Estados Unidos en Dar es Salaam, sirve de "guía" cultural por allá a su país natal. Mondlane arriba a la capital de Tanzania y se caracteriza, desde el inicio de su gestión, como frente de los planteamientos pro-occidentales.

A mediados de 1965, Mondlane formula declaraciones a una revista de Kenya, afirmando que acepta ayuda para el FRELIMO procedente de Estados Unidos y organismos de oriente y occidente, sin establecer discriminaciones, tratando de dar una justificación a sus declaraciones frecuentes con Estados Unidos.

Luego propone y realiza todo género de presiones ante la Organización de Naciones Unidas (Comisión de las Colonias Portuguesas), abre una oficina en Nueva York, donde recibe ingreso que no indica esa escala internacional de Nueva York, manifiesta su apoyo abierto a la lucha de los negros norteamericanos, que desde hace algunos años se desenvuelve en ese país, frecuentemente visita la apertura de un burlón del FRELIMO en Nueva York, como si Estados Unidos fuese

el lugar óptimo para que un movimiento revolucionario se haga representar.

Otro aspecto nebuloso en la actividad de Mondlane es el funcionamiento del Instituto de Mozambique, creado con fondos de la Fundación Ford y que funciona con recursos procedentes también de Estados Unidos, según todo parece indicar.

Este Instituto, donde estudian jóvenes refugiados mozambiqueños, ha visto desfilar por sus aulas a profesores de las más diversas nacionalidades e ideologías. Recientemente, los estudiantes demandaron la expulsión de los profesores reaccionarios y su sustitución por formadores revolucionarios.

Después de analizar estos hechos, no resulta difícil comprender por qué el senador Robert Kennedy sostuviera una larga entrevista con Mondlane en Dar es Salaam, durante su estancia en Tanzania con motivo de ser aceptado una invitación del gobierno cuando para venir a nuestro país en julio del 66, cita que nunca se pudo explicar claramente los motivos, una vez que arribó a territorio norteamericano.

ALGUNAS PREGUNTAS

¿Por qué los interesantes hacer conocer: ¿No sabe Eduardo Mondlane que los norteamericanos son el enemigo práctico de todos los pueblos y que, a través de la ayuda a Portugal, contribuye a profundizar los sufrimientos del pueblo de Mozambique?

¿Es Estados Unidos el territorio propicio para que un movimiento revolucionario mozambiqueño y son las autoridades de Mozambique y son las autoridades yanquis las más indicadas para ayudar a desarrollar la lucha?

¿Cómo sabe Eduardo Mondlane que el gobierno norteamericano es el enemigo práctico de todos los pueblos y que, a través de la ayuda que le proporciona a Portugal para que éste continúe sojuzgando al pueblo de Mozambique?

¿Por qué los grandes consorcios económicos norteamericanos tienen participación en las decenas por la Embajada de Estados Unidos en Dar es Salaam?

¿Por qué los grandes consorcios económicos norteamericanos tienen participación en las decisiones que Mondlane toma cómodamente desde su residencia en Dar es Salaam?

El Comandante Che Guevara, después de haber llegado a Estados Unidos, al desviar un recorrido que no indica esa escala internacional en Nueva York, donde manifiesta su apoyo abierto a la lucha de los negros norteamericanos, que dirigidos por Stokely Carmichael y otros lí-

deres ejecutan acciones de ejemplar audacia revolucionaria.

¿Por qué en su entrevista para el boletín "Liberation News Service" no acusa igualmente al gobierno norteamericano por el genocidio que comete en Viet Nam?

¿Por qué se une al coro imperialista que injuria al Comandante Ernesto Che Guevara, utilizando falsos argumentos que parecen más bien un libreto mal aprendido?

Y finalmente:

¿Por qué no se retira a las selvas de Mozambique y ocupa su puesto, fusil en mano, la guerrilla que todo por eso desde 1964?

NO ESTA DICHO TODO

Mondlane cuatro años desde que conoce los primeros disparos en Mozambique, y Mondlane sigue manifestando: "no he llegado al momento oportuno" para, su incorporación a la lucha guerrillera, aun cuando fuera, limitándose a inventar o alterar partes de guerra, cuyo tono exagerado pone en entredicho la eficacia de su asistencia a la realidad que luchan en los frentes guerrilleros.

Estos sí fueron, casi seguramente, algunos de los señalamientos que, cumpliendo y debatiendo revolucionario, Che Guevara hizo a Mondlane. De ahí el resentimiento de éste. De ahí, su extraña coincidencia con los voceros norteamericanos.

Durante un año y medio, el autor de este artículo estuvo destacado en Dar es Salaam, desempeñando sus funciones como corresponsal de Prensa Latina. Durante ese período sostuvo extensas y directas conversaciones con cercanos colaboradores de las guerrillas del FRELIMO, e incluso, el propio secretario de la organización. Todos, en sus peticiones fueron denegados sistemáticamente.

La interrogante surge, cuando se sabe que igual suerte le corrieron algunos reporteros occidentales, que pedían, con promesas formales para su entrada al territorio.

No está dicho todo sobre Mondlane. No es necesario. La voz de su compatriota, Marcelino dos Santos, razonable secretario del Comandante Guevara a quien se atrevió a calumniar dando solamente a establecer el glorioso revolucionario a quien se atrevió a calumniar en la que Fidel Castro, Segundo Secretario del Partido Comunista de Cuba, y Ministro de las Fuerzas Armadas, en su discurso del pasado Primero de Mayo, a conmemorarse la muerte de los enemigos de los pueblos hicieron palmas, y vuelcan en sus gritos el calibre del coraje desde que tratar de justificarla en atentar reformular sus teorías seudorrevolucionarias".

"Cuando se hizo público la muerte del Comandante Guevara se ferifico a la muerte del Comandante Guevara se